東京都の
公務員採用試験
（教養試験）

警視庁の
警察官Ⅰ類
（過去問題集）

2025

公務員試験研究会　編　協同出版

まえがき

公務員は，国や地方の行政諸機関に勤務し，営利を目的とせず，国民や住民などの幸せのため，政策・諸事務を円滑に実施・進行して，社会の土台作りを行うことを職務としています。昨今では，少子高齢化の進行や公務のDX化，国際競争力の低下などの社会情勢の変化に伴って，行政の果たす役割はますます多岐にわたり，重要さを増しています。行政改革が常に論議されているのは，どのような情勢においても安心した生活が送れるよう，公務員に対して国民や市民が，期待を寄せているからでしょう。

公務員になるためには，基本的には公務員採用試験に合格しなければなりません。公務員採用試験は，公務に携わる広い範囲の職種に就きたい人に対して課される選抜競争試験です。毎年多数の人が受験をして公務員を目指しているため，合格を勝ち取るのは容易ではありません。そんな公務員という狭き門を突破するためには，まずは自分の適性・素養を確かめると同時に，試験内容を十分に研究して対策を講じておく必要があります。

本書ではその必要性に応え，公務員採用試験に関する基本情報や受験自治体情報はもちろん，「教養試験」，「論作文試験」，「面接試験」について，最近の出題傾向を分析した上で，ポイント，問題と解説，対応方法などを掲載しています。これによって短期間に効率よく学習効果が現れ，自信をもって試験に臨むことができると確信しております。なお，本書に掲載の試験概要や自治体情報は，令和5(2023)年に実施された採用試験のものです。最新の試験概要に関しましては，各自治体HPなどをよくご確認ください。

公務員を目指す方々が本書を十分活用され，公務員採用試験の合格を勝ち取っていただくことが，私たちにとって最上の喜びです。

公務員試験研究会

東京都の公務員採用試験対策シリーズ

警視庁の警察官Ⅰ類（過去問題集）

◆ 目　次 ◆

第1部

試験の概要

- 公務員試験とは
- [参考資料]
  試験情報と自治体情報

公務員試験とは

◆ 公務員とはどんな職業か

一口でいえば，公務員とは，国家機関や地方公共団体に勤務する職員である。

わが国の憲法では第15条で，「公務員を選定し，及びこれを罷免することは，国民固有の権利である」としたうえで，さらに「すべて公務員は，全体の奉仕者であつて，一部の奉仕者ではない」と定めている。

また，その職務および人事管理などについては「国家公務員法」および「地方公務員法」という公務員に関する総合法規により，詳細に規定されている。たとえば「この法律は，……職員がその職務の遂行に当り，最大の能率を発揮し得るように，民主的な方法で，選択され，且つ，指導さるべきことを定め，以て国民に対し，公務の民主的且つ能率的な運営を保障することを目的とする」（「国家公務員法」第1条）と述べられ，その職務や人事管理についてはっきりと規定されているのである。すなわち，公務は民主的な方法で選択され，また国民に対しては，民主的・能率的な公務の運営が義務づけられているといえよう。

現在の公務員の基本的性格を知るにあたって，戦前の公務員に触れておこう。戦前，すなわち明治憲法の時代には，公務員は「官吏」または「公吏」などと呼ばれ，「天皇の使用人，天皇の奉仕者」ということになっていた。したがって，官吏の立場は庶民の上に位置しており，封建時代の“お役人”とほとんど変わらない性格を帯びていた。つまり，民主主義に根ざしたものではなく，天皇を中心とした戦前の支配体制のなかで，その具体的な担い手になっていたといえるだろう。

戦後，制度が一新されて「官吏」は「公務員」と名を変え，その基本的性格もすっかり変化した。つまり，公務員の「公」の意味が「天皇」から「国民」に変わり，国民によって選定された全体の奉仕者という立場が明確にされたのである。

なお，公務員という職業は，その職務遂行にあたって国民に大きな影響をおよぼすものであるから，労働権・政治行為などの制限や，私企業からの隔離などの諸制限が加えられていることも知っておく必要がある。

◆ 公務員の種類と職務

(1) 公務員の種類

本書は，警視庁の警察官Ⅰ類をめざす人のための参考書だが，ここでは公務員の種類の全体像をごく簡単に紹介しておこう。一般に公務員は国家公務員と地方公務員に大別でき，さらに一般職と特別職とに分けられる。

① 国家公務員と地方公務員

国家公務員とは，国家公務員法の適用を受け（＝一般職），国家機関である各省庁やその出先機関などに勤務し，国家から給与を受ける職員をさす。たとえば，各省庁の地方事務局などに勤務する者も，勤務地が地方であっても国家公務員である。

一方，地方公務員は，地方公務員法の適用を受け（＝一般職），各地方公共団体に勤務し，各地方公共団体から給与を受ける職員である。具体的には，都道府県や市町村の職員などを指している。

② 一般職と特別職

国家公務員と地方公務員は，それぞれ一般職と特別職に分けられる。人事院または各地方公共団体の人事委員会（またはそれに準ずるところ）を通じて採用されるのが一般職である。

特別職とは，国家公務員なら内閣総理大臣や国務大臣・国会職員などであり，地方公務員なら知事や収入役などである。それぞれ特別職は国家公務員法および地方公務員法に列記され，その特別職に属さないすべての職を一般職としている。

③ 上級職，中級職，初級職

採用試験の区分であると同時に，採用後の職務内容や給与等の区分でもある。採用試験はこの区分に合わせて実施される。地域によっては，その名称も異なる。

(2) 地方公務員の対象となる職務

地方公務員試験に合格して採用されると，各地方の職員として，事務および調査・研究または技術的業務などに従事することになる。

公務員採用にあたって公開平等に試験を実施し，成績の良い者から順に採用することを徹底していて，民間企業の採用によくみられる「指定校制」などの“制限”は原則としてない。もちろん，出身地・思想・信条などによる差別もない。これは公務員採用試験全般にわたって原則的に貫かれている大きな特徴といえよう。

◆「教養試験」の目的と内容

(1)「教養試験」の目的

教養試験は，国家公務員，地方公務員の，高校卒程度から大学卒程度までのあらゆる採用試験で，職種を問わず必ず行われている。教養試験は，単なる学科試験とは異なり，今後ますます多様化・複雑化していく公務員の業務を遂行していくのに必要な一般的知識と，これまでの学校生活や社会生活の中で自然に修得された知識，専門分野における知識などが幅広く身についているかどうか，そして，それらの知識をうまく消化し，社会生活に役立てる素質・知的能力をもっているかどうかを測定しようとするものである。

このことについては，公務員試験の受験案内には，「公務員として必要な一般的知識および知能」と記されている。このため，教養試験の分野は，大きく一般知識と一般知能の2つの分野に分けられる。

一般知識の分野は，政治，法律，経済，社会，国際関係，労働，時事問題などの社会科学と，日本史，世界史，地理，思想，文学・芸術などの人文科学，物理，化学，生物，地学，数学などの自然科学の3つの分野からなっている。

一般知識の分野の特徴は，出題科目数が非常に多いことや，出題範囲がとても広いことなどであるが，内容としては高校で学習する程度の問題が出題されているので，高校の教科書を丹念に読んでおくことが必要である。

一般知能の分野は，文章理解，数的推理，判断推理，資料解釈の4つの分野からなっている。

一般知能の分野の問題は，身につけた知識をうまく消化し，どれだけ使いこなせるかをみるために出題されているため，応用力や判断力などが試されている。そのため，知能検査に近い問題となっている。

したがって，一般知識の分野の問題は，問題を解くのに必要な基本的な知識が身についていなければ，どんなに頭をひねっても解くことはできないが，一般知能の分野の問題は，問題文を丁寧に読んでいき，じっくり考えるようにすれば，だれにでも解くことができるような問題になっている。

(2)「一般知識分野」の内容

一般知識分野は，さらに大きく3分野に分けて出題される。

社会科学分野	われわれの社会環境，生活環境に密着した分野で，政治，経済，社会，労働，国際，時事などに分かれる。学校で学んだこと，日々の新聞などから知ることができる内容等が中心で，特に専門的な知識というべきものはほぼ必要がない。
人文科学分野	歴史・地理・文化・思想・国語など，人間の文化的側面，内容的要素に関する知識を問うもので，専門的知識よりも幅広いバランスのとれた知識が必要である。
自然科学分野	数学・物理・化学・生物・地学などを通じて，科学的で合理的な側面を調べるための試験で，出題傾向的には，前二者よりもさらに基本的な問題が多い。

以上が「一般知識分野」のあらましである。これらすべてについて偏りのない実力を要求されるのだから大変だが，見方を変えれば，一般人としての常識を問われているのであり，これまでの生活で身につけてきた知識を再確認しておけば，決して理解・解答ができないということはない問題ばかりである。

(3)「一般知能分野」の内容

一般知能分野は，さらに大きく4分野に分けて出題される。

文章理解	言語や文章についての理解力を調べることを目的にしている。現代文や古文，漢文，また英語などから出題され，それぞれの読解力や構成力，鑑賞力などが試される。
判断推理	論理的判断力，共通性の推理力，抽象的判断力，平面・空間把握力などを調べるもので，多くの出題形式があるが，実際には例年ほぼ一定の形式で出題される。
数的推理	統計図表や研究資料を正確に把握，解読・整理する能力をみる問題である。
資料解釈	グラフや統計表を正しく読みとる能力があるかどうかを調べる問題で，かなり複雑な表などが出題されるが，設問の内容そのものはそれほど複雑ではない。

一般知能試験は，落ち着いてよく考えれば，だいたいは解ける問題である点が，知識の有無によって左右される一般知識試験と異なる。

教養試験は，原則として5肢択一式，つまり5つの選択肢のなかから正解を1つ選ぶというスタイルをとっている。難しい問題もやさしい問題も合わせて，1問正解はすべて1点という採点である。5肢択一式出題形式は，採点時に主観的要素が全く入らず，能率的に正確な採点ができ，多数の受験者を扱うことができるために採用されている。

◆「適性試験」「人物試験」の目的と内容

(1)「適性試験」の目的と内容

適性試験は一般知能試験と類似しているが，一般知能試験がその名のとおり，公務員として，あるいは社会人としてふさわしい知能の持ち主であるかどうかをみるのに対し，適性試験では実際の職務を遂行する能力・適性があるかどうかをみるものである。

出題される問題の内容そのものはきわめて簡単なものだが，問題の数が多い。これまでの例では，時間が15分，問題数が120問。3つのパターンが10題ずつ交互にあらわれるスパイラル方式である。したがって，短時間に，できるだけ多くの問題を正確に解答していくことが要求される。

内容的には，分類・照合・計算・置換・空間把握などがあり，単独ではなくこれらの検査が組み合わさった形式の問題が出ることも多い。

(2)「人物試験」の目的と内容

いわゆる面接試験である。個別面接，集団面接などを通じて受験生の人柄，つまり集団の一員として行動できるか，職務に意欲をもっているか，自分の考えを要領よくまとめて簡潔に表現できるか，などを評価・判定しようとするものである。

質問の内容は，受験生それぞれによって異なってくるが，おおよそ次のようなものである。

①　公務員を志望する動機や理由などについて
②　家族や家庭のこと，幼いときの思い出などについて
③　クラブ活動など学校生活や友人などについて
④　自分の長所や短所，趣味や特技などについて
⑤　時事問題や最近の風俗などについての感想や意見

あくまでも人物試験であるから，応答の内容そのものより，態度や話し方，表現能力などに評価の重点が置かれている。

◆「論作文試験」の目的と内容

(1)「論作文試験」の目的

「文は人なり」という言葉があるが，その人の人柄や知識・教養，考えなどを知るには，その人の文章を見るのが最良の方法だといわれている。その意味で論作文試験は，第1に「文章による人物試験」だということができよう。

また公務員は，採用後に，さまざまな文章に接したり作成したりする機会が多い。したがって，文章の構成力や表現力，基本的な用字・用語の知識は欠かせないものだ。しかし，教養試験や適性試験は，国家・地方公務員とも，おおむね択一式で行われ解答はコンピュータ処理されるので，これらの試験では受験生のその能力・知識を見ることができない。そこで論作文試験が課せられるわけで，これが第2の目的といえよう。

(2)「論作文試験」の内容

公務員採用試験における論作文試験では，一般的に課題が与えられる。つまり論作文のテーマである。これを決められた字数と時間内にまとめる。国家・地方公務員の別によって多少の違いがあるが，おおよそ1,000～1,200字，60～90分というのが普通だ。

公務員採用試験の場合，テーマは身近なものから出される。これまでの例では，次のようなものだ。

① **自分自身について**	「自分を語る」「自分自身の PR」「私の生きがい」「私にとって大切なもの」
② **学校生活・友人について**	「学校生活をかえりみて」「高校時代で楽しかったこと」「私の親友」「私の恩師」
③ **自分の趣味など**	「写真の魅力」「本の魅力」「私と音楽」「私と絵画」「私の好きな歌」
④ **時事問題や社会風俗**	「自然の保護について」「交通問題を考える」「現代の若者」
⑤ **随想，その他**	「夢」「夏の１日」「秋の１日」「私の好きな季節」「若さについて」「私と旅」

以上は一例で，地方公務員の場合など，実に多様なテーマが出されている。ただ，最近の一般的な傾向として，どういう切り口でもできるようなテーマ，たとえば「山」「海」などという出題のしかたが多くなっているようだ。この題で，紀行文を書いても，人生論を展開しても，遭難事故を時事問題風に扱ってもよいというわけである。一見，やさしいようだが，実際には逆で，それだけテーマのこなし方が難しくなっているともいえよう。

次に，試験情報と自治体情報を見てみよう。

東京都の試験情報

令和5年3月改訂版

令和5年度 警視庁警察官採用試験案内

○ 受験資格のうち、身長と体重については、廃止しました。
○ 試験日程等については、情勢により延期等となる場合があります。最新情報は、警視庁採用サイトを確認してください。

1 試験日程

試験回・類別			第1次試験日	第2次試験日	申込受付期間(※)
男性	第1回	Ⅰ類	4月29日(土)	5月27日(土)、28日(日) 6月3日(土)、4日(日)	3月30日(木)午前9時00分～ 4月10日(月)午後5時00分
	第2回	Ⅰ類	9月17日(日)	10月7日(土)、8日(日)	8月14日(月)午前9時00分～ 8月24日(木)午後5時00分
		Ⅲ類	9月16日(土)		
	第3回	Ⅰ・Ⅲ類	令和6年1月7日(日)	令和6年1月27日(土)	12月1日(金)午前9時00分～ 12月11日(月)午後5時00分
女性	第1回	Ⅰ類	4月29日(土)	6月10日(土)	3月30日(木)午前9時00分～ 4月10日(月)午後5時00分
	第2回	Ⅰ類	9月17日(日)	10月9日(月)	8月14日(月)午前9時00分～ 8月24日(木)午後5時00分
		Ⅲ類	9月16日(土)		
	第3回	Ⅰ・Ⅲ類	令和6年1月7日(日)	令和6年1月28日(日)	12月1日(金)午前9時00分～ 12月11日(月)午後5時00分

○ 第2回試験でⅠ類とⅢ類を両方受験することはできません。どちらか一つの類別を選んで申し込んでください。
○ 令和6年3月に高校卒業見込みの人は、第2回試験から受験できます。
○ 男性警察官の第2次試験日は、当庁が受験者ごとに1日を指定します(受験者の都合で変更することはできません。)。
※ 申込方法は、インターネット申込みのみとなります。

2 採用予定人員〔1,100名〕

男性警察官			女性警察官		
Ⅰ類	570名(60名程度)	770名 (100名程度)	Ⅰ類	230名	330名
Ⅲ類	200名(40名程度)		Ⅲ類	100名	

○ ( )内の人員は、共同試験(最終ページの「11 共同試験」参照)の採用予定人員を内数で示したものです。

3 受験資格

【年齢及び学力】 類別ごとに次表のいずれかに該当することが必要です。

Ⅰ類 (大学卒業程度)	昭和63年4月2日以降に生まれた人で大学(学校教育法による大学(短期大学を除く。))を卒業又は令和6年3月までに卒業見込みの人
	昭和63年4月2日から平成14年4月1日までに生まれた人で大学卒業程度の学力を有する人
Ⅲ類 (高校卒業程度)	昭和63年4月2日以降に生まれた人で高校(学校教育法による高等学校)を卒業又は令和6年3月までに卒業見込みの人
	昭和63年4月2日から平成18年4月1日までに生まれた人で高校卒業程度の学力を有する人

次のいずれかに該当する人は、受験できません。

1 日本の国籍を有しない人
2 禁錮以上の刑に処せられ、その執行を終わるまで又はその執行を受けることがなくなるまでの人
3 東京都職員として懲戒免職の処分を受け、当該処分の日から2年を経過しない人
4 日本国憲法施行の日以後において、日本国憲法又はその下に成立した政府を暴力で破壊することを主張する政党その他の団体を結成し、又はこれに加入した人
5 平成11年改正前の民法の規定による準禁治産の宣告を受けている人(心神耗弱を原因とするもの以外)

4　受験申込手続

受験申込みはこちら	受験申込方法と申込上の注意
	○ 警視庁採用サイトの「インターネット申込み」へアクセスし、利用上の注意事項等をよく確認の上、申込受付期間内に画面の指示に従って申込みをしてください。 ○ 採用試験に関して警視庁採用センターに提出された書類は返却しません（資格経歴等の証明書類の原本を除く。）。 ○ 受験申込時の入力事項に虚偽があると、警察官として採用される資格を失う場合があります。
	警視庁職員採用試験申込システム　https://www.keishicho-saiyo.jp

5　試験の方法

(1)　第1次試験

試験科目		内容
警察官として必要な一般教養及び政治、社会、法律、経済等の知識について、試験の類別に応じた筆記試験を行います。		
筆記試験	教養試験	出題分野の内容は、おおむね次のとおりです。【五肢択一式、50題、2時間】 ＜知能分野＞文章理解、判断推理、数的処理、資料解釈、図形判断 ＜知識分野＞人文科学、社会科学、自然科学、一般科目（国語、英語、数学）
	論（作）文試験	課題式の論（作）文試験を行います。【1題、1時間20分】
	国語試験	職務に必要な国語力について試験を行います。【五肢択一式、50題、20分】
資格経歴等の評定		所持する資格経歴等についての評定を行います。 （申請方法等はこの案内の「6 『資格経歴等の評定』について」を参照してください。）
第1次適性検査		警察官としての適性について、記述式等の方法により検査を行います。

(2)　第2次試験

試験科目	内容
面接試験	人物についての面接試験を行います。
身体検査	警察官としての職務執行上、支障のある疾患の有無等について検査を行います。

検査内容	視力検査、色覚検査、聴力検査、運動機能の検査、医師の診察、身長測定、体重測定、レントゲン検査、血液検査(貧血検査、肝機能検査、血中脂質等検査、血糖検査)、尿検査

次表の全てを満たすことが必要です。

項目	内容
視力	裸眼視力が両眼とも0.6以上、又は矯正視力が両眼とも1.0以上であること
色覚／聴力	警察官としての職務執行に支障がないこと
疾患	警察官としての職務執行上、支障のある疾患がないこと
その他身体の運動機能	警察官としての職務執行に支障がないこと

試験科目	内容
体力検査	職務執行上必要な体力の有無について検査を行います(種目は変更する場合があります。)。 種目：腕立て伏せ、バーピーテスト、上体起こし、反復横跳び
第2次適性検査	警察官としての適性について、記述式等の方法により検査を行います。

6　「資格経歴等の評定」について

(1)　申請方法等について

申請方法	○ 資格経歴等を申請する方は、必ず受験申込みの際「資格経歴等」欄に必要事項を入力してください。 ○ 申請を行った資格経歴等の証明書類を、第1次試験日に持参してください。 ○ 証明書類は、申請した各資格経歴ごとに原本とそのコピーが必要です。 ○ 証明書類の原本を確認した上でコピーを受け取り、原本を返却します。

(2) 資格経歴等の基準の目安(例)

体力	柔道又は剣道その他の武道	初段以上
	スポーツ歴	全国規模で行われる大会で、全日本選手権、国民体育大会、大学選手権、全国高校総合体育大会又はこれらに準じる大会の出場経験又はこれに類するもの
情報処理	ITパスポート、基本情報技術者、応用情報技術者等、経済産業省管轄の国家資格又はこれに類するもの	
語学	英語	○ 実用英語技能検定(英検):2級以上 ○ TOEIC:470点以上 ○ TOEFL <iBT>48点以上 <PBT>460点以上 <CBT> 140点以上 ○ 国際連合公用語英語検定(国連英検):C級以上 又はこれらに類するもの
	中国語	○ 中国語検定:3級以上 ○ 漢語水平考試:4級以上 ○ 中国語コミュニケーション能力検定(TECC):400点以上 又はこれらに類するもの
	韓国語	○ ハングル能力検定:準2級以上 ○ 韓国語能力試験:4級以上 又はこれらに類するもの
その他	「体力」「情報処理」「語学」に類する資格経歴等	
	その他警察官の職務執行に有用な資格経歴等	

7 合格者の決定及び通知

試験の最終結果は、第1次及び第2次試験の結果を総合的に判定し、決定されます。

対象者	通知日	通知方法	通知内容
第1次試験受験者	第1次試験終了後おおむね2週間後	受験者本人に郵便で通知※	○合格者 第2次試験の案内(試験実施日、携行品等) ○不合格者 第1次試験の受験者数、合格者数及び順位
第2次試験受験者	第2次試験終了後おおむね70日後		○合格者 最終合格者数及び順位 ○不合格者 第2次試験の受験者数、最終合格者数及び順位

※ 第1次試験結果及び最終結果は、警視庁採用サイトに合格者の受験番号を掲載します。

8 合格者の採用

合格者は、警視庁警察官採用候補者名簿に登載し、その中から原則として令和6年4月1日以降、順次警視庁巡査として採用します。

採用されると、警察学校(全寮制)で、一般教養のほか、警察官として必要な憲法・刑法等の法学、捜査・交通等の警察実務、柔道又は剣道(女性はこのほか合気道)のうち1種目・逮捕術・救急法・拳銃操法等の術科について研修(初任教養)を受けます。この研修を修了した後、警察署に配属されます。

【初任教養】

Ⅰ類採用者	6か月	Ⅲ類採用者	10か月

9 給与及び待遇

(1) 給与(初任給)

Ⅰ類採用者	259,300円	Ⅲ類採用者	221,800円

○ この初任給は、令和5年1月1日現在の給料月額に、地域手当(20%)を加えたものです(100円未満切捨て)。
○ 上記のほか、在職期間及び勤務成績に応じて期末・勤勉手当(年間おおむね4.55か月分)が支給されます。
また、支給要件に基づいて扶養手当、住居手当、通勤手当、勤務に応じた特殊勤務手当等が支給されます。
○ 学校卒業後の職歴等がある人は、一定の基準により加算される場合があります。
○ 採用前に給与改定等があった場合は、その定めるところによります。

(2) 勤務制

毎日制勤務	午前8時30分~午後5時15分
交替制勤務	職務により三部制から八部制までに分かれます。 交番勤務は四部制です(4日に1回の夜間勤務)。

(3) 週休日・休日・休暇等

週休日(4週間ごとの期間につき8日)、祝日休、年末年始休、年次有給休暇(20日)、特別休暇(夏季、結婚、出産、ボランティア等)、介護休暇、育児休業等があります。

(4) 単身寮・家族住宅

単身寮が完備されています。また、都内各地に家族住宅があり、希望者は入居することができます。

10 第1次試験受験上の注意

(1) 受付時間

受験日の午前8時20分から午前9時00分までの間(時間厳守)

(2) 携行品

受験票	○ 第1次試験日のおおむね10日前に、受験票発行のお知らせメールを配信しますので、受験票をダウンロードして印刷をしてください。印刷した受験票に写真(※)を貼り、第1次試験当日に持参してください。 ※ 写真は、4cm×3cm、上半身、無帽、正面向き、6か月以内に撮影したものを使用してください。 ※ 写真の裏面に、氏名を記入してください。
筆記用具	鉛筆(HB3本以上)又はシャープペンシル、黒色ボールペン、消しゴム
昼食・飲物	試験会場では購入できませんので、各自で準備をしてください。
資格経歴等を証明する書類	受験申込時に申請した各資格経歴ごとに「原本とそのコピー」が必要です。 試験会場で証明書類をコピーすることはできません(後日持参しても受け付けません。)。

○ 第1次試験の終了は、おおむね午後6時00分を予定していますが、諸般の事情により遅れることもありますので、帰りの交通機関の切符等を予約する場合には、時間に余裕を見てください。

(3) 試験会場

○ 試験会場が複数ありますので、必ず受験票で自分の試験会場を確認してください。
○ 試験会場敷地内では、携帯電話等の電源は切ってください。
○ 時計のない会場がありますので注意してください。
※ 卓上用の時計、携帯電話、スマートフォン、腕時計型端末等の電子機器は使用できません。
○ 試験会場への自動車、オートバイ、自転車等の乗り入れはできません。また、近くに駐車場はありません。
○ 車での来場は近隣の方の迷惑となりますので、公共交通機関を利用してください。

11 共同試験

共同試験は、警視庁警察官を志望する人が地元でも受験できるように、1道17県の地元県で実施する採用試験です(男性警察官のみ)。

第1次試験は、地元県が実施します。第2次試験は、警視庁の試験官が地元県に赴き実施します。

○ 地元県については、警視庁採用サイトで確認してください。
○ 受験申込み、受験要領等試験の詳細は、地元県の受験案内等で確認してください。

合格倍率

※Ⅱ類試験は実施していません。

男性警察官

	令和4年度			令和3年度			令和2年度		
	受験者数	合格者数	倍率	受験者数	合格者数	倍率	受験者数	合格者数	倍率
Ⅰ類	5,379	886	6.1	5,845	1,027	5.7	2,960	643	4.6
Ⅲ類	2,492	243	10.3	1,344	158	8.5	1,543	213	7.2

女性警察官

	令和4年度			令和3年度			令和2年度		
	受験者数	合格者数	倍率	受験者数	合格者数	倍率	受験者数	合格者数	倍率
Ⅰ類	1,942	261	7.4	1,874	303	6.2	906	165	5.5
Ⅲ類	933	148	6.3	506	78	6.5	530	82	6.5

東京都の自治体情報

都内の交通人身事故発生状況（令和4年中）

◎ 年別推移

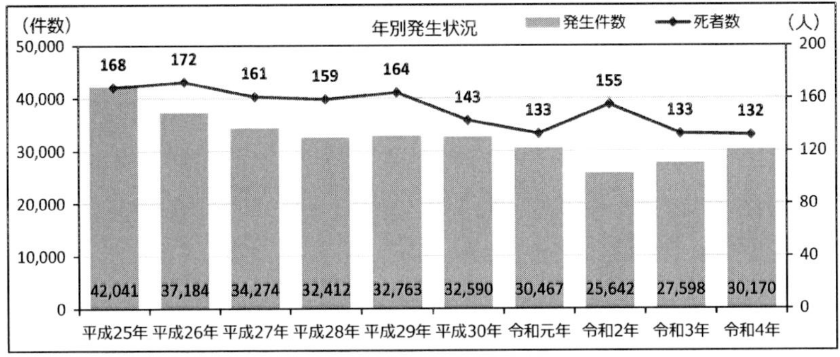

年　別		平成25年	平成26年	平成27年	平成28年	平成29年	平成30年	令和元年	令和2年	令和3年	令和4年
発生件数		42,041	37,184	34,274	32,412	32,763	32,590	30,467	25,642	27,598	30,170
	（指数）	(100)	(88)	(82)	(77)	(78)	(78)	(72)	(61)	(66)	(72)
死者数		168	172	161	159	164	143	133	155	133	132
	（指数）	(100)	(102)	(96)	(95)	(98)	(85)	(79)	(92)	(79)	(79)
負傷者数		48,855	43,212	39,931	37,828	37,994	37,443	34,777	28,888	30,836	33,429
	（指数）	(100)	(88)	(82)	(77)	(78)	(77)	(71)	(59)	(63)	(68)

※ 令和元年の表記には平成31年１月から４月を含みます。

◎ 月別推移

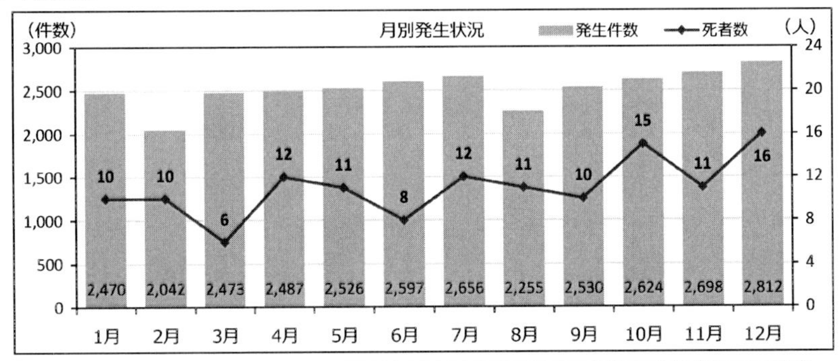

月 別		1月	2月	3月	4月	5月	6月	7月	8月	9月	10月	11月	12月	計
発生件数		2,470	2,042	2,473	2,487	2,526	2,597	2,656	2,255	2,530	2,624	2,698	2,812	30,170
	前年比	+375	-43	+107	+238	+487	+377	+304	+204	+412	+105	+112	-106	+2,572
死者数		10	10	6	12	11	8	12	11	10	15	11	16	132
	前年比	±0	-2	-7	+3	+4	+2	+1	-2	±0	+6	-1	-5	-1
負傷者数		2,710	2,216	2,728	2,751	2,805	2,845	2,986	2,535	2,801	2,858	3,031	3,163	33,429
	前年比	+373	-103	+124	+244	+535	+365	+366	+222	+392	+33	+151	-109	+2,593

◎ 事故類型発生状況

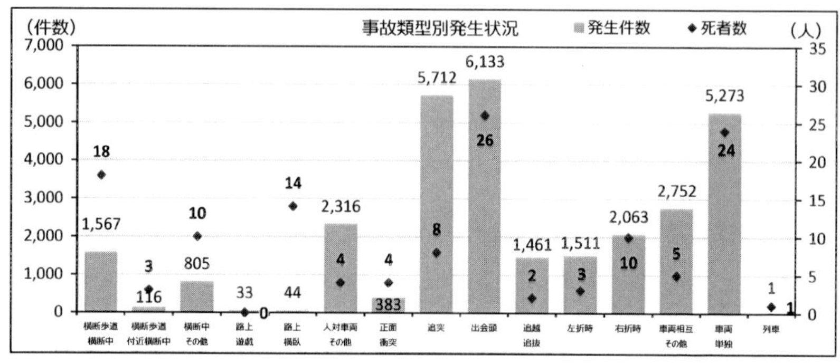

事故類型別	人対車両							車両相互								車両単独	列車	計
	横断歩道横断中	横断歩道付近横断中	横断中その他	路上遊戯	路上横臥	その他	小計	正面衝突	追突	出会頭	追越追抜	左折時	右折時	その他	小計			
発生件数	1,567	116	805	33	44	2,316	4,881	383	5,712	6,133	1,461	1,511	2,063	2,752	20,015	5,273	1	30,170
前年比	+37	+19	+106	+6	+20	+140	+328	+48	+96	+119	+82	-48	+2	+98	+397	+1,856	-9	+2,572
死者数	18	3	10	0	14	4	49	4	8	26	2	3	10	5	58	24	1	132
前年比	+3	-5	-6	±0	+7	-5	-6	+1	±0	+9	±0	±0	+6	+3	+19	-7	-7	-1
負傷者数	1,599	114	821	33	31	2,350	4,948	483	7,383	6,724	1,628	1,561	2,324	3,005	23,108	5,373	0	33,429
前年比	+37	+23	+116	+5	+14	+134	+329	+73	+107	+76	+93	-50	±0	+89	+388	+1,878	-2	+2,593

◎ 状態別発生状況

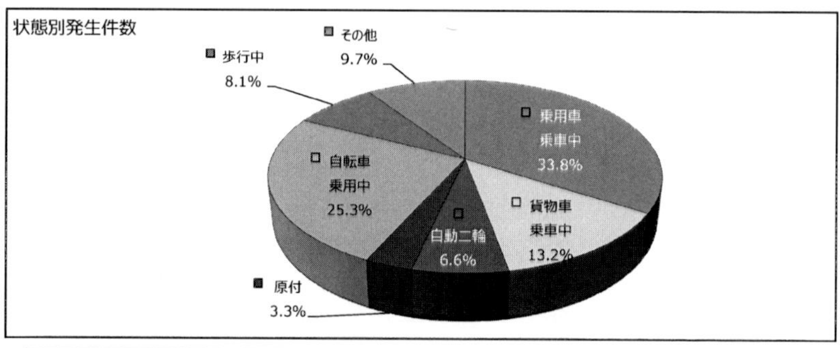

状態別	乗用車乗車中	貨物車乗車中	二輪車乗車中		小計	自転車乗用中	歩行中	その他	計
			自動二輪	原付					
発生件数	20,383	7,949	4,000	1,996	5,996	15,276	4,882	5,854	60,340
前年比	+323	+175	+326	+130	+456	+1,944	+320	+1,926	+5,144
死者数	8	3	33	7	40	30	50	1	132
前年比	-1	-4	+5	±0	+5	+12	-13	±0	-1
負傷者数	8,139	2,327	3,513	1,544	5,057	12,997	4,867	42	33,429
前年比	+70	+97	+261	+163	+424	+1,659	+320	+23	+2,593

※ 発生件数は、第1、2当事者の合計件数です。

※ 死者数、負傷者数は、車両同乗等を含む被害者数です。

「令和4年中の交通人身事故発生状況」より抜粋

第7　刑法犯の認知状況（月別及び罪種別）

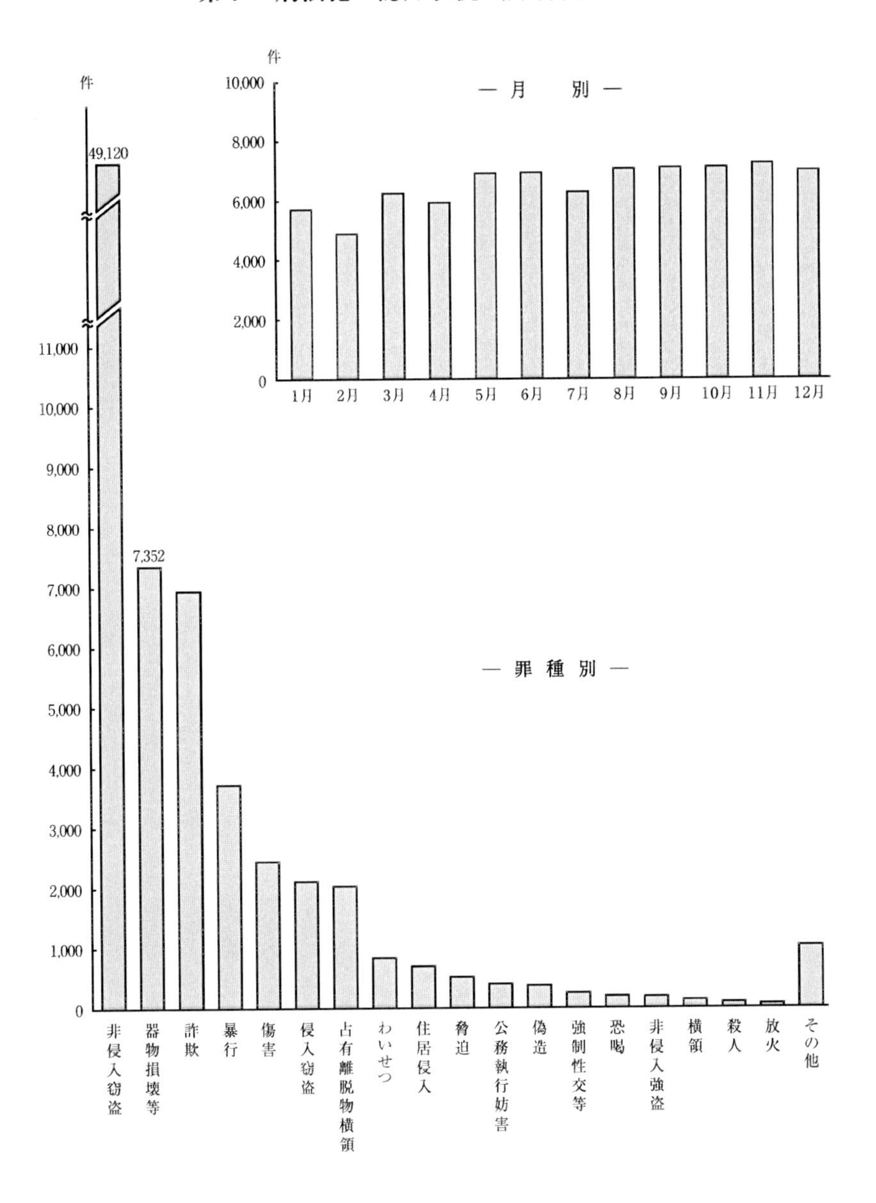

参照　第32表　刑法犯の罪種別認知件数(月別)

第８　刑法犯の認知・検挙状況（年次別）

年次	認知件数 総数	指数	凶悪犯	粗暴犯	窃盗犯	知能犯	その他	検挙 件数	指数	人員	指数
昭和40年（1965）	244,332	142	1,656	21,144	164,587	13,310	43,635	138,192	283	107,960	278
50（1975）	209,007	121	1,207	14,353	172,882	12,621	7,944	104,342	213	75,377	194
60（1985）	228,323	132	1,078	8,419	184,309	26,829	7,688	139,636	285	89,442	230
平成７年（1995）	235,325	137	1,204	4,977	188,448	3,817	36,879	95,192	195	60,914	157
17（2005）	253,912	147	1,275	10,481	181,724	14,110	46,322	86,444	177	58,837	151
24（2012）	**172,385**	**100**	**915**	**8,788**	**125,845**	**7,221**	**29,616**	**48,915**	**100**	**38,848**	**100**
25（2013）	162,557	94	854	8,603	117,969	7,668	27,463	44,758	92	34,969	90
26（2014）	160,120	93	907	8,844	117,250	8,010	25,109	41,909	86	32,651	84
27（2015）	148,182	86	757	8,972	108,198	7,015	23,240	43,516	89	32,627	84
28（2016）	134,619	78	696	8,701	96,658	7,420	21,144	40,091	82	31,044	80
29（2017）	125,251	73	692	8,345	87,404	9,084	19,726	37,630	77	28,530	73
30（2018）	114,492	66	684	8,437	78,924	8,742	17,705	37,579	77	28,468	73
令和元年（2019）	104,664	61	660	7,586	73,988	6,782	15,648	34,309	70	24,902	64
2（2020）	82,764	48	669	6,461	55,226	6,294	14,114	33,521	69	23,271	60
3（2021）	75,288	44	611	6,154	48,220	8,179	12,124	30,950	63	21,026	54
4（2022）	**78,475**	**46**	**629**	**6,875**	**51,231**	**7,468**	**12,272**	**30,587**	**63**	**20,911**	**54**

注１　指数は、平成24年を100とした。
　２　昭和50年以降、業務上等過失致死傷（交通関係）は「その他」から除いた。
　３　占有離脱物横領は、平成元年以降、「知能犯」から「その他」に分類換えされている。

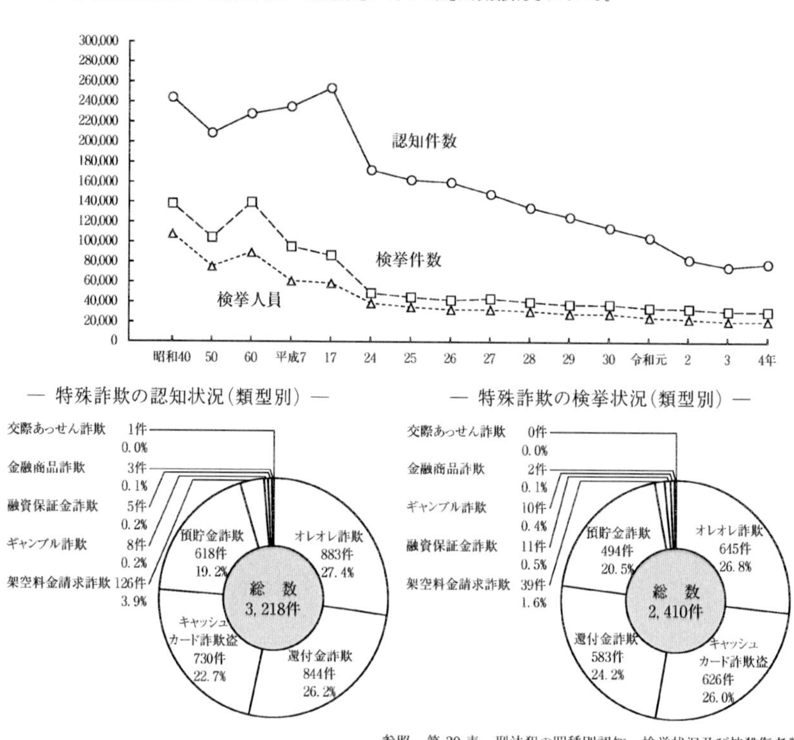

参照　第30表　刑法犯の罪種別認知・検挙状況及び被殺傷者数

「警視庁の統計（令和４年）」より抜粋

第2部

教養試験
実施問題

- 令和5年度第1回
- 令和5年度第2回
- 令和4年度第1回
- 令和4年度第2回
- 令和3年度第1回
- 令和3年度第2回

令和5年度　第1回　実施問題

1　司法権に関する記述として，最も妥当なのはどれか。

(1)　司法権はすべて最高裁判所と下級裁判所に属するが，下級裁判所には，高等裁判所，地方裁判所，簡易裁判所の3つがあり，下級裁判所の裁判官は，最高裁判所の指名した者の名簿によって，内閣でこれを任命する。

(2)　裁判が公正に行われるためには，司法権の独立のみならず，裁判官の独立も必要であり，これは，個々の裁判官が裁判所以外の国家機関からの干渉を受けることなく裁判を行わなければならないことを意味する。

(3)　日本国憲法は，明治憲法下の行政裁判所のような特別裁判所を禁止しており，司法裁判所以外の裁判は一切許されないが，行政機関が前審として裁判を行うことは許される。

(4)　最高裁判所は長たる裁判官とそれ以外の14名の裁判官で構成されるが，長たる裁判官は，内閣の指名に基づいて天皇が任命し，それ以外の裁判官は，内閣が任命する。

(5)　最高裁判所の裁判官は，任命後初めて行われる衆議院議員総選挙の際の国民審査制度により，投票者の過半数が罷免を可としたときは罷免される。

2　日本国憲法に関する記述として，最も妥当なのはどれか。

(1)　憲法第10条は，日本国民たる要件は，法律でこれを定めると規定するが，ここにいう法律の一例として戸籍法がある。

(2)　憲法第17条は，何人も，公務員の不法行為により，損害を受けたときは，法律の定めるところにより，国又は公共団体にその賠償を求めることができると規定しているが，ここにいう法律の一例として刑事補償法がある。

(3)　憲法第26条第2項は，すべて国民は，法律の定めるところにより，その保護する子女に普通教育を受けさせる義務を負うとしているが，ここにいう法律の一例として，教育基本法がある。

(4)　憲法第27条第2項は，賃金，就業時間，休息，その他の勤労条件に関する基準は，法律でこれを定めると規定するが，ここにいう法律の一例として，生活保護法がある。

(5)　憲法第44条は，両議院の議員及びその選挙人の資格は，法律でこれを定めると規定するが，ここにいう法律の一例として，国会法がある。

3　内閣のしくみと機能に関する記述として，最も妥当なのはどれか。

(1)　日本は議院内閣制を採用しており，内閣は，国会に対して連帯して責任を負い，内閣総理大臣は国会議員の中から国会の議決により指名される。

(2)　内閣は，衆議院で内閣不信任案が可決されるか，信任案が否決された場合，10日以内に衆議院を解散するか総辞職する。その際，内閣は新たに内閣総理大臣が任命されるまで不在となる。

(3)　内閣の主な権限は，一般行政事務のほか，法律の執行，外交関係の処理，条約の締結，予算の作成と国会への提出，政令の制定，恩赦の決定，国政調査権がある。

(4)　軍国主義的な政治を防止するため，内閣総理大臣は文民でなければならないと規定されている。ただし，各国務大臣は国会議員であれば，文民に限らない。

(5)　内閣総理大臣は，旧憲法下では「同輩中の首席」とされ他の国務大臣より上の立場であったが，現憲法下では内閣の首長として，他の国務大臣の任命・罷免をおこなうなど，その権限は強化された。

4　我が国の地方財政に関する記述として，最も妥当なのはどれか。

(1)　「三位一体の改革」とは地方財政の立て直しと，地方分権の推進を目指して，地方交付税の見直し，国庫支出金の削減，機関委任事務の廃止の3つを同時に進めたものである。

(2)　地方債とは地方公共団体が財政上の理由で発行する公債で，地方債の発行は2006年度以降，国の許可制から国との事前協議制になった。

(3)　地方交付税とは，所得税・法人税・酒税等を財源にして国から地方公共団体に交付されるものである。地方交付税は使途が予め指定されて交付される。

(4)　国庫支出金とは国が補助率を定め交付するものである。国庫支出金は使途が定められておらず，地方公共団体が自主的に決定できる。

(5)　特定財源とは地方歳入のうち，地方税収など使途が定められている財源を指す。一方で地方債など使途が定められていない財源のことを一般財源と呼ぶ。

5 金融政策と金融行政に関する記述として，最も妥当なのはどれか。

(1) 日本銀行の行う金融政策として公開市場操作がある。日本銀行が市中金融機関との間で公債などを売買して政策金利を誘導し，景気の安定をはかるものである。現在は政策金利として，公定歩合が用いられている。

(2) 市中銀行が預金のうち日本銀行に預けなければならない一定の割合を預金準備率といい，現在は景況に応じて預金準備率操作が行われている。

(3) 金融機関が破綻した際に，預金者に対して預金の一定額のみを保証する制度をペイオフという。1990年代に金融不安からペイオフを凍結し，破綻した金融機関の預金は全額保護されるようになり，現在もペイオフは凍結されている。

(4) 近年の金融政策としては，政策金利を0%に誘導するゼロ金利政策や，誘導目標を金利ではなく日銀当座預金残高とする量的緩和政策が実施され，2016年には日銀当座預金の一部にマイナスの金利を適用するマイナス金利政策も導入された。

(5) 1990年代後半には，フリー・フェア・グローバルを掲げる日本版金融ビックバンが行われた。また，1998年には大蔵省から金融機関への検査や監督を移管した金融庁が設置され，その後2000年に改組され金融監督庁となった。

6 地域的経済統合等に関するA～Eの記述のうち，正しいものの組合せとして，最も妥当なのはどれか。

A アジア太平洋経済協力（APEC）とは，域内貿易・投資の自由化，保護主義的な貿易ブロックの反対などを目的に発足した，西側資本主義国の集まりである。

B 経済協力開発機構（OECD）とは国連の専門機関の1つであり，発展途上国への経済援助を目的としている。

C 環太平洋パートナーシップ協定（TPP）は合計12か国による署名後，アメリカが離脱を表明したことから，アメリカを除く11か国によりTPP11協定が発効した。

D 地域的な包括的経済連携（RCEP）協定は，2022年に我が国を含めて12か国について発効していたところ，本年に入り，さらにインドが加わった。

E　我が国では，当初は地域間経済協力に向けた対応を慎重に進めていたが，シンガポールとの間で経済連携協定（EPA）を締結し，それ以降，さまざまな国・地域との交渉を続けている。

(1)　A，B　(2)　A，E　(3)　B，C　(4)　C，E
(5)　D，E

7　いわゆる「ステルスマーケティング」の規制に関する記述として，最も妥当なのはどれか。

(1)　本年3月，「ステルスマーケティング」は，公正取引委員会が所管する不当景品類及び不当表示防止法に不当な表示として追加され，本年10月から規制が始まることになった。

(2)　実際は事業者の広告であるのに，SNSで影響力のあるインフルエンサーなど第三者に依頼して，商品やサービスについての感想や意見のように見せかけて商品等を推奨する内容の投稿をさせる行為は「ステルスマーケティング」に該当するが，事業者が一般消費者になりすまして自らの商品等について感想を述べるような場合は該当しない。

(3)　規制の目的は，事業者による不当表示を禁止することによって，事業者間の競争の公正性を確保することにある。

(4)　事業者が「一般消費者が事業者の表示であることを判別することが困難である表示」に該当する不当表示をした場合には，直ちに刑事罰の対象となる。

(5)　規制は，不当景品類及び不当表示防止法の法律改正によって導入されるものではなく，内閣総理大臣によって告示として指定されるものである。

8　次の記述に当てはまる語句として，最も妥当なのはどれか。

雇用の機会均等や，多様な働き方を指す言葉。人種や性別，年齢，学歴，障害の有無などを問わずに積極的に採用し，ライフスタイルに合った働き方を認めようという考え方をいう。

(1)　ワーク・ライフ・バランス　(2)　ワークシェアリング
(3)　ダイバーシティ　(4)　ワーケーション
(5)　コンプライアンス

9 総務省が発表した2022年の人口移動報告に関する記述として，最も妥当なのはどれか。

(1)　東京圏（東京，埼玉，千葉，神奈川の1都3県）に隣接する茨城県と山梨県では，2021年は東京圏から「転入超過」であったが，2022年は一転して「転出超過」となった。

(2)　東京23区では，2021年，2022年と「転入超過」が続いた。2022年の「転入超過数」は，過去最少だった2021年の約7倍となった。

(3)　東京都は，2021年は転出者が転入者を上回る「転出超過」だったが，2022年には転入者が転出者を上回る「転入超過」に戻った。新型コロナウイルス感染症の流行で一旦弱まった東京一極集中の傾向が再び強まっている。

(4)　2022年は，「転出超過数」が2021年と比較して最も拡大したのは広島県で，2番目は長野県であった。

(5)　名古屋圏（愛知，岐阜，三重の3県）と大阪圏（大阪，兵庫，京都，奈良の2府2県）では，2022年はいずれも「転入超過」だった。

10 豊臣（羽柴）秀吉の治績に関する記述として，最も妥当なのはどれか。

(1)　1582年，本能寺の変を知った豊臣秀吉は，毛利氏と講和して軍を京都へ返し，長篠の戦いで明智光秀を討ちとった。

(2)　1585年，朝廷から関白に任じられ，翌年には太政大臣に就任し，後陽成天皇から豊臣姓を授けられた。1588年，京都に新築した大坂城に天皇を招いて，諸大名に自らへの忠誠を誓わせた。

(3)　豊臣秀吉は，全国の戦国大名に停戦を命じ，1587年に九州の北条氏政を降伏させ，1590年に小田原の島津義久を滅ぼした。さらに伊達政宗ら東北の諸大名を屈服させて全国統一を完成させた。

(4)　1582年以後，全国各地で検地をおこない，一地一作人を原則として土地一区画ごとに耕作者の氏名を検地帳にのせ，土地の生産力を米の量である石高で示した。

(5)　1588年，刀狩令を出して百姓から武力をうばい，1591年に，武家奉公人が町人・農民の身分になることや百姓が商業や賃仕事に従事することを禁止する惣無事令（そうぶじれい）を出した。

11 国風文化に関する記述として，最も妥当なのはどれか。

(1)　9世紀に考案されたかな文字を使ったかな文学が発達し，かな物語では，伝説を題材にした『竹取物語』や歌物語の『今昔物語集』などが作られた。

(2)　天台・真言の2宗が，祈禱を通じて貴族の支持を集める一方，神仏習合が進み，仏と日本固有の神々とを結びつける本地垂迹(ほんじすいじゃく)説が生まれた。

(3)　空也が京で浄土教を説き，慶滋保胤(よししげのやすたね)が『往生要集(おうじょうようしゅう)』を著して念仏往生の教えを説くと，貴族をはじめ庶民の間にも浄土教が広まった。

(4)　貴族の住宅は，書院造とよばれる日本風のものになり，屛風や襖には，日本の風物が大和絵の手法で描かれ，中国の題材は用いられなくなった。

(5)　貴族は浄土教の影響を受けて阿弥陀堂を建てたが，藤原頼通が建立した法成寺は，阿弥陀堂を中心とした大寺であり，その子藤原道長が建立した平等院鳳凰堂は，阿弥陀堂の代表的な遺構である。

12 オスマン帝国に関する記述として，最も妥当なのはどれか。

(1)　13世紀末頃アナトリア北西部に建国されたオスマン帝国は，14世紀後半にバルカン半島に進出してダマスクスを征服し，そこを首都とした。

(2)　14世紀後半，バヤジット1世は，アンカラの戦いでハンガリー王ジギスムントが率いる連合軍を破ったが，ニコポリスの戦いでティムールに大敗を喫した。

(3)　メフメト2世は国力を回復させ，1453年にビザンツ帝国のコンスタンティノープルを征服して，ここを新たな首都に定めた。

(4)　セリム1世は，新興のサファヴィー朝を破ったのちシリアへ進出し，1517年にはアイユーブ朝を滅ぼしてシリア・エジプトを支配下におさめた。

(5)　スレイマン1世は，1529年にウィーンを包囲し，1538年のレパントの海戦では，スペイン・ヴェネツィアの連合艦隊を破り，地中海の制海権を手に入れた。

13 隋および唐に関する記述として，最も妥当なのはどれか。

(1) 隋が，煬帝の相次ぐ土木事業や外征に対する不満から民衆の反乱に倒れると，李淵が南匈奴と結んで618年に唐を建て，2代皇帝の太宗（李世民）の時代には中国国内を再統一した。

(2) 太宗は，チベットの吐蕃と和親して，中央ユーラシアへ勢力を伸ばし，続く高宗の時代には朝鮮半島へも進出したが，白村江の戦いで日本軍に敗れた。

(3) 唐の政治制度は，隋の制度を受け継ぎ，律・令・格・式からなる法制を完成させ，中央に内閣大学士と御史台からなる中央官制を整え，地方には州県制をしいた。

(4) 唐は，戸籍を整備して，成年男性に土地を均等に支給し（均田制），租税・労役（租庸調制）と兵役（府兵制）を課すという，土地制度・税制・兵制が一体となった制度をしいた。

(5) 国際色豊かな政治・経済の中心となった唐の首都洛陽には，トルコ系やイラン系の人々が多数移住し，諸外国から訪れる外交使節や，ソグド商人・ウイグル商人が活発に往来した。

14 世界の人口に関する記述として，最も妥当なのはどれか。

(1) 人間が居住し生活を営んでいる地域はアネクメーネ，人が常住していない地域はエクメーネと呼ばれる。

(2) 自然増加とは，ある地域で流入数と流出数の差によって生じる人口の増加をいう。

(3) 社会増加とは，ある地域で出生数と死亡数の差によって生じる人口の増加をいう。

(4) 人口転換とは，20世紀後半にアジア，アフリカ，中南アメリカの発展途上地域中心に死亡率の低下によって生じた急激な人口増加のことをいう。

(5) 地球上における収容可能な人口数を可容人口といい，その値は地球全体の食料生産の総量を1人当たりの需要量で割って得られる。

15 **小地形に関する記述として，最も妥当なのはどれか。**

(1)　河川が山地から平野に達すると流れが遅くなるため，運ばれてきた土砂が堆積し，扇状地を形成する。扇状地は水はけが良いため畑や果樹園として利用される。

(2)　炭酸カルシウムでできた石灰岩は，雨などによって溶かされカルスト地形と呼ばれる独特な地形を作る。地表にはワジと呼ばれるくぼ地があり，河川はみられない。

(3)　河口部では流れが減速し運搬力を失うため，砂や泥が堆積して三角州ができる。三角州は高湿で高潮などの被害を受けやすいため，農業には適していない。

(4)　乾燥地帯には，岩石が地表に現れた岩石砂漠や礫に覆われた礫砂漠，砂丘が発達した砂砂漠がみられる。アメリカ合衆国西部ではテーブル状の残丘のビュートやさらに侵食された柱状の残丘のメサがみられる。

(5)　土地の隆起や海面の低下によって離水海岸が形成され，土地の沈降や海面の上昇によって沈水海岸が形成される。一般に，離水海岸では三角江（エスチュアリー）がみられ，沈水海岸では海岸平野や海岸段丘がみられる。

16 **江戸期の儒学者に関する記述として，最も妥当なのはどれか。**

(1)　朱子学派の林羅山（はやしらざん）は，万物に上下の別があるように人間社会にも身分秩序があるとして，「上下定分の理」を説き，敬を持って心を保つ「経世済民（けいせいさいみん）」が道徳の根本であるとした。

(2)　朱子学派の熊沢蕃山（くまざわばんざん）は，臣下の君主に対する絶対的な忠誠を強調して厳格な「敬」を説き，儒学と神道を融合して垂加神道を創始した。

(3)　朱子学派の新井白石は幕府の政治顧問となって正徳の治を推進し，「西洋紀聞」では，キリスト教の世界創造説などを称賛した。

(4)　古学派の荻生徂徠（おぎゅうそらい）は，「孝」が万物を貫く原理であり道徳の根源として，時と処（場所），位（身分）に応じ，武士だけでなく万人が「孝」を中心とした徳を実践すべきであると説いた。

(5)　古学派の山鹿素行（やまがそこう）は，『聖教要録』を著して朱子学の抽象的な理論を批判し，直接孔子や孟子の教えに戻ることを主張したが，朱子学を批判したとして赤穂に配流された。

17 次の記述に該当する人物として，最も妥当なのはどれか。

本格推理小説の祖であり，幻想的な短編の名手としても知られる。作品には，詩『大鴉』，小説『アッシャー家の崩壊』『モルグ街の殺人』，短編小説に『黄金虫』『黒猫』などがある。

(1) マーク・トウェイン　(2) エドガー・アラン・ポー
(3) パール・バック　(4) マーガレット・ミッチェル
(5) オー・ヘンリー

18 次のことわざとその意味の組合せとして，最も妥当なのはどれか。

(1) 庇（ひさし）を貸して母屋を取られる － 恩を仇で返されること
(2) 釈迦（しゃか）に説法 － つまらないことまで，いちいち干渉すること
(3) 船頭多くして船山に上る － 権力のある者には従う方がよいこと
(4) 生兵法は大怪我のもと － 2種類の仕事を1人で兼ねて失敗すること
(5) 蝸牛（かぎゅう）角上の争い － 目立つ者はとかく他に憎まれること

19 次の外来語のうち「叙情精神。主観的感情をあふれでるままに直接的に表現する叙情的傾向」を意味するものとして，最も妥当なのはどれか。

(1) シュールレアリスム　(2) ペダンティック
(3) マンネリズム　(4) リリシズム
(5) ナルシシズム

20 半導体に関する記述として，最も妥当なのはどれか。

(1) ケイ素やゲルマニウムは高温では抵抗率が大きく電子を通しにくいが，温度が下がると抵抗率が下がる。このような半導体を真性半導体という。

(2) 真性半導体に微量のアルミニウムを入れるとp型半導体に変化し，アルミニウムは価電子を3個しか持たないため共有結合をするには電子が1つ不足する部分ができる。この部分をホールと呼び，正の電気を持つ粒子のようにふるまう。

(3) 半導体において電流を担う荷電粒子をキャリアと呼び，p型半導体では電子がキャリア，n型半導体ではホールがキャリアとなる。

(4)　p型半導体とn型半導体を接合し両側に電極を取り付けたものを半導体ダイオードという。半導体ダイオードは双方向に電流を流し整える整流作用を持つ。

(5)　トランジスターは大きな電流の変化を微弱な電流に抑制するはたらきがある。2つのp型半導体の間に薄いn型半導体をはさんだ構造のものをpnp型トランジスター，2つのn型半導体の間に薄いp型半導体をはさんだ構造のものをnpn型トランジスターという。

21 化学平衡に関する記述ア～オのうち，正しいものの組合せとして，最も妥当なのはどれか。

ア　同じ物質量の水素とヨウ素を密閉容器に入れて一定温度に保ち，長時間が経過するとそれぞれの物質量は一定の状態で保たれるようになる。このように見かけ上反応が止まっていることを化学平衡の状態という。

イ　ルシャトリエの原理とは，化学平衡は，濃度，圧力，温度などの条件を変化させるとその影響を促進する方向に移動し，新しい平衡状態になることをいう。

ウ　一般に可逆反応が平衡状態にあるとき，反応に関係する物質の濃度を増加させるとその濃度が減少する方向に平衡が移動し，逆に物質の濃度を減少させるとその濃度が増加する方向に平衡が移動する。

エ　一般に気体が関係する可逆反応が平衡状態にあるとき，混合気体の圧力を増加させると気体分子の総数も増加する向きに反応が進み，圧力を減少させると気体分子の総数も減少する方向に平衡が移動する。

オ　一般に可逆反応が平衡状態にあるとき，加熱して温度を上げると発熱反応を伴う向きに平衡が移動し，温度を下げると吸熱反応を伴う向きに平衡が移動する。

(1)　ア，イ　(2)　ア，ウ　(3)　イ，エ　(4)　ウ，オ
(5)　エ，オ

22 ヒトのホルモンに関する記述として，最も妥当なのはどれか。

(1)　ホルモンは内分泌腺から血液中に分泌される。ホルモンは血液によって運搬されるため，一般に自律神経系による調節よりも素早く働くが，作用に持続性はない。

(2) 膵臓のランゲルハンス島で分泌されるホルモンとして，グルカゴンとインスリンがある。グルカゴンはグリコーゲンの合成を促進して血糖濃度を下げるはたらきがあるのに対して，インスリンはグリコーゲンの分解を促進して血糖濃度を上げるはたらきがある。

(3) 副腎皮質より分泌されるホルモンとして糖質コルチコイドがある。糖質コルチコイドはタンパク質を分解し糖をつくり出すことで，血糖濃度を上げるはたらきがある。

(4) 脳下垂体後葉より分泌されるホルモンとしてパラトルモンがある。腎臓における水分の再吸収や血圧の上昇を促進するはたらきがある。

(5) 副甲状腺より分泌されるホルモンとしてバソプレシンがある。バソプレシンには血液中のカルシウムイオン濃度を上げるはたらきがある。

23 我が国の気象に関する記述として，最も妥当なのはどれか。

(1) 冬には冷たく湿ったシベリア高気圧が発達する一方，日本の北東海上に発達した低気圧が停滞し，西高東低型の気圧配置になる。

(2) 日本では，6月～7月にかけてオホーツク海低気圧と太平洋高気圧との間に停滞前線が発生する。これを梅雨前線という。

(3) 乾いた空気塊が山脈を超えて吹き下るとき，山の風上側より風下側で低い温度になることをフェーン現象といい，日本では春先に日本海側で観測されることが多い。

(4) 熱帯低気圧のうち最大風速が約17m/s以上のものを台風という。台風の中心に向かって時計回りに風が吹き，激しい下降気流が発生する。

(5) 7月の後半には，偏西風が弱まって北に移動すると，日本は太平洋高気圧に覆われ，南高北低型の気圧配置になる。

24 次の英文の（　　）に当てはまるものとして，最も妥当なのはどれか。

If you get too excited in an argument, you are likely to (　　　) the main point.

(1) keep up with　(2) lose sight of　(3) pay attention to
(4) think much of　(5) turn away from

25 次の英文が文法的に正しく，意味が通るように［　　］内の単語を並び替えたとき，その順番として，最も妥当なのはどれか。

①　②　③　④　⑤　⑥
No [he / sooner / her / seen / than / had] he ran away.

(1) ①－⑥－②－④－③－⑤
(2) ①－⑥－④－③－②－⑤
(3) ②－⑤－①－⑥－④－③
(4) ②－⑤－⑥－①－④－③
(5) ②－⑥－①－④－③－⑤

26 次の英文の内容と合致するものとして，最も妥当なのはどれか。

※本文略（この問題は，著作権の関係により，掲載しません。）

(1) スティーブ・ジョブズの考えとしては，静かなコンピューターの方が消費エネルギーが少なく，効率の良い商品になると考えていた。
(2) WHOの発表によると，騒音公害は最も健康を害する環境的要因と言われており，解決が急がれている。
(3) さまざまな製造メーカーは，完全に無音な商品を開発することで，ストレスのない快適な環境の実現を目指している。
(4) 一般的に騒音は好ましくないものではあるが，完全なる無音もよくない場合があり，安全上最低限の音を出すことも必要である。
(5) 自動車メーカーは車の扉を閉める際など，音が必要でない場合は，極力音が出ないように懸命に取り組んでいる。

27 次の英文の内容と合致するものとして，最も妥当なのはどれか。

※本文略（この問題は，著作権の関係により，掲載しません。）

(1) 幕府が日本全国に街道を作ったのは，都市への物資の供給と，経済活動の活性化を目指したものであった。
(2) 五街道は，すべて京都や大阪に繋がっており，中でも太平洋沿岸を通る東海道と山の中を抜けていく中山道がよく使われる街道だった。

(3)　街道沿いには，人々が宿泊できる宿場町があり，たくさんの人が宿泊したりするので，その地域の経済の中心となっていた。
(4)　大名行列の泊まる場所として，一流の宿屋が整備されていき，やがて庶民もそのような宿屋を利用するようになった。
(5)　大名は自分自身の生活のために年貢米を換金する必要があり，そのために廻船を利用して米商人を呼び寄せて，米を換金した。

28 次の文の空欄に当てはまる一節として，最も妥当なのはどれか。

※本文略（この問題は，著作権の関係により，掲載しません。）

(1)　複数の話題を切り替えながら，同時に展開する
(2)　その場の空気を転換させ，話し手が主導権を握る
(3)　強引に対話の流れを支配し，相手の話題を受け流す
(4)　相手に話の内容をよく理解させ，会議を和やかに進める
(5)　一面的な雰囲気を切り替え，まったく逆の結論を導く

29 次の文章を先頭に置き，A～Eを並べ替えて意味の通る文章にするための順番として，最も妥当なのはどれか。

※本文略（この問題は，著作権の関係により，掲載しません。）

(1)　A－C－D－E－B　　(2)　B－C－E－D－A
(3)　B－A－E－D－C　　(4)　D－A－C－B－E
(5)　D－C－E－A－B

30 次の文章の要旨として，最も妥当なのはどれか。

※本文略（この問題は，著作権の関係により，掲載しません。）

(1)　ゾウは手のひらに鼻が付いているようなもので，さまざまな匂いの情報を利用しており，オスのゾウのマストの時期には，その分泌液の匂いで性成熟の程度を伝えるシグナルになっていると考えられている。

(2)　オスのゾウは，マストの時には悪臭のする分泌液を出し，その匂いによって凶暴化するが，なぜ凶暴化するかはまだわかっていない。
(3)　オスのゾウは，鼻を手のように使うため，匂いの嗅ぎ分けをすることができ，色々な匂いを嗅ぎ分けられることが性成熟の程度を表している。
(4)　オスのゾウのテストストロンはマストの時期に増大し，歳をとったゾウの方がより多く分泌することが原因で悪臭を放つため，周りのゾウが離れていくシグナルとなっている。
(5)　ゾウは鼻が手のように発達しているので，匂いだけでなくその触覚などの感覚も利用して，お互いの年齢や性別などを感じることができる。

31　次の文章の要旨として，最も妥当なのはどれか。

※本文略（この問題は，著作権の関係により，掲載しません。）

(1)　地球は誕生してから45億年以上経っていると言われており，地球の歴史を24時間に置き換えて考えると，生物が登場したのは午後11時39分頃になる。
(2)　15億年前にはすでに地球に単細胞生物が存在していたことは化石からわかっているが，41億年前にも同じような痕跡があり，全く同じ生物がいたと思われている。
(3)　地球上に15億年前に存在していたと見られる複雑な単細胞生物よりも昔の痕跡は未だ見つかっておらず，より深い研究と調査が必要である。
(4)　化石から15億年前にはすでに地球に生物が存在していたことがわかっているが，もっと古い年代の岩や地層からも化学的な生命の痕跡はあり，調査は必要だが地球誕生の初期まで生命の誕生がさかのぼる可能性がある。
(5)　現生人類の存在は地球が過去にたどってきた長い歴史を考えると，ほんの数秒程度前に現れた新参者と言わざるを得ないが，人間は研究をすることでその数十億年という時間を直感的に理解することができるようになる。

32 **次の文章の要旨として，最も妥当なのはどれか。**

※本文略（この問題は，著作権の関係により，掲載しません。）

(1) 研究によると，感情は伝染するが，全ての感情が同様に伝染するのではなく，不機嫌や憂鬱といった負の感情の方が伝染しやすいとわかった。
(2) 笑い声を聞くと自然に笑顔になり，笑いが伝染しやすいのは，人間の脳に笑顔や笑い声を感知する開回路が特別に組みこまれているからだ。
(3) 笑顔は友好的関係を確信させる唯一無二の信号である。
(4) 職場に笑い声があるとき，雑談や談笑をしているので，仕事に集中できていない。
(5) 笑い声は，世界観の共有ができていなくても波長が合っているというあらわれである。

33 **次の文章の要旨として，最も妥当なのはどれか。**

※本文略（この問題は，著作権の関係により，掲載しません。）

(1) 鉄鋼業の消費するエネルギーは，生産量に合わせて年々増加しており，そのエネルギー消費の大きさが負担となっており，徐々に産業自体が衰退していきそうである。
(2) 鉄鋼業は，その需要は増え続けているが，原料である鉄鉱石が枯渇していくという問題もあり，今後は別の産業に置き換わっていく可能性がある。
(3) 鋼板として生産物に利用された鋼は，電炉鋼として再利用されるが，鉄鉱石の枯渇や，エネルギー問題の観点からも，今後その割合が増えていくと予想される。
(4) 電炉鋼は2010年で，全世界の鉄鋼のうち30％程度の割合を占めているが，今後の鉄鋼需要の増え方や，電炉鋼自体の品質の低下からすると，その割合は下がっていくものと思われる。
(5) 鉄鋼の需要は年々増えているが，リサイクル鉄鋼中の銅の混入率によって，鉄鋼の品質が低下する心配があり，各鉄鋼業者の中でリサイクルの割合を増やすために，国際的な規制が作られた。

34 **あるクラスの学生に好きな科目についてアンケートを実施したところ，次のことが分かった。このとき確実にいえることとして，最も妥当なのはどれか。**

○　社会が好きな学生は，体育が好きである。
○　数学が好きな学生は，国語が好きではない。
○　数学が好きな学生は，音楽が好きではない。
○　理科が好きな学生は，社会が好きである。
○　数学が好きではない学生は，社会が好きである。

(1)　体育が好きではない学生は，国語が好きではない。
(2)　音楽が好きな学生は，国語が好きである。
(3)　社会が好きな学生は，国語が好きではない。
(4)　理科が好きな学生は，数学が好きである。
(5)　国語が好きではない学生は，体育が好きではない。

35 **次図のように東西に走る通り沿いにパン屋，肉屋，文房具店，薬局，本屋，花屋が１軒ずつ，コンビニエンスストアとカフェが各２軒ずつある。パン屋が通りの北側の東端にあり，以下のことがわかっているとき，確実にいえることとして，最も妥当なのはどれか。**

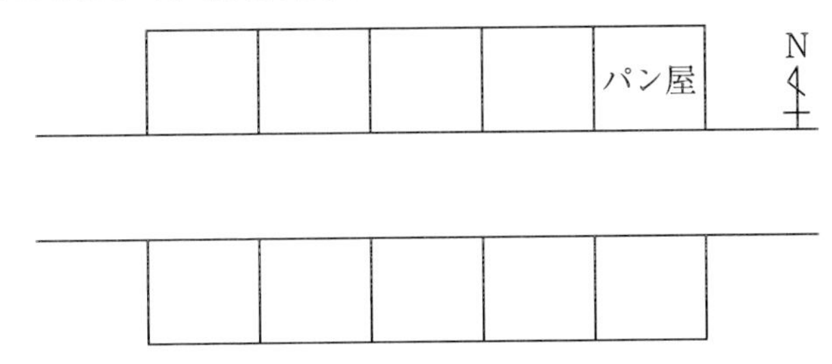

○　肉屋の１軒置いて東隣に文房具店がある。
○　薬局の東隣に本屋があり，本屋の向かいにコンビニエンスストアがある。
○　カフェ２軒は同じ並びにあり，いずれもコンビニエンスストアの隣にある。
○　花屋の向かいの店の隣にカフェがある。

(1)　文房具店の隣に花屋がある。
(2)　肉屋は５軒並びの中央にある。
(3)　パン屋の向かいにカフェがある。
(4)　花屋は通りの北側にある。
(5)　２軒のカフェのうち，１軒は西端にある。

36 **ある大学のサークルに在籍するA～Eの5人の活動状況について，次のことがわかっているとき，確実にいえることとして，最も妥当なのはどれか。**

○ 5人は，英会話，軽音楽，テニスのサークルのうち，少なくとも1つ以上に所属している。

○ Aは，英会話サークルに所属しているが，軽音楽サークルには所属していない。

○ 軽音楽サークルに所属している者は，テニスサークルに所属しておらず，英会話サークルに所属している。

○ Aは，Bと共通するサークルに所属していない。

○ Cは，Bと共通するサークルに所属していない。

○ Dは，Eと共通するサークルに所属していない。

○ 2つのサークルに所属している人は2人いる。

(1) Aはテニスサークルに所属している。
(2) テニスサークルには3人が所属している。
(3) Dは英会話サークルに所属している。
(4) Eは軽音楽サークルに所属している。
(5) 英会話サークルには3人が所属している。

37 **ある検定試験を受験したA～Eの5人が，試験の合否について，次のように発言している。4人だけが本当のことを言っているということが分かっているとき，確実にいえることとして，最も妥当なのはどれか。**

A 「Cは試験に合格した」
B 「Eは試験に合格した」
C 「私は不合格でした」
D 「CとEのいずれかは試験に不合格でした」
E 「試験に合格したのは私だけでした」

(1) Cは試験に合格した。
(2) Eは試験に合格した。
(3) Dはうそを言っている。
(4) Eはうそを言っている。
(5) CとEは2人とも試験に不合格だった。

38 **A～Eの５人が100メートル走を３回行った。それぞれの順位について，次のことがわかっているとき，確実にいえることとして，最も妥当なのはどれか。**

○　Aは，2回目は3位だった。
○　Bは，1回目は3位だった。
○　Cは，2回目より1回目の方が上位であり，1回目より3回目の方が上位だった。
○　Dは，2回目より3回目の方が上位であり，3回目より1回目の方が上位だった。
○　Eは，3回目より2回目の方が上位であり，2回目より1回目の方が上位だった。
○　1回目，2回目，3回目のいずれにおいても同じ順位になった者はいなかった。

(1)　Aは1回目に4位だった。
(2)　Bは2回目に5位だった。
(3)　Cは2回目に4位だった。
(4)　Dは3回目に3位だった。
(5)　Eは3回目に4位だった。

39 **A～Gの７人が１対１のゲームをしたところ，表のような結果になった。ただし，表の一部の空欄のところは，結果が見えなくなっている。勝った人に２点，引き分けた人に１点，負けた人には０点のポイントを加えたところ，１位が同点でAとE，３位が同点でFとGであった。このとき確実にいえることとして，最も妥当なのはどれか。なお，表は縦軸のチームを基準にして対戦結果を示しており，表中の○は勝ち，×は負け，△は引き分けを表している。また，１位と３位がそれぞれ同点のため，２位と４位は考慮しないものとする。**

	A	B	C	D	E	F	G
A		○	○	○	×	○	×
B	×		△	○	○	△	×
C	×	△		○	×	×	○
D	×	×	×		×	×	
E	○	×	○	○			
F	×	△	○	○			
G	○	○	×				

(1)　EはFに勝った。
(2)　EはGに勝った。
(3)　EはFとGに引き分けた。
(4)　GはFに勝った。
(5)　GはDに引き分けた。

40 次図のような正方形の枠の中に，A～Cの正方形を重ねたものがある。A～Cは同じ面積の正方形であり，1番上にA，2番目にB，3番目にCの順に重なっている。それぞれ見えている部分の面積は，A＝100cm^2　B＝68cm^2　C＝52cm^{2}がである。このとき枠内の面積として，最も妥当なのはどれか。

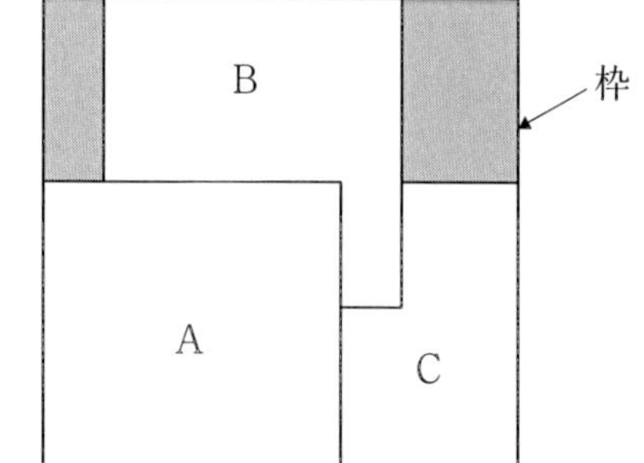

(1)　196cm^2
(2)　225cm^2
(3)　256cm^2
(4)　289cm^2
(5)　324cm^2

41 次図のような4つの図形の中で一筆書きが可能な図形の個数として，最も妥当なのはどれか。

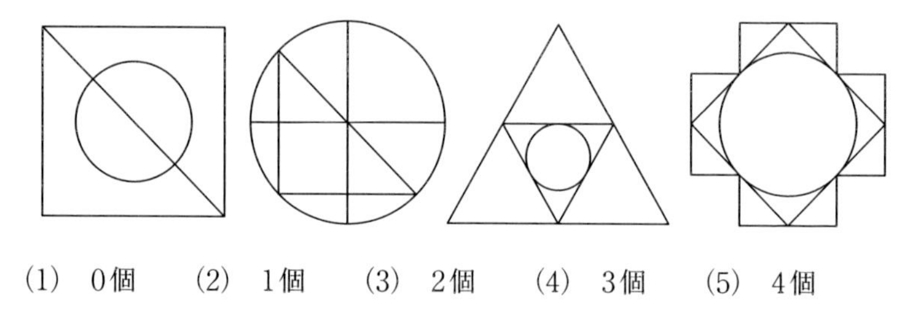

(1)　0個　(2)　1個　(3)　2個　(4)　3個　(5)　4個

42 次図は同じ大きさの立方体を積み上げてできた立体を正面から見た図と右側面から見た図である。このとき，積み上げた立方体の個数の範囲として，最も妥当なのはどれか。ただし，立方体どうしは，少なくとも1辺は接しているものとする。

(1)　7～20個
(2)　7～21個
(3)　7～22個
(4)　8～20個
(5)　8～21個

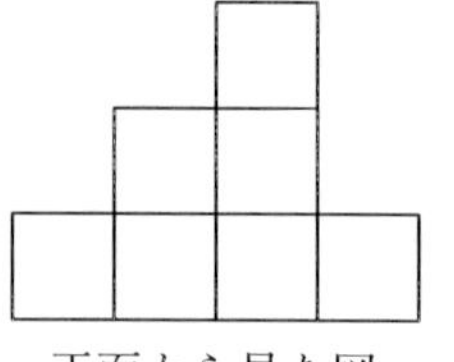
正面から見た図

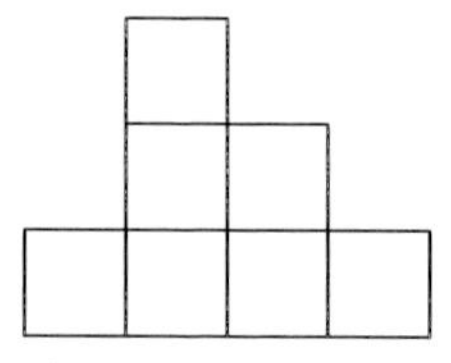
右側面から見た図

43 次図の展開図を組み立ててできる正四面体と同じ正四面体となる展開図として，最も妥当なのはどれか。ただし，すべて山折りとする。

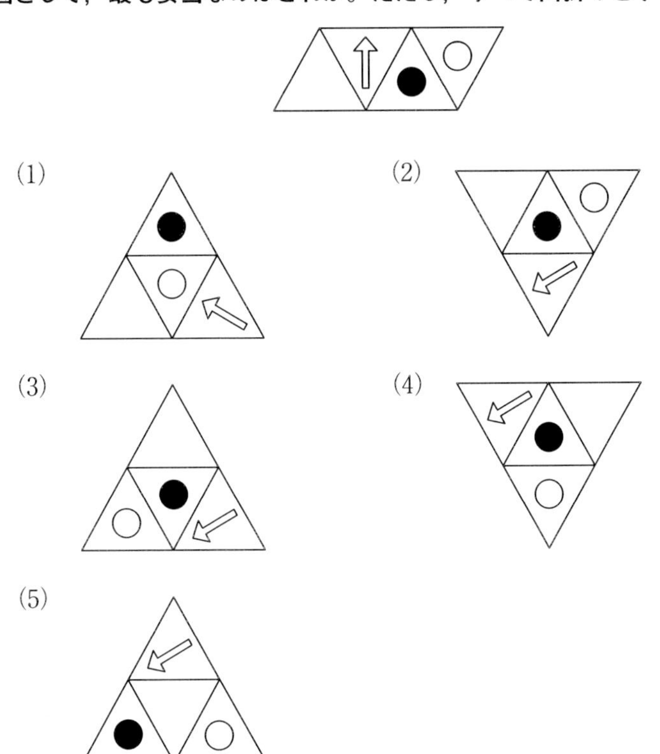

44 次図のように正六角形をつなぎ合わせた図形に，隣り合う正六角形が同じ色にならないように赤・青・黄の３色で塗り分けていく。ＡとＢに塗る色の組み合わせとして，最も妥当なのはどれか。

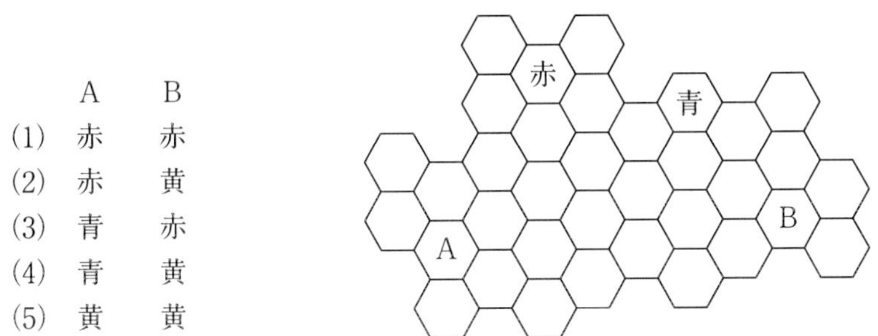

	A	B
(1)	赤	赤
(2)	赤	黄
(3)	青	赤
(4)	青	黄
(5)	黄	黄

45 ある企業は本社と支店があり，社員は合計で180人が在籍している。本社に勤務している社員のうち男性の割合は3割で，支店に勤務している男性の人数は63人である。ある年度の人事異動で，支店の社員が本社に30人異動することになった。その結果，本社に勤務する男性の割合は4割になり，支店に勤務する社員のうち男性の割合は5割となった。このとき，異動した男性の人数として，最も妥当なのはどれか。

(1) 12人　(2) 14人　(3) 16人　(4) 18人　(5) 20人

46 直径10cmの円Oの円周上に点A，点Bをとる。点Aから，OBに垂線を引き接した点をHとする。AB＝6cmの場合，三角形ABHの面積として最も妥当なのはどれか。

A
O
H
B

(1) $3.36\,\mathrm{cm}^2$
(2) $6.25\,\mathrm{cm}^2$
(3) $8.64\,\mathrm{cm}^2$
(4) $10.8\,\mathrm{cm}^2$
(5) $14.4\,\mathrm{cm}^2$

47 ある正の整数nの約数は，小さい数から順に並べるとp_1，p_2，p_3，…，p_8となり，$p_1=1$，$p_8=n$である。次の①・②となるとき，nの値として，最も妥当なのはどれか。

$$p_1+p_2+p_3+p_4+p_5+p_6+p_7+p_8=96 \quad \cdots①$$

$$\frac{1}{p_1}+\frac{1}{p_2}+\frac{1}{p_3}+\frac{1}{p_4}+\frac{1}{p_5}+\frac{1}{p_6}+\frac{1}{p_7}+\frac{1}{p_8}=\frac{16}{7} \quad \cdots②$$

(1) 36　(2) 38　(3) 40　(4) 42　(5) 44

48 AとBの2人が，目的地Zへ向かう。Zは路線バスのバス停XとバスYの間にある。AとBはともに，歩く速度が一定で，時速4kmである。また，バスは時速40kmで走る。AとBが，同じバスに乗り，AはZの手前のバス停Xで降りてZに向けて歩き，BはZを通り過ぎたバス停Yで降りてZに向かって歩いたところ，2人はZに同時に着いた。このとき，XからZ

までの距離と，ＹからＺまでの距離の比を表したものとして，最も妥当なのはどれか。

(1)　2：3　(2)　5：6　(3)　8：5　(4)　11：9　(5)　12：5

49 次の表は，我が国の地域別の農業産出額の割合を表している。この表からいえることとして，最も妥当なのはどれか。

	米	野菜	耕種その他	乳用牛	肉用牛	畜産その他	産出額（億円）
北海道	9.5%	16.9%	15.7%	39.3%	7.6%	11.0%	12,667
東北	31.8%	18.3%	19.3%	4.8%	6.5%	19.3%	14,426
北陸	60.4%	13.4%	9.4%	2.5%	1.6%	12.7%	4,142
関東東山	15.3%	35.8%	21.0%	7.3%	3.7%	16.9%	19,845
東海	13.3%	30.0%	26.1%	6.4%	5.3%	18.9%	6,916
近畿	26.0%	24.2%	29.3%	5.2%	5.8%	9.5%	4,549
中国	21.9%	20.6%	18.2%	8.9%	7.6%	22.8%	4,577
四国	12.4%	36.6%	28.7%	3.8%	3.7%	14.8%	4,103
九州	9.2%	24.9%	19.1%	4.6%	16.3%	25.9%	17,422
沖縄	0.5%	14.0%	41.9%	4.0%	21.8%	17.8%	910

※　東山は山梨県と長野県とする。

(1)　各地域の産出額に対する「米」，「野菜」，「耕種その他」の割合の合計は，どの地域も，「乳用牛」，「肉用牛」，「畜産その他」の割合の合計より10%以上高い。

(2)　北陸の「米」の産出額は約2,501億円であるが，全国の「米」の産出額に占める割合は20%以上である。

(3)　近畿の「畜産その他」の産出額は約432億円であり，全国の「畜産その他」の産出額の中で最も少ない。

(4)　地域別の農産物のうち産出額が5,000億円を超えているのは，関東東山の「野菜」と北海道の「乳用牛」である。

(5)　地域別の「米」の産出額が最も高いのは東北で，その額は北海道の「米」の産出額の3倍以上である。

50 次の表は，我が国の損害保険の種目別保険料の推移を表している。この表からいえることとして，最も妥当なのはどれか。

（単位：億円）

会計年度	1990	2000	2010	2019	2020
任意保険					
火災	9,735	10,537	10,073	12,807	14,693
自動車	24,781	36,501	34,564	41,089	41,881
傷害	6,670	6,766	6,477	6,750	6,205
新種　1)	6,014	6,923	8,189	13,035	13,331
海上・運送	2,941	2,315	2,324	2,622	2,426
強制保険					
自動車賠償責任保険	6,147	5,698	8,083	9,791	8,390
損害保険料の合計	56,288	68,740	69,710	86,094	86,926

1) 賠償責任保険，動産総合保険，労働者災害補償責任保険，航空保険，盗難保険，建設工事保険，ペット保険など

(1)　任意保険の保険料の合計が損害保険料の合計に占める割合は，各年度90%以下になっている。

(2)　新種保険の保険料が任意保険の保険料の合計に占める割合は，各年度10%以上であり，2020年度は15%以上である。

(3)　傷害保険の保険料が任意保険の保険料の合計に占める割合は，1990年度から2019年度までは10%以上であるが，2020年度は5%以下である。

(4)　2010年度と2020年度では，海上・運送保険の保険料が任意保険の保険料の合計に占める割合は，いずれも増加している。

(5)　自動車賠償責任保険の保険料が最も高いのは2019年度であるが，自動車賠償責任保険の保険料が損害保険料の合計に占める割合は2020年度が最も高い。

解答・解説

1 (4)

解説 (1) 下級裁判所には，高等裁判所，地方裁判所，家庭裁判所，簡易裁判所の4つがある。 (2) 裁判官の独立とは，個々の裁判官がどのような圧力（国会，内閣，上級裁判所，世論など）も受けることなく裁判を行わなければならないことを意味するので，裁判所も含まれる。 (3)「前審として裁判を行うことは許される」が誤り。弾劾裁判所の設置は許される。 (4) 正しい。 (5)「投票者の過半数」が誤り。憲法第79条第3項には，「投票者の多数」と記されている。

2 (3)

解説 (1) 戸籍法が誤り。国籍法である。 (2) 刑事補償法が誤り。国家賠償法である。 (3) 正しい。 (4) 生活保護法が誤り。労働基準法である。 (5) 国会法が誤り。公職選挙法が正しい。

3 (1)

解説 (1) 正しい。 (2)「内閣は新たに内閣総理大臣が任命されるまで不在となる」が誤り。憲法第71条に，「内閣はあらたに内閣総理大臣が任命されるまで引き続きその職務を行う」と記されている。 (3) 国政調査権は，内閣ではなく国会の権限である。 (4)「各国務大臣は国会議員であれば，文民に限らない」が誤り。憲法第66条第2項に「内閣総理大臣その他の国務大臣は，文民でなければならない」と記されている。 (5) 旧憲法下では，内閣総理大臣はその他の国務大臣と同等の立場であった。

4 (2)

解説 (1)「機関委任事務の廃止」が誤り。一定の税源の移譲が妥当である。 (2) 正しい。 (3) 地方交付税は使途に指定がない。 (4) 国庫支出金は使途を指定して交付される。 (5) 地方税収は一般財源であり，地方債は特定財源である。

5 (4)

解説 (1) 日本銀行は公開市場操作により市中金利を誘導し，景気の安定をはかる。以前は公定歩合が政策金利であり，市中金利は公定歩合に連動するように規制されていた。1994年に金利自由化が完了し，市中金利が公定歩合に連動しなくなったため，政策金利として公定歩合が用いられているは誤りである。 (2) 預金準備率操作は，近年ほとんど行われていない。 (3) ペイオフは2005年に全面解禁され，一定額のみの保証に戻っている。 (4) 正しい。 (5) 1998年に設置されたのは金融監督庁であり，2000年に改組され金融庁となった。

6 (4)

解説 A アジア太平洋経済協力 (APEC) は，先進国と発展途上国によるものであり，中国やベトナムなど資本主義でない国も加盟している。よって,西側資本主義国の集まりは誤りである。 B 経済協力開発機構 (OECD) は，1961年設立の国際機関であり，国連の専門機関ではない。下部組織のDACが，発展途上国に対する経済協力の推進を図ってきた。 C 正しい。 D 地域的な包括的経済連携 (RCEP) に，2023年新たに加わったのは，インドではなくインドネシアである。 E 正しい。 よって，正しい組合せは (4) である。

7 (5)

解説 (1)「公正取引委員会が所管する」が誤り。所管するのは消費者庁である。 (2) 事業者の表示であっても，一般消費者に事業者の表示であると判断するのが困難である表示は，ステルスマーケティングに該当する。(3) ステルスマーケティングは，消費者の商品選択において自主的かつ合理的な選択を阻害している。規制の目的は，事業者間の競争の公正性確保ではなく，消費者保護である。 (4)「直ちに刑事罰の対象となる」は誤り。違反した場合，再発防止を求める措置命令が出され，事業者名が公表される。これに従わなければ2年以下の懲役，または300万円以下の罰金となる。
(5) 正しい。

8 (3)

解説 記述に当てはまる語句は，(3) のダイバーシティである。そのほかの選択肢の意味は次の通り。 (1) ワーク・ライフ・バランスは，勤労者の仕事と生活の調和を意味する。 (2) ワークシェアリングとは，経済成長が見込めない時期などに，一人当たりの労働時間を減らしてその分雇用を増やす取り組みである。 (4) ワ―ケーションとは，ワークとバケーションを組み合わせた造語である。テレワークなどを活用し，普段の職場や自宅とは異なる場所で仕事をしつつ自分の時間も過ごすことである。 (5) コンプライアンスとは，法令遵守という意味である。

9 (1)

解説 (1) 正しい。 (2) 東京23区は，2021年は転出超過であったが，2022年に転入超過に転じた。 (3) 東京都全体では，2021年も転入超過であった。 (4) 長野県の転出超過数2番目は誤り。2022年長野県は，2014年以降初めて転入超過となった。 (5) 2022年，名古屋圏は1万6213人の転出超過，大阪圏は2347人の転出超過であった。

10 (4)

解説 (1) 豊臣秀吉が明智光秀を討ちとったのは，長篠の戦いではなく山崎の戦いである。 (2) 豊臣秀吉が京都に新築したのは，大坂城ではなく聚楽第である。 (3) 1587年に降伏させたのは九州の島津義久，1590年に滅ぼしたのは小田原の北条氏政である。 (4) 正しい。 (5) 豊臣秀吉が1591年に出したのは身分統制令である。惣無事令は戦国大名に下したものである。

11 (2)

解説 (1) かな文字で書かれた歌物語は，『今昔物語集』ではなく『伊勢物語』である。 (2) 正しい。 (3) 『往生要集』を著したのは，慶滋保胤ではなく源信（恵心僧都）である。 (4) 貴族の住宅は，書院造ではなく寝殿造である。 (5) 法成寺を建立したのが父の藤原道長，平等院鳳凰堂を建立したのが子の藤原頼道である。

12 (3)

解説 (1) オスマン帝国が14世紀後半にバルカン半島に進出して征服したのは，ダマスクスではなくアドリアノープルである。 (2) バヤジット1世がハンガリー王率いる連合軍を破ったのはニコポリスの戦い，ティムールに大敗を喫したのがアンカラの戦いである。 (3) 正しい。 (4) セリム1世が1517年に滅ぼしたのは，アイユーブ朝ではなくマムルーク朝である。 (5) スレイマン1世は，1538年にプレヴェザの海戦で西欧連合艦隊を破り，地中海の制海権を得た。

13 (4)

解説 (1) 李淵が南匈奴と結んだが誤り。 (2) 白村江の戦いで敗れたのは日本軍である。 (3) 中央におかれたのは，内閣大学士と御史台ではなく三省六部である。 (4) 正しい。 (5) 唐の首都は，洛陽ではなく長安である。

14 (5)

解説 (1) 人間が居住可能な地域がエクメーネ，居住できない地域がアネクメーネである。 (2) 自然増加とは，ある地域の出生数と死亡数の差によって生じる人口の増加のことである。 (3) 社会増加とは，ある地域の流入数と流出数の差によって生じる人口の増加のことである。 (4) 記述内容は，人口爆発のことである。人口転換とは，多産多死から多産少死，少産少死に変化して人口が低下することである。 (5) 正しい。

15 (1)

解説 (1) 正しい。 (2) カルスト地形にみられるくぼ地はドリーネである。ワジとは，乾燥地帯にある「涸れ川」のことである。 (3) 三角州は低湿地で水はけは悪いが，開発され農地や人口密集地となっている。よって，農地には適していないは誤り。 (4) テーブル状の残丘がメサ，さらに侵食された柱状の残丘がビュートである。 (5) 三角江がみられるのが沈水海岸で，海岸平野や海岸段丘がみられるのが離水海岸である。

16　(5)

解説　(1)「敬を持って心を保つ」は,「経世済民」ではなく「在心持敬」である。　(2) 熊沢蕃山は朱子学派ではなく, 陽明学派である。垂加神道を創始したのは, 朱子学派の山崎闇斎である。　(3)「西洋紀聞」は, 新井白石がシドッチの尋問で得た西洋の地理・風俗を記したものであるが, キリスト教には批判的であった。　(4) この記述は, 古学派の荻生徂徠についてではなく陽明学派の中江藤樹に関するものである。　(5) 正しい。

17　(2)

解説　(1) マーク・トウェインの代表作は『トム・ソーヤーの冒険』『王子と乞食』など。　(3) パール・バックの代表作は『大地』。　(4) マーガレット・ミッチェルの代表作は『風と共に去りぬ』。　(5) オー・ヘンリーの代表作は『最後の一葉』『賢者の贈り物』などである。

18　(1)

解説　(2)「釈迦に説法」は, その道の専門家に説明するのは無意味であること。　(3)「船頭多くして船山に上る」は, 指図する人が多くて統率が取れないこと。　(4)「生兵法は大怪我のもと」は, 中途半端な知識や技術に頼って行動するとかえって失敗すること。　(5)「蝸牛角上の争い」は, 小さな者同士の争いやつまらないことにこだわった争いのこと。

19　(4)

解説　(1)「シュールレアリスム」は「超現実主義」。　(2)「ペダンティック」は「衒学的 (学問や知識をひけらかすさま)」。　(3)「マンネリズム」は「型にはまって独創性や新鮮味がないこと」。　(5)「ナルシシズム」は「自己愛」。

20　(2)

解説　(1) 誤り。不純物を含まない純粋な半導体を真性半導体という。真性半導体は温度が高いほど抵抗率が低く電流が流れやすい。　(2) 正しい。(3) 誤り。p型半導体ではホールがキャリア, n型半導体では電子がキャリアとなる。　(4) 半導体ダイオードは一方向のみに電流を流し整える整流作用がある。 (5) 誤り。トランジスターは小さな電流を大きな電流に増幅する働きがある。

21 (2)

解説 ア 正しい。 イ 誤り。ルシャトリエの原理は，濃度，圧力，温度などの条件を変化させると，その影響を緩和する方向に平衡が移動して新しい平衡状態になることである。 ウ 正しい。 エ 誤り。圧力を増加させると，圧力を減少させるために気体分子が減少する方向に平衡が移動し，圧力を減少させると圧力を増加させるために気体の分子数が増加する方向に平衡が移動する。 オ 誤り。温度を上げると吸熱反応を伴う向きに平衡が移動し，温度を下げると発熱反応を伴う方向に平衡が移動する。

22 (3)

解説 (1) 誤り。ホルモンは血液によって運搬されるため，一般に自律神経系による調節よりもゆっくり働くが，作用に持続性がある。 (2) 誤り。グルカゴンはグリコーゲンの分解を促進して血糖濃度を上げる働きがあり，インスリンはグリコーゲンの合成を促進して血糖濃度を下げる働きがある。(3) 正しい。 (4) 誤り。パラトルモンは副甲状腺から分泌され，カルシウムイオンの濃度を上昇させる働きがある。 (5) 誤り。バソプレシンは脳下垂体後葉から分泌され，腎臓における水分の再吸収や血圧の上昇を促進する働きがある。

23 (5)

解説 (1) 誤り。シベリア高気圧は冷たく乾燥している。 (2) 誤り。梅雨前線は，オホーツク海高気圧と北太平洋高気圧の間にできる。 (3) 誤り。フェーン現象では風上側よりも風下側の方が高温になる。 (4) 誤り。台風の中心に向かって反時計回りに風が吹き込み激しい上昇気流が発生する。(5) 正しい。

24 (2)

解説 If～「もし～ならば」。get too excited「興奮しすぎる」。in an argument「議論で，議論中に」。be likely to～「～しそうだ」。文意は「議

論で興奮しすぎると，主要なポイントを見失いがちである」となる。lose sight of～「～を見失う，忘れる」。そのほかの選択肢の意味は次の通り。
(1) keep up with～は「～に遅れずについていく，常に把握している」。
(3) pay attention to～は「～に注意を払う」。　(4) think much of～は「～を重視する」。　(5) turn away from～は「～から目を背ける」。

25 (5)

解説 「～するとすぐに…」no sooner ～ than…。He had no sooner seen her than he ran away.「彼は彼女を見るとすぐに走って逃げた」。本問いは，否定を表わす副詞句no soonerが文頭に出ることで倒置（疑問文の語順）が起きている。整序すると，(No) sooner had he seen her than (he ran away.) となる。

26 (4)

解説 出典はジェームス・M・バーダマン，神崎正哉著『毎日の英速読』。内容合致問題である。解法の一般的な手順は，選択肢にざっと目を通してテーマを把握する。選択肢は本文の段落や内容順にたいてい並べられているので，選択肢1から順に照合していく。否定語の見落としがなければ，「矛盾する記述」を見つけるのは容易であろう。その他「本文にない記述（拡大解釈)」なども誤選択肢に紛れているので注意が必要である。また，「常に」「必ず」「絶対に」などが選択肢にある場合は，誤りであることが多い。本問いでは「最も健康を害する」，「完全に無音な」などに着目し，英文をじっくり読んでみるとよい。

27 (3)

解説 出典はジェームス・M・バーダマン著『シンプルな英語で話す日本史』。内容合致問題である。解法は**26**と同じ。時短のため，選択肢の該当する箇所に来たら注意して読むことを心掛けたい。それ以外の英文は読み飛ばしても可で，それを繰り返すイメージで取り組むようにしたい。

28 (2)

解説 出典は石黒圭著『文章は接続詞で決まる』。空欄補充問題である。空欄前後の文章に注目し，どの選択肢を間に入れればスムーズに文脈がつながるかを考えるとよい。

29 (3)

解説 出典は能町光香著『誰からも「気がきく」と言われる45の習慣』。文整序問題である。最初の選択肢はA，B，Dの三択となっている。その後はどう選択肢を配置すれば自然な文章展開になるかを考えるとよい。

30 (1)

解説 出典は新村芳人著『嗅覚はどう進化してきたか』。要旨把握問題である。それぞれの選択肢に出てくる「ゾウ」「鼻」「マストの時期」などのキーワードが，本文中でどのように用いられているかを正しく理解すること。

31 (4)

解説 出典はマット・ブラウン著『科学の誤解大全』。要旨把握問題である。一つ一つの選択肢を本文と照らし合わせて，どれが要旨として最も適切かを考えるとよい。

32 (2)

解説 出典はダニエル・ゴールマン，リチャード・ボヤツィス，アニー・マッキー著『EQリーダーシップ』。要旨把握問題である。要旨をつかむには，本文の内容の正しい理解が不可欠である。短時間で内容を正確に把握できるように訓練しよう。

33 (3)

解説 出典は槌屋治紀著『これからのエネルギー』。要旨把握問題である。要旨（文章中で筆者が最も述べたいことをまとめたもの）を問う問題の場合，部分的に本文と合致していても正解とはいえない。全体的なテーマとなる選択肢を選ぶことが重要である。

34 (1)

解説 与えられた条件を式で表すと次のようになる。ただし，科目Ａが好きを「A」，好きではないを「$\overline{\text{A}}$」で表すこととする。

社会 → 体育 …①，数学 → $\overline{\text{国語}}$ …②，数学 → $\overline{\text{音楽}}$ …③，理科 → 社会 …④，$\overline{\text{数学}}$ → 社会 …⑤

また，ある命題が真であるとき，その対偶も真である。

①よりその対偶は$\overline{\text{体育}}$ → $\overline{\text{社会}}$ …⑥，②よりその対偶は国語 → $\overline{\text{数学}}$ …⑦，③よりその対偶は音楽 → $\overline{\text{数学}}$ …⑧，④よりその対偶は$\overline{\text{社会}}$ → $\overline{\text{理科}}$ …⑨，⑤よりその対偶は$\overline{\text{社会}}$ → 数学 …⑩

ここで，各選択肢について吟味をしていく。

(1) 正しい。⑥⑩②より，$\overline{\text{体育}}$ → $\overline{\text{社会}}$ → 数学 → $\overline{\text{国語}}$となり，体育が好きではない学生は国語が好きではない。　(2) 誤り。⑧⑤①より，音楽 → $\overline{\text{数学}}$ → 社会 → 体育までしかわからず，音楽が好きな学生は，国語が好きかどうかはわからない。　(3) 誤り。①より，社会 → 体育までしかわからず，社会が好きな学生は，国語が好きでないかわからない。　(4) 誤り。④①より，理科 → 社会 → 体育までしかわからず，理科が好きな学生は，数学が好きではないかわからない。　(5) 誤り。国語が好きではない人は他の科目についてどうかわからない。

35 (1)

解説 以下，パン屋，肉屋，文房具店，薬局，本屋，花屋，コンビニエンスストア，カフェをそれぞれ，パ，肉，文，薬，本，花，コ1，コ2，カ1，カ2と表す。

わかっていることを整理すると，以下の（Ⅰ）～（Ⅲ）のことがいえる。

（Ⅰ）肉，文，薬，本の並びはそれぞれ，(肉-○-文)，(薬-本) である。

（Ⅱ）(コ1，カ1，カ2) は同じ並びである。

（Ⅲ）(コ1，カ1，カ2) と花は同じ並びにはない。

ここで，(コ1，カ1，カ2) が北側にある場合と，南側にある場合とで，場合分けをして考える。

(コ1，カ1，カ2) が北側にある場合，花は南側となるから，コ2は北側，(肉-花-文) と (薬-本) は南側となり，図1のような配置になる。

(コ1，カ1，カ2) が南側にある場合，花は北側となるから，(薬-本) は南側，

(肉-○-文)と花とコ2は北側となり，図2のような配置になる。

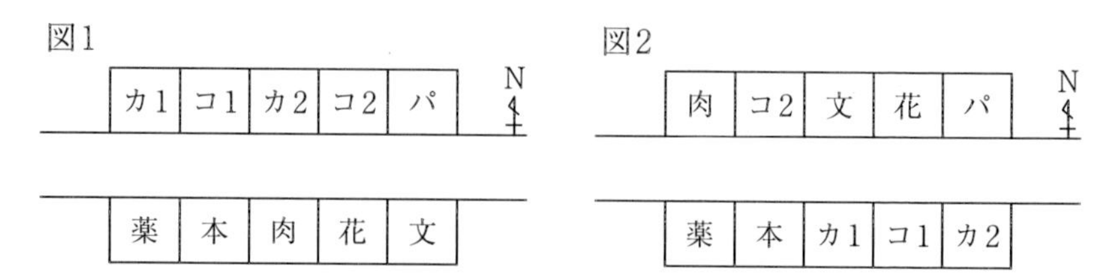

以上より，「文房具店の隣に花屋がある」ことが確実にいえる

36 (5)

解説 与えられた条件を上から①～⑦とし，次のような表を用いて考えていく。なお，便宜上，英会話サークルを「英」，軽音楽サークルを「軽」，テニスサークルを「テ」と表すこととする。

	A	B	C	D	E
英					
軽					
テ					

②④より，Aの英は○，軽は×，Bの英は×とわかる。また，仮にBの軽が○とすると，③よりBのテは×，英は○となるが，これは矛盾する。よって，Bの軽は×，テは○とわかる。また，Aのテは×とわかる。さらに⑤より，Cのテは×とわかる。ここで仮にCが英と軽どちらか1つのサークルのみ所属の場合，⑦より残りのDとEはそれぞれ2つのサークルに所属していることになるが，これは⑥に矛盾する。よって，Cは2つのサークルに所属していることがわかり，Cの英は○，軽は○となる。ここまでを表にまとめると右のようになる。

	A	B	C	D	E
英	○	×	○		
軽	×	×	○		
テ	×	○	×		

また，⑥⑦より次の2つの場合が考えられる。

	A	B	C	D	E
英	○	×	○	○	×
軽	×	×	○	○	×
テ	×	○	×	×	○

	A	B	C	D	E
英	○	×	○	×	○
軽	×	×	○	×	○
テ	×	○	×	○	×

ここで，各選択肢について吟味をしていく。

(1) 誤り。Aはテニスサークルに所属していない。
(2) 誤り。テニスサークルにはいずれの場合も２人が所属している。
(3) 誤り。Dは英会話サークルに所属しているとは確実にはいえない。
(4) 誤り。Eは軽音楽サークルに所属しているとは確実にはいえない。
(5) 正しい。英会話サークルには３人が所属している。

37 (2)

解説 誰が嘘をついているか場合分けをして考えていく。
(ⅰ) Aが嘘を言っている場合
Aの発言は嘘のため，Cは不合格となる。また，Eの発言は本当のため，Eだけ合格し，他の４人は不合格とわかる。なお，これはBCDの発言も満たしている。
(ⅱ) Bが嘘を言っている場合
Bの発言は嘘のため，Eは不合格となるが，これはEの発言と矛盾する。
(ⅲ) Cが嘘を言っている場合
Cの発言は嘘のため，Cは合格となるが，これはEの発言と矛盾する。
(ⅳ) Dが嘘を言っている場合
Dの発言は嘘のため，CとEのいずれも合格もしくは不合格となるが，これはEの発言と矛盾する。
(ⅴ) Eが嘘を言っている場合
Eの発言は嘘，他の４人の発言は本当のこととなるため，AとBの発言よりCとEはともに合格となるが，これはDの発言と矛盾する。
よって，嘘をついていたのはAで(ⅰ)の状況で各選択肢を吟味すると，(2) Eは試験に合格したが正しいとがわかる。

38 (4)

解説 3回の100メートル走の順位を右のような表を用いて考えていく。また，与えられた条件を上から①～⑥とする。

	1位	2位	3位	4位	5位
1回目					
2回目					
3回目					

①よりAの2回目は3位，②よりBの1回目は3位とわかる。また，③よりCの順位は2回目＜1回目＜3回目，④よりDの順位は2回目＜3回目＜1回目となる。ここで，CとDはともに2回目の順位が1番悪かったため，2回目のCとDの順位は4位か5位になるとわかる。また，⑤よりEの順位は3回目＜2回目＜1回目となるため，必然的にEの2回目は2位，1回目は1位とわかる。ここまでを表にまとめると右のようになる。

	1位	2位	3位	4位	5位
1回目	E		B		
2回目		E	A		
3回目					

ここで，CとDの2回目の順位について場合分けをして考えていく。
(i) Cの2回目が5位，Dの2回目が4位の場合
　2回目の1位はBとわかる。また，③④よりCの1回目は4位，Dの1回目は2位とわかる。よって，Aの1回目は5位と決まる。さらに，④よりDの3回目は3位と決まる。なお，Eの3回目は5位か4位，Cの3回目は1位か2位となる。

	1位	2位	3位	4位	5位
1回目	E	D	B	C	A
2回目	B	E	A	D	C
3回目			D		

(ii) Cの2回目が4位，Dの2回目が5位の場合
　2回目の1位はBとわかる。また，③より考えると，Cの1回目が2位，3回目が1位となる。これに対して，④より考えると，Dの1回目が2位，3回目が3位か4位になる。③と④を両方満たすことができず，矛盾する。
したがって(i)の場合で選択肢を吟味していくと，(4) Dは3回目に3位だったが確実にいえる。

39 (5)

解説 与えられた表より，Aの勝ち点は8，Bの勝ち点は6，Cの勝ち点は5で確定といえる。また，AとEが1位のためEも勝ち点は8，FとGが3位のためFとGの勝ち点は7となることがわかる。
Eは現在わかっている範囲で勝ち点は6なので，不明の残りの2試合は1勝1敗もしくは2引き分けとなることがわかる。
Fは現在わかっている範囲で勝ち点は5なので，不明の残りの2試合は1勝1敗もしくは2引き分けとなることがわかる。
Gは現在わかっている範囲で勝ち点は4なので，不明の残りの3試合は1勝1敗1引き分けもしくは3引き分けとなることがわかる。
これらを同時に満たすのは，EFGがお互いに1勝1敗となり，かつDとGが引き分ける場合，もしくは不明の試合すべてが引き分けである場合である。
よって，選択肢の中で確実にいえるのは (5)　GはDに引き分けたとなる。

40 (3)

解説 Aの面積が100cm^{2}より，A～Cの正方形の一辺は10cmとわかる。
ここで，図1のようにBの隠れている部分の補助線を引き，その縦をa，横をbとする。
Bの隠れている部分の面積は$100 - 68 = 32$より，$ab = 32$
整理して，$b = \dfrac{32}{a}$ …①　が成り立つ。
また，残りの辺もaとbを用いて表すと，図2のようになる。
ここでCの見えている部分の面積に着目すると，$(10 - a) \times (10 - a) + a(b - a) = 52$ …②　が成り立つ。
①を②に代入して整理すると，$a = 4$
よって，枠内の面積は，$16 \times 16 = 256$cm^{2}となる。

図1

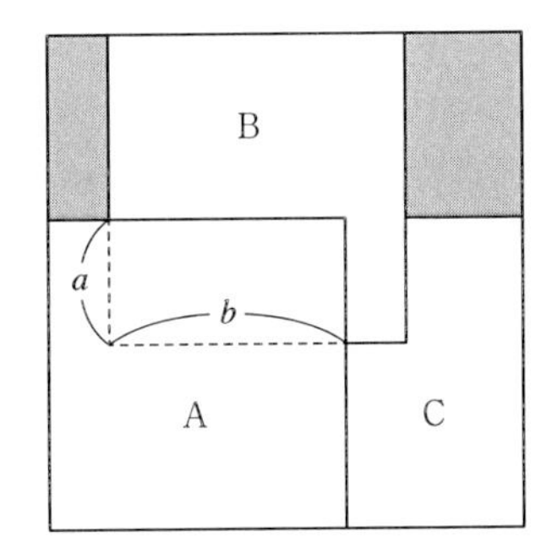

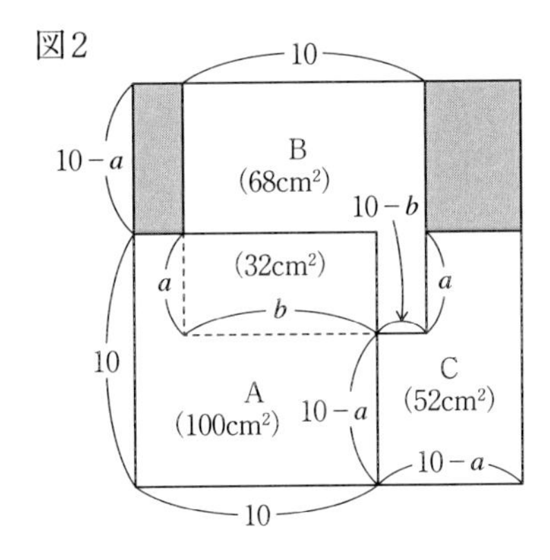

41 (4)

解説 一筆書きできる図形は，「線が奇数本集まっている点が0個か2個の図形」である。それぞれの図形の点の線の数を数えると次のようになる。

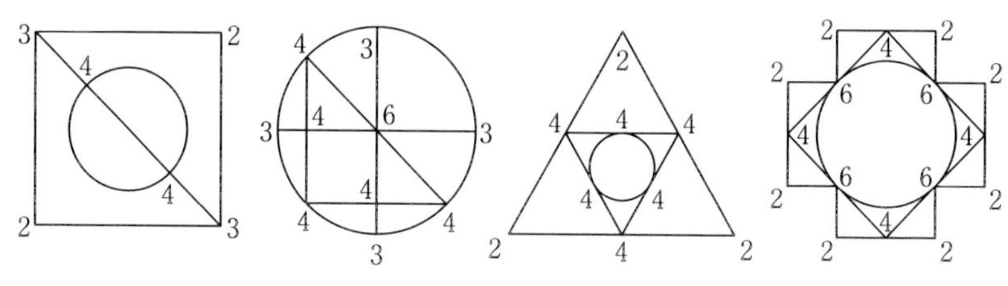

奇数点が2個　奇数点が4個　奇数点が0個　奇数点が0個

よって，左から2番目の図以外は「線が奇数本集まっている点が0個か2個の図形」であるため一筆書きすることができる。したがって求める図形の個数は3個となる。

42 (2)

解説 正面から見た図及び右側から見た図より，真上から見ると少なくとも4×4のます目に立方体を敷き詰めた図であることがわかる。ここで，真上から見た立方体を右図のように①～⑯の番号で表すこととする。

①	②	③	④
⑤	⑥	⑦	⑧
⑨	⑩	⑪	⑫
⑬	⑭	⑮	⑯

（i）立方体の数が最少の場合

正面から見た場合左から1，2，3，1段，右側から見た場合左から1，3，2，1段積まれているように見えたことになる。最小の数を考える場合，見えるところはその数とし，見えないところはできるだけ小さい数とする。

まず，正面から見て左端の列は1段に見えるので，①，⑤，⑨，⑬のいずれか1つは1となる。また，右から見た右端の列も1段に見えるので，①，②，③，④のいずれか1つは1となる。これらのことから，①を1とすれば最小の数となる。同様に考えると，⑥は2，⑪は3，⑯は1となる。残りのマスは最小の数である0とすればよく，右のようになるので，立方体の数は合計7個となる。

①	②	③	④
⑤	⑥	⑦	⑧
⑨	⑩	⑪	⑫
⑬	⑭	⑮	⑯

1	0	0	0	1
0	2	0	0	2
0	0	3	0	3
0	0	0	1	1
1	2	3	1	

（ⅱ）立方体の数が最大の場合

最大の数を考える場合，見えるところはその数とし，見えないところはできるだけ大きい数とする。（ⅰ）より，①は1，⑥は2，⑪は3，⑯は1となる。

次に，正面から見て左から2番目の列は2段に見えるが，右から見るとどの列も1段以上に見えるので，⑩は2とすることができる。同様に考えると，⑦は2とすることができる。また，残りのまだ数が決まっていないマスはすべて1とすることができる。よって，右のようになり，立方体の数は21個となる。

よって，最も適切な選択肢は7～21個の (2) となる。

①	②	③	④
⑤	⑥	⑦	⑧
⑨	⑩	⑪	⑫
⑬	⑭	⑮	⑯

1	1	1	1	1
1	2	2	1	2
1	2	3	1	3
1	1	1	1	1
1	2	3	1	

43 (1)

解説 展開図を組み立てたときに重なる辺を目安に，問題の展開図の●の面が中央にくるように，何も書いてない面の位置を変えると図1のようになる。

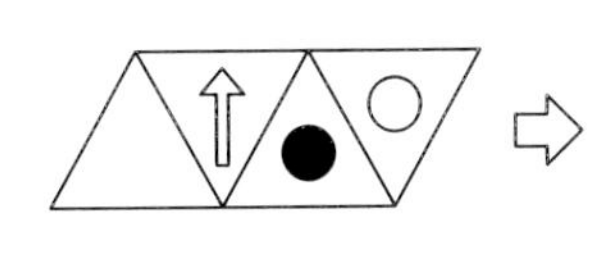

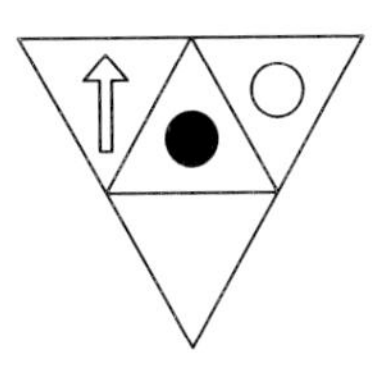

図1

●の面を中心に時計回りに回転させると，(2)，(3)，(4) のどの展開図とも重ならないから，(2)，(3)，(4) の展開図は妥当ではない。また，問題の展開図の○の面が中央にくるように，⇒の面と何も書いてない面の位置を順に変えると図2のようになる。

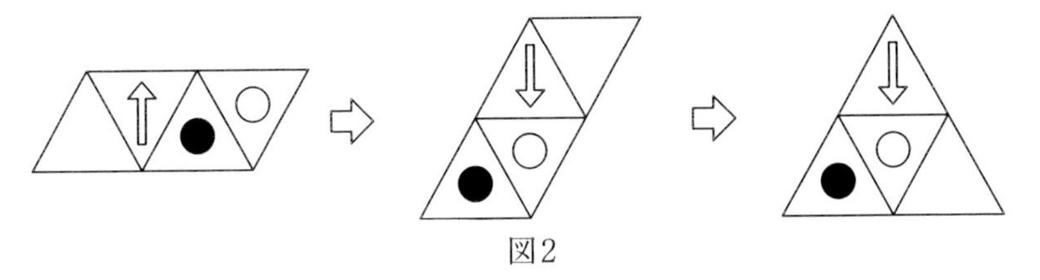

図2

○の面を中心に時計回りに回転させると，(1) の展開図と重なるから，(1) の展開図は妥当である。問題の展開図の何も書いてない面が中央にくるように，

●の面と○の面の位置を順に変えると図3のようになる。

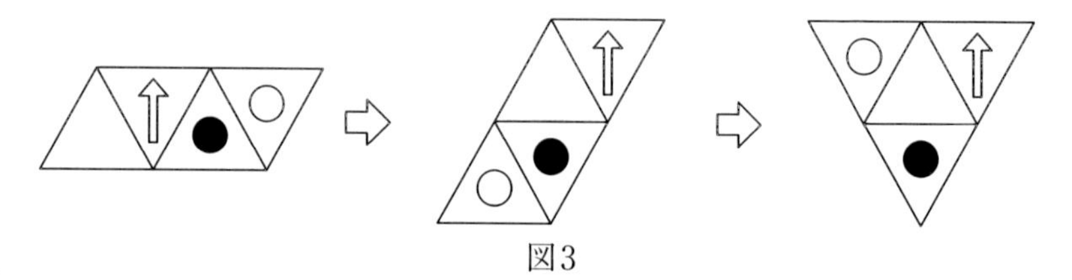

図3

何も書いてない面を中心に時計回りに回転させると，(5) の展開図と重ならないから，(5) の展開図は妥当ではない。

44 (2)

解説 問題の図の赤の真下の正六角形を青で塗る場合と，黄で塗る場合とで，場合分けをして考える。
赤の真下の正六角形を青で塗る場合，図1のようになり，Cの正六角形を塗る色が決まらない。
赤の真下の正六角形を黄で塗る場合，図2のようになり，Aに塗る色は赤，Bに塗る色は黄と決まる。

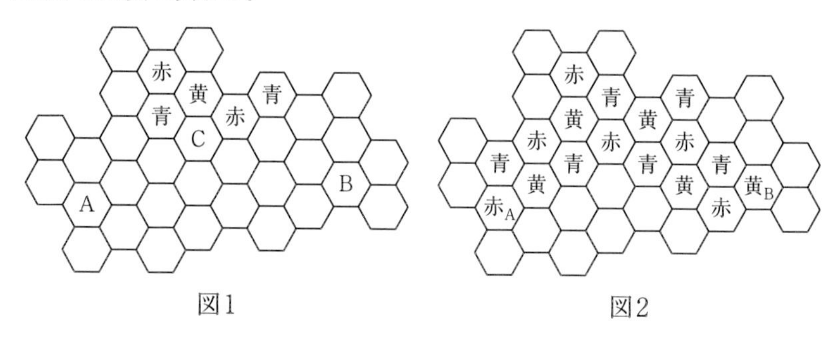

図1　図2

45 (4)

解説 与えられた条件を次のような表を用いて整理していく。

	本社	支店	合計
男性			
女性			
合計			

社員は合計180人，支店勤務の男性は63人，支店の合計人数をx人とすると，次のように整理できる。

	本社	支店	合計
男性	$54-\frac{3}{10}x$	63	$117-\frac{3}{10}x$
女性	$126-\frac{7}{10}x$	$x-63$	$63+\frac{3}{10}x$
合計	$180-x$	x	180

また，支店30人が異動したうち，異動した男性社員の人数をy人とすると，次のように整理できる。

	本社	支店	合計
男性	$54-\frac{3}{10}x+y$	$63-y$	$117-\frac{3}{10}x$
女性	$156-\frac{7}{10}x-y$	$x+y-93$	$63+\frac{3}{10}x$
合計	$210-x$	$x-30$	180

ここで，異動後の本社勤務の男性の割合は4割，支店勤務の男性の割合は5割となったことより，次の2式が成り立つ。

$54-\frac{3}{10}x+y=\frac{4}{10}(210-x)$　　整理して，$x+10y=300$　…①

$63-y=\frac{5}{10}(x-30)$　　整理して，$x+2y=156$　…②

①②より，$8y=144$

$y=18$

よって，異動した男性の人数は18人である。

46 (3)

解説 与えられた図のAOを結び，OHの長さをxとする。△OAHに着目すると，三平方の定理より$AH^2=25-x^2$
△ABHに着目すると，三平方の定理より$36=(25-x^2)+(5-x)^2$が成り立つ。
整理すると，$x=1.4$
よって，求める面積は
$(5-1.4)\times\sqrt{25-1.4^2}\times\frac{1}{2}=$
$4.8\times3.6\times\frac{1}{2}=8.64$

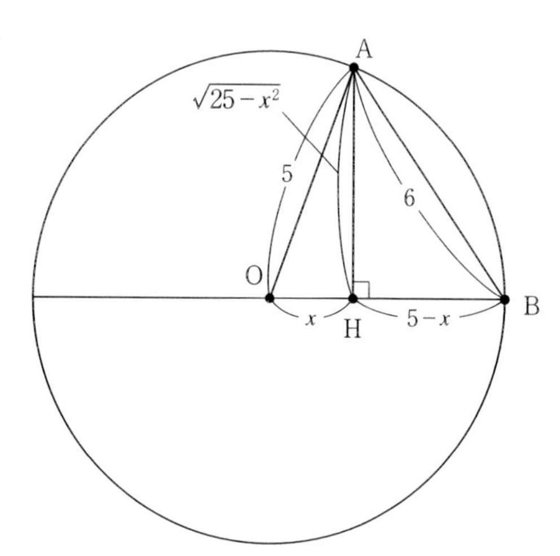

47 (4)

解説 $p_1=1$，p_2，p_3 … $p_8=n$が小さい順に並んだnの約数であることより，$p_1p_8=p_2p_7=p_3p_6=p_4p_5=n$が成り立つ。
ここで①②より，

$$\frac{1}{p_1}+\frac{1}{p_2}+\frac{1}{p_3}+\frac{1}{p_4}+\frac{1}{p_5}+\frac{1}{p_6}+\frac{1}{p_7}+\frac{1}{p_8}=\frac{p_8+p_1}{p_1p_8}+\frac{p_7+p_2}{p_2p_7}+\frac{p_6+p_3}{p_3p_6}+\frac{p_5+p_4}{p_4p_5}$$

$$=\frac{p_1+p_2+p_3+p_4+p_5+p_6+p_7+p_8}{n}=\frac{96}{n}=\frac{16}{7}$$

よって，$n=42$

48 (4)

解説 XからZまでの距離をa，YからZまでの距離をbとすると，AとBの2人はZに同時に着いたので，AがXから歩いていた時間と，BがXからYまでバスに乗っている時間＋YからZまで歩いていた時間が等しい。よって，
$\frac{a}{4}=\frac{a+b}{40}+\frac{b}{4}$が成り立つ。整理すると，$9a=11b$　∴　$a:b=11:9$

49　(5)

解説 (1) 誤り。北海道の産出額に対する「米」,「野菜」,「耕種その他」の割合の合計$9.5 + 16.9 + 15.7 = 42.1$［%］は,「乳用牛」,「肉用牛」,「畜産その他」の割合の合計$39.3 + 7.6 + 11.0 = 57.9$［%］より$42.1 - 57.9 = 15.8$［%］低い等，どの地域も「乳用牛」,「肉用牛」,「畜産その他」の割合が10%以上高いとはいえない。　(2) 誤り。北海道の米の産出額は$12{,}667 \times \frac{9.5}{100} \fallingdotseq 1{,}203$［億円］，東北の米の産出額は$14{,}426 \times \frac{31.8}{100} \fallingdotseq 4{,}587$［億円］，北陸の米の産出額は$4{,}142 \times \frac{60.4}{100} \fallingdotseq 2{,}501$［億円］，関東東山の米の産出額は$19{,}845 \times \frac{15.3}{100} \fallingdotseq 3{,}036$［億円］，東海の米の産出額は$6{,}916 \times \frac{13.3}{100} \fallingdotseq 920$［億円］，近畿の米の産出額は$4{,}549 \times \frac{26.0}{100} \fallingdotseq 1{,}182$［億円］, 中国の米の産出額は$4{,}577 \times \frac{21.9}{100} \fallingdotseq 1{,}002$［億円］，四国の米の産出額は$4{,}103 \times \frac{12.4}{100} \fallingdotseq 509$［億円］，九州の米の産出額は$17{,}422 \times \frac{9.2}{100} \fallingdotseq 1{,}603$［億円］である。沖縄の米の産出額は$910 \times \frac{0.5}{100} \fallingdotseq 4$［億円］よって，北陸の米の産出額は約2,501億円であるが，全国の米の産出額に占める割合は$\frac{2{,}501}{1{,}203+4{,}587+2{,}501+3{,}036+920+1{,}182+1{,}002+509+1{,}603+4} \times 100 \fallingdotseq 15$［%］で，20%を超えていない。　(3) 誤り。近畿の畜産その他の産出額は$4{,}549 \times \frac{9.5}{100} \fallingdotseq 432$［億円］であるが，沖縄の畜産その他の産出額は$910 \times \frac{17.8}{100} \fallingdotseq 162$［億円］であるため，近畿の畜産その他が最も少ないわけではない。　(4) 誤り。北海道の乳用牛の産出額は$12{,}667 \times \frac{39.3}{100} \fallingdotseq 4{,}978$［億円］で，5,000［億円］を超えていない。　(5) 正しい。解説 (2) より，東北の米の産出額は4,587［億円］で最も高く，北海道の米の産出額の3倍である$1{,}203 \times 3 = 3{,}609$［億円］以上である。

50　(2)

解説 (1) 誤り。たとえば2020年度の任意保険の保険料の合計が損害保険料の合計に占める割合は，$\frac{14{,}693 + 41{,}881 + 6{,}205 + 13{,}331 + 2{,}426}{86{,}926} \times 100 \fallingdotseq$

90.3［%］で，90%を超えている。　(2) 正しい。各年度の新種保険の保険料が任意保険の保険料の合計に占める割合は，1990年度では$\frac{6,014}{56,288-6,147}\times 100 \fallingdotseq 12$［%］，2000年度では$\frac{6,923}{68,740-5,698}\times 100 \fallingdotseq 11$［%］，2010年度では$\frac{8,189}{69,710-8,083}\times 100 \fallingdotseq 13$［%］，2019年度では$\frac{13,035}{86,094-9,791}\times 100 \fallingdotseq 17$［%］，2020年度では$\frac{13,331}{86,926-8,390}\times 100 \fallingdotseq 17$［%］で，各年度10%以上であり，2020年度は15%以上である。　(3) 誤り。例えば2019年度の傷害保険の保険料が任意保険の保険料の合計に占める割合は，$\frac{6,750}{86,094-9,791}\times 100 \fallingdotseq 8.8$［%］で，10%以下である。　(4) 誤り。この表では何から増加しているかどうかは判別できない。　(5) 誤り。自動車賠償責任保険の保険料が損害保険料の合計に占める割合が最も高いのは，2010年度の$\frac{8,083}{69,710}\times 100 \fallingdotseq 11.5$［%］で，2020年度のそれの$\frac{8,390}{86,926}\times 100 \fallingdotseq 9.7$［%］より高い。

国語試験

A　次の 1 ～ 25 について，（　　）内の漢字の読みが妥当な文を（1）～（5）の中からそれぞれ１つ選び，記号で答えなさい。（25問）

1	(1)	罪人に（軽侮）の念を抱く。	けいべつ
	(2)	伝統的な技術を（会得）した。	かいとく
	(3)	実家の（建坪）を調べる。	たてつぼ
	(4)	真面目な人を（唆）して悪事を働く。	さと
	(5)	船が（奔流）に飲まれた。	ほうりゅう
2	(1)	（彫塑）用の粘土で型を作る。	ほりそ
	(2)	組織の（枢要）な地位に就く。	すうよう
	(3)	葬儀で（弔辞）を読んだ。	とうじ
	(4)	哺乳瓶を（煮沸）消毒する。	にふつ
	(5)	彼女は自己（顕示）欲が強い。	けいじ
3	(1)	今後の方針を専門家会議に（諮）る。	はか
	(2)	今回の措置は（時宜）にかなっている。	じせん
	(3)	正体を偽り（市井）の人として暮らしていた。	しい
	(4)	彼は悲しみのあまり（喪心）している。	もしん
	(5)	山々の間に海が（隠見）する。	おんけん
4	(1)	内部告発によりチームが（瓦解）した。	がかい
	(2)	奇襲を受けて（潰走）する。	ついそう
	(3)	（形骸）化している制度は廃止すべきだ。	けいこく
	(4)	子どものことで心を（煩）わせている。	まぎら
	(5)	研修の講師を（委嘱）する。	いたく
5	(1)	池で釣れたのは（雑魚）だけだった。	ちぎょ
	(2)	枝を（矯）めて枝ぶりを良くする。	たしな
	(3)	（楷書）で名前を記入する。	みんしょ
	(4)	敵の（牙城）を崩すのは容易ではない。	きじょう
	(5)	料金の（多寡）は問わない。	たか
6	(1)	二つの作品には（画然）とした違いがある。	がぜん
	(2)	（苛烈）な生存競争を生き抜いた。	つうれつ
	(3)	加害者に（怨恨）を抱いている。	おんこん

	(4)	来賓を（恭）しい態度で迎えた。	うやうや
	(5)	神社でお（神酒）をいただく。	みしゅ
7	(1)	元旦は神社に（参詣）する。	さんぱい
	(2)	脳の血管が（閉塞）している。	へいそく
	(3)	有識者にご（叱正）を乞う。	しっしょう
	(4)	右足の（浮腫）が直らない。	うしゅ
	(5)	物価高により利益は（逓減）した。	てんげん
8	(1)	（好餌）に釣られて恥をかいた。	こうえ
	(2)	同盟（罷業）を決行する。	のうぎょう
	(3)	銃口から（硝煙）が上がる。	しょうえん
	(4)	（凝）った料理を振る舞われる。	うたが
	(5)	商品の在庫が（僅少）となった。	きしょう
9	(1)	強い締め付けにより足が（鬱血）している。	ゆうけつ
	(2)	修繕工事は（徹宵）で行われた。	てつよい
	(3)	自分でコーヒー豆を（煎）る。	いれ
	(4)	専門店で（種苗）を仕入れる。	しゅなえ
	(5)	この小説は（白眉）の出来だ。	はくび
10	(1)	変わり果てた故郷を（愁）える。	うれ
	(2)	民衆が武器を持って（蜂起）した。	はっき
	(3)	彼の演説は（興趣）に欠ける。	こうしゅ
	(4)	溶かした鉄を（鋳型）に流し込む。	ちゅうがた
	(5)	（脊椎）の手術のため入院している。	せきずい
11	(1)	去年は多くの（災厄）に見舞われた年だった。	さいあく
	(2)	契約を（反故）にされる。	はんご
	(3)	台所から（芳）しい香りがする。	こうば
	(4)	欠席の理由を（詰問）する。	きつもん
	(5)	人の悪口を（吹聴）して回る。	すいちょう
12	(1)	彼の（覇業）は時代を越えて語り継がれた。	いぎょう
	(2)	突然の（訃報）に驚く。	とほう
	(3)	活動を（啓蒙）するための資料を作る。	けいごう
	(4)	ウイルスによって（未曽有）の危機に直面した。	みぞう
	(5)	（自嘲）するような笑みを浮かべる。	じしょう

13
(1) その表現には（語弊）がある。　ごかい
(2) 寺で（勤行）を行う。　きんぎょう
(3) 物価の（騰貴）が続いている。　とうき
(4) 先例に（依）って処理する。　したが
(5) 会社の（定款）を確認する。　じょうかん

14
(1) 先生が（逝去）された。　いきょ
(2) 姉は恋人に（惑溺）している。　わくでき
(3)（荘重）な式典に参列する。　そうじゅう
(4) 端末が故障したので（代替）機を借りた。　だいかえ
(5) 技術の進歩に（驚嘆）する。　きょうがく

15
(1) 娘は文鳥を（愛玩）している。　あいげん
(2) 功績が評価され（叙勲）を受けた。　じょうくん
(3) 跡地に大学を（誘致）する。　ゆうい
(4) 自分に対する悪い印象を（払拭）したい。　ふしょく
(5) 船が（右舷）に傾いている。　うげん

16
(1) 台風被害により駅前の工事は（頓挫）した。　とんざ
(2) 容易な単語に（換言）する。　かんごん
(3) 父は（庫裏）で住職と話し込んでいる。　こうら
(4) 権力者に（迎合）して意見を変える。　ぎょうごう
(5) 人の失敗を（咎）める。　いさ

17
(1) 彼は危うく（凶刃）を免れた。　きょうば
(2)（数寄屋）造りの家が建っている。　すうきや
(3) 出火原因は放火である（蓋然）性が高い。　がいぜん
(4)（愛猫）の写真を持ち歩く。　まなねこ
(5) 戦いに備えて（猛者）たちを集める。　もうじゃ

18
(1)（自薦）して大会に出場した。　じすい
(2) 戦争の（惨禍）が繰り返されないことを願う。　さんか
(3) 思いがけない事実に（逢着）した。　おうちゃく
(4) 家族と一緒に（桟敷）で花火を見る。　さんしき
(5) 自分の（矮小）な考え方を改める。　きょうしょう

19
(1) 出費が続いて家計が（破綻）する。　はだん
(2) 実家は（製靴）業を営んでいる。　せいくつ
(3) 練習に（真摯）に取り組む。　しんけん

	(4) 恥ずかしさで耳が（火照）る。	ひで
	(5) （丼）で白米を食べる。	どんぶり
20	(1) 配達中の荷物を（毀損）する。	けっそん
	(2) 規則に（違背）する者を罰する。	いせ
	(3) どんなに（些細）な誤りも一見逃せない。	しさい
	(4) 自分の不始末を（衷心）よりわびる。	ちゅうしん
	(5) 当時の心境を（述懐）する。	じょかい
21	(1) りんごを（圧搾）してジュースを作る。	あっさく
	(2) 他国の方針に（追随）する。	ついじゅう
	(3) 交渉相手の（言質）をとった。	ごんしつ
	(4) （僅）かに息をしている。	かす
	(5) 論文を書くために多くの文献を（渉猟）した。	ほりょう
22	(1) 取り急ぎ（暫定）版の契約書を作成した。	せんてい
	(2) 職を失って（貧窮）する。	ひんく
	(3) 患者の病状は（小康）を得ている。	ここう
	(4) 対立する組織の（緩衝）役を果たす。	かんしょう
	(5) （好悪）の感情が顔に出る。	こうあく
23	(1) 文章の一部を（割愛）する。	わりあい
	(2) （凡庸）な日々に退屈している。	ぼんよう
	(3) 面倒な作業を（敬遠）する。	けんえん
	(4) （既得）権益を保持する。	がいとく
	(5) 先生は（質朴）な性格の人だった。	しちほく
24	(1) 無礼な発言に（憤慨）する。	ふんき
	(2) 試合に勝って（快哉）を叫んだ。	かいや
	(3) （囚人）が脱獄を企てる。	いんじん
	(4) 訪問先で（厚遇）を受ける。	こうまい
	(5) 学生とは思えない（悠揚）迫らぬ態度だった。	ゆうよう
25	(1) 事故の光景に（慄然）とする。	あぜん
	(2) 趣味が（低俗）だと批判された。	ていよく
	(3) （余暇）を利用して読書をする。	よか
	(4) この地域は（地殻）の変動が起こりやすい。	ちがい
	(5) 塩酸を水で（希釈）する。	きはく

B　次の26～50について，（　　）内の語句に相当する漢字を含む文を，次の（1）～（5）のうちからそれぞれ１つずつ選び，記号で答えなさい。（25問）

26 祖父は九十歳にしてなお（ソウケン）である。
(1) かつてない（ソウゼツ）な戦いを繰り広げた。
(2) 場内の（ソウゴン）な雰囲気に圧倒される。
(3) 都会の（ケンソウ）から離れて暮らす。
(4) 念入りに部屋を（ソウジ）する。
(5) シートベルトを（ソウチャク）する。

27 （コウリョウ）とした景色を眺めている。
(1) 聞き取れるよう（メイリョウ）に発音してほしい。
(2) 風邪をひいて自宅で（リョウヨウ）している。
(3) その職人は優れた（ギリョウ）の持ち主だった。
(4) 政治資金を（オウリョウ）する。
(5) 夏は（セイリョウ）飲料水がよく売れる。

28 急いでいても（アセ）りは禁物だ。
(1) 有給休暇の取得を（ショウレイ）する。
(2) 多くの人から（ショウサン）される作品を残した。
(3) 話の（ショウテン）を絞って議論する。
(4) 寝る間も惜しんで仕事に（ショウジン）する。
(5) （コウショウ）な議論にはついていけない。

29 侵略された領土を（ダッカン）する。
(1) 血液が体内を（ジュンカン）する。
(2) 彼女は部下の失敗に（カンヨウ）だ。
(3) 首相（カンテイ）で会見を行う。
(4) 連合（カンタイ）の攻撃を受ける。
(5) 受け取うた利益を社会に（カンゲン）する。

30 議長は（セイシュク）にするよう命じた。
(1) 夏休みの（シュクダイ）を終わらせる。
(2) 体調が悪いので外出を（ジシュク）している。
(3) 休憩時間を（タンシュク）する。
(4) 二人の結婚を（シュクフク）した。
(5) 彼女は真面目で（テイシュク）な人だ。

31 （タクエツ）した演技力で注目を集める。
(1) （タクハイ）業者に集荷を依頼する。
(2) 専門的な業務を（イタク）している。
(3) 新たな市場を（カイタク）する。
(4) 家族で（ショクタク）を囲む。
(5) （タクイツ）問題を解答する。

32 父は（ユウズウ）が利かない頑固な人だ。
(1) 銀行から（ユウシ）を断られた。
(2) 大会で優勝して（ユウエツ）感に浸る。
(3) 相手に（ユウリ）な情報を渡してはいけない。
(4) （ユウダイ）な景観に圧倒される。
(5) 地球の（ユウキュウ）の歴史を紐解く。

33 古い街並みを眺めていると（キョウシュウ）にかられる。
(1) （ユウシュウ）の美を飾る。
(2) 穴の開いた壁を（シュウゼン）する。
(3) 外見の（ビシュウ）に左右されない。
(4) この度はご（シュウショウ）様でした。
(5) 今夜は（チュウシュウ）の名月だ。

34 窓から（ゲンソウ）的な雪景色が見える。
(1) 地震は神の怒りの（ケンゲン）だと言われている。
(2) （ゲンカク）な両親に育てられた。
(3) 母は朝から（キゲン）が悪いようだ。
(4) （トウゲンキョウ）を目指して旅をしている。
(5) 彼女の浪費癖を知り（ゲンメツ）した。

35 安物には（ソアク）品が多い。
(1) 食べ物を（ソマツ）にしてはいけない。
(2) 村落の（カソ）化が問題となっている。
(3) 原告は選挙の無効を（テイソ）した。
(4) 食物繊維が栄養の吸収を（ソガイ）する。
(5) 昔ながらの（ソボク）な味がする。

36 今回ばかりは彼の発言を（ヨウゴ）できない。
(1) 首長選挙に文化人を（ヨウリツ）する。
(2) 家族を（フヨウ）するには収入が足りない。

(3) (チュウヨウ) な立場で話を聞く。
(4) 事業計画の (ガイヨウ) を説明する。
(5) 会社と (コヨウ) 契約を結ぶ。

37 最も (オントウ) な提案が採用された。
(1) 試合の後半まで体力を (オンゾン) する。
(2) (クオン) に変わらぬ愛を誓う。
(3) 話し合いを (オンビン) に済ませたい。
(4) 功労者に (オンシ) の品が授与された。
(5) 彼は社長の (オンゾウシ) だ。

38 自転車の鍵を (フンシツ) した。
(1) 誕生日なので (フンパツ) して高価な靴を買った。
(2) 馬鹿にされて (フンヌ) の形相をしている。
(3) 火山から (フンエン) が立ちのぼる。
(4) その国は今も (ナイフン) が続いている。
(5) 幼い子供は物事の (フンベツ) がつかない。

39 自然の恵みを (キョウジュ) する。
(1) 何気ない言動で上司の (フキョウ) を買ってしまった。
(2) 事件に関する情報を (キョウユウ) する。
(3) 基本的人権を (キョウユウ) する。
(4) 山奥の (ヒキョウ) にある温泉宿を訪ねる。
(5) 今回の失敗は良い (キョウクン) となった。

40 以前買った商品に (コクジ) している。
(1) 絵の才能がないと (コクヒョウ) された。
(2) 幼児期に (コクイン) された心象が強い。
(3) 内部の不正を (コクハツ) する。
(4) 苦手科目を (コクフク) するため学習塾に通った。
(5) 史料には薩摩藩の (コクダカ) が記載されている。

41 選手たちから (ハキ) が感じられない。
(1) 交通事故で車が (タイハ) した。
(2) 気象庁が (ハロウ) 注意報を発表した。
(3) 組織内の (ハバツ) 争いに巻き込まれる。
(4) 世界の市場を (セイハ) するために戦略を立てる。
(5) 本の内容を (ハアク) していなかった。

42 貧富の（ケンカク）が甚だしい。
(1) 複数の方法を比較して（ケントウ）する。
(2) （ケンショウ）に応募する。
(3) その業界で最も（ケンイ）ある賞を受賞した。
(4) 褒め言葉を（ケンキョ）に受け取る。
(5) 二人の関係は以前より（ケンアク）になった。

43 大手企業から業務提携の（ダシン）があった。
(1) 国家の（イシン）をかけて戦う。
(2) 罰として自宅（キンシン）を言い渡された。
(3) 定期的に歯科（ケンシン）を受けている。
(4) 新たな法案について（シンギ）する。
(5) （ハクシン）の演技に圧倒される。

44 （チクゴ）訳ではなく，意訳する。
(1) 実家の二階を（カイチク）する予定だ。
(2) 予選会を（ハチク）の勢いで勝ち進んだ。
(3) 祖母はいつも（ガンチク）のある話を聞かせてくれた。
(4) 調査結果を（チクイチ）報告するよう依頼した。
(5) （チクサン）農家から牛乳を仕入れている。

45 彼は野球界に（センプウ）を巻き起こすだろう。
(1) 余計な（センサク）をしてしまった。
(2) 敵国に首都を（センリョウ）された。
(3) （センジン）を切って現場に突入する。
(4) 民衆を（センドウ）して革命を起こした。
(5) 音楽室からピアノの美しい（センリツ）が聞こえる。

46 試行（サクゴ）を繰り返す。
(1) 五か年計画を（サクテイ）する。
(2) 労働者の利益を（サクシュ）する。
(3) 期待と不安が（コウサク）している。
(4) （サクイ）の跡が感じられる。
(5) 不要な文字を（サクジョ）する。

47 統計学の講義を（リシュウ）する。
(1) 通話の（リレキ）を削除する。
(2) 彼女はまるで（センリガン）のように私の考えを言い当てた。

(3) 作品が映画化されるのは小説家（ミョウリ）に尽きる。
(4) 患者を特別病棟に（カクリ）する。
(5) 自然の（セツリ）に逆らうことはできない。

48 自己（ケイハツ）を目的とした講演会に参加する。
(1) 恩師に（ケイボ）の念を抱く。
(2) 手術後の（ケイカ）を観察する。
(3) 神の（ケイジ）を受けて預言者となった。
(4) 旅行をきっかけに民族音楽に（ケイトウ）した。
(5) 交通費を予算に（ケイジョウ）する。

49 契約を破棄したのは（ダトウ）な判断だった。
(1) （ダリョク）で走り続ける。
(2) 最後まで（ダキョウ）せずに解決策を考える。
(3) 困難な状況を（ダカイ）する。
(4) （ダラク）した生活を送る。
(5) 貴重な時間を（ムダ）にしてしまった。

50 足にできた擦り傷が（チユ）する。
(1) 最後まで（ユダン）は禁物だ。
(2) 物資を船で（ユソウ）する。
(3) （ユカイ）な仲間たちと楽しい時間を過ごす。
(4) 政治家と企業の（ユチャク）が問題視されている。
(5) 明治天皇が軍人に（チョクユ）を下した。

解答・解説

1 (3)　**解説** 他の読みは (1) けいぶ　(2) えとく　(4) そそのか　(5) ほんりゅう

2 (2)　**解説** 他の読みは (1) ちょうそ　(3) ちょうじ　(4) しゃふつ　(5) けんじ

3 (1)　**解説** 他の読みは (2) じぎ　(3) しせい　(4) そうしん　(5) いんけん

4 (1)　**解説** 他の読みは (2) かいそう　(3) けいがい　(4) わずら　(5) いしょく

5 (5) **解説** 他の読みは (1) ざこ (2) た (3) かいしょ (4) がじょう

6 (4) **解説** 他の読みは (1) かくぜん (2) かれつ (3) えんこん (5) しんしゅ

7 (2) **解説** 他の読みは (1) さんけい (3) しっせい (4) むくみ (5) ていげん

8 (3) **解説** 他の読みは (1) こうじ (2) ひぎょう (4) こ (5) きんしょう

9 (5) **解説** 他の読みは (1) うっけつ (2) てっしょう (3) い (4) しゅびょう

10 (1) **解説** 他の読みは (2) ほうき (3) きょうしゅ (4) いがた (5) せきつい

11 (4) **解説** 他の読みは (1) さいやく (2) ほご (3) かんば (5) ふいちょう

12 (4) **解説** 他の読みは (1) はぎょう (2) ふほう (3) けいもう (5) じちょう

13 (3) **解説** 他の読みは (1) ごへい (2) ごんぎょう (4) よ (5) ていかん

14 (2) **解説** 他の読みは (1) せいきょ (3) そうちょう (4) だいたい (5) きょうたん

15 (5) **解説** 他の読みは (1) あいがん (2) じょくん (3) ゆうち (4) ふっしょく

16 (1) **解説** 他の読みは (2) かんげん (3) くり (4) げいごう (5) とが

17 (3) **解説** 他の読みは (1) きょうじん (2) すきや (4) あいびょう (5) もさ

18 (2) **解説** 他の読みは (1) じせん (3) ほうちゃく (4) さじき (5) わいしょう

19 (5) **解説** 他の読みは (1) はたん (2) せいか (3) しんし (4) ほて

20 (4) **解説** 他の読みは (1) きそん (2) いはい (3) ささい (5) じゅっかい

21 (1) **解説** 他の読みは (2) ついずい　(3) げんち　(4) わず　(5) しょうりょう

22 (4) **解説** 他の読みは (1) ざんてい　(2) ひんきゅう　(3) しょうこう　(5) こうお

23 (2) **解説** 他の読みは (1) かつあい　(3) けいえん　(4) きとく　(5) しつぼく

24 (5) **解説** 他の読みは (1) ふんがい　(2) かいさい　(3) しゅうじん　(4) こうぐう

25 (3) **解説** 他の読みは (1) りつぜん　(2) ていぞく　(4) ちかく　(5) きしゃく

26 (1) **解説** (問題文) 壮健　(1) 壮絶　(2) 荘厳　(3) 喧騒　(4) 掃除　(5) 装着

27 (5) **解説** (問題文) 荒涼　(1) 明瞭　(2) 療養　(3) 技量　(4) 横領　(5) 清涼

28 (3) **解説** (問題文) 焦　(1) 奨励　(2) 称賛　(3) 焦点　(4) 精進　(5) 高尚

29 (5) **解説** (問題文) 奪還　(1) 循環　(2) 寛容　(3) 官邸　(4) 艦隊　(5) 還元

30 (2) **解説** (問題文) 静粛　(1) 宿題　(2) 自粛　(3) 短縮　(4) 祝福　(5) 貞淑

31 (4) **解説** (問題文) 卓越　(1) 宅配　(2) 委託　(3) 開拓　(4) 食卓　(5) 択一

32 (1) **解説** (問題文) 融通　(1) 融資　(2) 優越　(3) 有利　(4) 雄大　(5) 悠久

33 (4) **解説** (問題文) 郷愁　(1) 有終　(2) 修繕　(3) 美醜　(4) 愁傷　(5) 中秋

34 (5) **解説** (問題文) 幻想　(1) 顕現　(2) 厳格　(3) 機嫌　(4) 桃源郷　(5) 幻滅

35 (1) **解説** (問題文) 粗悪　(1) 粗末　(2) 過疎　(3) 提訴　(4) 阻害　(5) 素朴

36 (1) **解説** (問題文) 擁護　(1) 擁立　(2) 扶養　(3) 中庸　(4) 概要　(5) 雇用

37 (3) 解説 (問題文) 穏当 (1) 温存 (2) 久遠 (3) 穏便 (4) 恩賜 (5) 御曹司

38 (4) 解説 (問題文) 紛失 (1) 奮発 (2) 憤怒 (3) 噴煙 (4) 内紛 (5) 分別

39 (3) 解説 (問題文) 享受 (1) 不興 (2) 共有 (3) 享有 (4) 秘境 (5) 教訓

40 (1) 解説 (問題文) 酷似 (1) 酷評 (2) 刻印 (3) 告発 (4) 克服 (5) 石高

41 (4) 解説 (問題文) 覇気 (1) 大破 (2) 波浪 (3) 派閥 (4) 制覇 (5) 把握

42 (2) 解説 (問題文) 懸隔 (1) 検討 (2) 懸賞 (3) 権威 (4) 謙虚 (5) 険悪

43 (3) 解説 (問題文) 打診 (1) 威信 (2) 謹慎 (3) 検診 (4) 審議 (5) 迫真

44 (4) 解説 (問題文) 逐語 (1) 改築 (2) 破竹 (3) 含蓄 (4) 逐一 (5) 畜産

45 (5) 解説 (問題文) 旋風 (1) 詮索 (2) 占領 (3) 先陣 (4) 扇動 (5) 旋律

46 (3) 解説 (問題文) 錯誤 (1) 策定 (2) 搾取 (3) 交錯 (4) 作為 (5) 削除

47 (1) 解説 (問題文) 履修 (1) 履歴 (2) 千里眼 (3) 冥利 (4) 隔離 (5) 摂理

48 (3) 解説 (問題文) 啓発 (1) 敬慕 (2) 経過 (3) 啓示 (4) 傾倒 (5) 計上

49 (2) 解説 (問題文) 妥当 (1) 惰力 (2) 妥協 (3) 打開 (4) 堕落 (5) 無駄

50 (4) 解説 (問題文) 治癒 (1) 油断 (2) 輸送 (3) 愉快 (4) 癒着 (5) 勅諭

令和５年度　第２回　実施問題

1　人身の自由に関する記述として，最も妥当なのはどれか。

(1)　何人も，いかなる奴隷的拘束も受けず，いかなる場合もその意に反する苦役に服させられることはない。

(2)　ある行為を犯罪として処罰するには，犯罪とされる行為の内容やそれに対する刑罰が，法律で明確に規定されていなければならず，適法であった行為を事後に制定された法律で罰せられることはない。

(3)　あらゆる逮捕，住居や所持品などの捜索・押収には裁判官による令状が必要であり，これを令状主義という。

(4)　刑事被告人は，国選弁護人を付することができるが，被疑者の段階では，国選弁護人を付することはできない。

(5)　何人も，自己に不利益な供述を強要されないが，本人の自白がある場合には，それだけで有罪とされ，又は刑罰を科せられる。

2　社会権に関する記述として，最も妥当なのはどれか。

(1)　生存権について法的な拘束力を持たないとするプログラム規定説は，憲法第25条第1項に生存権が国民の権利として明記されていないことを根拠の1つとしている。

(2)　生存権に関する訴訟として朝日訴訟や堀木訴訟があげられるが，これらはいずれも生活保護基準の設定の是非について争われている。

(3)　憲法は，すべての国民に，その能力に応じて，ひとしく教育を受ける権利を保障しているが，義務教育の無償については明記されていない。

(4)　最高裁判所は，家永教科書訴訟において，教科書検定制度は検閲に該当し，教育を受ける権利を侵害するものとして違憲であると判示した。

(5)　憲法は，勤労者の団結権・団体交渉権・団体行動権（争議権）を保障しているが，公務員の団体行動権（争議権）は法律により認められていない。

3 各国の政治体制に関する記述として，最も妥当なのはどれか。

(1) イギリスは議院内閣制を採用しており，下院で多数を占める政党の党首が首相となる。

(2) アメリカは大統領制を採用しているが，大統領は議会に政治上の意見書を送ることまでは認められていない。

(3) ドイツやイタリアは，いずれも議院内閣制を採用しており，大統領は存在しない。

(4) 日本は議院内閣制を採用しており，憲法上，内閣総理大臣は衆議院議員の中から指名される。

(5) フランスは，大統領が直接選挙によって選ばれており，議院内閣制は採用していない。

4 我が国の選挙に関する記述として，最も妥当なのはどれか。

(1) 選挙の基本原則のうち，選挙権の資格を年齢以外の要件で制限しないことを平等選挙という。

(2) 選挙制度のうち，大選挙区制は死票が多いという短所がある。

(3) 比例代表制における各政党の獲得議席の配分方法は，衆議院と参議院とで異なる。

(4) 衆議院議員総選挙では，小選挙区と比例代表の両方に立候補する重複立候補が認められている。

(5) 参議院議員通常選挙では，都道府県ごとに必ず1つの選挙区が設けられる。

5 我が国の財政に関する記述として，最も妥当なのはどれか。

(1) 財政の機能の1つとして資源配分機能があるが，これは累進課税制度や社会保障制度によって所得格差の縮小を図るものである。

(2) 財政投融資は，「第二の予算」とも呼ばれ，現在郵便貯金や年金積立金から義務預託された資金を原資として行われている投融資活動である。

(3) 年度途中で当初の予算通りに執行できない場合に，国会の議決を経て修正された予算を補正予算という。

(4) 租税には，国に納める国税と，地方公共団体に納める地方税とがあるが，固定資産税は国税であり，酒税は地方税である。

(5)　国債には，公共事業費などの経費を賄うための建設国債と，その他の一般的な経費を賄うための赤字国債とがあるが，いずれも財政法に基づいて発行される。

6　我が国の株式会社に関するＡ～Ｄの記述の正誤の組合せとして，最も妥当なのはどれか。

A　株主は，会社が倒産した場合，出資額以上に会社の負債を弁済する義務がない。

B　2005年に成立した会社法により，株式会社の最低資本金の規定が撤廃された。

C　株式会社の意思決定機関は株主総会であり，株主1人につき1票の議決権を持つ。

D　株主は，会社の利益が上がった場合に，所有する株式数に応じて配当を受け取る権利を持つ。

	A	B	C	D
(1)	正	正	正	誤
(2)	正	正	誤	正
(3)	正	誤	正	正
(4)	誤	正	正	誤
(5)	誤	正	誤	正

7　次の記述に当てはまるものの名称として，最も妥当なのはどれか。

平安時代前期に唐へ渡った僧が残した文書類で，その僧の出自や僧侶の身分に関する文書，自筆の書状，入唐求法に際して発行された日唐の公文書などで構成され，唐代中国の法制度や交通制度を知ることのできる貴重な史料群とされる。2021年11月，ユネスコ（国際連合教育科学文化機関）の「世界の記憶」に登録を申請していたところ，本年5月，第216回ユネスコ執行委員会の審議を経て，登録されることが決定した。

(1)　智証大師円珍関係文書典籍
(2)　浄土宗大本山増上寺三大蔵
(3)　建礼門院右京大夫集
(4)　正法眼蔵随聞記
(5)　大乗院寺社雑事記

8 本年5月に成立した改正刑事訴訟法に関する記述として，最も妥当なのはどれか。

(1) 被告人を保釈する際，海外逃亡や国内での所在不明を防止するため，法務省が必要と認めた場合はGPS端末の装着を命令することができる。

(2) 被告人の位置情報を常時確認し，空港・港湾施設の周辺といった「所在禁止区域」への立ち入りなどの事由の発生があった場合は，捜査機関が身柄を確保できるが，罰則までは設けられていない。

(3) 保釈中の被告人が，正当な理由がないのに公判期日に裁判に出頭しない場合に適用する「未出頭罪」や，裁判所の許可を得ずに保釈時に定められた住居に帰らない者を処罰する「制限住居離脱罪」を新設し，違反した場合にはいずれも1年以下の拘禁刑となる。

(4) 裁判所が被告人の親族らを監督者に選任して，「監督保証金」を納めさせ，被告人が逃亡した場合は保釈保証金と共に没収する「監督者制度」が導入された。

(5) 性犯罪の被害者など，裁判官や検察官が保護する必要があると判断した場合，再被害防止を目的として，加害者に被害者の氏名や住所が記載された逮捕状や起訴状を直接示さずに刑事手続きを進められるようになった。

9 次の記述に当てはまる制度の名称として，最も妥当なのはどれか。

本年10月1日から消費税の仕入れ税額控除の方式として導入される制度。新制度の下では，事業者が，商品やサービスの買い手から受け取った消費税を納める際に，既に仕入れ業者に払った消費税の分を差し引くために，仕入れ業者から登録番号や品目ごとの税率（8%若しくは10%）など必要事項が記載された請求書の交付を受ける必要がある。

(1) ベーシックインカム制度　　(2) インカムゲイン制度
(3) インボイス制度　　(4) ステークホルダー制度
(5) タックスフリー制度

10 江戸幕府の武断政治から文治政治への転換に関する記述として，最も妥当なのはどれか。

(1) 大名の改易や減封により牢人が増加し，3代将軍徳川家光が死んだ1651年には，兵学者の大塩平八郎が，牢人らを集めて反乱を企てた。

(2)　慶安の変の後，牢人対策の必要を痛感した幕府は，末期養子の禁を厳格化し，悪党の横行を厳しく取り締まって，治安の安定をはかった。
(3)　4代将軍徳川家宣は殉死の禁止を命じ，家臣は主君個人に仕えるのではなく，主君の家に仕えることを強調した。
(4)　5代将軍徳川綱吉は，儒教の教えを取り入れて統治することを諸大名に求め，1683年に出された代替わりの御成敗式目では，忠孝や礼儀が重んじられるようになった。
(5)　徳川綱吉は，神道の影響から服忌令を出し，近親の死に際して喪に服すべき期間を定めたが，この法令により死や血を忌み嫌う風習が作り出された。

11　我が国の開国に関する記述として，最も妥当なのはどれか。

(1)　1853年，アメリカ東インド艦隊司令長官ビッドルが4隻の軍艦を率いて浦賀に来航し，我が国の開国を求めるプチャーチン大統領の国書を幕府に提出した。
(2)　1854年，江戸幕府は，再び来航して条約の締結を強硬に迫ったアメリカと日米和親条約を締結し，下田・大阪の2港開港などを認めた。
(3)　1856年，アメリカの駐日総領事として着任したペリーは，江戸幕府に貿易のための条約締結を要求し，幕府は朝廷に条約の勅許を求めたが許されなかった。
(4)　1858年，大老に就任した堀田正睦は，勅許を得ないまま日米修好通商条約に調印し，新たに長崎，高知，新潟，兵庫の開港が定められた。
(5)　1858年に調印された日米修好通商条約は，領事裁判権（治外法権）を認めること，関税自主権がないなど，我が国にとって不平等な条約であった。

12　ルターの宗教改革に関する記述として，最も妥当なのはどれか。

(1)　1517年，ドイツのヴィッテンベルク大学の神学教授マルティン＝ルターは，「95カ条の論題」を発表し，これが宗教改革のはじまりとなった。
(2)　信仰によってのみ神に救われるという立場のルターは，贖宥状（免罪符）を買えば罪がゆるされるとした教皇インノケンティウス3世を批判した。
(3)　1521年，教皇から破門されたルターは，神聖ローマ皇帝オットー1世からヴォルムス帝国議会に呼び出され，その主張の撤回を求められたが応じなかった。

(4) ルターを支持する立場から起こったドイツ農民戦争に対し，はじめルターは同情的だったが，指導者のフスらが急進化すると態度を一変させ，弾圧する諸侯の側にまわった。

(5) ルター派の諸侯や都市は，1530年にシュマルカルデン同盟を結成して皇帝と戦ったが，1555年のコンスタンツ公会議で妥協がなされた。

13 イスラム世界の拡大に関するA～Dの記述を，歴史の古いものから並べたときの順番として，最も妥当なのはどれか。

A　ムハンマドの聖遷後，メディナを活動の拠点としていたイスラム共同体は，メッカを攻めて無血開城させた。

B　アッバース家を中心とする勢力が，シーア派などの反対勢力を取り込んで革命を成功させ，アッバース朝を建てた。

C　イスラム勢力はビザンツ帝国を圧迫してシリアとエジプトを奪い，ササン朝ペルシアをも滅ぼしたため，支配地域はシリア・エジプトからイラン高原にまで広がった。

D　ウマイヤ朝は，西方では，イベリア半島で西ゴート王国を滅ぼしたが，トゥール＝ポワティエ間の戦いでフランク王国に敗れた。

(1) A→B→D→C　　(2) A→C→D→B
(3) B→A→D→C　　(4) C→B→A→D
(5) D→C→A→B

14 西アジア・中央アジアに関する次の記述のうち，最も妥当なのはどれか。

(1) 西アジアは原油や天然ガスなどの資源に恵まれた地域で，ペルシア湾沿岸は世界の主要な石油産出地である。一方，中央アジアよりのカスピ海沿岸のアゼルバイジャンやトルクメニスタンに油田はほとんど存在しない。

(2) 西アジアや中央アジアには乾燥地帯が広がっており，外来河川のティグリス川・ユーフラテス川の流域や砂漠に点在するオアシス近辺においても，水が貴重であるため灌漑農業は行われていない。

(3) 西アジアや中央アジアで信仰されているイスラム教の聖典コーランには，信者が一生に一度は行う巡礼や，イスラム歴9月の日没から日の出までの断食，1日5回の偶像への礼拝など信者の守るべき義務が記されている。

(4) 中央アジアのタジキスタンではトルコ語系の言語を用いているが，それ以外の国ではペルシア語系の言語を使う国が多い。また，かつてソビエト連邦に属していた国が多いことから，キリル文字は使われていない。

(5)　ペルシア湾沿岸，西アジアの産油国は，資源ナショナリズムの高まりの中で，1960年に石油輸出国機構を結成した。結果，それまで国際石油資本に握られていた石油価格の決定権を握ることができた。

15　気候に関する記述として，最も妥当なのはどれか。

(1)　気温の１年の変化の大きさを年較差といい，海洋性気候と大陸性気候とを比較すると，前者の年較差の方が大きい。

(2)　日本列島の位置する中緯度地方では偏西風が絶えず雲を東から西に押し流しており，偏西風の中で特に強い風はジェット気流と呼ばれる。

(3)　熱帯低気圧が発達して一定以上の風速に達したものは，北西太平洋では台風，インド洋や南太平洋ではハリケーン，大西洋や北東太平洋ではサイクロンと呼ばれる。

(4)　季節によって風向きがほぼ反対に変わる風をモンスーン（季節風）といい，夏は海から陸へ，冬は陸から海へと風向きが変わる。

(5)　フェーン現象とは，高温で湿った風が山を越えて風下側に吹きおろし，風下側が高温多湿となる現象をいい，我が国では春から夏にかけて太平洋側で起こることが多い。

16　次のＡ～Ｄの記述に当てはまる実存主義の哲学者（先駆者を含む）の組合せとして，最も妥当なのはどれか。

Ａ　キリスト教を「強者へのルサンチマン（怨恨）に満ちた奴隷道徳」であるとしてキリスト教を否定した。「神は死んだ」と宣言し，神にかわる「超人」の中に主体性への道を見いだした。

Ｂ　限界状況における挫折により有限性を自覚することで実存に目覚め，真の自己を目指す者同士の「実存的交わり」が可能になるとした。

Ｃ　「主体的真理」に価値を置き，実存を三段階に分けて，最終段階の「宗教的実存」において，人は「単独者」として神の前に立ち絶望から解放されるとした。

Ｄ　道具などの事物においては本質が存在に先立つが，人間の場合には自己の選択が自己のあり方を決定するとし，このことを，「実存は本質に先立つ」と表現した。

	A	B	C	D
(1)	キルケゴール	ヤスパース	ニーチェ	サルトル
(2)	サルトル	キルケゴール	ヤスパース	ニーチェ
(3)	ニーチェ	ヤスパース	キルケゴール	サルトル
(4)	ヤスパース	サルトル	キルケゴール	ニーチェ
(5)	キルケゴール	ニーチェ	サルトル	ヤスパース

17 ドイツの作家に関する記述として，最も妥当なのはどれか。

(1) カフカはチェコのプラハ生まれのドイツ語作家で，ある朝目覚めると自分が1匹の巨大な毒虫になっていた，という『変身』をはじめ，『審判』『城』などの不条理な世界を描いた作品で知られる。

(2) トーマス・マンは，友人シラーとともに古典主義を代表する作家である。名家の生まれで，厳格な教育を受けて育った。代表作に『ファウスト』『若きウェルテルの悩み』などがある。

(3) ゲーテは20世紀を代表する作家で，作品は，市民階級と芸術家，理性と情熱などの二律背反による相克をテーマとした。代表作は『魔の山』『トニオ・クレーゲル』などがある。

(4) リルケは，詩集『歌の本』によって名声を博した詩人で，その中の詩から多くの歌曲がつくられた。フランス革命によって自由に目覚め，フランスに亡命してドイツの旧体制を批判した。

(5) ハイネは20世紀を代表する叙情詩人で，パリで出会った彫刻家ロダンから多くを学び，文学的に成長した。代表作に小説『マルテの手記』がある。

18 次の故事成語とその意味の組合せとして，最も妥当なのはどれか。

(1) 尾生（びせい）の信 — 無用の心配，取り越し苦労

(2) 滄桑（そうそう）の変 — 二者が争っているすきに第三者が利益を横取りする

(3) 洛陽（らくよう）の紙価貴し — 詩や文章の字句・内容をよく練り上げる

(4) 邯鄲（かんたん）の夢 — 人生と栄華のはかなさ

(5) 隗（かい）より始めよ — 立身出世するための関門

19 次の外来語のうち「知的・風刺的で気のきいたことを言う能力」を表すものとして，最も妥当なのはどれか。

(1)　デカダンス　　(2)　モダニズム　　(3)　ウィット
(4)　レトリック　　(5)　モチーフ

20 次図のように，地面からの高さが78.4［m］の地点で，小球を水平方向に速さ10［m/s］で投げ出したとき，地面に達するまでの時間として，最も妥当なのはどれか。ただし，重力加速度は9.8［m/s^2］とする。

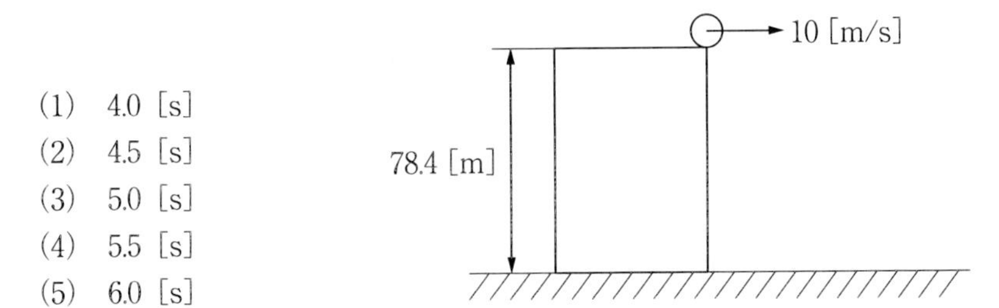

(1)　4.0［s］
(2)　4.5［s］
(3)　5.0［s］
(4)　5.5［s］
(5)　6.0［s］

21 水素は，温度が0［℃］，圧力が1.0×10^5［Pa］のとき，水1.0［L］に0.021［L］溶ける。同じ温度で圧力が4.7×10^5［Pa］のときに水1.0［L］に溶ける水素の質量として，最も妥当なのはどれか。ただし，水素の分子量は2.0であり，モル体積は22.4［L/mol］とする。

(1)　1.5×10^{-3}［g］　　(2)　4.7×10^{-3}［g］　　(3)　5.2×10^{-3}［g］
(4)　8.8×10^{-3}［g］　　(5)　9.0×10^{-3}［g］

22 動物の発生に関する記述として，最も妥当なのはどれか。

(1)　発生の初期に受精卵では卵割と呼ばれる断続的な細胞分裂が起こる。卵割によって生じる細胞は割球と呼ばれる。また，動物の卵では，極体の生じる側を植物極，その対立する側を動物極と呼ぶ。

(2)　卵黄が中心部に分布する卵を心黄卵といい，卵割の様式は分裂して増えた核が表層に移動して一斉に割球を生じる表割である。

(3)　ウニの卵は，卵割が進むと胞胚から桑実胚を経て原腸胚となる。さらに発生が進み，骨片が発達したプルテウス幼生，口を形成するプリズム幼生の順序を経て成体となる。

(4) カエルの卵は，卵割が進むと桑実胚から胞胚を経て原腸胚となる。その後，尾芽胚，神経胚，幼生という順を経て成体となる。このうち，神経胚の時期には神経管が形成され，それらが繋がることで神経板を形成する。

(5) 脊椎動物の各胚葉から分化する器官として，外胚葉から表皮や神経管が形成し，内胚葉から食道や胃などの消化器官及び腎臓や輸尿管が形成される。また，中胚葉から骨格や心臓，肺などが形成される。

23 太陽に関する記述として，最も妥当なのはどれか。

(1) 太陽は半径が約70万km，地球の約109倍の大きさのガス球で，太陽内部は，中心部から対流層，放射層，光球で構成している。中心部の温度は約600万Kであり，表面部分の温度は約6000Kである。

(2) 太陽の表面に現れる黒点は非常に弱い磁場をもち，周りの光球より2000K程度温度が低く，暗部と半暗部に分かれている。黒点の寿命は短いもので数年，長いものであれば数十年である。

(3) 太陽の構成元素は9割以上がヘリウムである。太陽の表面部分で，1個のヘリウム原子が4個のヘリウム原子となる核分裂反応をおこすことで，大きなエネルギーを生み出している。

(4) 太陽の全面にみられる粒状の模様を粒状斑といい，太陽内部のガスの対流による模様である。粒状斑1つの大きさは約1000kmであり，その寿命は10分程度である。

(5) 光球の上層にある希薄な大気層をコロナといい，コロナのさらに外側に広がった極めて希薄な大気層を彩層という。彩層は100万Kを超え，非常に高温となっている。

24 次の英文の（ ）に当てはまるものとして，最も妥当なのはどれか。

This information is (　　　) no value to us.

(1) in　(2) of　(3) with　(4) by　(5) on

25 次の英文が文法的に正しく，意味の通る文になるように［ ］内の単語を並び替えたとき，2番目と4番目にくる単語の組合せとして，最も妥当なのはどれか。

I [him / the / respect / all / for / more] his honesty.

	2番目	4番目
(1)	him	the
(2)	all	more
(3)	for	all
(4)	him	more
(5)	all	him

26 **次の英文の内容と合致するものとして，最も妥当なのはどれか。**

※本文略（この問題は，著作権の関係により，掲載しません。）

［語義］ archaeological*1　考古学上の ／ pottery*2　陶器

(1)　ペトラを取り囲む山の多くには，自然に出来上がったトンネルや小道がつながっていた。

(2)　考古学者たちは，先史時代のペトラには人がまったく居住していなかったと述べている。

(3)　ペトラはかつて大帝国の支配下に置かれていたため，文化の交流が生じる機会が少なかった。

(4)　ペトラ市民の水管理システムのおかげで，砂漠のような気候でもペトラの人口は増加した。

(5)　考古学者がペトラで発掘したもののうち，約15パーセントが歴史的・芸術的宝物だった。

27 **次の英文の内容と合致するものとして，最も妥当なのはどれか。**

※本文略（この問題は，著作権の関係により，掲載しません。）

［語義］ bleak*1　厳しい ／ regiment*2　統制する ／
filthy*3　不潔な ／ rampant*4　はびこる

(1)　ウィリアム・ブレイクは，産業革命後の悲惨な環境で働く労働者たちを悪魔に例えて批判した。

(2)　産業革命により労働者たちで溢れた町や都市は都市計画がなされておらず，不衛生で汚染され，病弊がはびこっていた。

(3)　産業革命後に政治や文化で大きな役割を得た労働者たちは，都市を作り教育水準を向上させた。
(4)　1850年にいたるまでの数年間のうちに裕福な者たちはそれぞれの所得を10%増加させた。
(5)　産業の恩恵にあずかり，下層階級の人々も少なくとも社会の階級の梯子を上る快感を味わった。

28 次の文の空所（　A　），（　B　）それぞれに当てはまる節の組合せとして，最も妥当なのはどれか。

※本文略（この問題は，著作権の関係により，掲載しません。）

(1)　A：いつごろ，だれによって，どのように制作され，現在どこにあるか
　　B：「絵」という芸術分野の歴史的展開のどこかに
(2)　A：作品が，どこで作られて，いくらで売り買いされてきたか
　　B：広くあまねく現在の商品価値としての美術品の中に
(3)　A：二十世紀の作品なのか否か
　　B：二十世紀の絵画というジャンルに
(4)　A：作者の国籍や，いつの時代の人か
　　B：世界的な絵画作品の候補として
(5)　A：新しい時代であった二十世紀にできた作品が，二十一世紀に再評価されるか
　　B：「絵画」というジャンルの中の歴史に生きている状態に

29 次の文章を先頭に置き，A～Eの文章を並べ替えて意味の通る文章にしたときの順番として，最も妥当なのはどれか。

※本文略（この問題は，著作権の関係により，掲載しません。）

(1)　A－B－D－C－E　　(2)　B－C－D－A－E
(3)　B－D－C－A－E　　(4)　C－A－E－D－B
(5)　C－E－A－B－D

30 **次の文章の要旨として，最も妥当なのはどれか。**

※本文略（この問題は，著作権の関係により，掲載しません。）

(1)　世界は様々な人のかかわりあいによって成り立っているので，それを否定することは自分勝手なナルシシズムであり間違っている。
(2)　世界を取り巻いているかかわりあいは，根源的に偶然によって成り立っている壊れやすいものであり，かかわり続けて日常を送るのは非常に危険な行為である。
(3)　日常は様々な偶然のかかわりあいによってかろうじて成り立っており，そのかかわりを続け，新たな日常を作り出し続けていくことで懐疑論に応えることができる。
(4)　我々の日常はかろうじて支えられている弱いものなので，懐疑論に対しては無力であり，かかわりを否定する人とのつながりは断絶してしまうしかない。
(5)　弱い人間同士の不確かなかかわりあいの中から倫理への懐疑は生まれるので，個々人の意識を強く持ち，独立した人間にならなくてはならない。

31 **次の文章の要旨として，最も妥当なのはどれか。**

※本文略（この問題は，著作権の関係により，掲載しません。）

(1)　ある事象を観察するときには客観的な視点が重要であり，主観的な視点で自分勝手に解釈することで，本質を見誤ってしまうことが多い。
(2)　自分なりの主観的な視点を持つことは，より客観的な視点を得るための訓練であり，習慣として続けるべきである。
(3)　ビッグデータは個人レベルでは膨大すぎて使えないため，全体の大まかな把握はあえて捨て，主観的に一部の情報のみを深く分析する方が良い。
(4)　主観的視点にも客観的視点にも一長一短があり，どちらが優れているとはいえないので両方を要領よく使い分けるのが良い。
(5)　物事を観察するとき，客観的な視点を持つことは現実には不可能であり，それよりも主観的な視点で自分なりに観察することが重要である。

32 次の文章の要旨として，最も妥当なのはどれか。

※本文略（この問題は，著作権の関係により，掲載しません。）

(1) 議論に参加するときには，自分が所属している組織の代表であることを忘れず，他の組織よりも自分の組織が有利になるよう常に意識しなければならない。
(2) 大学や企業での議論では，それぞれの所属組織の利益についてはいったん忘れ，全体の利益を目的にして共有することで，意見が活発になり，一体感も生まれやすくなる。
(3) 企業内での議論では，目的や利益についてはすべていったん忘れ，様々な意見を自由に交わすことで，時間はかかってもやがて大きな目的を共有することができる。
(4) 企業と違い，大学などの研究機関では，それぞれの専門分野がかけ離れているため，目的を共有することは難しく，硬直した議論になってしまいがちである。
(5) 立場の違う人々の集まる議論の場では，共通の利益を考えられる人を議長に据えなければ，議論に一体感が生まれない。

33 次の文章の要旨として，最も妥当なのはどれか。

※本文略（この問題は，著作権の関係により，掲載しません。）

(1) 老いに対する否定的な思い込みが記憶力を低下させることは実験によりわかっているが，老いを受け入れ，自分を肯定的に評価することで，これを防止することになる。
(2) 高齢になるにつれて記憶力が低下していくのは事実だが，若いころから日常的に記憶課題を解く習慣をつけることが，記憶力低下の予防に最も効果的であることが判明した。
(3) 老いに対する不安自体が高齢者の記憶力低下を招いているので，自分が老いていることを否定して，不安を取り払わなくてはならない。
(4) 加齢とともに記憶成績が低下するというのは否定的な思い込みでしかなく，むしろ高齢者の方が記憶力は向上していることが，実験により明らかになった。

(5)　老いに対する否定的な思い込みによって高齢者への偏見や差別が生じているのであり，老いのネガティブな情報を世の中からなくしていくことが不可欠である。

34　A～Eの５人は，警察官，教師，銀行員，医師，税理士のいずれかの異なる職業に就いている。次のア～キのことが分かっているとき，確実にいえることとして，最も妥当なのはどれか。

ア　Aの年齢は銀行員の年齢の２倍である。

イ　東京都に在住しているのは，Bと最年少の者の２人である。

ウ　Cは千葉県に在住している34歳である。

エ　税理士はEよりも10歳年上である。

オ　警察官は神奈川県在住で，税理士と２歳差である。

カ　埼玉県に在住している者は，48歳で，教師ではない。

キ　５人の年齢は，24歳，29歳，32歳，34歳，48歳のいずれかであり，同じ年齢の者はいない。

(1)　Aは東京に住んでいる。

(2)　Bは教師である。

(3)　Cは医師である。

(4)　Dは29歳である。

(5)　Eは税理士である。

35　A～Fの６人が円形のテーブルの周りに等間隔に置かれた椅子に座っている。６人のうち３人はテーブルの中央の方を向いて座り，残りの３人はテーブルを背にして座っている。A～Eの５人が，それぞれ自分から見た他の者の座り方について次のように発言したとき，確実にいえることとして，最も妥当なのはどれか。

A　「私の右隣にF，左隣にDが座っている。」

B　「私の右隣にE，さらにその隣にCが座っている。」

C　「私の右隣にE，左隣にDが座っている。」

D　「私の右隣にC，左隣にAが座っている。」

E　「私の左隣にB，さらにその隣にFが座っている。」

(1) Aがテーブルの方を向いて座っているとき，Cもテーブルの方を向いて座っている。
(2) Bがテーブルに背を向けて座っているとき，Dはテーブルの方を向いて座っている。
(3) Cがテーブルに背を向けて座っているとき，Eもテーブルに背を向けて座っている。
(4) Dがテーブルの方を向いて座っているとき，Fはテーブルに背を向けて座っている。
(5) Eがテーブルに背を向けて座っているとき，Aはテーブルの方を向いて座っている。

36 A～Eの5人のうち，2人だけが勉強している。次のア，イのことが分かっているとき，確実にいえることとして，最も妥当なのはどれか。

ア Aが勉強していれば，Bも勉強している。
イ Cが勉強していなければ，Dも勉強していない。

(1) Aが勉強していなければ，Cは勉強している。
(2) Bが勉強していれば，Cも勉強している。
(3) Cが勉強していなければ，Eは勉強していない。
(4) Dが勉強していなければ，Aは勉強している。
(5) Eが勉強していれば，Aは勉強していない。

37 A～Eの5つのアサガオの鉢があり，それぞれにいくつか花が咲いている。次のア～エのことが分かっているとき，咲いた花の数が2番目に多い鉢と4番目に多い鉢との差として，最も妥当なのはどれか。

ア Aに咲いていた花の数は，Bより1輪多く，また，Dの2倍だった。
イ Cには2輪が咲いていた。
ウ Dに咲いていた花の数は，Eの3倍だった。
エ 5つの鉢に咲いていた花を合計すると17輪だった。

(1) 1　(2) 2　(3) 3　(4) 4　(5) 5

38 ある会社の社員30人に海外旅行の経験の有無についてアンケートを行ったところ，アメリカへ旅行したことがある人は18人，中国へ旅行したことがある人は15人，オーストラリアへ旅行したことがある人は12人で

あった。また，この3か国のいずれか2か国へ旅行したことがある人は13人，3か国とも旅行したことがある人は2人であった。このとき，いずれの国にも旅行したことがない人の数として，最も妥当なのはどれか。

(1)　1人　　(2)　2人　　(3)　3人　　(4)　4人　　(5)　5人

39 A～Eの5人のマラソンの順位について，次のア，イのことが分かっている。このとき確実にいえることとして，最も妥当なのはどれか。

ア　Eは2位ではなく，Bより速かった。

イ　CはEより遅く，DはAより速かった。

(1)　Aが2位であれば，Eは3位である。

(2)　Bが3位であれば，Cは4位である。

(3)　Cが3位であれば，Aは2位である。

(4)　Dが2位であれば，Bは3位である。

(5)　Eが1位であれば，Aは4位である。

40 各面に1～6の異なる数字が書かれたサイコロを1個投げて，1の目または2の倍数の目が出れば得点が3点増え，それ以外の目が出れば得点が1点減るというゲームをする。はじめの持ち点が6点のとき，サイコロを6回投げて得点が12点となる確率として，最も妥当なのはどれか。

(1)　$\frac{40}{243}$　　(2)　$\frac{80}{243}$　　(3)　$\frac{160}{243}$　　(4)　$\frac{80}{729}$　　(5)　$\frac{160}{729}$

41 次図のような街路網において，A点からB点へ達する最短経路の総数として，最も妥当なのはどれか。ただし，C点を通る場合は直進のみできるものとする。

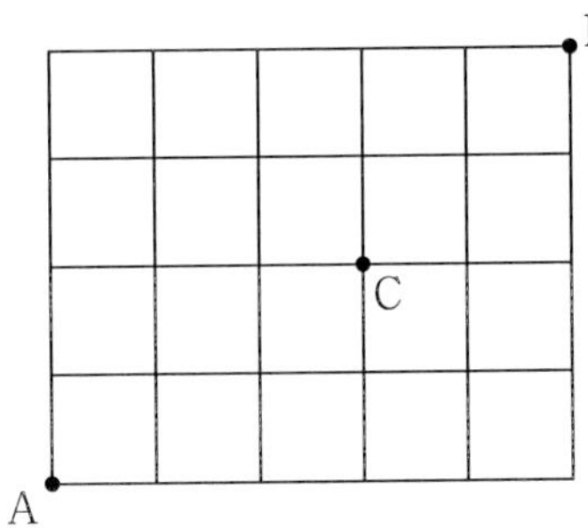

(1)　30通り

(2)　66通り

(3)　96通り

(4)　102通り

(5)　126通り

42 次図のような等辺の長さが1の直角二等辺三角形を，直線L上を滑ることなく矢印の方向に回転させる。点Aがふたたび直線Lに触れるまでの，点Aの描く軌跡と直線Lによって囲まれる部分の面積として，最も妥当なのはどれか。ただし，円周率はπとする。

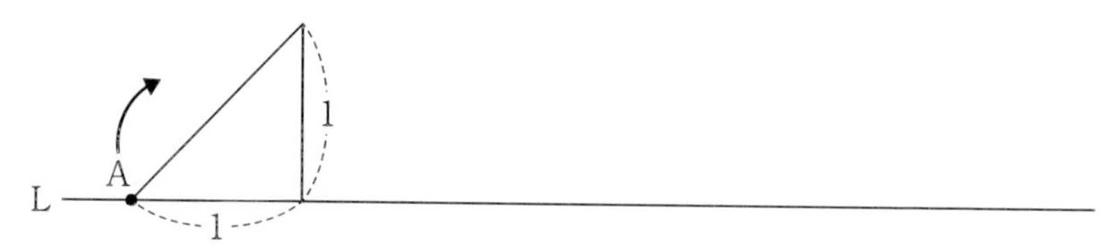

(1) $\frac{1}{2}\pi+\frac{1}{2}$　(2) $\pi+\frac{1}{2}$　(3) π　(4) $\frac{3}{2}\pi+1$
(5) $\pi+1$

43 1辺の長さが6mの正方形の床に，縦3cm，横4cmの長方形のタイルを同じ向きにすき間なく敷き詰め，この正方形上に対角線を1本引いた。このとき，対角線が通過するタイルの枚数として，最も妥当なのはどれか。
(1) 220枚　(2) 240枚　(3) 250枚　(4) 280枚
(5) 300枚

44 次図は，正方形の紙Fと同じ大きさの正方形の紙8枚を1枚ずつ重ね，1番上にFが重ねられた図であるが，A～Eのうち上から6枚目にある紙として，最も妥当なのはどれか。

(1) A
(2) B
(3) C
(4) D
(5) E

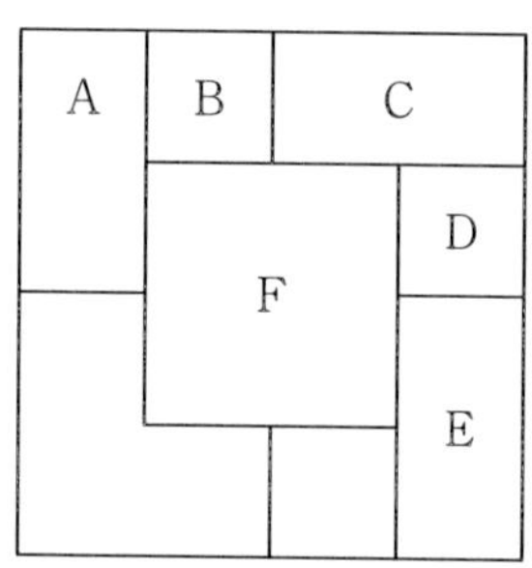

45 次の４つの式のＡ～Ｇには，それぞれ２～８のいずれかの異なる正の整数が当てはまる。このとき，Ｅに当てはまる正の整数として，最も妥当なのはどれか。

$G + A = F$

$F - E = B$

$A \times B = D$

$C \div G = B$

(1)　2　　(2)　3　　(3)　4　　(4)　5　　(5)　6

46 ２つの整数1848と1530のそれぞれの約数の和をＡ，Ｂとするとき，ＡとＢの差の約数の個数として，最も妥当なのはどれか。

(1)　8　　(2)　12　　(3)　18　　(4)　27　　(5)　36

47 次図のような，∠ABC＝90°，AB＝BC＝6cmの直角二等辺三角形ABCと，∠CBD＝90°の扇形BCDを組み合わせた図形がある。線分ADを軸として，この図形を180°回転させてできる立体の体積として，最も妥当なのはどれか。ただし，円周率はπとする。

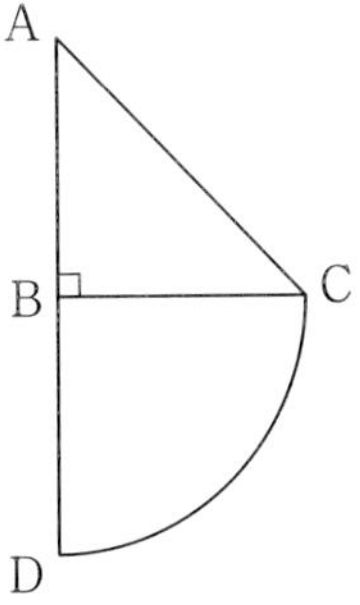

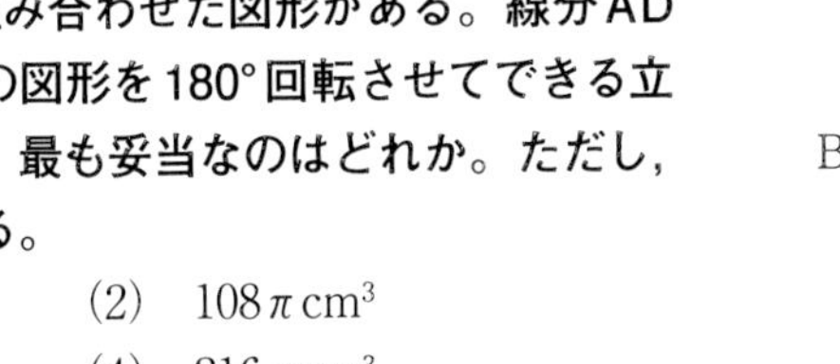

(1)　$72\pi\,\text{cm}^3$　　(2)　$108\pi\,\text{cm}^3$

(3)　$180\pi\,\text{cm}^3$　　(4)　$216\pi\,\text{cm}^3$

(5)　$252\pi\,\text{cm}^3$

48 平行四辺形ABCDの辺CD上にCE：ED＝１：３となる点Ｅをとり，線分AEの延長と辺BCの延長の交点をＦとする。また，対角線BDと線分AFの交点をＧとする。このとき，AG：GE：EFの比として，最も妥当なのはどれか。

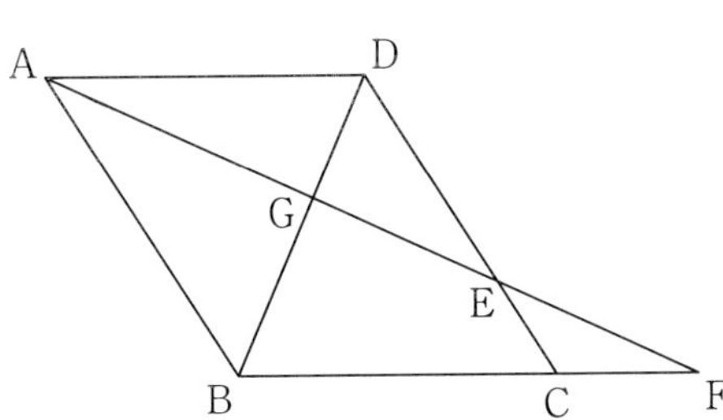

(1)　10：8：7

(2)　11：8：7

(3)　12：9：7

(4)　13：9：7

(5)　14：9：8

49 次のグラフは，我が国のA～D県の製造品出荷額とその内訳（上位5品目）を示したものである。このグラフからいえるア～ウの記述の正誤の組合せとして，最も妥当なのはどれか。

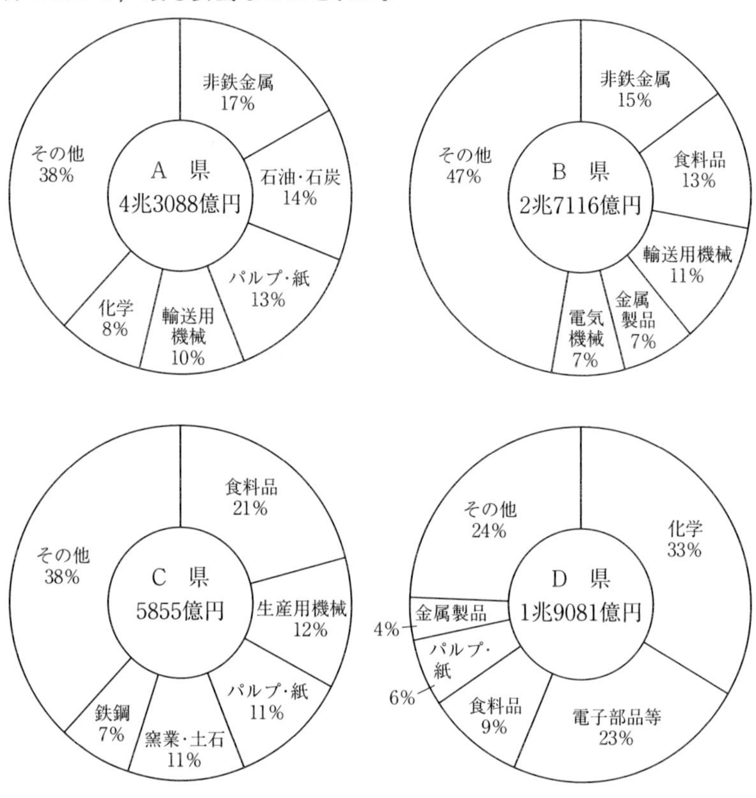

ア　A県の非鉄金属の出荷額はC県全体の出荷額より大きい。
イ　化学の出荷額は，A県よりもD県のほうが大きい。
ウ　D県の食料品の出荷額はB県の食料品の出荷額の50%以上である。

	ア	イ	ウ
(1)	誤	正	正
(2)	誤	正	誤
(3)	正	誤	正
(4)	正	正	誤
(5)	正	誤	誤

50 次の表は，世界の航空旅客輸送の旅客数の推移を示したものである。この表からいえることとして，最も妥当なのはどれか。

世界の航空旅客輸送の旅客数

（単位：百万人）

年	北米	欧州	アジア／太平洋	その他	世界合計
2011	801	768	843	392	2,804
2012	810	799	901	426	2,936
2013	815	840	1,031	462	3,148
2014	838	872	1,107	486	3,303
2015	883	935	1,214	536	3,568
2016	911	992	1,341	566	3,810
2017	942	1,075	1,486	591	4,094
2018	989	1,147	1,623	618	4,378
2019	1,029	1,191	1,684	639	4,543
2020	402	390	781	235	1,807
2021	703	497	681	322	2,203
2022	1,045	1,048	891	697	3,681

※2014年迄はICAO，2015－2020年はIATA発表値。2021及び2022年はIATA発表RPKの伸び率からの推算。

(1)　2019年までの旅客数の世界合計は毎年増加しており，その対前年増加率は4％以上である。その増加率が最も大きかった年は2016年で，最も小さかった年は2012年である。

(2)　北米の2011年から2015年までの5年間の増加率は5％未満で，2016年から2019年までの4年間の増加率は10％未満である。

(3)　アジア／太平洋で最も旅客数が多かった年の旅客数は，2019年までの間で最も旅客数が少なかった年の2.5倍以上である。

(4)　2020年で前年からの旅客数の減少率が最も小さかったのは北米である。北米の2021年の旅客数は前年比180％以上，2022年の旅客数は前年比150％以上である。

(5)　2022年の旅客数を旅客数が最も多かった年と比べると，欧州は80％台まで回復したが，アジア／太平洋は50％台に止まっている。

《解答・解説》

1 (2)

解説 (1)「いかなる場合も」は誤りである。憲法第18条に「犯罪に因る処罰の場合を除いては」と記されている。 (2) 正しい。 (3)「あらゆる逮捕」は誤りである。憲法第33条に「現行犯として逮捕される場合を除いては」と記されている。 (4) 憲法第34条に「何人も理由を直ちに告げられ且つ直ちに弁護人に依頼する権利を与へられなければ抑留又は拘禁されない」と記されている。 (5) 憲法第38条に「何人も自己に不利益な唯一の証拠が本人の自白である場合には有罪とされ又は刑罰を科せられない」と記されている。

2 (5)

解説 (1) プログラム規定説とは，憲法の規定は国家の単なる政治的指針を示したものにすぎず，国民に対して具体的な権利を保障したものではなく，法的拘束力はないとする考え方である。国民は国に対してその違反の法的責任を裁判で追究できないとしている。 (2) 朝日訴訟は，生活保護基準は生活保護法と憲法第25条に違反するとして，堀木訴訟は，障害福祉年金を受給することで児童扶養手当は児童扶養手当法の併給制限で受けられないのは憲法第13，14，25条に反するとして提訴し，争われた。 (3) 義務教育の無償については，憲法第26条②に明記されている。 (4) 最高裁判所は，教科書検定制度は合憲，検定意見の一部を違憲と認めた。 (5) 正しい。

3 (1)

解説 (1) 正しい。 (2) アメリカ大統領は，教書を議会に送り立法措置勧告を行い，議会の決議に対する成立拒否権も持っている。 (3) ドイツ・イタリアでは大統領が選出されており，議院内閣制も採用されている。下院に勢力基盤を持つ首相が政治的実権を持っている。 (4) 日本の内閣総理大臣は，憲法上，国会議員の中から国会の議決で指名されることになっている。 (5) フランスの大統領は直接選挙によって選ばれ，議院内閣制も採用されている。議院内閣制と大統領制を折衷した半大統領制がとられている。

4 (4)

解説 (1) 選挙権の資格を年齢以外の要件で制限しないことを普通選挙という。 (2) 死票が多いのは，小選挙区制の短所である。 (3) 比例代表制における各政党の獲得議席の配分方法は，衆議院と参議院で差はない。 (4) 正しい。 (5) 参議院議員通常選挙では，1～2つの都道府県を単位とした45選挙区が設けられている。

5 (3)

解説 (1) 累進課税制度や社会保障制度によって所得格差の縮小を図る財政の機能は，所得の再分配である。資源配分とは，政府が公共財を供給し，市場の働きでは不十分な部分を補い，適切な資源配分を実現する機能である。(2) 財政投融資は，かつては郵便貯金や年金積立金から義務預託された資金を原資としていたが，現在は債権などによって資金を集めるしくみになっている。 (3) 正しい。 (4) 固定資産税は地方税であり，酒税は国税である。(5) 財政法では赤字国債を原則として認めていない。赤字国債の発行には特例法が必要となる。

6 (2)

解説 A　株式会社の株主は有限責任なので，Aは正しい。 B　2005年に成立した会社法により1000万円の資本金の規定は撤廃され，資本金1円での起業も可能になったのでBは正しい。 C　株主総会では，持ち株数に応じて議決権が与えられる。1株1票制である。よってCは誤りである。 D　正しい。正誤の組合せとして最も妥当なのは2である。

7 (1)

解説 (1) 正しい。智証大師円珍関係文書典籍である。唐に渡り，日本に密教の教えをもたらした智証大師円珍に関連する史料群で，2023年5月にユネスコの「世界の記憶」に登録されることが決定した。 (2) 浄土宗大本山増上寺三大蔵は，17世紀初期に徳川家康が日本全国から収集して増上寺に寄進した三部の木版印刷の大蔵経である。2023年11月に「世界の記憶」の日本の推薦候補として決定した。 (3) 建礼門院右京大夫集は，鎌倉時代初期に成立した歌集で約360首を載せた私歌集である。 (4) 正法眼蔵随聞記は，道元の法話を弟子の懐奘が集録したものである。 (5) 大乗院寺社雑事記は，室町時代の興福寺大乗院門跡尋尊の日記である。

8 **(4)**

解説 (1) 被告人を保釈する際，海外逃亡を防止するため，裁判所が必要と認めた場合はGPS端末の装着を命令することができる。 (2)「罰則までは設けられていない」は誤りで，1年以下の拘禁刑に処せられる。 (3)「1年以下」は誤りで，2年以下の拘禁刑となる。 (4) 正しい。 (5) 加害者に被害者の氏名や住所の記載がない逮捕状や起訴状を示すことを認め，個人情報を特定する情報を加害者に明らかにしないまま刑事手続きを進められるようになった。

9 **(3)**

解説 (1) ベーシックインカム制度とは，政府が全国民に対して定期的かつ無条件に最低限の生活を送るのに必要な現金を個人単位に支給する制度である。 (2) インカムゲイン制度とは，株式や債券などの資産を保有中，継続的に得られる利益のことである。 (3) 正しい。2023年10月から導入された記述の制度は，インボイス制度である。販売者は消費税が正しく記載された請求書を発行し，それを保存しようという制度である。 (4) ステークホルダー制度とは，企業が経営するうえで直接的または間接的に影響を受ける利害関係者のことである。 (5) タックスフリー制度とは，消費税が免税になるシステムのことである。

10 **(5)**

解説 (1) 1651年に反乱を企てたのは，兵学者の由井正雪である。これを慶安の変という。大塩平八郎は陽明学者で，1837年に乱を起こした。 (2) 慶安の変の後，幕府は末期養子の禁を緩和し，牢人やかぶき者の取り締まりを強化した。 (3) 4代将軍は家宣ではなく家綱である。 (4) 1683年に綱吉が出したのは，代替わりの武家諸法度である。 (5) 正しい。

11 (5)

解説 (1) 1853年に浦賀に来航したのはペリーで，フィルモア大統領の国書を幕府に提出した。 (2) 日米和親条約で開港されたのは，下田と箱館の2港である。 (3) 1856年にアメリカの駐日総領事として着任したのは，ハリスである。 (4) 1858年に大老となったのは井伊直弼である。勅許を得ないまま日米修好通商条約に調印し，新たに長崎，神奈川，新潟，兵庫の開港が定められた。 (5) 正しい。

12 (1)

解説 (1) 正しい。 (2) 贖宥状販売をめぐってルターが批判したのはレオ10世である。 (3) ルターをヴォルムス帝国議会に呼び出したのはカール5世である。 (4) ドイツ農民戦争の指導者はミュンツァーである。 (5) 1555年に妥協がなされたのはアウグスブルクの宗教和議においてである。

13 (2)

解説 Aは630年，Bは750年，Cは651年，Dは732年のことである。A→C→D→Bとなるので，古いものから並べたときの順番として最も妥当なのは (2) である。

14 (5)

解説 (1) カスピ海沿岸のアゼルバイジャンやトルクメニスタンにも油田は存在する。 (2) ティグリス川・ユーフラテス川流域やオアシス近辺では，灌漑農業が行われている。 (3) 1日5回の礼拝は，聖地メッカの方向へ向けて行われている。イスラーム教では偶像礼拝は厳禁である。 (4) タジキスタンではペルシャ語系言語，それ以外の国ではトルコ語系の言語が使われ，タジキスタンやカザフスタンではキリル文字が使われている。 (5) 正しい。

15 (4)

解説 (1) 大陸内部は比熱が小さいため，暖まりやすく冷えやすい。海洋は大陸に比べて比熱が大きいため，夏は暖まりにくく，冬は冷えにくい。よって海洋性気候の方が大陸性気候に比べ年較差が小さい。 (2) 日本列島では，偏西風によって雲は「西から東に」押し流されている。ジェット気流とは，上空8～15kmで極を中心として蛇行しながら西から東に吹く帯状の強風のことである。 (3) 熱帯低気圧が発達して一定以上の風速に達したものを，インド洋や南太平洋ではサイクロン，大西洋や北東太平洋ではハリケーンという。(4) 正しい。 (5) フェーン現象とは，高温で湿潤な風が山を越えて吹きおろしたとき高温で乾燥した風となる現象で，日本では春から夏にかけ北陸地方など日本海側で起こることが多い。

16 (3)

解説 A キリスト教によらず，力への意志によって自己を肯定して生きることを主張し，この新しい理想的人間を「超人」と呼んだのはニーチェである。 B 実存に目覚めた人間は，自分を超え世界の全てを包み込んでいる超越者の存在を感じることができ，真の自己を目指す者同士の「実存的交わり」が可能になるとしたのはヤスパースである。 C 実存を美的実存・倫理的実存・宗教的実存の三段階に分け，最終段階の宗教的実存において，人は単独者として神の前に立ち絶望から解放されるとしたのはキルケゴールである。 D 人間は自己の主体的な選択と決断によって生活し，これを「実存は本質に先立つ」と表現したのはサルトルである。最も妥当な組合せは(3) である。

17 (1)

解説 (2) はゲーテ，(3) はトーマス・マン，(4) はハイネ，(5) はリルケの説明。

18 (4)

解説 (1)「尾生の信」は，約束を必ず守ること。 (2)「滄桑の変」は，世の中の移り変わりが激しいこと。 (3)「洛陽の紙価貴し」は，書物がよく売れること。 (5)「隗より始めよ」は，遠大な計画は手近なところから着手するべきだということ。

19 (3)

解説 (1)「デカダンス」は，退廃的なこと。 (2)「モダニズム」は，現代風なこと。 (4)「レトリック」は，言い回しを工夫することで相手の感情に訴えかける方法。　(5)「モチーフ」は，作品によってあらわそうとする思想や主題。

20 (1)

解説 水平投射の鉛直方向は自由落下運動であるので，地面に到達するまでの時間は，78.4mの高さから自由落下させたときに地面に到達するまでの時間と等しい。よって求める時間をt［s］とすると，$\frac{1}{2}\times 9.8\times t^2=78.4$，$t=4.0$［s］となる。

21 (4)

解説 0℃，1.0×10^5Paのときに1.0Lの水に溶ける水素の質量は$\frac{0.021\times 2.0}{22.4}$［g］である。一定量の水に溶ける気体の体積は，温度一定の元では圧力に比例するので，圧力が4.7×10^5［Pa］の時に溶ける水素の質量は，$\frac{0.021\times 2.0}{22.4}\times\frac{4.7\times 10^5}{1.0\times 10^5}\fallingdotseq 8.8\times 10^{-3}$［g］となる。

22 (2)

解説 (1) 極体は動物極側に生じるので誤り。　(3) ウニの発生では卵割が進むと，桑実胚→胞胚→原腸胚→プリズム幼生→プルテウス幼生の順序を経て成体となるので誤り。　(4) カエルの発生では，卵割が進むと，桑実胚→胞胚→原腸胚→神経胚→尾芽胚→幼生の順序を経て成体となるので誤り。(5) 腎臓や輸尿管は中胚葉から形成されるので誤り。

23 (4)

解説 (1) 太陽内部は中心部から放射層，対流層，光球で構成されており，中心部の温度は約1600万Kであるので誤り。　(2) 黒点は非常に強い磁場をもつ。また黒点の平均寿命は約10日で長いもので約2か月であるので誤り。(3) 太陽の構成元素の9割以上が水素である。太陽のエネルギー源は4個の水素原子が1個のヘリウム原子となる核融合反応で生じるエネルギーであるので誤り。　(5) 光球の上層にある大気層を彩層，その外側に広がる大気層をコロナというので誤り。

24 (2)

解説 〈of＋抽象名詞〉で形容詞や副詞の働きをするものがある。of no use = useless。「この情報は私たちには全く価値がない」という意味になる。

25 (1)

解説 「彼の誠実さのため（彼が誠実だから），よりいっそう彼を尊敬している」。I respect him all the more for his honesty.となる。

26 (4)

解説 出典はニーナ・ウェグナー『死ぬまでに行ってみたい世界遺産ベスト38』。解法の一般的な手順は，選択肢にざっと目を通してテーマを把握する。選択肢は本文の段落や内容順にたいてい並べられているので，選択肢1から順に照合していく。本問いの5のように数量が示されている選択肢の場合，「約15パーセント」ではなく「～のうち」という部分に注目すること。誤記述が紛れていることが多々ある。

27 (2)

解説 出典はジェームズ・M・バーダマン　渡辺愛子『対訳　あらすじで読む英国の歴史』。解法は**26**と同じである。産業革命後のイギリスについて書かれている英文。本問いでは，選択肢に目を通す時点で矛盾した記述があるので，チェックして正誤の手掛かりとする。

28 (1)

解説 出典は本江邦夫『中・高校生のための　現代美術入門』。A，Bの両方が矛盾なくあてはまる選択肢を見極める。

29 (5)

解説 出典は辻桃子／安部元気『美しい日本語　季語の勉強』。論理や話題の転換に注目し，自然な文章になる流れを考える。

30　(3)

解説　出典は佐藤岳詩『「倫理の問題」とは何か―メタ倫理学から考える』。要旨とはその文章の主要な点を短くまとめたものであり，部分的に本文と合致していても要旨とは言えないことに注意。

31　(5)

解説　出典は畑村洋太郎『考える力をつける本』。本文で著者が最も強く訴えようとしている部分を探して，合致する選択肢を探すとよい。

32　(2)

解説　出典は齋藤孝『頭が良くなる議論の技術』。一つ一つの選択肢を本文と照らし合わせて，最も適切なものを選ぼう。

33　(1)

解説　出典は増本康平『老いと記憶―加齢で得るもの，失うもの』。自分が要旨を書くならどんな風に書くかをイメージして，正解を絞り込んでもよい。

34　(2)

解説　分かっていることアとキから，Aの年齢は48歳で，銀行員の年齢は24歳であることが決まる。分かっていることエから，Eの年齢は24歳で，税理士の年齢は34歳であることが決まる。分かっていることオから，警察官の年齢は32歳であることが決まる。分かっていることカから，埼玉県に在住している者は医師であることが決まる。以上より，下図のように決まり，「Bは教師である。」ことが確実にいえる。

	A	B	C	D	E	警察官	教師	銀行員	医師	税理士	東京都	千葉県	神奈川県	埼玉県
24歳	×	×	×	×	○	×	×	○	×	×	○	×	×	×
29歳	×	○	×	×	×	×	○	×	×	×	○	×	×	×
32歳	×	×	×	○	×	○	×	×	×	×	×	×	○	×
34歳	×	×	○	×	×	×	×	×	×	○	×	○	×	×
48歳	○	×	×	×	×	×	×	×	○	×	×	×	×	○
											2人	1人	1人	1人

35 (2)

解説 座っている向きを↓か↑で表すと，Bを↓向きとしたとき，Bの発言から並び方は，C－E－B↓であることが分かる。次に，Cの発言から，D－C↑－E－B↓であることが分かる。次に，Dの発言から，A－D↑－C↑－E－B↓であることが分かる。次に，Eの発言から，A－D↑－C↑－E↓－B↓－Fであることが分かる。最後に，Aの発言と問題の条件から，A↓－D↑－C↑－E↓－B↓－F↑であることが分かる。以上より，BとDは向きが常に逆であるため，「Bがテーブルに背を向けて座っているとき，Dはテーブルの方を向いて座っている。」ことが確実にいえる。

36 (5)

解説 例えば，Aが勉強していることをA，Aが勉強していないことを$\overline{A}$と表すことにすると，分かっていることア，イから，A → B …①，$\overline{C}$ → $\overline{D}$ …②が確実にいえる。また，命題とその対偶とは真偽が一致することから，$\overline{B}$ → $\overline{A}$ …③，D → C …④が確実にいえる。　(1) Aが勉強していないとき，BとEが勉強している場合があるから，Cが勉強しているとは確実にはいえない。(2) Bが勉強しているとき，Aも勉強している場合があるから，Cも勉強しているとは確実にはいえない。　(3) Cが勉強していないとき，BとEが勉強している場合があるから，Eが勉強していないとは確実にはいえない。　(4) Dが勉強していないとき，BとCが勉強している場合があるから，Aが勉強しているとは確実にはいえない。　(5) Eが勉強しているとき，Aも勉強していると仮定すると，①より，Bも勉強していることになり，勉強している人数が3人となり，問題の条件に反する。Aが勉強していないことが確実にいえる。

37 (3)

解説 分かっていることア～エより，$A=B+1$ …①　$A=2D$ …②　$C=2$ …③　$D=3E$ …④　$A+B+C+D+E=17$ …⑤　①より，$B=A-1$ …⑥　②より，$D=\frac{A}{2}$ …⑦　④と⑦より，$E=\frac{1}{3}D=\frac{1}{3}\times\frac{A}{2}=\frac{A}{6}$ …⑧　③，⑥，⑦，⑧を⑤に代入して，$A+(A-1)+2+\frac{A}{2}+\frac{A}{6}=17$より，$A=6$　よって，(A，B，C，D，E)＝(6，5，2，3，1)だから，咲いた花の数が2番目に多い鉢と4番目に多い鉢との差は$B-C=5-2=3$［輪］である。

38　(2)

解説 Uを全体集合（ある会社の社員30人），Aをアメリカへ旅行したことがある人の集合，Bを中国へ旅行したことがある人の集合，Cをオーストラリアへ旅行したことがある人の集合とすると，問題の条件より，$n(U)=30$，$n(A)=18$，$n(B)=15$，$n(C)=12$，$\{n(A\cap B)-n(A\cap B\cap C)\}+\{n(B\cap C)-n(A\cap B\cap C)\}+\{n(C\cap A)-n(A\cap B\cap C)\}=13$ …①，$n(A\cap B\cap C)=2$ …②である。①，②より，$n(A\cap B)+n(B\cap C)+n(C\cap A)=13+3n(A\cap B\cap C)=13+3\times 2=19$だから，$n(A\cup B\cup C)=n(A)+n(B)+n(C)-\{n(A\cap B)+n(B\cap C)+n(C\cap A)\}+n(A\cap B\cap C)=18+15+12-19+2=28$　以上より，いずれの国にも旅行したことがない人の数は，$n(U)-n(A\cup B\cup C)=30-28=2$人である。

39　(1)

解説 分かっていることア，イより，図1のことがいえる。　(1) Aが2位であると仮定すると，図2のことがいえる。これより，Eは3位であることが確実にいえる。　(2) Bが3位であると仮定すると，図3の反例が考えられる。

	1	2	3	4	5
A	×				
B	×				
C	×				
D					×
E		×		×	×

図１

	1	2	3	4	5
A	×	○	×	×	×
B	×	×	×		
C	×	×	×		
D	○	×	×	×	×
E	×	×	○	×	×

図２

	1	2	3	4	5
A	×	×	×	×	○
B	×	×	○	×	×
C	×	○	×	×	×
D	×	×	×	○	×
E	○	×	×	×	×

図３

これより，Cは4位であるとは確実にはいえない。　(3) Cが3位であると仮定すると，図4の反例が考えられる。これより，Aは2位であるとは確実にはいえない。　(4) Dが2位であると仮定すると，図5の反例が考えられる。これより，Bは3位であるとは確実にはいえない。　(5) Eが1位であると仮定すると，図6の反例が考えられる。
これより，Aは4位であるとは確実にはいえない。

	1	2	3	4	5
A	×	×	×	×	○
B	×	○	×	×	×
C	×	×	○	×	×
D	×	×	×	○	×
E	○	×	×	×	×

図4

	1	2	3	4	5
A	×	×	○	×	×
B	×	×	×	○	×
C	×	×	×	×	○
D	×	○	×	×	×
E	○	×	×	×	×

図5

	1	2	3	4	5
A	×	×	○	×	×
B	×	×	×	○	×
C	×	×	×	×	○
D	×	○	×	×	×
E	○	×	×	×	×

図6

40 (5)

解説 サイコロを1個投げたとき，1の目または2の倍数の目（2，4，6）が出る確率は$\frac{4}{6}=\frac{2}{3}$，それ以外の目（3，5）が出る確率は$1-\frac{2}{3}=\frac{1}{3}$である。サイコロを6回投げて，1の目または2の倍数の目がx［回］出たとすると，それ以外の目は$6-x$［回］出たから，得点の関係から$6+3x-(6-x)=12$より，$x=3$　よって，求める確率は${}_6C_3\cdot\left(\frac{2}{3}\right)^3\cdot\left(\frac{1}{3}\right)^{6-3}=\frac{160}{729}$である。

41 (3)

解説 東へ1区画進むことを→，北へ1区画進むことを↑で表すと，A点からB点へ達する最短経路は→5個，↑4個の順列で表されるから，全部で$\frac{(5+4)!}{5!4!}=126$［通り］ある。このうち，C点を通ってA点からB点へ達する最短経路は$\frac{(3+2)!}{3!2!}\times\frac{(2+2)!}{2!2!}=60$［通り］あり，その半分がC点を直進で通る場合である。よって，求めるA点からB点へ達する最短経路の総数は$126-\frac{60}{2}=96$［通り］ある。

42　(2)

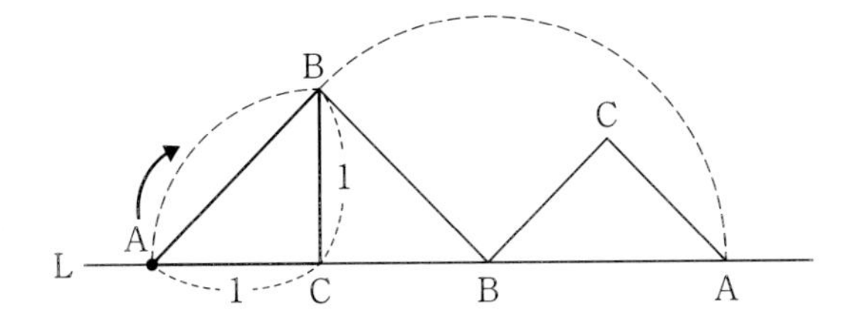

解説 等辺の長さが1の直角二等辺三角形を△ABCとすると，点Aの描く軌跡は図のようになる。点Aの描く軌跡と直線Lによって囲まれる部分の面積は，半径＝AC＝1，中心角＝90°のおうぎ形の面積と，半径＝AB＝$1 \times \sqrt{2} = \sqrt{2}$，中心角＝180°－45°＝135°のおうぎ形の面積と，△ABCの面積の和に等しいから，求める面積は$\pi \times 1^2 \times \frac{90°}{360°} + \pi \times (\sqrt{2})^2 \times \frac{135°}{360°} + \frac{1}{2} \times 1^2 = \pi + \frac{1}{2}$である。

43　(5)

解説 図のような，12枚のタイルを使った縦3［cm］×4［枚］＝12［cm］，横4［cm］×3［枚］＝12［cm］の正方形のタイル群を考え，これをタイル群Aとする。1辺の長さが6［m］＝600［cm］の正方形の床に，長方形のタイルを同じ方向にすき間なく敷き詰めたとき，これはタイル群Aを縦方向に600÷12＝50［個］，横方向に600÷12＝50［個］敷き詰めたことになる。そして，タイルを敷き詰めた床に，1本の対角線を引いた場合，対角線上にはタイル群Aが50個ある。対角線が通過するタイルの枚数は，図のように，1個のタイル群A当たり6枚あるから，対角線が通過するすべてのタイルの枚数は6×50＝300［枚］である。

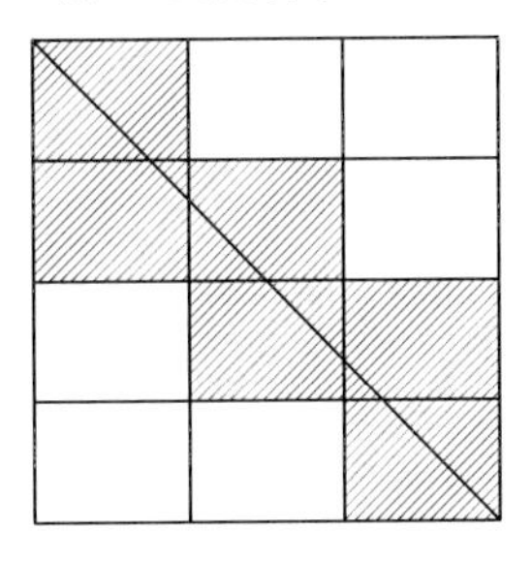

44　(3)

解説 右図のようにGとHを定める。例えば，HよりもFが上に重ねられていることをF＞Aのように表すことにすると，F＞H＞G＞E＞D＞C＞B＞Aの関係がある。これより，A～Eのうち上から6枚目にある紙はCである。

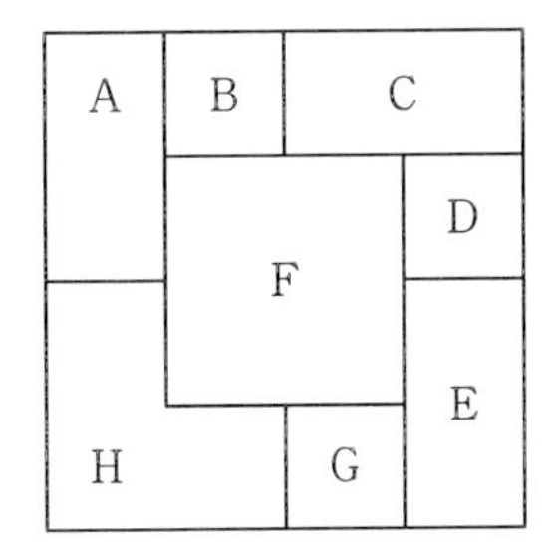

45 (4)

解説 $G+A=F$ …① $F-E=B$より，$B+E=F$ …② $A\times B=D$より，$D\div A=B$ …③ $C\div G=B$ …④ ③，④より，Bは2通りの割り算で表せることがわかる。これは，2～8の数字の組合せでは$6\div 3=8\div 4=2$しかないから，$B=2$に決まる。また，A，C，D，Gのうちの1つが8である。①，②より，Fは2通りの足し算で表せることがわかる。和が8以外の数で2通りの足し算で表すことができるのは，$2+5=3+4=7$しかないから，$F=7$に決まり，②より，$E=F-B=7-2=5$に決まる。

46 (3)

解説 $1848=2^3\times 3\times 7\times 11$，$1530=2\times 3^2\times 5\times 17$より，$A=(1+2+2^2+2^3)\times(1+3)\times(1+7)\times(1+11)=5760$，$B=(1+2)\times(1+3+3^2)\times(1+5)\times(1+17)=4212$だから，AとBの差$A-B=5760-4212=1548$の約数の個数は，$1548=2^2\times 3^2\times 43$より，$(2+1)\times(2+1)\times(1+1)=18$［個］である。

47 (2)

解説 できる立体は，底面の半径が6cm，高さが6cmの円錐と，半径が6cmの半球を組み合わせた立体を，線分ADを通る平面で切断して半分にした立体である。よって，求める体積は，$\frac{1}{3}\times(\pi\times 6^2)\times 6\times\frac{1}{2}+\frac{4}{3}\times\pi\times 6^3\times\frac{1}{2}\times\frac{1}{2}=108\pi$［cm^3］

48 (3)

解説 AD//CFより，$AE:EF=DE:EC=3:1$だから，$AE=\frac{3}{3+1}AF=\frac{3}{4}AF$，$EF=\frac{1}{3+1}AF=\frac{1}{4}AF$　同様にして，$AD:CF=DE:EC=3:1$より，$AG:GF=AD:BF=AD:(BC+CF)=AD:(AD+CF)=3:(3+1)=3:4$だから，$AG=\frac{3}{3+4}AF=\frac{3}{7}AF$，$GF=\frac{4}{3+4}AF=\frac{4}{7}AF$　以上より，$AG:GE:EF=AG:(GF-EF):EF=\frac{3}{7}AF:\Big(\frac{4}{7}AF$

$-\frac{1}{4}\mathrm{AF}\Big):\frac{1}{4}\mathrm{AF}=\frac{3}{7}:\frac{9}{28}:\frac{1}{4}=12:9:7$である。

49　**(4)**

解説　ア　A県の非鉄金属の出荷額4兆3088億円$\times\frac{17}{100}=7324.96$億円は，C県全体の出荷額5855億円より大きいため，正しい。　イ　化学の出荷額は，A県が4兆3088億円$\times\frac{8}{100}=3447.04$億円，D県が1兆9081億円$\times\frac{33}{100}=6296.73$億円で，A県よりもD県のほうが大きいため，正しい。　ウ　D県の食料品の出荷額はB県の食料品の出荷額の$\left(1\text{兆}9081\text{億円}\times\frac{9}{100}\right)\div\left(2\text{兆}7116\text{億円}\times\frac{13}{100}\right)\times100\fallingdotseq49$［%］であり，誤りである。

50　**(5)**

解説　(1) 世界合計に関して，2019年の対前年増加率は$\frac{4,543-4,378}{4,378}\times100\fallingdotseq3.8$［%］であり，妥当ではない。　(2) 北米の2011年から2015年までの5年間の増加率は$\frac{883-801}{801}\times100\fallingdotseq10$［%］で，2016年から2019年までの4年間の増加率は$\frac{1,029-911}{911}\times100\fallingdotseq13$［%］であり，妥当ではない。
(3) アジア／太平洋で最も旅客数が多かった2019年の1,684百万人は，2019年までの間で最も旅客数が少なかった2011年の843百万人の$\frac{1,684}{843}\fallingdotseq2.0$［倍］であり，妥当ではない。　(4) 2020年で前年からの旅客数の減少率は，北米が$\frac{1,029-402}{1,029}\times100\fallingdotseq61$［%］，アジア／太平洋が$\frac{1,684-781}{1,684}\times100\fallingdotseq53$［%］で，アジア／太平洋の方が小さいため，妥当ではない。　(5) 2022年の旅客数を旅客数が最も多かった年と比べると，欧州は$\frac{1,048}{1,191}\times100\fallingdotseq88$［%］で80%台まで回復したが，アジア／太平洋は$\frac{891}{1,684}\times100\fallingdotseq52$［%］で50%台に止まっているため，妥当である。

国語試験

A　次の[1]～[25]について，（　　）内の漢字の読みが妥当な文を（1）～（5）の中からそれぞれ1つ選び，記号で答えなさい。（25問）

[1]
（1）（養蜂）家にハチミツの作り方を教わる。　ようぼう
（2）頭痛がひどいため（頓服）薬を使用した。　てんぷく
（3）（畏）れ多くもその仕事を引き受けた。　のが
（4）敵を（斬）り捨てる。　き
（5）ご馳走に（生唾）を飲む。　しょうだ

[2]
（1）（手頃）な値段の家に住む。　てごろ
（2）彼は（羞恥）心のない男だ。　ちしゅう
（3）運動をして溜まった（鬱憤）を解消した。　うっくつ
（4）（巧緻）な模型を作り上げた。　こうちつ
（5）プレス機を工場に（据）える。　そ

[3]
（1）（断崖）の先には，美しい景色が広がっていた。　だんけい
（2）レモンの（爽）やかな香りが食欲をそそる。　すこ
（3）西洋医学について（汎論）する。　ぼんろん
（4）（宵）の口の涼しい時間に散歩する。　よい
（5）長い（詮議）の結果，決定が下された。　さんぎ

[4]
（1）（虎穴）に入らずんば虎子を得ず。　きょけつ
（2）恩師の（周旋）で就職した。　あっせん
（3）高利貸しの（餌食）になる。　えしょく
（4）チャンスが（潰）れる。　くび
（5）消防隊員がホースの（筒先）を背負っている。　つつさき

[5]
（1）彼は（語彙）が豊富なので会話が楽しい。　ごか
（2）（罵倒）されても冷静な態度を保つ。　まとう
（3）（乾麺）は茹で時間が短くて便利だ。　かんめん
（4）（鉄拳）を見舞う。　てっこん
（5）彼女は（瑠璃）の指輪を輝かせていた。　りゅうり

[6]
（1）力士が（四股）を踏むのを見る。　よつまた
（2）あなたたちは人も（羨）む仲だ。　ねた
（3）祖父が（冥土）へ旅立った。　みょうど

(4) 詐欺集団の（悪辣）な手口が解明された。　あくれつ
(5) （咽喉）痛で病院に行く。　いんこう

7
(1) （遮蔽）のためにカーテンを閉めた。　しゃへい
(2) 梅の花が（綻）ぶ季節になった。　しの
(3) 彼女の文章には（比喩）が多用されている。　ひゆ
(4) 事件の事情を（嗅）ぎまわる。　そ
(5) 彼は娘を（溺愛）している。　じゃくあい

8
(1) 彼は（脇目）も振らずに仕事に取り組んだ。　きょうもく
(2) （巾着）に小物を入れる。　きんちゃく
(3) 戦乱が治まり人々は（愁眉）を開いた。　しゅうもく
(4) （遡）って事実を確認した。　さえぎ
(5) （蜜月）の夫婦は仲が良い。　みつづき

9
(1) （僅差）で勝利する。　きんさ
(2) ドライブで（錦秋）を感じる。　ちゅうしゅう
(3) 百貨店の（玩具）売場で働く。　げんぐ
(4) 党の（領袖）として活躍した。　りょうしょう
(5) 小説の（梗概）をまとめる。　こうき

10
(1) （闇雲）に行動するのは避けた方が良い。　やみくも
(2) 生命を（賭）して闘う物語に感動した。　はく
(3) （冶金）の進歩により鉄や鋼の強度が向上した。　ちきん
(4) 芸人は（滑稽）な仕草で観客を笑わせた。　かっけい
(5) ダムや堤防は河川の（氾濫）を防ぐために建設されている。　ほんらん

11
(1) 彼は指先で猫のしっぽを（弄）んだ。　はさ
(2) タオルで顔の汗を（拭）いた。　し
(3) 彼らは困難を（歯牙）にもかけずに前進した。　きが
(4) 出費と収入の（帳尻）を合わせる必要がある。　ちょうじり
(5) （便箋）を使って来賓にお礼状を書く。　べんぜん

12
(1) 蠟を（湯煎）して溶かす。　ばいせん
(2) （憧）れの選手のサインが宝物だ。　あこが
(3) 拳銃に弾丸を（装塡）する。　そうちん
(4) 古い友人から何の（音沙汰）もない。　おとしゃた
(5) リーダーは皆の疑問を（一蹴）し計画を進めた。　いっけつ

13 (1) わずか数年で師匠を超えるなんて，まさに（出藍）の誉れだ。 しゅっぽん
(2) 王に（恭順）の意を表する。 しょうじゅん
(3) おいしそうな料理の（匂）いがする。 にお
(4) その一言が口論の（火蓋）を切った。 かがい
(5) 誰もが平和で（安寧）な生活を送りたいと願っている。 あんけい

14 (1) 不況で商店街は（寂）れる一方だ。 しお
(2) 願い事を書いた（絵馬）を奉納する。 かいば
(3) （窮乏）から脱するために仕事を探す。 しんぼう
(4) 新入社員が経験不足であることは（否）めない。 いな
(5) 人間の（内奥）に迫る感動的な小説を読んだ。 ないおく

15 (1) 彼は（謙遜）するのが上手い。 けんさん
(2) 会社の将来に（危惧）の念を抱く。 きぐ
(3) 工事の（進捗）状況を報告する。 しんぽ
(4) 封筒に切手を（貼）る。 と
(5) 通商条約を（批准）する。 ひすい

16 (1) あの2人はチームで攻守の（双璧）をなしている。 そうど
(2) その場所は（怨霊）が出るらしい。 えんれい
(3) 大使は本国に（召還）された。 ちょうかん
(4) 命は（旦夕）に迫っている。 にちゆう
(5) 会話の相手によって僕と（俺）を使い分ける。 おれ

17 (1) 子供たちは退屈そうに（頬杖）をついていた。 ほうじょう
(2) 果物の皮を（剥）く。 ほど
(3) 川の底には砂や泥が（堆積）している。 すいせき
(4) （邦楽）のポップスが再流行している。 ほうがく
(5) 前例に（倣）って儀式を行う。 にな

18 (1) （勇壮）な行進曲で入場する。 ゆうもう
(2) 洪水は農作物に（激甚）な被害を及ぼした。 げきじん
(3) 皮膚に赤い（斑点）ができる。 ほんてん
(4) 寺院に（参籠）する。 さんりゅう
(5) ご（披見）のほどお願い申し上げます。 はいけん

19	(1)	気持ち良く朝の（挨拶）をする。	あいさつ
	(2)	チームの監督として（采配）を振る。	さいはい
	(3)	歌唱力で観客の心を（捉）える。	とら
	(4)	（椎間板）ヘルニアの手術をした。	ついかんばん
	(5)	老人の顔には（風霜）の痕が刻まれていた。	ふうそう
20	(1)	（唯美）主義の文学作品を学ぶ。	ゆいび
	(2)	事故のため交差点は車で（塞）がれていた。	ふさ
	(3)	（凄惨）な事件が起きた現場へ向かう。	せいさん
	(4)	彼は（臆面）もなく言い訳をした。	おくめん
	(5)	（沃野）千里という感がある。	よくや
21	(1)	鳴門海峡は（渦潮）で有名だ。	うずしお
	(2)	事件現場には犯罪の（痕跡）が残っていた。	こんせき
	(3)	闇の中から聞こえる声に彼女は（戦慄）した。	せんりつ
	(4)	この町には古き良き時代の（余薫）がある。	よくん
	(5)	（痩）せるために食生活を改善した。	や
22	(1)	決して他人の才能を（妬）んではいけない。	ねた
	(2)	その男は（怒気）を帯びた顔つきをしていた。	どき
	(3)	事件の（全貌）がついに明かされる。	ぜんぼう
	(4)	（俳諧）の名人に出会い感動した。	はいかい
	(5)	世間の（嘲笑）を買ってでも信念を貫く。	ちょうしょう
23	(1)	ヘビが（鎌首）をもたげている。	かまくび
	(2)	田舎に引っ越して山の（麓）に住む。	ふもと
	(3)	古寺（名刹）を訪ねる。	めいさつ
	(4)	彼女の提案は革新的（且）つ実現可能性が高い。	か
	(5)	友に助けを（乞）う。	こ
24	(1)	（膝枕）をして本を読む。	ひざまくら
	(2)	（呪術）によって人を操る。	じゅじゅつ
	(3)	悲しい映画を観ると（涙腺）が緩む。	るいせん
	(4)	ホテルで贅沢（三昧）の食事を堪能する。	ざんまい
	(5)	週末に出雲大社に（詣）でる。	もう
25	(1)	敵を（欺）く計画を練る。	あざむ
	(2)	友人と（胸襟）を開いて語り合う。	きょうきん
	(3)	遠方に住む父に（宛）てて手紙を書く。	あ

(4) 女性（蔑視）の発言により大臣が辞任した。　　けいし
(5)（貪）るように本を読み，知識を広げた。　　いきどお

B　次の26～50について，（　　）内の語句に相当する漢字を含む文を，次の (1)～(5) のうちからそれぞれ１つずつ選び，記号で答えなさい。(25問)

26 転勤のため盛大な（ソウコウ）会が開かれた。
(1) 事件の（ソウサ）中である。
(2)（ソウガク）十万円の賞金を受け取った。
(3)（シッソウ）した人物を調査する。
(4) 授業で（ソウワ）を織りこむ。
(5)（ソウダイ）な面積に花が咲き誇る。

27 （ケンジ）になるために司法試験を受けた。
(1) 試験に備えて（シンケン）に勉強した。
(2)（キケン）な場所には立ち入らないようにする。
(3) 日本国憲法で（ケンエツ）は禁止されている。
(4)（ケンジョウ）の美徳を尊ぶ。
(5) 上司は私を海外に（ハケン）することを決めた。

28 広い（アキチ）に家を建てる。
(1) この機械の操作方法を（ジュクチ）している。
(2) 朝寝坊で会社に（チコク）した。
(3) 彼は（チジョク）を受けて落ち込んだ。
(4) 子供が通う（ヨウチ）園が決まった。
(5) この（チイキ）は高層ビルが多い。

29 この店は（ハッコウ）食品が安い。
(1) この雑誌を定期（コウドク）している。
(2)（コウソ）は食品の消化を助ける。
(3)（コウシュウ）会で知識を広げる。
(4) 親（コウコウ）したいときに親はなし。
(5) 台風で（コウズイ）が発生した。

30 （ゴカン）性のある部品を手に入れた。
(1) いかなる非難も（カンジュ）せざるを得ない。
(2)（イカン）の意を表した。
(3) もうすぐ（カンレキ）を迎える。

(4) 間違って配られた品物を（コウカン）する。
(5) （カンダイ）な態度を示す。

31 （ボウソウ）族を取り締まる。
(1) 敵の（ボウリャク）に乗る。
(2) パレードの進行が（ボウガイ）された。
(3) （ボウリョク）は社会の平穏を脅かす行為である。
(4) 熱で金属が（ボウチョウ）する。
(5) 農地が住宅地に（ヘンボウ）する。

32 当時を（ソウキ）させる古い写真だ。
(1) 機械の（キドウ）スイッチを入れる。
(2) 不調でレースを（キケン）した。
(3) 祝日に（コッキ）を飾る。
(4) 花びんに（キレツ）が入る。
(5) ロケットは（キドウ）に乗った。

33 薬で病気の（ショウジョウ）がおさまった。
(1) かけた迷惑の（ダイショウ）を支払う。
(2) 風邪で喉が（エンショウ）を起こす。
(3) 出会い頭に（ショウトツ）した。
(4) （ショウゾウ）画を描く。
(5) 民事（ソショウ）を取り下げる。

34 あなたはいつも強い（クチョウ）で話す。
(1) 新しい製品は知恵と（クフウ）が必要だ。
(2) 不慣れな家事に悪戦（クトウ）する。
(3) 事故で亡くなった方の（クヨウ）をする。
(4) スズメバチを（クジョ）する。
(5) 全員が（イク）同音に賛成した。

35 論文の最後に（シケン）を述べる。
(1) 辛い食べ物は（シゲキ）が強い。
(2) 広い（シヤ）で物を見る。
(3) （ショシ）貫徹する。
(4) 企業の（ソウシ）者を調べる。
(5) 科学者は（ムシ）無我の心を持つ。

36 市民はその法案が（イケン）であると抗議した。
(1) 教授の（イス）が空く。
(2) （イタイ）を棺桶に入れる。
(3) （イド）は地球の表面を南北に測る座標である。
(4) （イヤク）金の額を決める。
(5) （イフ）の念を抱く。

37 （タンガン）書を提出する。
(1) 素晴らしい演奏に（カンタン）する。
(2) （タンテキ）な説明を求める。
(3) あの人は（タンパク）な性格だ。
(4) キリストの（セイタン）を祝う。
(5) （ガンタン）に初詣をする。

38 夢の中の話を現実と（サッカク）する。
(1) SNSで情報が（カクサン）される。
(2) 今年は米の（シュウカク）量が多い。
(3) 予想と結果を（ヒカク）する。
(4) 秋の（ミカク）を楽しむ。
(5) あなたの意見は（カクシン）をついている。

39 彼女は（チョウヨウ）されてプロジェクトリーダーに任命された。
(1) 証明書に写真を（チョウフ）する。
(2) （サンチョウ）では積雪が見られた。
(3) 多くの（チョウシュウ）の前で演説する。
(4) 紛争の（チョウテイ）をする。
(5) 先祖代々（チンチョウ）されてきた品物を贈る。

40 敵の（ヨウサイ）に突入するための作戦を練る。
(1) 「人間万事（サイオウ）が馬」だから，失敗しても落ち込むことはない。
(2) 彼は（フウサイ）の上がらない人物だ。
(3) （サイゲン）なく話が続く。
(4) （サイバン）で決着をつける。
(5) 10年の（サイゲツ）が流れた。

41 優勝した（ジョウケイ）が目に浮かぶ。
(1) コーチのアドバイスを（ケイチョウ）した。
(2) 設備の電気（ケイトウ）が故障した。

(3)　この建物のデザインは周囲の（ケイカン）に調和している。
(4)　都会の暮らしを（ショウケイ）する。
(5)　民族芸能に（ゾウケイ）が深い。

42　ゴムは（ジュウナン）な素材である。
(1)　新材料の研究に（ジュウジ）する。
(2)　彼は（ユウジュウ）不断な性格である。
(3)　目が（ジュウケツ）する。
(4)　犬は（ジュウイ）に助けられた。
(5)　都会から田舎に（イジュウ）する。

43　有名選手のユニホームが（キョウバイ）にかけられる。
(1)　地球（カンキョウ）保護は最優先の課題である。
(2)　前後から敵を（キョウゲキ）する。
(3)　運動会でパン食い（キョウソウ）に出場した。
(4)　検査の場所を（テイキョウ）した。
(5)　（ソッキョウ）でそっくりなものまねをした。

44　（カジョウ）な反応を示した。
(1)　この土地が（ジョウト）された。
(2)　社会不安を（ジョウセイ）する。
(3)　彼は（ジョウキ）を逸した行動をした。
(4)　当社は人員に（ヨジョウ）がでた。
(5)　汚水を（ジョウカ）する設備を設ける。

45　（ヒコク）人は無罪になった。
(1)　霜で作物に大きな（ヒガイ）が出た。
(2)　毎年9月に（ヒナン）訓練を行う。
(3)　畑に（ヒリョウ）を撒く。
(4)　有明海は日本で有名な（ヒガタ）である。
(5)　結婚（ヒロウ）宴に招待される。

46　彼は自分の（ケッテン）に気づいている。
(1)　この訴えはようやく（ケッシン）した。
(2)　当社は今期に高額な（ケッソン）を出した。
(3)　この犬は（ケットウ）書が付いている。
(4)　彼は（ケッペキ）性だ。
(5)　これが現在までの私の最高（ケッサク）です。

47 彼の発言に（カイギ）の目が向けられている。
(1) 隠れた問題が二国間に（カイザイ）している。
(2) （カイコン）された土地は肥沃で農業に適している。
(3) 兄は（ダンカイ）の世代に生まれた。
(4) 親子は（カイキュウ）談で盛り上がった。
(5) この建物は3つの（カイソウ）に分かれている。

48 太陽も（コウセイ）の1つである。
(1) 公務員の（コウキ）を粛正しなければならない。
(2) 血圧は（コウジョウ）的に調節されている。
(3) ラジオ体操は（ケンコウ）に役立つ。
(4) この写真は（コウズ）がよい。
(5) 容疑者は1週間（コウリュウ）された。

49 会社の再建に（フシン）する。
(1) この水道管は（フショク）している。
(2) 新しい勤務地に（フニン）した。
(3) この法則は全ての物質に対して（フヘン）的な法則である。
(4) （ガクフ）を見ながらピアノを演奏する。
(5) この温泉街は（フゼイ）がある。

50 うちの家計は（キンセン）感覚が乏しい。
(1) スポーツ大会で選手（センセイ）を行う。
(2) 犯人はこの付近に（センプク）していると思われる。
(3) （サイセン）を奉納した。
(4) 私は（ソセン）を崇拝している。
(5) この絵は（センサイ）な筆遣いで描かれている。

解答・解説

1 (4) **解説** 他の読みは (1) ようほう　(2) とんぷく　(3) おそ　(5) なまつば

2 (1) **解説** 他の読みは (2) しゅうち　(3) うっぷん　(4) こうち　(5) す

3 (4) **解説** 他の読みは (1) だんがい　(2) さわ　(3) はんろん　(5) せんぎ

4 (5) 解説 他の読みは (1) こけつ (2) しゅうせん (3) えじき (4) つぶ

5 (3) 解説 他の読みは (1) ごい (2) ばとう (4) てっけん (5) るり

6 (5) 解説 他の読みは (1) しこ (2) うらや (3) めいど (4) あくらつ

7 (3) 解説 他の読みは (1) しゃへい (2) ほころ (4) か (5) できあい

8 (2) 解説 他の読みは (1) わきめ (3) しゅうび (4) さかのぼ (5) みつげつ

9 (1) 解説 他の読みは (2) きんしゅう (3) がんぐ (4) りょうしゅう (5) こうがい

10 (1) 解説 他の読みは (2) と (3) やきん (4) こっけい (5) はんらん

11 (4) 解説 他の読みは (1) もてあそ (2) ふ (3) しが (5) びんせん

12 (2) 解説 他の読みは (1) ゆせん (3) そうてん (4) おとさた (5) いっしゅう

13 (3) 解説 他の読みは (1) しゅつらん (2) きょうじゅん (4) ひぶた (5) あんねい

14 (4) 解説 他の読みは (1) さび (2) えま (3) きゅうぼう (5) ないおう

15 (2) 解説 他の読みは (1) けんそん (3) しんちょく (4) は (5) ひじゅん

16 (5) 解説 他の読みは (1) そうへき (2) おんりょう (3) しょうかん (4) たんせき

17 (4) 解説 他の読みは (1) ほおづえ (2) む (3) たいせき (5) なら

18 (2) 解説 他の読みは (1) ゆうそう (3) はんてん (4) さんろう (5) ひけん

19 (1) 解説 他の読みは (2) さいはい (3) とら (4) ついかんばん (5) ふうそう

20 (2) **解説** 他の読みは (1) ゆいび (3) せいさん (4) おくめん (5) よくや

21 (5) **解説** 他の読みは (1) うずしお (2) こんせき (3) せんりつ (4) よくん

22 (2) **解説** 他の読みは (1) ねた (3) ぜんぼう (4) はいかい (5) ちょうしょう

23 (4) **解説** 他の読みは (1) かまくび (2) ふもと (3) めいさつ (5) こ

24 (1) **解説** 他の読みは (2) じゅじゅつ (3) るいせん (4) ざんまい (5) もう

25 (3) **解説** 他の読みは (1) あざむ (2) きょうきん (4) べっし (5) むさぼ

26 (5) **解説** (問題文) 壮行 (1) 捜査 (2) 総額 (3) 失踪 (4) 挿話 (5) 壮大

27 (3) **解説** (問題文) 検事 (1) 真剣 (2) 危険 (3) 検閲 (4) 謙譲 (5) 派遣

28 (5) **解説** (問題文) 空地 (1) 熟知 (2) 遅刻 (3) 恥辱 (4) 幼稚 (5) 地域

29 (2) **解説** (問題文) 発酵 (1) 購読 (2) 酵素 (3) 講習 (4) 孝行 (5) 洪水

30 (4) **解説** (問題文) 互換 (1) 甘受 (2) 遺憾 (3) 還暦 (4) 交換 (5) 寛大

31 (3) **解説** (問題文) 暴走 (1) 謀略 (2) 妨害 (3) 暴力 (4) 膨張 (5) 変貌

32 (1) **解説** (問題文) 想起 (1) 起動 (2) 棄権 (3) 国旗 (4) 亀裂 (5) 軌道

33 (2) **解説** (問題文) 症状 (1) 代償 (2) 炎症 (3) 衝突 (4) 肖像 (5) 訴訟

34 (5) **解説** (問題文) 口調 (1) 工夫 (2) 苦闘 (3) 供養 (4) 駆除 (5) 異口

35 (5) **解説** (問題文) 私見 (1) 刺激 (2) 視野 (3) 初志 (4) 創始 (5) 無私

36 (4) 解説 (問題文) 違憲 (1) 椅子 (2) 遺体 (3) 緯度
(4) 違約 (5) 畏怖

37 (1) 解説 (問題文) 嘆願 (1) 感嘆 (2) 端的 (3) 淡泊
(4) 生誕 (5) 元旦

38 (4) 解説 (問題文) 錯覚 (1) 拡散 (2) 収穫 (3) 比較
(4) 味覚 (5) 核心

39 (5) 解説 (問題文) 重用 (1) 貼付 (2) 山頂 (3) 聴衆
(4) 調停 (5) 珍重

40 (1) 解説 (問題文) 要塞 (1) 塞翁 (2) 風采 (3) 際限
(4) 裁判 (5) 歳月

41 (3) 解説 (問題文) 情景 (1) 傾聴 (2) 系統 (3) 景観
(4) 憧憬 (5) 造詣

42 (2) 解説 (問題文) 柔軟 (1) 従事 (2) 優柔 (3) 充血
(4) 獣医 (5) 移住

43 (3) 解説 (問題文) 競売 (1) 環境 (2) 挟撃 (3) 競走
(4) 提供 (5) 即興

44 (4) 解説 (問題文) 過剰 (1) 譲渡 (2) 醸成 (3) 常軌
(4) 余剰 (5) 浄化

45 (1) 解説 (問題文) 被告 (1) 被害 (2) 避難 (3) 肥料
(4) 干潟 (5) 披露

46 (2) 解説 (問題文) 欠点 (1) 結審 (2) 欠損 (3) 血統
(4) 潔癖 (5) 傑作

47 (4) 解説 (問題文) 懐疑 (1) 介在 (2) 開墾 (3) 団塊
(4) 懐旧 (5) 階層

48 (2) 解説 (問題文) 恒星 (1) 綱紀 (2) 恒常 (3) 健康
(4) 構図 (5) 拘留

49 (1) 解説 (問題文) 腐心 (1) 腐食 (2) 赴任 (3) 不変
(4) 楽譜 (5) 風情

50 (3) 解説 (問題文) 金銭 (1) 宣誓 (2) 潜伏 (3) 賽銭
(4) 祖先 (5) 繊細

令和4年度　第1回　実施問題

1 日本国憲法の定める表現の自由に関する記述として，最も妥当なのはどれか。

(1)　表現の自由を支える価値として，言論活動によって国民が政治的意思決定に関与するという，民主政に資する社会的価値を自己実現の価値という。

(2)　憲法第21条第1項は，集会，結社及び言論，出版その他一切の表現の自由を保障しているが，他人の名誉やプライバシーとの調整が必要であり，同条同項において公共の福祉による制約を明文で規定している。

(3)　最高裁判所は，教科書検定は憲法第21条第2項で禁止する検閲にあたるが，検定で合格しなくても一般図書として発売することはできるので，例外的に合憲であると判示した。

(4)　憲法第21条第2項は，通信の秘密は，これを侵してはならないと規定しているが，ここにいう通信とは，はがきや手紙といった郵便物に限定される。

(5)　最高裁判所は，報道機関の報道は国民の「知る権利」に奉仕するものであり，報道のための取材の自由も，憲法第21条の精神に照らし，十分尊重に値するとした。

2 我が国の国会議員の特権に関する記述として，最も妥当なのはどれか。

(1)　不逮捕特権は，憲法第50条が保障するものであり，国会議員は国会の会期中，いかなる場合も逮捕されることはない。

(2)　国会の会期前に逮捕された議員は，国会の会期中に釈放されるため，議院の要求は不要である。

(3)　免責特権は，憲法第51条が保障するものであり，両議院の議員は，議院で行った演説，討論又は表決について，例外なく責任を問われないと規定している。

(4)　免責特権における「責任」の例として，民事・刑事の責任があるが，政党が党員たる議員の発言・表決について，除名等の責任を問うことは差しつかえない。

(5)　最高裁判所は，たとえ議員が職務と無関係に違法または不当な目的をもって事実を摘示し，あるいは，あえて虚偽の事実を摘示して，国民の名誉を毀損したとしても，免責特権の趣旨より，国の賠償を求めることは一切できないと判示した。

3 我が国の情報公開制度に関する記述として，最も妥当なのはどれか。ただし，文中の「情報公開法」とは，「行政機関の保有する情報の公開に関する法律」のことである。

(1)　我が国では，先に中央官庁などに行政文書の原則公開を義務付ける国の情報公開法が成立した後，地方公共団体でも情報公開条例が制定されるようになった。

(2)　情報公開法には，情報公開が国民の知る権利を実現するための制度であることは明記されていない。

(3)　情報公開法に基づく情報公開請求に対して非公開となった場合，開示請求者は行政不服審査法に基づき，審査請求ができるが，裁判所に提訴することはできない。

(4)　情報公開法は，請求権者の範囲につき有権者たる日本国民に限定しており，法人は請求権者として認めていない。

(5)　情報公開法において，国の行政機関は原則として情報公開の対象となるが，独立性の高い会計検査院や，防衛・外交・犯罪捜査に関わる情報は除外されている。

4 次の人物に関する記述のうち，最も妥当なのはどれか。

(1)　ドイツの社会学者マックス＝ウェーバーは，「非合法的支配・カリスマ的支配・社会的支配」という支配の形式の3類型を示した。

(2)　アメリカ大統領ワシントンは，国民主権を「人民の，人民による，人民のための政治」という言葉で簡潔かつ明確に表現した。

(3)　ドイツの社会主義者ラッサールは，当時の国家が最低限の治安維持しかしないとして，「夜警国家」という言葉を用いて批判した。

(4)　アメリカ大統領フランクリン＝ローズヴェルトは，「言論・表現の自由」「信仰の自由」「思想・良心の自由」「経済の自由」からなる「4つの自由」を提唱した。

(5)　アメリカ大統領トルーマンは，演説の中で「鉄のカーテン」という言葉を用いて，東西両陣営を隔てる対決の境界線があることを表明した。

5 国民経済の指標に関する記述として，最も妥当なのはどれか。

(1) 一国の経済力を表す指標の概念として，国内総生産に代表される一定期間の経済活動を示すフローと，国富に代表される一時点での蓄積された資産を示すストックとがある。

(2) GNI（国民総所得）は，国内の外国人が生産した付加価値を含むが，国外にいる自国民の生産は含まない。

(3) GDP（国内総生産）は，一国内で新たに生産された付加価値の総計を意味する指標であり，これから海外からの純要素所得を控除するとGNI（国民総所得）になる。

(4) GDPは，余暇や家事労働，自然環境などの豊かさや幸福の概念をはかる指標としても機能している。

(5) 生産されたものが誰かに需要された結果，必ず何らかの形となって供給されることから，国民所得は生産面，需要面，供給面において等しくなる。

6 我が国の社会保障に関する記述として，最も妥当なのはどれか。

(1) 我が国の社会保障制度は，租税と社会保険料の両方を財源にしており，社会保険，公的扶助，社会福祉の3つの種類にわけられる。

(2) すべての国民が，何らかの健康保険と年金保険に加入していることを国民皆保険・皆年金というが，我が国では，いまだ実現できていない。

(3) 社会保険は，医療，年金，雇用，労災，介護の5種類からなり，費用は，被保険者と事業主のみが負担する。

(4) 公的扶助は，生活に困窮している国民に対し，国が責任をもって健康で文化的な最低限度の生活を保障するもので，費用は税金でまかなわれる。

(5) 社会福祉とは，国民の健康の維持・増進を図ることを目的に，感染症予防，母子保健，公害対策など幅広い範囲にわたり，保健所を中心に組織的な取組を行うものである。

7 次の記述中の空所A～Eに当てはまる語句の組合せとして，最も妥当なのはどれか。

本年4月，東京証券取引所は，これまでの5つの市場を3つの新たな市場に再編した。新たな市場は，グローバルな投資家との建設的な対話を中心に据えた企業向けの（　A　）市場，公開された市場における投資対象として十分な流動性とガバナンス水準を備えた企業向けの（　B　）市場，高い成長可能性を有する企業向けの（　C　）市場に分けられた。

新規上場基準と上場維持基準は原則として共通になり，主な基準は，流通株式時価総額が（　A　）市場では，（　D　）以上，（　B　）市場では（　E　）以上，（　C　）市場では5億円以上となった。

	A	B	C	D	E
(1)	グロース	スタンダード	プライム	50億円	25億円
(2)	グロース	プライム	スタンダード	100億円	25億円
(3)	スタンダード	プライム	グロース	50億円	10億円
(4)	プライム	グロース	スタンダード	50億円	10億円
(5)	プライム	スタンダード	グロース	100億円	10億円

8　本年4月に改正された法制等に関する記述として，最も妥当なのはどれか。

(1)「改正育児・介護休業法」では，本人または配偶者が妊娠または出産した旨の申し出をした従業員に，育児休業制度等について提示することを企業に義務づけられたが，個別に休業取得についての意向確認を行うことまでは義務づけられていない。

(2)「年金制度改正法」では，66歳から70歳までとなっていた老齢年金の繰下げ受給について，受給の上限年齢が75歳まで繰り下げられるようになった。

(3)「賃上げ促進税制」では，中小企業において雇用者全体の給与支給増加額に対して最大25％の税額控除だったものが，最大30％に引き上げられた。

(4)「改正女性活躍推進法」では，労働者301人以上の事業主に女性が活躍するための行動計画を策定・公表するように義務づけられたが，労働者101人以上300人以下の事業主には義務づけられていない。

(5)「プラスチック資源循環法」では，指定された使い捨てプラスチック製品を無償で配布している小売店や飲食店などに提供する量の削減を求め，削減対策として指定された使い捨てプラスチック製品をすべて有償で提供することを義務づけられた。

9 次の記述に当てはまる語句として，最も妥当なのはどれか。

昨年11月，南アフリカから世界保健機関（WHO）に報告された新型コロナウイルスの変異株で，「懸念される変異株（VOC）」に指定された。ウイルス表面から突き出たスパイクたんぱく質の変異がこれまでで最も多く，感染力の強さが特徴である。

(1) オミクロン株　(2) アルファ株　(3) ベータ株
(4) ガンマ株　(5) デルタ株

10 室町時代に関する記述として，最も妥当なのはどれか。

(1) 鎌倉幕府の管領にかわり，室町幕府では執権が将軍を補佐する中心的な職として，侍所や政所などの統轄や，諸国の守護に将軍の命令を伝達する役割などを担った。
(2) 幕府の財政は，将軍の直轄領である御料所からの収入のほかに，京都の土倉や酒屋に課した土倉役・酒屋役，関所を設けて徴収した関銭・津料などでまかなわれた。
(3) 源平の争乱以後の歴史を公家の立場から記した歴史書の『太平記』や，南北朝の動乱を描いた軍記物語の『増鏡』がつくられた。
(4) 1333年に鎌倉幕府が滅亡すると，光厳天皇は後醍醐天皇を退位させ，翌1334年に年号を建武と改め，天皇自らが政治を行う建武の新政を始めた。
(5) 日朝貿易は，朝鮮側が倭寇の本拠地とされる対馬を襲撃した元寇（げんこう）によって一時中断されたが，1510年の三浦の乱がおこるまでは活発に行われていた。

11 19世紀後半の日本における国家と政治に関する記述として，最も妥当なのはどれか。

(1) 大日本帝国憲法の公布と同時に制定された皇室典範は，皇位の継承や皇室にかかわることを定め，議会は関与できないとされた。
(2) 帝国議会は，国民が選挙で選んだ議員からなる衆議院と，皇族・華族，勅任の議員や多額納税者議員からなる参議院の二院制をとった。
(3) 1889年2月に発布された大日本帝国憲法は，天皇が定めて国民に与える欽定憲法であり，主権在民・平和主義・基本的人権の尊重の原則を明らかにしたものである。

(4)　民権派の流れをくむ立憲自由党や立憲改進党などの反政府野党は吏党と呼ばれ，政府支持党は民党と呼ばれた。第1回帝国議会では立憲自由党ら吏党が衆議院の過半数を占めた。
(5)　政府は1885年に内閣制度を廃止して太政官制を導入し，総理大臣を中心に各省の大臣が協調して政務を行うことにした。

12　中世ヨーロッパの文化や芸術に関する記述として，最も妥当なのはどれか。
(1)　11世紀に，ピサ大聖堂などのゴシック様式の建築が誕生し，12世紀には，シャルトル大聖堂などのロマネスク様式の建築が誕生した。
(2)　普遍論争は実在論と唯名論との間でおこった議論であり，代表的な論者は，実在論がウィリアム＝オブ＝オッカムであり，唯名論はアンセルムスである。
(3)　スコラ学はアリストテレス哲学の影響をうけて発展し，『神学大全』の著者であるロジャー＝ベーコンによって大成され，教皇権の理論的な支柱となった。
(4)　カール大帝の宮廷では，アルクインら学者を多く招き，12世紀ルネサンスと呼ばれるラテン語と古典文化の復興がおこった。
(5)　12世紀頃から大学が誕生し，最古の大学といわれるボローニャ大学は法学，パリ大学は神学，サレルノ大学は医学でそれぞれ有名であった。

13　初期のイスラームに関する記述として，最も妥当なのはどれか。
(1)　ムハンマドは神の啓示を受け預言者であることを自覚し，これまで崇拝されていた多神教にかわり，厳格な一神教で偶像を崇拝するイスラーム教を説いた。
(2)　当初ムハンマドはメディナで布教をしていたが，有力者たちがムハンマドを迫害したことから，622年にメッカに移住した。
(3)　イスラーム教の教義の中心は神への絶対的服従であり，正しい信仰は行為によって実践されるべきものと考えられ，六信五行が義務とされた。
(4)　正統カリフとは，ムハンマドの死後にウンマの合意を得て就任した，アブー＝バクルからムアーウィヤまでのカリフを指す。
(5)　ウマイヤ朝の国家財政の基礎は，征服地の先住民に課せられたジズヤと呼ばれる地租と，ハラージュと呼ばれる人頭税であった。

14 世界の工業に関する記述として，最も妥当なのはどれか。

(1)　アジアNIES（ニーズ）とは，アジアで1970年代以降，輸出指向型の工業化が進んだ韓国，タイ，マレーシア，シンガポールのことをいう。

(2)　経済発展が著しいBRICS（ブリックス）の5カ国は，ユーラシア大陸に分布する。

(3)　アメリカ合衆国の大西洋岸沿いにあるシリコンバレーは，エレクトロニクス産業がさかんであり，IT産業の拠点となっている。

(4)　コンテンツとは，音声・文字・映像を用いて創作されるものをいい，アニメやゲームなどの生産・販売に関わるコンテンツ産業は大都市に集積されやすい。

(5)　水平分業とは，発展途上国が原料や燃料を輸出し，先進国がそれらの原燃料から工業製品をつくって輸出することで相互に補完する国際分業の形態をいう。

15 世界の都市に関する記述として，最も妥当なのはどれか。

(1)　ワシントンD.C.はアメリカ合衆国の首都であり，ワシントン州の州都でもあるが，同国で最大の人口を有する都市はニューヨークである。

(2)　オタワはカナダの首都で，かつ同国最大の人口を有する都市であり，五大湖の1つであるオンタリオ湖岸に位置する。

(3)　シドニーはオーストラリアで最大の人口を有する都市であるが，同国の首都はメルボルンである。

(4)　ブラジリアはブラジルの建国以来の首都であるが，同国で最大の人口を有する都市はサンパウロである。

(5)　ヤンゴンはミャンマーで最大の人口を有する都市であるが，同国の首都はネーピードーである。

16 次の記述に該当する人物として，最も妥当なのはどれか。

オーストリアの精神医学者で，第二次世界大戦の時にアウシュヴィッツ強制収容所に入れられ，その時の極限状況の体験をもとに『夜と霧』を出版し，人間が生きる意味を追究した。

(1)　アドラー　(2)　エリクソン　(3)　フランクル
(4)　フロイト　(5)　ユング

17 **次の作品を書いた江戸時代の戯作者として，最も妥当なのはどれか。**

江戸時代の庶民の社交場ともいうべき銭湯を舞台に，そこに登場する様々な職業の老若男女の話や動きを生き生きと描いた，滑稽本の代表作である。

(1)　恋川春町　　(2)　式亭三馬　　(3)　十返舎一九
(4)　為永春水　　(5)　柳亭種彦

18 **次の各慣用句とその意味の組合せとして，最も妥当なのはどれか。**

(1)　虫も殺さぬ　－　非常に温厚であること
(2)　腰を据える　－　訪問して長居をすること
(3)　高をくくる　－　知らぬふりをして放っておくこと
(4)　しのぎを削る　－　相手の急所をおさえること
(5)　泡を食う　－　損な立場に立たされること

19 **次の外来語とその言い換え語の組合せとして，最も妥当なのはどれか。**

(1)　アセスメント　－　破局
(2)　ロゴス　－　情熱
(3)　ニヒリズム　－　叙情主義
(4)　アレゴリー　－　寓意
(5)　ディテール　－　規範

20 **摩擦のある鉛直な壁に，長さL，質量mの一様な棒ABを押し当て，右端Bと壁の間を糸で結び，棒を水平にする。このとき張力T，棒が壁から受ける垂直抗力Nの組み合わせとして，最も妥当なのはどれか。ただし，糸と棒の間の角度をθ，重力加速度の大きさをgとする。**

	張力T	垂直抗力N
(1)	$\dfrac{mg}{\sin\theta}$	$\dfrac{mg}{\tan\theta}$
(2)	$\dfrac{mg}{2\sin\theta}$	$\dfrac{mg}{2\tan\theta}$
(3)	$\dfrac{mg}{\cos\theta}$	$\dfrac{mg}{\sin\theta}$
(4)	$\dfrac{mg}{2\cos\theta}$	$\dfrac{mg}{2\sin\theta}$
(5)	$\dfrac{mg}{\tan\theta}$	$\dfrac{mg}{\cos\theta}$

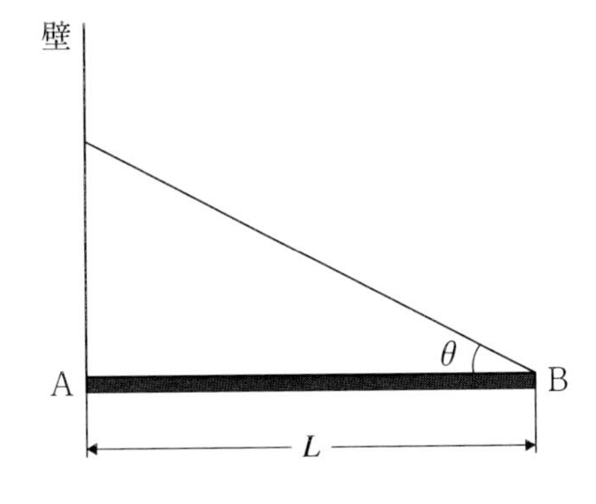

21 分子間力と液体の沸点に関する記述中の空所A～Dに当てはまる語句の組合せとして，最も妥当なのはどれか。

液体が蒸発して気体になるためには，分子は隣接する分子との間に働く力に打ち勝って，液体表面から飛び出すだけの熱エネルギーを持たなければならない。したがって，分子間力が（　A　）液体ほど蒸発しにくく，沸点が高くなる。14族元素の水素化合物は，いずれも（　B　）の構造であり，構造が似た分子では，分子量が（　C　）ほど，沸点が高い。また，分子量が同じ程度の水素化合物の沸点を比較すると，14族に比べて15，16，17族が高くなっている。これは，15，16，17族の水素化合物が14族の水素化合物と違って（　D　）分子からなっているためである。

	A	B	C	D
(1)	小さい	正四面体	小さい	極性
(2)	小さい	正方形	大きい	無極性
(3)	大きい	正四面体	小さい	無極性
(4)	大きい	正四面体	大きい	極性
(5)	大きい	正方形	大きい	極性

22 エネルギーと代謝に関する記述として，最も妥当なのはどれか。

(1)　ATPの高エネルギーリン酸結合が切れ，ADPとリン酸に分解されるとき，エネルギーが放出される。

(2)　複雑な物質を単純な物質に分解し，エネルギーを取り出す過程を同化といい，その例として，光合成における糖の合成があげられる。

(3)　全ての酵素は温度が上がれば上がるほど，また中性に近ければ近いほど，反応速度は大きくなる。

(4)　多くの酵素は細胞内ではたらき，細胞内の特定の場所に存在しているのではなく，一様に分布している。

(5)　酵素は基質と結合し，酵素－基質複合体が作られると，反応が完了して生成物ができ，同時に分解されて，酵素としての性質を失う。

23 災害に関する次のア～ウの記述のうち，正しい記述のみを全て選んだものとして，最も妥当なのはどれか。

ア　海域で発生する地震がしばしば津波を伴うのは，海底の動きに合わせて上下する海面が元に戻ろうとする力によって波が生まれるからである。

イ　揺れは震源に近いほど大きいが，地盤によっても異なる。埋め立て地や低湿地などの特に地盤の悪い地域では激しい揺れと共に液状化現象が起こる。

ウ　火山ガスは一般に95％以上が硫化水素や二酸化硫黄，塩化水素といった強い毒性を持つ重いガスであり，大量に吸い込むと中毒死事故に繋がる。

(1)　ア　　(2)　イ　　(3)　ウ　　(4)　ア，イ　　(5)　イ，ウ

24　次の英文の（　）に当てはまるものとして，最も妥当なのはどれか。

What is the Shinkansen (　　　) from Nagoya to Tokyo?

(1)　bill　　(2)　fee　　(3)　fare　　(4)　tax　　(5)　fine

25　次の英文が文法的に正しく，意味の通る文になるように［　］内の単語を並び替えたとき，2番目と4番目にくる単語の組合せとして，最も妥当なのはどれか。

He should [than / talk / better / with / know / to] his mouth full.

	2番目	4番目
(1)	better	than
(2)	to	than
(3)	than	to
(4)	to	know
(5)	better	to

26　次の英文の内容と合致するものとして，最も妥当なのはどれか。

※本文略（この問題は，著作権の関係により，掲載しません。）

(1)　大多数の親は，組織化されたスポーツ活動に参加することが子どもの成長に役立つと考えている。

(2)　昨今はチームスポーツの人気がなく，学校などが組織化したチームで活動する子どもは減った。

(3)　今日のチームスポーツは本格化しレベルが上がったため，複数の種目で活躍する選手は少ない。

(4) かつては，学校から帰宅した子どもは近所の友達と一緒に青少年スポーツクラブに参加した。
(5) 競争を嫌う子どもは，非競争型のスポーツよりも室内の体を使わない活動の方が向いている。

27 次の英文の内容と合致するものとして，最も妥当なのはどれか。

※本文略（この問題は，著作権の関係により，掲載しません。）

(1) 日本人の多くは，英語が上達することで海外での問題をすべて解決できるとは思っていない。
(2) 日本人は，英語力を心配する必要がない代わりに，コミュニケーションに注意を払う必要がある。
(3) 海外に駐在の日本人が良い上司になるには，高いレベルの英語力が必要である。
(4) 本音を口にすることなく，部下のモチベーションを高めるスキルは，英語力よりも重要なスキルである。
(5) 英語力が足らないのは恥ずかしいことなので，まず相手に謝罪の気持ちを伝えるべきである。

28 次の文の空欄に当てはまる一節として，最も妥当なのはどれか。

※本文略（この問題は，著作権の関係により，掲載しません。）

(1) 理性も感性も兼ね備えており，科学でも芸術でも高い地位にある，まさに“百獣の王”の立場と呼ぶに相応しい
(2) 科学の世界では十分に認識されていても，芸術としては理性の要素が色濃く，認められにくい
(3) 科学の世界でも芸術の世界でも，理性もしくは感性のどちらかに特化することができない“コウモリ的立場”にある
(4) 理性も感性も不足し，科学的にも芸術的にも無視される“蜉蝣（かげろう）のような存在”である

(5)　理性の不足によって科学としては認識されていない反面，その感性の要素から芸術としては非常に人気の高い主題である

29 次の文章を先頭に置き，Ａ～Ｆの文章を並べ替えて意味の通る文章にしたときの順番として，最も妥当なのはどれか。

※本文略（この問題は，著作権の関係により，掲載しません。）

(1)　Ａ－Ｅ－Ｆ－Ｃ－Ｂ－Ｄ
(2)　Ｂ－Ａ－Ｃ－Ｆ－Ｄ－Ｅ
(3)　Ｂ－Ｃ－Ｆ－Ｅ－Ａ－Ｄ
(4)　Ｅ－Ｂ－Ｄ－Ａ－Ｆ－Ｃ
(5)　Ｅ－Ｂ－Ｆ－Ｃ－Ａ－Ｄ

30 次の文章の要旨として，最も妥当なのはどれか。

※本文略（この問題は，著作権の関係により，掲載しません。）

(1)　良い行動を継続するためには，自分の欲求に正直になるべきであり，やりたくないときにはやってはならないし，やりたくなるまでやらなくてもよい。
(2)　「朝活」が流行っているが，流行に乗せられないで自分のニーズを見極めれば，体のために良いのはむしろ夜行動することだとわかるはずである。
(3)　体にとってもっとも良い行動は「走ること」であり，日によって時間や距離が減っても毎日やり続けるべきである。
(4)　習慣を自分の力にするためには，時には好きなことを犠牲にしてでも，決まったスケジュールで決まった量をこなさなくてはならない。
(5)　物事を継続するために，好きなことを犠牲にすれば必ず無理が生じるので，自分のニーズを見極め，ライフスタイルに合わせて取り組むべきである。

31 次の文章の要旨として，最も妥当なのはどれか。

※本文略（この問題は，著作権の関係により，掲載しません。）

(1) 絶滅した恐竜よりも，進化した人類が「強くて優秀な存在」なのではなく，絶滅するものがいるから別のものが進化するという，表裏一体の関係がある。
(2) 生態系を牛耳っていた恐竜には「強くて優秀な存在」という驕りがあったと言え，そのために激変した環境に適応できず，滅びてしまったのである。
(3) 一億六四〇〇万年間という恐竜の歴史からすれば，人類の歴史は短いが，絶滅と進化の対立に勝利した人類が恐竜より「強くて優秀な存在」であると考えるのは，驕りではない。
(4) 恐竜の絶滅という歴史を踏まえると，人類にもいつ絶滅の危険が襲ってくるかわからないので，十分な備えをする必要がある。
(5) 哺乳類，人類は恐竜に比べてちっぽけで歴史も短いが，環境の変化に適応して進化してきたことから，より「強くて優秀な存在」であると言える。

32 次の文章の要旨として，最も妥当なのはどれか。

※本文略（この問題は，著作権の関係により，掲載しません。）

(1) 遅刻をした場合，先に言い訳をすると不信感を与えてしまうので，どんな理由があってもまずはお詫びの気持ちを伝えるべきである。
(2) 遅刻をしてしまったときには，相手が納得して怒りを収めてくれるように，まずていねいに理由を説明するべきである。
(3) 自分一人が百パーセント悪いというわけではないのなら，遅刻をしたとしても責任を感じたり，謝罪したりする必要はない。
(4) どんな理由があっても遅刻は自分の責任なので，理由を説明することに意味はなく，謝罪だけを真摯にするべきである。
(5) 自分以外のところに失敗の原因があるときには，謝罪の前にきちんと説明をしなければ，相手に誤解を与えてしまいかねない。

33 次の文章の要旨として，最も妥当なのはどれか。

※本文略（この問題は，著作権の関係により，掲載しません。）

(1)　現代的な視点によるプライバシーの保護は，電話やメールの内容などの「恥」を隠すための人間の品位を保つための営為である。
(2)　各人の情報は「人格」の一部であるので，その自由な発展のために，自らの管理下に置かれなければならない。
(3)　「人格」が自由に発展するためには，物理的に独りになれる居場所で，自己に関する情報を自ら整理する必要がある。
(4)　物理的に独りになるよりも，むしろ他人に情報を積極的に開示する中で，「人格」は自由に発展していく性質を持っている。
(5)　プライバシーはデータとして記録ができない性質を持っているので，自分自身にも判断や評価を下すことはできないものである。

34 Ａ～Ｅの５人が卓球のリーグ戦を行った。ＡはＣとＤに勝利，ＢはＥに勝利，ＣはＤとＥに敗北，ＥはＡ，Ｄに勝利しているとき，確実に言えることとして，最も妥当なのはどれか。ただし，勝利数が最少のものは２人いた。

(1)　Ｂは単独最多勝者である。
(2)　ＢがＡに勝利しているならば，ＤはＢに勝利している。
(3)　ＤがＢに勝利しているならば，ＡがＢに勝利している。
(4)　ＤがＢに勝利しているならば，ＢがＡに勝利している。
(5)　Ｅは単独最多勝者である。

35 **次に示すのはある建物の１つのフロアの見取り図で，①〜⑪と書かれた正方形がフロア内の１室を表している。A〜Fの６人がいずれかの部屋に１人ずつ住み，それ以外は空室となっている。以下のア〜カのことがわかっているとき，確実に言えることとして，最も妥当なのはどれか。**

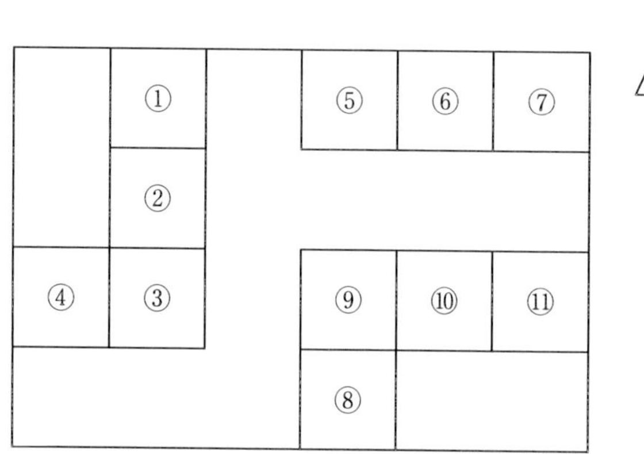

ア　Aの隣室は2部屋とも空室である。
イ　Bの居室はAの居室の真西にある。
ウ　Cの居室はEの居室の真向かいである。
エ　Dの居室の真東と真西には部屋がない。
オ　Eの居室は他の5人の居室よりも北にある。
カ　Fの隣室は2部屋とも居住者がいる。

(1)　Aの真向かいにEが住んでいる。
(2)　BはCの隣に住んでいる。
(3)　Dの居室は他の5人の居室よりも南にある。
(4)　Eの隣の住人はFである。
(5)　Fの隣の住人はB，Dである。

36 **A～Fの6人で5km走を行い，そのタイム差について次のア～カのことがわかっている。このときゴールをした順位が3位であった者として，最も妥当なのはどれか。**

ア　AとBは4分差であった。
イ　AとFは6分差であった。
ウ　BとDは6分差であった。
エ　CとEは10分差であった。
オ　EはFより13分遅かった。
カ　DとCは5分差であった。

(1)　A　　(2)　B　　(3)　C　　(4)　D　　(5)　E

37 **ある会社では，月曜日から土曜日までの6日間，A～Fの6人の社員が，毎日2人ずつ交代で夜間勤務を行っている。この夜間勤務は，勤続5年以上の人と5年未満の人の組み合わせで行われ，Eは勤続5年以上である。ある週の月曜日から土曜日までの勤務状況について，次のア～オのことがわかっているとき，確実にいえることとして，最も妥当なのはどれか。**

ア　6人とも2回ずつ夜間勤務を行った。
イ　Aは火曜日，Cは木曜日，Eは金曜日に夜間勤務を行った。
ウ　Aが夜間勤務を行った前の日は，必ずBが夜間勤務を行っていた。
エ　AはEと1回夜間勤務を行い，FはB，Cと1回ずつ夜間勤務を行った。
オ　この1週間の間に，1人の社員が2日連続して夜間勤務に就くことはなかった。

(1)　Bは金曜日に夜間勤務を行った。
(2)　CとDで夜間勤務を行ったことがある。
(3)　Dは勤続5年未満である。
(4)　Fは勤続5年以上である。
(5)　Fは木曜日に夜間勤務を行った。

38 **3種の記号□，△，○からなる記号列を考える。記号列は次のア～エの操作でのみ変形することができるとき，**

○△□○△□○△□○△□○△□○△□

を変形することで得られる記号列として，最も妥当なのはどれか。

ア　記号列中の□□，△△，○○は削除してよい。

イ　記号列中の隣接した□と○は，その順を並び換えてよい。

ウ　記号列中の3つ並んだ次の記号列は以下の等号の両辺で置き換えてよい。

□△□＝△□△

△○△＝○△○

エ　（　　　）は変形する記号列を示す。例えば次のような変形は許される。

□（○△○）△○△○□→□△○（△△）○△○□

→□△（○○）△○□

→□（△△）○□

→□（○□）

→（□□）○

→○

(1)　○□　(2)　△□　(3)　○△□△

(4)　△□○△　(5)　○△○□△

39 **A，B，C，Dの4人が等間隔で円陣を組んで座り，A，B，Cの3人が席順について次のように証言している。A，B，Cのうち1人は嘘つきであるとき，座り方の組合せの数として，最も妥当なのはどれか。**

A　「私の真向かいはDではない。」

B　「私の隣はAである。」

C　「私はDとは隣り合っていない。」

(1)　2通り　(2)　3通り　(3)　4通り　(4)　5通り

(5)　6通り

40 **ある作業をA，Bの2人が一緒に行うとx日で終了する。この作業をAだけで行うと2人で行うよりも8日多くかかり，Bだけで行うとAだけで行うよりも10日多くかかるとする。このとき，Bだけでこの作業を終えるために必要な日数として，最も妥当なのはどれか。ただし，A，Bそれぞれ**

の１日あたりの仕事量は日によらず一定であるとする。

(1)　10日　(2)　15日　(3)　20日　(4)　25日　(5)　30日

41 次図のような三角柱ABC－DEFがある。この三角柱ABC－DEFは，側面の四角形ADEBと四角形ACFDは１辺の長さが2cmの正方形であり，∠BAC＝∠EDF＝90°である。この三角柱ABC－DEFを水平な机の上に，面BCFEを下にして置き，辺CFを回転の軸として，面ACFDが下になるまで滑ることなく回転させる。次に，面ACFDが机の面と接した状態で，辺ACを回転の軸として，面ABCが下になるまで滑ることなく回転させる。さらに，面ABCが机の面と接した状態で，辺BCを回転の軸として，面BCFEが下になるまで滑ることなく回転させる。以上のように三角柱ABC－DEFを動かしたときに，点Aが描く軌跡の長さとして，最も妥当なのはどれか。

(1)　$\dfrac{2+\sqrt{2}}{2}\pi\,\mathrm{cm}$　(2)　$\dfrac{3+\sqrt{2}}{2}\pi\,\mathrm{cm}$

(3)　$\dfrac{3+\sqrt{3}}{2}\pi\,\mathrm{cm}$　(4)　$\dfrac{5}{2}\pi\,\mathrm{cm}$

(5)　$\dfrac{7}{2}\pi\,\mathrm{cm}$

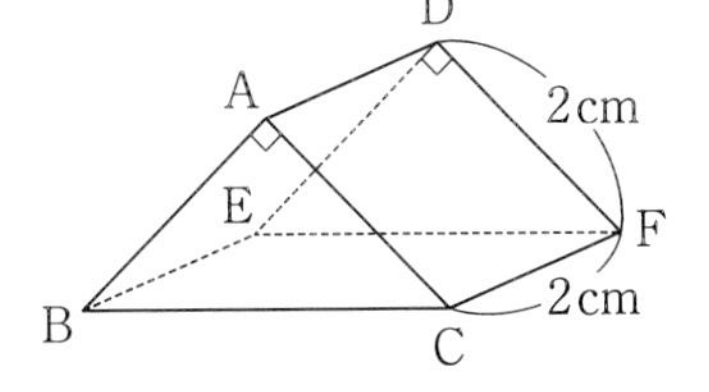

42 次図のような立方体ABCD－EFGHがあり，辺BCの中点をMとする。この立方体を，３点D，E，Mを通る平面で切断して２つの立体に分け，頂点Aを含む立体を取り除く。次に，残った立体を，さらに3点D，G，Mを通る平面で切断して２つの立体に分け，頂点Cを含む立体を取り除く。残った立体の辺の数と面の数の組み合わせとして，最も妥当なのはどれか。

(1)　辺の数：10，面の数：6
(2)　辺の数：10，面の数：7
(3)　辺の数：12，面の数：6
(4)　辺の数：12，面の数：7
(5)　辺の数：12，面の数：8

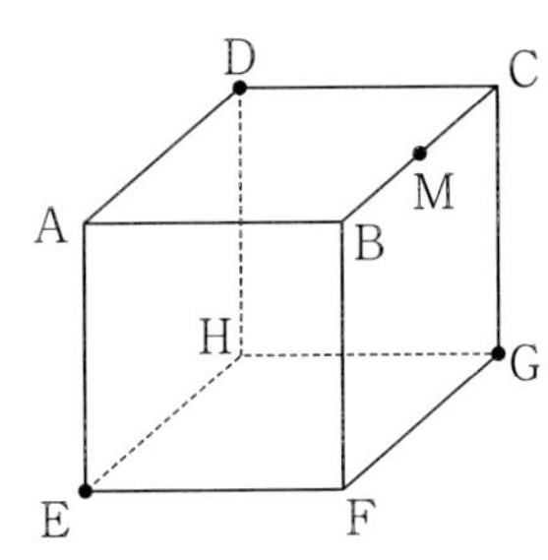

43 次図は立方体の2つの角を切り落としてできた立体である。この立体の展開図として最も妥当なのはどれか。

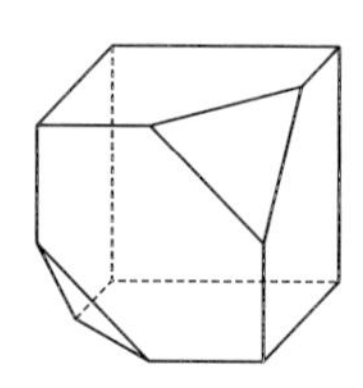

(1)

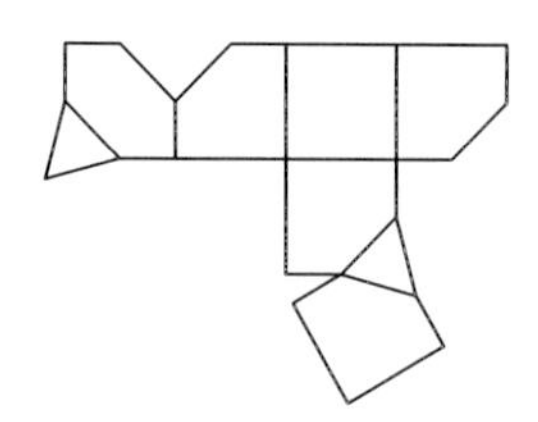

(2)

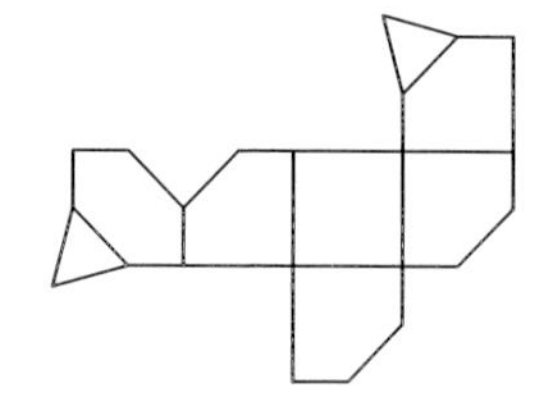

(3)

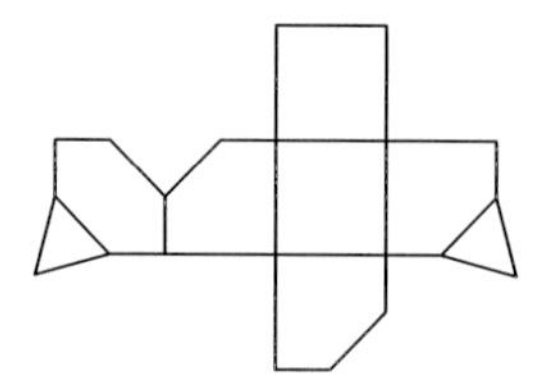

(4)

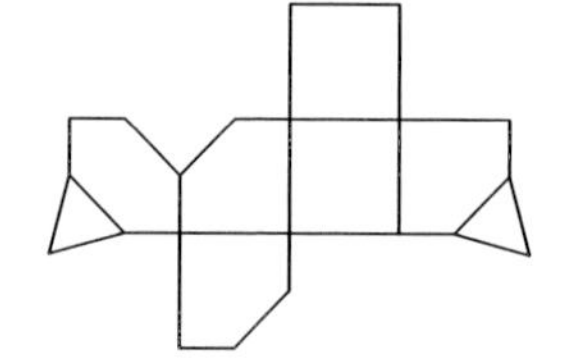

(5)

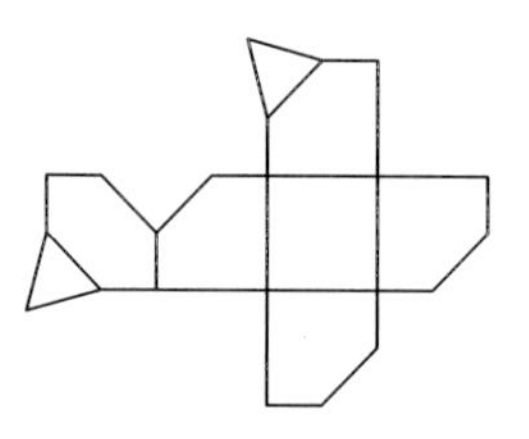

44 図のように中心Oを共有した大円と小円がある。大円の弦ABが小円に接し，その弦の長さが6cmであるとき，模様がついた部分の面積として，最も妥当なのはどれか。ただし，円周率をπとする。

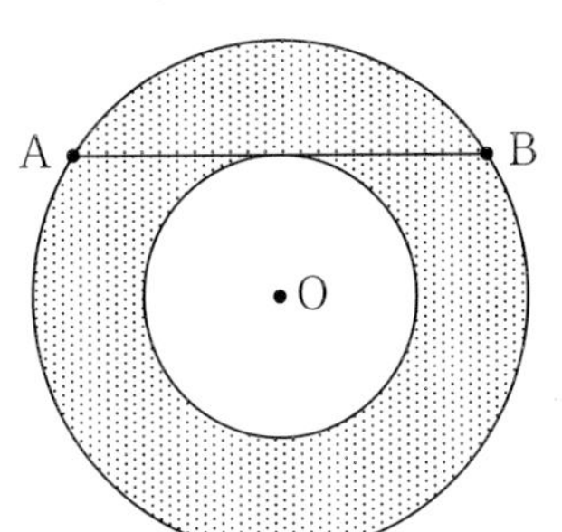

(1)　$9\pi\,\mathrm{cm}^2$
(2)　$12\pi\,\mathrm{cm}^2$
(3)　$15\pi\,\mathrm{cm}^2$
(4)　$18\pi\,\mathrm{cm}^2$
(5)　$21\pi\,\mathrm{cm}^2$

45 赤色と白色のビー玉と赤色と白色のおはじきが入った袋がある。数は合わせて300個未満であり，内訳は赤色：白色＝5：9，ビー玉：おはじき＝9：4であることがわかっている。このとき，赤色のビー玉と白いおはじきの数の差として，最も妥当なのはどれか。

(1)　8個
(2)　9個
(3)　10個
(4)　11個
(5)　12個

46 次図のような縦横4×4マスの盤があり，縦横それぞれの列に1～4までの数字を同じ数字が重複しないように，すべてのマスに入れることとする。図のように既に数字が入っているとき，残りの空マスを数字で埋める組合せの数として，最も妥当なのはどれか。

		2	
1			
		3	
	4		

(1)　1通り
(2)　2通り
(3)　3通り
(4)　4通り
(5)　5通り

47 濃度のわからない食塩水Aと濃度4％の食塩水Bがいずれも100gずつある。食塩水Aの半分を食塩水Bに混ぜ合わせる。次に，混ぜ合わせた後の食塩水Bの半分を食塩水Aに混ぜ合わせる。このときできた食塩水の濃度が6％であるとき，食塩水Aと食塩水Bを混合する前の食塩水Aの濃度に近いものとして，最も妥当なのはどれか。

(1) 6.7％　(2) 6.9％　(3) 7.1％　(4) 7.3％　(5) 7.5％

48 ある2人の現在の年齢の積と，1年後の2人の年齢の積を比較するとその差は90である。また数年前の2人の年齢の積は1100であった。2人のうち1人の年齢の10の位が3年後に1増加するとき，3年後の2人の年齢の積として，最も妥当なのはどれか。

(1) 1890　(2) 1920　(3) 1950　(4) 1980　(5) 2010

49 次の表は，2019年の関東地方における工業統計表（製造業）である。この表からいえるア〜ウの記述の正誤の組合せとして，最も妥当なのはどれか。

	事業所数	従業者数（人）	現金給与総額（百万円）	原材料使用額等（百万円）	製造品出荷額等（百万円）
茨城県	4,927	272,191	1,325,925	7,647,968	12,581,236
栃木県	4,039	203,444	948,677	5,027,819	8,966,422
群馬県	4,480	210,730	948,744	5,548,067	8,981,948
埼玉県	10,490	389,487	1,681,855	8,387,481	13,758,165
千葉県	4,753	208,486	992,951	8,390,915	12,518,316
東京都	9,887	245,851	1,190,968	4,030,463	7,160,755
神奈川県	7,267	356,780	1,862,938	11,453,015	17,746,139

ア　表中の7都県の事業所数の合計に対する事業所数上位3都県の合計の割合は，50％以上である。

イ　従業員1人あたりの現金給与額が最も多いのは神奈川県である。

ウ　製造品出荷額等に対する原材料使用額の割合が最も少ないのは千葉県である。

	ア	イ	ウ
(1)	誤	正	正
(2)	正	誤	誤
(3)	正	正	正
(4)	正	正	誤
(5)	誤	誤	誤

50 **次の表は，研究主体別に活動の状況を示したものである。この表からいえることとして，最も妥当なのはどれか。**

	研究関係従業者数（人）	研究関係従業者数に対する研究者の割合（%）	総支出に対する内部使用研究費比率（%）	研究者一人当たり内部使用研究費（100万円）
大学等	410,735	72.3	40.0	12.52
国立	195,881	68.9	46.7	10.80
公立	30,273	70.3	34.2	11.01
私立	184,581	76.3	36.9	14.40

(1)　私立の総支出は，大学等の総支出の50%を超えていない。
(2)　内部使用研究費について，私立は公立の10倍を超えている。
(3)　内部使用研究費は，国立よりも私立の方が多い。
(4)　大学等の研究者数は，公立の研究者数の15倍を上回っている。
(5)　国立の総支出は，公立の総支出の6倍を超えている。

解答・解説

1 (5)

解説 (1) 自己実現の価値とは，自己の人格を発展させるという個人的な価値である。民主政に資する社会的な価値とは，自己統治の価値である。(2) 公共の福祉は，憲法第12条と第13条に記されているが，第21条第1項には明文で規定されていない。 (3) 家永教科書訴訟において，検定制度自体は合憲とされた。審査が思想内容に及ぶものでない限り，教科書検定は検閲にあたらないとされた。 (4) 通信には，郵便物のほかに電話やeメールも含まれる。 (5) 正しい。

2 (4)

解説 (1) いかなる場合もではなく，法律の定める場合を除いては逮捕されることはない。しかし，現行犯の場合や議院の許諾がある場合は逮捕可能である。 (2) 議院の要求があれば，会期中は釈放される。 (3) 例外なく責任を問われないのではなく，院外では責任を問われない。 (4) 正しい。政党内部の規則違反による制裁などが発生することはある。 (5) 免責特権は，議院内に限られたものである。

3 (2)

解説 (1) 情報公開法の成立は1999年だが，最も早く情報公開条例を制定したのは山形県最上郡金山町で，1982年のことであった。情報公開条例の制定の方が先であった。 (2) 正しい。 (3) 非公開となった場合，開示請求者は情報公開審査会に不服申し立てができる。審査会の決定が不服な場合，裁判所に提訴できる。 (4) 請求権者は，「何人も」とされており，外国人も含まれる。 (5) 公開の義務を負う機関は，内閣の統括下にある行政機関と会計検査院とされている。

4 (3)

解説 (1) マックス＝ウェーバーが示した支配の形式の3類型とは，伝統的支配・カリスマ的支配・合理的支配の3つである。 (2)「人民の，人民による，人民のための政治」は，ワシントンではなくリンカーンの言葉である。　(3) 正しい。　(4) フランクリン＝ローズヴェルトの提唱した「4つの自由」とは，「言論・表現の自由」「信仰の自由」「欠乏からの自由」「恐怖からの自由」である。　(5) 演説の中で「鉄のカーテン」という言葉を用いたのは，アメリカ大統領トルーマンではなく，イギリス元首相チャーチルである。

5 (1)

解説 (1) 正しい。国内総生産や国民所得はフロー，国富はストックである。　(2) GNI（国民総所得）は，一年間に新たに生産された一国の財やサービスで，海外からの純所得も含む。　(3) GDP（国内総生産）は，一国で生産された財やサービスを推計したもの。GNIに外国人や外国企業が日本国内であげた所得で，海外に送金されたものを加え，企業が海外の現地工場から受け取った所得などを差し引いて算出する。　(4) GDPは市場で売買されるものである。余暇，家事労働などは市場で売買されないので，GDPに含まれない。　(5) 国民所得は，生産，分配，支出面において等しくなる。これを国民所得の三面等価の原則という。

6 (4)

解説 (1) 我が国の社会保障制度は，社会保険，公的扶助，社会福祉，公衆衛生の4つの種類にわけられる。　(2) 国民皆保険は，1961年に達成されている。　(3) 社会保険の費用は，被保険者，事業主，政府の三者が負担している。　(4) 正しい。　(5) この説明は，社会福祉ではなく公衆衛生についてのものである。

7 (5)

解説 東京証券取引所には，これまで市場第一部，市場第二部，JASDAQスタンダード，JASDAQグロース，マザースの5つの市場があった。これを2022年4月4日より3つの市場に再編した。多くの機関投資家による活発な売買が期待できる規模の大きな企業はプライム（旧市場一部），上場企業として十分な流動性が維持されている企業はスタンダード（旧市場一部，市場二部，JASDAQスタンダード），高い成長が期待できる企業がグロース（旧JASDAQグロース，マザース）に分類された。それぞれの流通株式時価総額は，プライムが100億円以上，スタンダードが10億円以上，グロースが5億円以上となっている。文中のAにはプライム，Bにはスタンダード，Cにはグロース，Dには100億円，Eには10億円があてはまるため，正しいのは (5) である。

8 (2)

解説 (1)「改正育児・介護休業法」において，意向確認措置は義務化されている。 (2) 正しい。 (3) 最大30%ではなく，40%である。 (4) 労働者101人以上の事業主にまで，拡大して義務化された。 (5) プラスチック製品をすべて有償化することを義務化するのではなく，有料化，利用を辞退する消費者へのポイント還元等を行う，提供者に消費者の意思を確認する，繰り返し使用を促す等の削減策を義務化するが正しい。

9 (1)

解説 (1) 正しい。2021年11月，南アフリカからWHOに報告された変異株で，WHOは11月26日にオミクロン株と名付け，懸念される変異株に位置付けた。スパイクたんぱく質に26から32か所の変異が認められた。 (2) アルファ株は，2020年9月にイギリスで見つかった。 (3) ベータ株は，2020年5月に南アフリカで見つかった。 (4) ガンマ株は，2020年11月にブラジルで見つかった。 (5) デルタ株は，2020年10月にインドで最初に見つかった。

10 (2)

解説 (1) 鎌倉幕府における将軍の補佐役が執権，室町幕府における補佐役が管領である。 (2) 正しい。 (3) 南北朝の動乱を描いた軍記物語が『太平記』であり，源平争乱以後，鎌倉時代の歴史を公家の立場から描いた歴史書が『増鏡』である。 (4) 鎌倉幕府滅亡後，後醍醐天皇が光厳天皇を退位させ，建武の新政を開始した。 (5) 日朝貿易は，朝鮮の倭寇禁圧要請を機に始まった。

11 (1)

解説 (1) 正しい。 (2) 皇族・華族，勅任の議員や多額納税者議員からなるのは，貴族院である。 (3) 大日本帝国憲法は，天皇を元首，国民を臣民とする主権在君が特色であり，強大な天皇大権が存在した。 (4) 民権派の流れをくむ反政府野党が民党と呼ばれ，政府支持党は吏党と呼ばれた。第

1回議会では，民党が衆議院の過半数を占めた。　(5) 1885年に，政府は太政官制を廃止し内閣制度を導入した。

12　**(5)**

解説 (1) 11世紀に誕生したピサ大聖堂などの建築様式がロマネスク様式，12世紀に誕生したシャルル大聖堂などの建築様式がゴシック様式である。(2) 普遍論争における実在論の論者がアンセルムス，唯名論の論者がウィリアム＝オブ＝オッカムやアベラールである。　(3) スコラ学を大成したのは，『神学大全』の著者であるトマス・アクィナスである。　(4) カール大帝の宮廷でおこったラテン語と古典文化の復興は，カロリング・ルネサンスと呼ばれる。　(5) 正しい。

13　**(3)**

解説 (1) イスラーム教では，偶像崇拝は絶対禁止である。　(2) ムハンマドは当初メッカで布教していたが，迫害を逃れて622年にメディナに移住した。　(3) 正しい。　(4) 正統カリフとは，選挙によって選出されたアブー＝バクル，ウマル，ウスマーン，アリーの4人を指す。　(5) 人頭税がジズヤ，地租がハラージュである。

14　**(4)**

解説 (1) アジアNIESとは，韓国，香港，台湾，シンガポールのことをいう。　(2) BRICSとは，ブラジル，ロシア，インド，中国，南アフリカのことをいう。ロシア，インド，中国はユーラシア大陸に分布するが，ブラジルは南アメリカ大陸，南アフリカはアフリカ大陸にある。　(3) シリコンバレーは，アメリカ合衆国の西部，カリフォルニア州サンタクララバレーのサンノゼ付近にある。大西洋岸沿いではない。　(4) 正しい。　(5) 水平分業とは，先進国間にみられる国際分業である。説明文は垂直分業についてのものである。

15　**(5)**

解説 (1) ワシントンD.C.はアメリカ合衆国の首都であり，ニューヨークがアメリカ最大の人口を有する都市であるが，ワシントンD.C.はワシントン州の州都ではない。ワシントン州は太平洋岸にある州で，州都はオリンピアである。 (2) オタワはカナダの首都であるが，オンタリオ湖岸ではなくオンタリオ川とリドー川の分岐点に位置する。なお，カナダ最大の人口を有する都市は，トロントである。 (3) 記述の前半は正しいが，オーストラリアの首都はメルボルンではなくキャンベラである。 (4) ブラジリアは1960年からブラジルの首都となった。それ以前の首都はリオデジャネイロである。記述の後半は正しい。 (5) 正しい。

16 (3)

解説 (1) アドラーはオーストリアの精神分析学者で，人間はだれも身体や能力に劣った部分を持っており，その劣等感を克服するために人よりすぐれたものになろうとする力への意志をもつと考えた。 (2) エリクソンはアメリカの精神分析学者で，人生を8つの発達段階をもつライフサイクルに分けた。 (3) 正しい。 (4) フロイトはオーストリアの精神医学者で，精神分析の創始者である。人間の心の中には明瞭に意識された領域と，意識されない無意識の世界があるとした。 (5) ユングはスイスの精神医学者，心理学者で，人間の心の中には個人の経験を超えた民族や人類に共通の先天的，普遍的なイメージをもつ無意識の領域があると主張した。

17 (2)

解説 解説文は，式亭三馬の代表的戯作『浮世風呂』である。

18 (1)

解説 (2)「腰を据える」は，落ち着いて物事にあたること。 (3)「高をくくる」は，大したことがないと見くびること。 (4)「しのぎを削る」は，激しく争うこと。 (5)「泡を食う」は，驚き慌てること。

19 (4)

解説 (1)「アセスメント」は評価，「破局」はカタストロフィである。(2)「ロゴス」は理性・定義，「情熱」はパトスである。 (3)「ニヒリズム」は虚無主義，「叙情主義」はリリシズムである。 (5)「ディテール」は詳細，「規範」はスタンダードである。

20　(2)

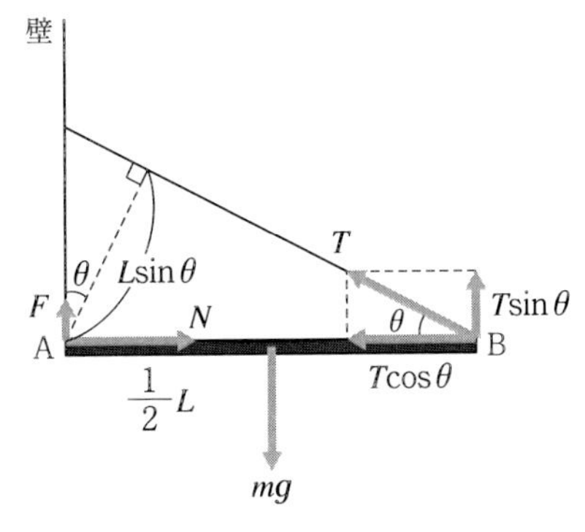

解説　まずは，棒にはたらく力とその向きを考える。
質量mで長さLの棒ABには，ABの中点に重力mgが下向きにはたらく。また，糸から受ける張力をTとすると，鉛直方向には$T\sin\theta$，水平方向には$T\cos\theta$の分力がはたらく。さらに，棒ABは壁からの垂直抗力Nを左端Aから図の右方向に受け，上向きに静止摩擦力Fを受ける。
次に，左端Aのまわりの力のモーメントのつり合いを考える。
(力のモーメント)＝(力の大きさ)×{うでの長さ（支点から力の作用線までの距離)}となる。棒ABを時計回りに回転させるのは，左端Aからのうでの長さ$\frac{1}{2}L$の重力mgのみである。一方，棒ABを反時計回りに回転させるのは，左端Aからのうでの長さ$L\sin\theta$のT，および左端Aからのうでの長さ0のFである（Nは回転運動に関与しない)。
棒ABは静止しているので，力のモーメントのつり合いより，$\frac{1}{2}L \times mg = L\sin\theta \times T + 0 \times F$が成り立ち，これを整理すると，$T = \frac{mg}{2\sin\theta}$　…①
一方，水平方向にはたらく力は，右向きの力Nと左向きの力$T\cos\theta$だけであり，これらがつり合っているので，$N = T\cos\theta$が成り立つ。これに①を代入すると，$N = \frac{mg}{2\sin\theta} \times \cos\theta = \frac{mg}{2\tan\theta}$　…②
よって，①②より，正解は (2) となる。

21　(4)

解説　A　液体が蒸発して気体になるのは，液体分子間にはたらく分子間力という引力を，液体分子が振り切って自由に動き回るからである。したがって，分子間力が強い液体ほど引力を振り切りにくいため蒸発しにくく，沸点は高い。　B　炭素Cのような14族元素の原子は，価電子を4個もつので，4つの水素と単結合を形成して水素化合物であるメタンCH_4となる。CH_4はCを中心とし，4つのHを頂点とする正四面体形の構造となる。　C　構造が似た分子では，分子量が大きいほど分子間力が大きいので，沸点が高くなる。
D　異なる原子からなる結合は極性をもっている。CH_4はC－H間の結合に極性をもっているが，分子全体としては正四面体形の構造なので極性を打ち消しあっており，無極性分子である。一方，15族の水素化合物であるアンモニアNH_3は三角錐形，16族の水素化合物である水H_2Oは折れ線形なので，分子全体として極性を打ち消し合わない極性分子である。さらに，17族の水素化合物である塩化水素HClは，直線形であるが構造上極性を打ち消せないため極性分子である。

22 (1)

解説 (1) 正しい。　(2) 同化ではなく異化の説明であり，その例として呼吸があげられる。　(3) 酵素には最適温度や最適pHがあり，この温度やpHの範囲から外れるほど，反応速度は小さくなり，酵素のはたらきを失う場合もある。　(4) 真核細胞では，細胞小器官により特定の酵素が存在し，特定の化学反応を起こすことで生命活動が行われている。　(5) 基質は，酵素と結合して酵素－基質複合体となることで酵素活性を受け，生成物となる際に酵素から離れる。反応が完了しても，酵素自体は変化しておらず，その性質を失わない。

23 (4)

解説 ア　正しい。なお，海域が震源となっても，海底が激しく隆起しなければ，津波は発生しないと考えられる。　イ　正しい。なお，一般に，同じ震度の地域は震央を中心に同心円状に分布する。　ウ　一般に，火山ガスの約90％は水蒸気であり，その他に硫化水素，二酸化硫黄，塩化水素などを含む。

24 (3)

解説 bill「請求書」。fee「(弁護士，医者，家庭教師への) 報酬，入場料」。fare「交通機関の運賃」。tax「税金」。fine「罰金」。その他の紛らわしい英単語として，price「商品の値段・価格」，charge「(サービスに対する) 料金，手数料」，toll「通行料」などもあるため，しっかりと区別しておこう。

25 (5)

解説 整序すると，(He should) know better than to talk with (his mouth full.) となる。know better than to～は，「～しないだけの分別がある」，「～するほどばかではない」という意味の比較級を用いた構文。should～は，「～すべきだ」。with his mouth fullは，付帯状況を表すwithを用いた表現。文意は「彼は口にいっぱいものを入れたままで話すべきではない」である。

26 (1)

解説 出典は鳥飼慎一郎著『20日間集中ジム　英文スピードリーディング初級編』。内容一致問題である。一般的な手順としては，まず，選択肢に目を通してテーマを把握すること。選択肢は本文の段落や内容順にたいてい並べられているので，選択肢 (1) から順に照合していく。そして，選択肢の内容が英文のどこに書かれているかを探し，正誤を判断する。

27 (2)

解説 出典はジョン・ギレスピー著『日本人がグローバルビジネスで成功するためのヒント』。内容一致問題である。選択肢には，部分否定的表現を和訳したものが見られれる。not all, not alwaysのような表現に注意すること。部分否定は頻出事項のため，文法書などで確認しておくとよい。

28 (3)

解説 出典は石川伸一著『「食べること」の進化史』。空欄補充問題である。「理性」「科学」といったキーワードに注目して，本文の内容に合致するものを選ぶようにしたい。

29 (4)

解説 出典は丸山宗利著『昆虫はすごい』。文整序問題である。論理や話題の転換に注目し，自然な文章になる流れを考えること。

30 (5)

解説 出典は石田淳著『始める力』。要旨把握問題である。「要旨」とは，文章全体の中で筆者が言いたいことをまとめたものである。選択肢には部分的に合致しているものもあるが，これは要旨とはいえないので注意が必要である。

31 (1)

解説 出典は小林快次著『恐竜は滅んでいない』。要旨把握問題である。「恐竜」「強くて優秀な存在」などのキーワードの本文中での位置づけに注意して，要旨を把握するようにしたい。

32 (1)

解説 出典は高城幸司著『やってはいけない！職場の作法』。要旨把握問題である。自分で本文の要旨をまとめるならどのようにするかを考えてから，選択肢と照らし合わせてみるのも解答の仕方の1つである。

33 (2)

解説 出典は宮下紘著『プライバシーという権利』。要旨把握問題である。一つ一つの選択肢を本文と照らし合わせて，要旨として最も適切なものを選ぶようにすること。

34 (3)

解説 題意よりわかっていること（AはCとDに勝利，BはEに勝利，CはDとEに敗北，EはAとDに勝利）を表にまとめると，次のようになる。

	A	B	C	D	E
A	＼		○	○	×
B		＼			○
C	×		＼	×	×
D	×		○	＼	×
E	○	×	○	○	＼

また，「勝利数が最少のものは2人いた」より，仮にCがBに敗北したとすると，Cは全敗で単独最下位となってしまうため，CはBに勝利したことがわかる。ここまでを表にまとめると，次のようになる。

	A	B	C	D	E
A			○	○	×
B			×		○
C	×	○		×	×
D	×		○		×
E	○	×	○	○	

ここで，残りの各勝敗について，場合分けをして考えていく。

(ⅰ) AがBに勝利，BがDに勝利したとき，
勝敗を反映した表は右のようになる。

	A	B	C	D	E
A		○	○	○	×
B	×		×	○	○
C	×	○		×	×
D	×	×	○		×
E	○	×	○	○	

(ⅱ) AがBに勝利，DがBに勝利したとき，
勝敗を反映した表は右のようになる。

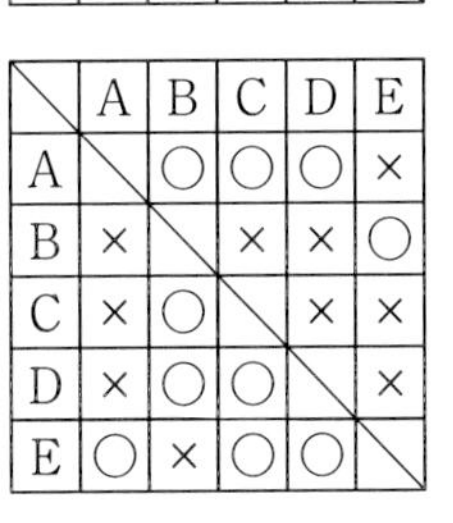

	A	B	C	D	E
A		○	○	○	×
B	×		×	×	○
C	×	○		×	×
D	×	○	○		×
E	○	×	○	○	

(ⅲ) BがAに勝利，BがDに勝利したとき，
勝敗を反映した表は右のようになる。

	A	B	C	D	E
A		×	○	○	×
B	○		×	○	○
C	×	○		×	×
D	×	×	○		×
E	○	×	○	○	

(ⅳ) BがAに勝利，DがBに勝利したとき，
勝敗を反映した表は右のようになる。
しかし，この場合，Cが単独最下位となってしまうため不適である。

	A	B	C	D	E
A		×	○	○	×
B	○		×	×	○
C	×	○		×	×
D	×	○	○		×
E	○	×	○	○	

よって，このリーグ戦は（i）～（iii）の場合が考えられる。ここで，各選択肢について吟味をしていく。

(1) 誤り。いずれの場合でも，Bが単独最多勝者になることはない。

(2) 誤り。BがAに勝利しているのは（iii）の場合だけであり，このときDはBに敗北している。

(3) 正しい。DがBに勝利しているのは（ii）の場合だけであり，このときAはBに勝利している。

(4) 誤り。DがBに勝利しているのは（ii）の場合だけであり，このときBはAに敗北している。

(5) 誤り。いずれの場合でも，Eは単独最多勝者ではない。

35 (5)

解説 条件ア～カを図に示すと，次のようになる。

条件アより，Aの隣室は2部屋とも空室であるが，東西南北の位置関係が不明なので次のように記す。

空　A　空

条件イより，BとAの居室の東西南北の位置関係はわかるが，隣室かどうかは不明なので次のように記す。

B ⟷ A　北

条件ウより，CとEの居室が真向かいとわかるが，東西南北の位置関係が不明なので次のように記す。

条件エより，Dの居室を次のように記す。

条件オより，Eとその他5人の居室の位置関係を次のように記す。

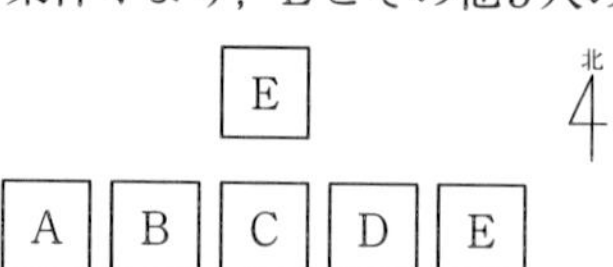

条件カより，Fの隣室は2部屋とも居住者はいるが，東西南北の位置関係が不明なので次のように記す。

?	F	?

ここで，条件エより，Eの居室は他の5人の居室より北にあるが，残りの部屋の数を踏まえると①，②，⑤，⑥，⑦のいずれかとなる。また，他の5人の居室が①，⑤，⑥，⑦になることはない。さらに，条件ウより，Eには真向かいの部屋があるはずなので，②ではなく，①では真向かいの部屋が⑤しかないので，ここにCの居室があるはずはない。したがって，Eの居室は⑤，⑥，⑦のいずれかとなる。つまり，Cの居室は真向かいの⑨，⑩，⑪のいずれかとなる。

次に，条件ア，ウより，Aの居室の隣室は空室で，かつBの居室の真東であることを踏まえると，Aの居室は⑨または⑩のいずれかとなる。一方，Aの居室が⑩では⑨と⑪が空室となりCの居室がなくなるので，Aの居室は⑨であり，⑧と⑩は空室となる。すると，Cの居室は⑪となり，Eの居室は真向かいの⑦となり，①，⑤，⑥は空室となる。

ここまでで，各部屋は右図のようになる。

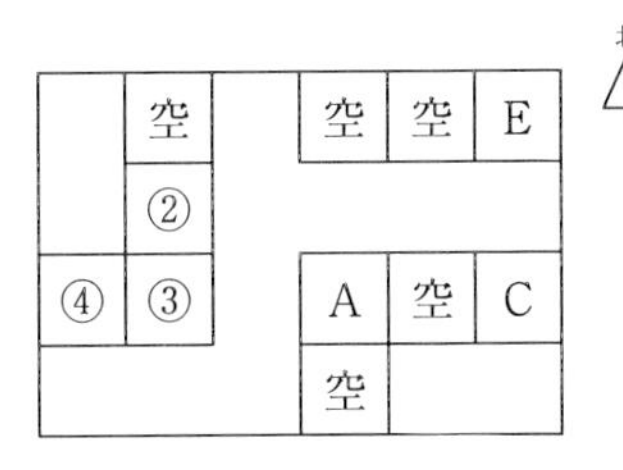

次に，条件エより，Dの居室は東西に部屋がないので②しかありえない。

さらに，条件カより，Fの居室は両隣に部屋がある③しかありえず，残ったBの居室は④となる。

よって，6人の居室は右図のようになり，「Fの隣の住人はB，Dである」が確実にいえる。

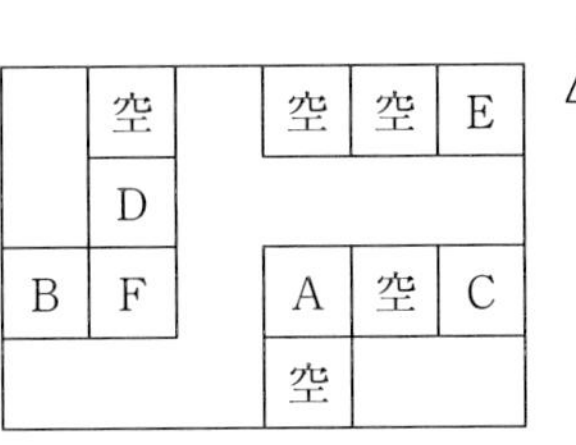

36 (3)

解説 Aのタイムを基準（±0）として，タイムがいい場合はその差を＋，悪い場合はその差を－，わからないものは＋の場合と－の場合に分け，樹形図を作成する。すると，条件ア，イ，ウ，オ，カより次の樹形図が作成できる。

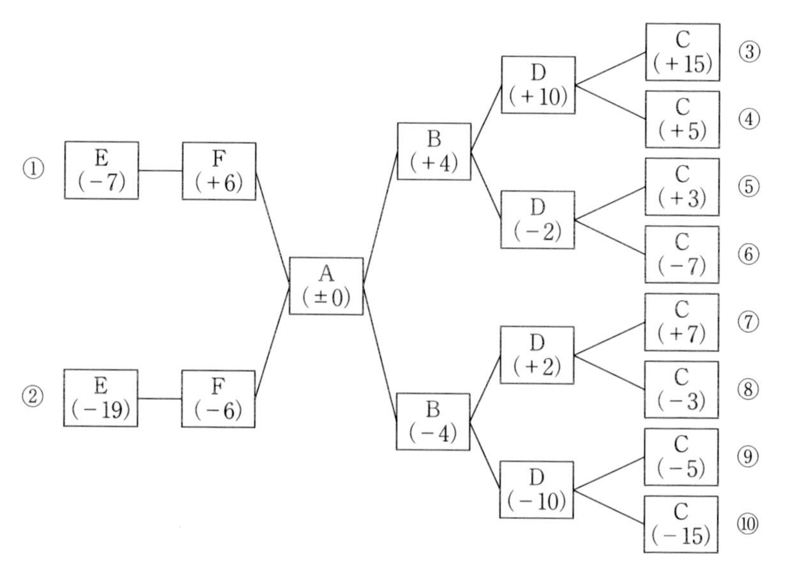

ここで，条件エより，CとEは10分差であったので，当てはまる各選手のタイムは，場合分けされたうちの①，⑤のときであると分かる。
よって，各選手をタイムのいい順に並べると，F（＋6），B（＋4），C（＋3），A（±0），D（－2），E（－7）となる。したがって，3位の選手はCである。

37 (3)

解説 夜間勤務が確定の日を○，夜間勤務がないことが確定の日を×，不明の日は空欄として，条件「イ，ウ，オ」からＡ～Ｆの社員のシフトを表にまとめると次のようになる。

	月	火	水	木	金	土
A	×	○	×			
B	○	×				
C			×	○	×	
D						
E				×	○	×
F						

ここで，条件「エ」より，ＡとＥは1回夜間勤務を行っているため，その曜日によって場合分けをして考える。

(i) ＡとＥが金曜に夜間勤務を行っている場合

条件「ア～オ」を加味すると次の表ができるが，条件「エ」の「ＦとＣが1回夜間勤務行う」を満たすことができない。よって，この場合は不適となる。

	月	火	水	木	金	土
A	×	○	×	×	○	×
B	○	×	×	○	×	×
C	×		×	○	×	
D	×			×	×	
E	×	×	○	×	○	×
F	○	×		×	×	

(ii) ＡとＥが火曜に夜間勤務を行っている場合

条件「ア～オ」を加味すると次の表ができる。

	月	火	水	木	金	土
A	×	○	×		×	
B	○	×				
C		×	×	○	×	
D		×				
E	×	○	×	×	○	×
F		×				

ここで，さらにAが木曜と土曜のどちらで勤務したか場合分けして考える。
(ii-1) Aが木曜勤務の場合
条件「ア～オ」を加味すると次の表ができる。

	月	火	水	木	金	土
A	×	○	×	○	×	×
B	○	×	○	×	×	×
C	×	×	×	○	×	○
D		×		×	○	×
E	×	○	×	×	○	×
F		×		×	×	○

ここで，さらにFとBが「月曜」，「水曜」のどちらで勤務が一緒になるかで場合分けをする。
(ii-1-1) Fが月曜に勤務の場合
条件「ア～オ」及び，Fが「5年以上」で，必ず夜間勤務は5年以上の者と5年未満のものがペアで行うことを加味すると，次の表のようになる。

		月	火	水	木	金	土
5年未満	A	×	○	×	○	×	×
5年以上	B	○	×	○	×	×	×
5年以上	C	×	×	×	○	×	○
5年未満	D	×	×	○	×	○	×
5年以上	E	×	○	×	×	○	×
5年未満	F	○	×	×	×	×	○

(ii-1-2) Fが水曜に勤務の場合
条件「ア～オ」及び，Fが「5年以上」で，必ず夜間勤務は5年以上の者と5年未満のものがペアで行うことを加味すると，次の表のようになる。

		月	火	水	木	金	土
5年未満	A	×	○	×	○	×	×
5年以上	B	○	×	○	×	×	×
5年以上	C	×	×	×	○	×	○
5年未満	D	○	×	×	×	○	×
5年以上	E	×	○	×	×	○	×
5年未満	F	×	×	○	×	×	○

(ii-2) Aが土曜勤務の場合
条件「ア〜オ」を加味すると次の表ができるが，条件「エ」の「FとB，Cがそれぞれ1回夜間勤務行う」を満たすことができない(加えて，木曜日に2人夜間勤務できない)。よって，この場合は不適となる。

	月	火	水	木	金	土
A	×	○	×	×	×	○
B	○	×	×	×	○	×
C		×	×	○	×	
D		×	○	×	×	
E	×	○	×	×	○	×
F		×	○	×	×	

以上より，考えられる場合は(ii-1-1)，(ii-1-2)であり，それぞれの選択肢に関して吟味をしていく。
(1) 誤り。Bは金曜日に夜間勤務を行うことはない。
(2) 誤り。CとDで夜間勤務を行った日はない。
(3) 正しい。いずれの場合でもDは勤続5年未満である。
(4) 誤り。いずれの場合でもFは勤続5年未満である。
(5) 誤り。Fは木曜日に勤務することはない。

38 **(4)**

解説 与えられた記号を，操作ア〜エを用いて変形をしていく。
　○△(□○)△□○△(□○)△□○△(□○)△□　…イより
→○△(○□)△□○△(○□)△□○△(○□)△□
　(○△○)(□△□)(○△○)(□△□)(○△○)(□△□)　…ウより
→(△○△)(△□△)(△○△)(△□△)(△○△)(△□△)
　△○(△△)□(△△)○(△△)□(△△)○(△△)□△　…アより
→△○□○□○□△
　△(○□)○□(○□)△　…イより
→△(□○)○□(□○)△
　△□(○○)(□□)○△　…アより
→△□○△

39 (3)

解説 誰が嘘をついているかで，場合分けをして考える。

（ⅰ）Aが嘘をついている場合

Aが嘘をついている場合，Aの真向かいはDになる。このとき，Dは必ずCと隣り合ってしまうため，Cの発言と矛盾が生じる。よって，Aは本当のことを言っている。

（ⅱ）Bが嘘をついている場合

Bが嘘をついている場合，BとAは真向かいに座っていることになる。また，AとCが本当のことを言っていることになるのでそれを加味すると，次の2通りの座り方が考えられる。

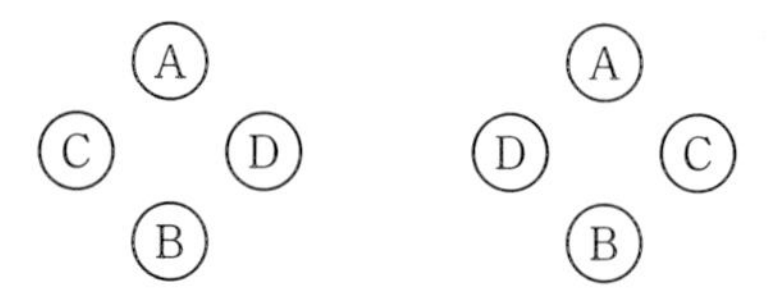

（ⅲ）Cが嘘をついている場合

Cが嘘をついている場合，CとDは隣り合っている。また，AとBが本当のことを言っていることになるのでそれを加味すると，次の2通りの座り方が考えられる。

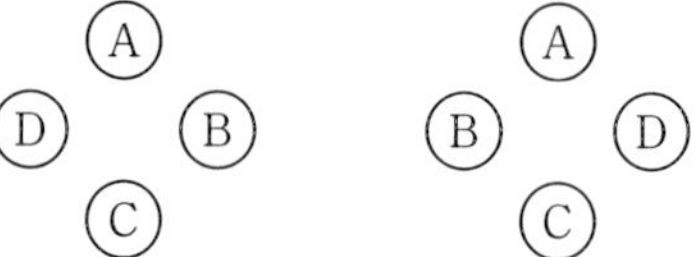

よって，座り方の組み合わせは全部で4通りある。

40 (5)

解説 題意より，Aだけでこの作業にかかる日数は$x+8$［日］，Bだけでこの作業にかかる日数は$x+8+10=x+18$［日］である。

ここで，全体の作業量を1とすると，Aの1日当たりの仕事量は$\frac{1}{x+8}$［/日］，Bの1日当たりの仕事量は$\frac{1}{x+18}$［/日］，2人が一緒に行った時の1日当たりの仕事量は$\frac{1}{x}$［/日］となる。

よって，2人が一緒に行った時の1日当たりの仕事量に着目すると，$\frac{1}{x+8}+\frac{1}{x+18}=\frac{1}{x}$が成り立つ。

両辺に$x(x+8)(x+18)$をかけて，$x(x+18)+x(x+8)=(x+8)(x+18)$
整理すると，$x^2+18x+x^2+8x=x^2+26x+144$
$x^2=144$
$x>0$より，$x=12$となる。
したがって，Bだけでこの作業を終えるためにかかる日数は，$12+18=30$［日］となる。

41　(2)

解説　動点Aの描く軌跡は，次の場合に分けて考える。
①辺CFを回転の軸とする場合，回転の中心を点Cとし，辺ACの長さ2cmが半径，中心角が∠ACBの外角$180°-45°=135°$の扇形の弧となる。
②辺ACを回転の軸とする場合，動点Aは回転によって動くことはないので，軌跡を描かない。
③辺BCを回転の軸とする場合，点Aから辺BCに引いた垂線の長さ$\frac{\sqrt{2^2+2^2}}{2}=\sqrt{2}$［cm］が半径，中心角が90°の扇形の弧となる。

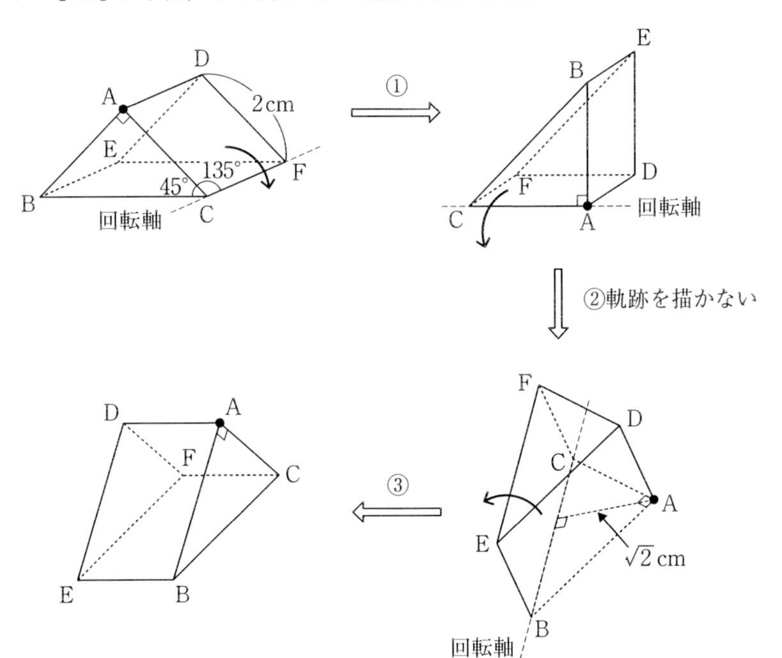

よって，求める軌跡の長さは，

$$①+②+③=2\times 2\times \pi\times\frac{135^\circ}{360^\circ}+0+2\times\sqrt{2}\times\frac{90^\circ}{360^\circ}=\frac{3+\sqrt{2}}{2}\pi\ [\mathrm{cm}]$$

42 4

解説 切断面の形状を求める場合は，以下の考え方を利用して作図する方法がある。

①同一平面に存在する2点を結ぶ。

②平行な面に存在する切断線は平行線となる。

③上記①，②で行き詰まったら，立体を延長させて考える。

まず，問題文の立方体ABCD－EFGHを3点D，E，Mを通る平面で切断するとき，①より面ABCD上にある点D，Mを結び，面ADHE上にある点D，Eを結ぶ。また，②より，面ADHE上にある線分DEと平行な線分を，面BCGF上の点Mから引くと，辺BF上に点Nができる。すると，①より，点N，Eを結べるので，切断面は図Ⅰの太線のようになる。

次に，図Ⅰのうち頂点Aを含む立体を取り除くと，残った立体は図Ⅱのようになる。

次に，図Ⅱを3点D，G，Mを通る平面で切断する場合，①より，点DとG，点GとM，点MとDを結べるので，切断面は図Ⅲの太線のようになる。

さらに，図Ⅲのうち頂点Cを含む立体を取り除くと，残った立体は図Ⅳのようになる。

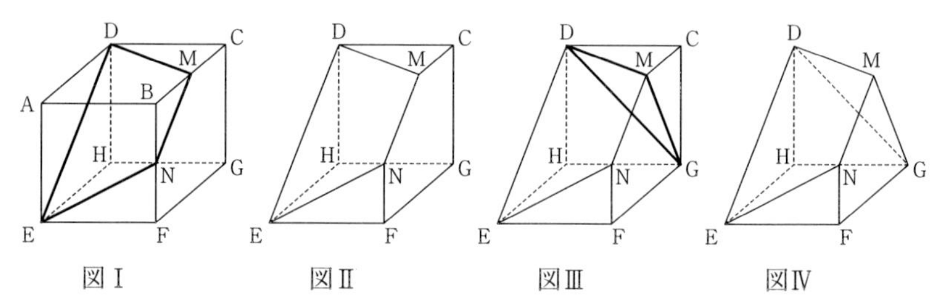

よって，図Ⅳの立体の辺の数は12，面の数は7となる。

43 (5)

解説 2つの角を切り落とす前の立方体の展開図は，合同な6枚の正方形から構成される。また，立方体の展開図を変形する場合，次の規則性がある。

①それぞれの正方形の面は，隣り合う面に対して90°回転させることができる。

②4枚の面が直線状につながっている場合，端の面は反対側の端に，回転することなく移動できる。

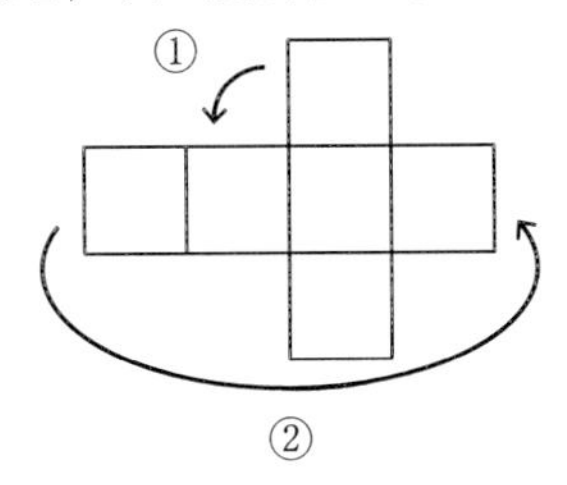

これらを利用し，選択肢の展開図を変形させたとき，問題の立体が組み立てられる展開図となっているものを探す。

まず，②について，いずれの展開図も元は正方形であった4枚の面が直線状につながっているので，左端の面を右端に回転することなく移動できるか検討すると，選択肢3，4の展開図では三角形の面が重なるので，不適である。

選択肢3

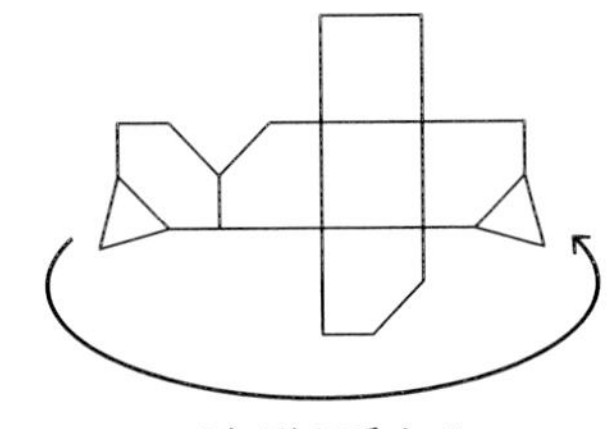

三角形が重なる

選択肢4

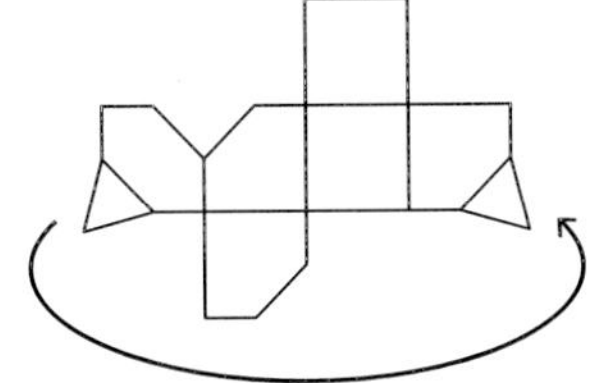

三角形が重なる

次に，①について，ある面が隣り合う面に対して90°回転させることができるか検討すると，選択肢2の展開図では三角形と正方形が重なるので，不適である。

選択肢2

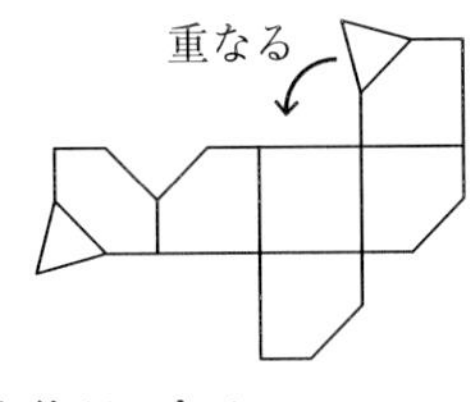

さらに，選択肢1については，正六面体の展開図となり得ないため，不適である。

以上より，選択肢5の展開図を組み立てると，問題の立体ができる。

44 (1)

解説 大円の弦ABと小円の接点をP，小円の半径をx［cm］とおく。弦ABの垂直二等分線は大円の中心Oを通るので，△OAPに着目すると，三平方の定理より大きい円の半径は，$\sqrt{3^2+x^2}$［cm］とわかる。

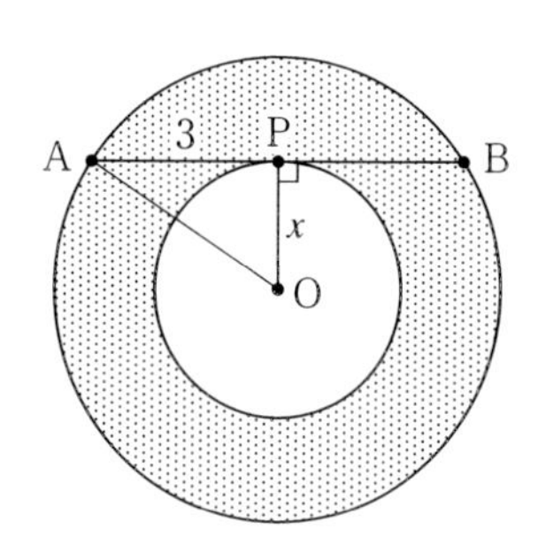

よって，模様のついた部分の面積は，
$(\sqrt{3^2+x^2})^2\pi - x^2\pi = 9\pi$［$cm^2$］となる。

45 (2)

解説 赤色：白色＝5：9，ビー玉：おはじき＝9：4であるが，赤色と白色の合計，およびビー玉とおはじきの合計は等しいので，それぞれの比を足した数である$5+9=14$，$9+4=13$の最小公倍数をとると，$14\times13=182$となり，これが赤色と白色の合計（ビー玉とおはじきの合計）となる（仮に合計が最小公倍数の182個ではなかった場合，次の公倍数は$182\times2=364$であるが，これは合計300個未満をみたさないため不適）。

したがって，182個をそれぞれ比例配分すると，赤色：白色＝$182\times\frac{5}{5+9}$：$182\times\frac{9}{5+9}$＝65：117，ビー玉：おはじき＝$182\times\frac{9}{9+4}$：$182\times\frac{4}{9+4}$＝126：56となる。ここで赤色のビー玉の個数をx個とし，ここまでの情報をまとめると，右の表のようになる。

	ビー玉 126	おはじき 56
赤 65	x	
白 117		

ここで，残りの表の空欄を埋めると，白色のビー玉は$126-x$［個］，赤色のおはじきは$65-x$［個］，白色のおはじきは$117-(126-x)=x-9$［個］となる。

	ビー玉 126	おはじき 56
赤 65	x	$65-x$
白 117	$126-x$	$x-9$

よって，赤色のビー玉と白いおはじきの数の差は，$x-(x-9)=9$［個］となる。

46 (2)

解説 与えられた図を，次のように1行1列，2行1列…とする。たとえば，【1行3列】＝2，【2行1列】＝1となる。

	1列	2列	3列	4列
1行			2	
2行	1			
3行			3	
4行		4		

縦横に数字が重複しないように数字を入れるため，【2行3列】＝4，【4行3列】＝1となる。ここまでをまとめると，次のようになる。

	1列	2列	3列	4列
1行			2	
2行	1		4	
3行			3	
4行		4	1	

ここで2行目に着目し，場合分けをして考える。

(ｉ)【2行2列】＝2，【2行4列】＝3としたとき

2列目に着目して縦横に数字が重複しないように数字を入れると，【1行2列】＝3，【3行2列】＝1となる。次に1行目に着目して縦横に数字が重複しないように数字を入れると，【1行1列】＝4，【1行4列】＝1となる。同様にして1行，4行に着目すると，【3行1列】＝2，【3行4列】＝4，【4行1列】＝3，【4行4列】＝2となる。なお，完成した図は右図のようになる。

	1列	2列	3列	4列
1行	4	3	2	1
2行	1	2	4	3
3行	2	1	3	4
4行	3	4	1	2

(ii)【2行2列】＝3，【2行4列】＝2とする。2列目に着目して縦横に数字が重複しないように数字を入れると，【1行2列】＝1，【3行2列】＝2となる。次に3行目に着目して縦横に数字が重複しないように数字を入れると，【3行1列】＝4，【3行4列】＝1となる。同様にして1行，4行に着目すると，【1行1列】＝3，【1行4列】＝4，【4行1列】＝2，【4行4列】＝3となる。なお，完成した図は右図のようになる。

	1列	2列	3列	4列
1行	3	1	2	4
2行	1	3	4	2
3行	4	2	3	1
4行	2	4	1	3

したがって，残りの空マスを数字で埋める組み合わせの数は，2通りとなる。

47 (4)

解説 食塩水Aに含まれる食塩の量をx [g] とすると，食塩水Aの濃度は $\frac{x}{100} \times 100 = x$ [%] となる。また，食塩水Bに含まれる食塩の量は$\frac{4}{100} \times 100 = 4$ [g] である。
ここで，食塩水Aの半分を食塩水Bに混ぜ合わせてできた食塩水を食塩水B′とすると，食塩水B′に含まれる食塩の量は$\frac{1}{2}x + 4$ [g]，食塩水の量は$50 + 100 = 150$ [g]，濃度は$\left(\frac{1}{2}x + 4\right) \times \frac{1}{150} \times 100 = \frac{2}{3}\left(\frac{1}{2}x + 4\right)$ [%] となる。
次に，食塩水B′の半分を食塩水Aに混ぜ合わせた食塩水を食塩水A′とすると，食塩水A′に含まれる食塩の量は$\left(\frac{1}{2}x + 4\right) \times \frac{1}{2} + \frac{1}{2}x = \left(\frac{3}{4}x + 2\right)$ [g]，食塩水の量は$75 + 50 = 125$ [g]，濃度は$\left(\frac{3}{4}x + 2\right) \times \frac{1}{125} \times 100$ [%] となる。これが6%となるので，$\left(\frac{3}{4}x + 2\right) \times \frac{1}{125} \times 100 = 6$が成り立つ。これを整理して，$3x = 22$より，$x \fallingdotseq 7.3$ [%] となる。

48 (3)

解説 ある2人の現在の年齢をそれぞれ，x，yとすると，1年後の2人の年齢は$x + 1$，$y + 1$となる。よって，題意より，$(x + 1)(y + 1) - xy = 90$，整理して，$x + y = 89$ …① が成り立つ。ここで，数年前の2人の年齢の積が1100となるが，$1100 = 2^2 \times 5^2 \times 11$となることを考慮すると，2人の数年前の年齢は，2のべき乗と5のべき乗と11の積で表せる。また，①より，x，$y < 89$となるので，数年前の2人の年齢は89歳未満となるはずである。したがって，2人の数年前の年齢の組み合わせとして考えられるのは，(55，20)，(50，22)，(44，25) のいずれかである。これらの年齢をz年前の年齢として（zは自然数），条件を満たす組合せを求める。さらに，現在の年齢は2人のうち1人の年齢の10の位が3年後に1増加するので，少なくとも1人の年齢の1の位は7となることがわかっている。

(i-1) z年前の2人の年齢の組合せが (55，20) で，現在の1人の年齢が57歳のとき，もう1人の年齢は22歳とわかる。ここで，現在と1年後の2人の年齢の積を比較すると，$58 \times 23 - 57 \times 22 = 1334 - 1254 = 80$より，差が90にならないので不適。

(i-2) z年前の2人の年齢の組合せが(55, 20)で，現在の1人の年齢が27歳のとき，もう1人の年齢は62歳とわかる。ここで，現在と1年後の2人の年齢の積を比較すると，$28 \times 63 - 27 \times 62 = 1764 - 1674 = 90$より，差が90となり条件を満たす。

(ii-1) z年前の2人の年齢の組合せが(50, 22)で，現在の1人の年齢が57歳のとき，もう1人の年齢は29歳とわかる。ここで，現在と1年後の2人の年齢の積を比較すると，$58 \times 30 - 57 \times 29 = 1740 - 1653 = 87$より，差が90にならないので不適。

(ii-2) z年前の2人の年齢の組合せが(50, 22)で，現在の1人の年齢が27歳のとき，もう1人の年齢は55歳とわかる。ここで，現在と1年後の2人の年齢の積を比較すると，$56 \times 28 - 55 \times 27 = 1568 - 1485 = 83$より，差が90にならないので不適。

(iii-1) z年前の2人の年齢の組合せが(44, 25)で，現在の1人の年齢が47歳のとき，もう1人の年齢は28歳とわかる。ここで，現在と1年後の2人の年齢の積を比較すると，$48 \times 29 - 47 \times 28 = 1392 - 1316 = 76$より，差が90にならないので不適。

(iii-2) z年前の2人の年齢の組合せが(44, 25)で，現在の1人の年齢が27歳のとき，もう1人の年齢は46歳とわかる。ここで，現在と1年後の2人の年齢の積を比較すると，$47 \times 28 - 46 \times 27 = 1316 - 1242 = 74$より，差が90にならないので不適。

よって，現在の年齢は(i-2)の27歳，62歳とわかり，3年後の2人の年齢の積は，$30 \times 65 = 1950$となる。

49 **(4)**

解説 ア　正しい。表中の7都県の事業所数の合計に対する事業所上位3都県の合計の割合の概数は，$\frac{10{,}500 + 9{,}900 + 7{,}300}{4{,}900 + 4{,}000 + 4{,}500 + 10{,}500 + 4{,}800 + 9{,}900 + 7{,}300} \times 100 \fallingdotseq 60.34$［%］より，50%以上である。　イ　正しい。各都県の従業員1人あたりの現金給与額の概数はそれぞれ次のようになる。茨城県：$\frac{1{,}326{,}000}{272{,}000} \fallingdotseq 4.9$［百万円］，栃木県：$\frac{949{,}000}{203{,}000} \fallingdotseq 4.7$［百万円］，群馬県：$\frac{949{,}000}{211{,}000} \fallingdotseq 4.5$［百万円］，埼玉県：$\frac{1{,}682{,}000}{389{,}000} \fallingdotseq 4.3$［百万円］，千葉県：$\frac{993{,}000}{208{,}000} \fallingdotseq 4.8$［百万

円]，東京都：$\frac{1,191,000}{246,000} \fallingdotseq 4.8$［百万円]，神奈川県：$\frac{1,863,000}{357,000} \fallingdotseq 5.2$［百万円]。よって，従業員1人あたりの現金給与額が最も多いのは神奈川県である。
ウ　誤り。千葉県の製造品出荷額等に対する原材料使用額の割合の概数は，$\frac{8,391,000}{12,518,000} \times 100 \fallingdotseq 67.0$［%］だが，例えば東京都は$\frac{4,030,000}{7,161,000} \times 100 \fallingdotseq 56.3$［%］で，千葉県よりも割合が少ない。

50 (3)

解説 (1) 誤り。私立の総支出の概数は，$14.40 \times \frac{76}{100} \times 184,600 \times \frac{100}{37} \fallingdotseq 5,460,000$［100万円]，大学等の総支出の概数は，$12.50 \times \frac{72}{100} \times 410,700 \times \frac{100}{40} \fallingdotseq 9,241,000$［100万円]。よって，$\frac{5,460,000}{9,241,000} \times 100 \fallingdotseq 59.1$［%］より，私立の総支出は，大学等の総支出の50%を超えている。　(2) 誤り。私立の内部使用研究費の概数は，$14.40 \times \frac{76}{100} \times 184,600 \fallingdotseq 2,020,000$［100万円]，公立の内部使用研究費の概数の10倍は，$11.00 \times \frac{70}{100} \times 30,300 \times 10 \fallingdotseq 2,330,000$［100万円]。よって，内部使用研究費について，私立は公立の10倍未満である。　(3) 正しい。国立の内部使用研究費の概数は，$10.80 \times \frac{69}{100} \times 195,900 \fallingdotseq 1,460,000$［100万円]，私立の内部使用研究費の概数は，(2) より2,020,000［100万円]。よって，内部使用研究費は，国立よりも私立の方が多い。
(4) 誤り。大学等の研究者数の概数は，$410,700 \times \frac{72}{100} \fallingdotseq 295,700$［人]，公立の研究者数の概数の15倍は，$30,300 \times \frac{70}{100} \times 15 \fallingdotseq 318,200$［人]。よって，大学の研究者数は，公立の研究者数の15倍を上回っていない。　(5) 誤り。国立の総支出の概数は，$10.80 \times \frac{69}{100} \times 195,900 \times \frac{100}{47} \fallingdotseq 3,106,000$［100万円]，公立の総支出の概数の6倍は，$11.00 \times \frac{70}{100} \times 30,300 \times \frac{100}{34} \times 6 \fallingdotseq 4,117,000$［100万円]。よって，国立の総支出は，公立の総支出の6倍を超えていない。

漢字試験（記述式）

1 次の（　）内の漢字の読みをひらがなで書きなさい。（30問）

(1) 今日は（頗）る調子がいい
(2) ビタミンを（添加）する
(3)（自浄）能力が問われる
(4) 時代の推移を（諦観）する
(5)（中弛）みした試合
(6) 士気を（鼓舞）する
(7)（機敏）な動き
(8) 国家の（安泰）を祈る
(9)（壮健）に暮らす
(10)（獰猛）な獣
(11) 試合が（膠着）状態になる
(12) エネルギーが（横溢）している
(13) 双方の話が（吻合）する
(14)（頒価）を決定する
(15) 研究を（委嘱）する
(16)（叙勲）を受ける
(17) 大声に（吃驚）する
(18)（悠然）と構える
(19) 相手を（威嚇）する
(20)（允可）を受ける
(21) 騒動の（首魁）を捕らえる
(22)（遜色）がない
(23)（物腰）がやわらかい
(24) 病気が（快癒）した
(25)（刷毛）でほこりをはらう
(26)（適宜）休みを取る
(27) 橋に（欄干）を取り付ける
(28) 時代の（趨勢）に従う
(29) 敵の（間隙）をつく
(30) 国会で証人を（喚問）する

2 次の（　）内のひらがなを漢字で書きなさい。（30問）

(1)（しょうさい）な報告を受ける
(2) 雲が（いくえ）にも連なる
(3)（きょよう）量を超える
(4)（たんどく）で登頂する
(5) 児童（ぎゃくたい）の相談が増えてる
(6) 極度に（きんちょう）する
(7) 金策に（ほんそう）する
(8)（ぎわく）が晴れる
(9)（けんあん）事項を処理する
(10) 実力が（はくちゅう）する
(11)（たんねん）に調べる
(12) テントを（てっしゅう）する
(13) 王者の（ふうかく）が備わっている
(14) 財政が（はたん）する
(15) 他人の意見を（しが）にもかけない
(16) 相互（ふじょ）の精神
(17)（いちまつ）の不安が残る
(18) 辞任を（よぎ）なくされた
(19) 世論が（ふっとう）する
(20) 成功の（ひけつ）を聞く
(21) この海は魚の（ほうこ）だ

(22) 標語を（ぼしゅう）する
(23) 酒を（じょうぞう）する
(24) 事件の（かくしん）に迫る
(25) 意向を（だしん）する
(26) 古いイメージを（ふっしょく）する
(27)（にがわら）いを浮かべる
(28) 数字を（られつ）する
(29)（じゅうなん）に対応する
(30) 資材をトラックで（はんそう）する

解　答

1

解答

(1) すこぶ	(2) てんか	(3) じじょう	(4) ていかん
(5) なかだる	(6) こぶ	(7) きびん	(8) あんたい
(9) そうけん	(10) どうもう	(11) こうちゃく	(12) おういつ
(13) ふんごう	(14) はんか	(15) いしょく	(16) じょくん
(17) びっくり	(18) ゆうぜん	(19) いかく	(20) いんか
(21) しゅかい	(22) そんしょく	(23) ものごし	(24) かいゆ
(25) はけ	(26) てきぎ	(27) らんかん	(28) すうせい
(29) かんげき	(30) かんもん		

2

解答

(1) 詳細	(2) 幾重	(3) 許容	(4) 単独	(5) 虐待
(6) 緊張	(7) 奔走	(8) 疑惑	(9) 懸案	(10) 伯仲
(11) 丹念	(12) 撤収	(13) 風格	(14) 破綻	(15) 歯牙
(16) 扶助	(17) 一抹	(18) 余儀	(19) 沸騰	(20) 秘訣
(21) 宝庫	(22) 募集	(23) 醸造	(24) 核心	(25) 打診
(26) 払拭	(27) 苦笑	(28) 羅列	(29) 柔軟	(30) 搬送

令和4年度　第２回　実施問題

1　憲法の概念に関する記述として，最も妥当なのはどれか。

(1)　形式的意味の憲法とは，憲法という名前で呼ばれる成文の法典（憲法典）を意味するが，現代において形式的意味の憲法を有しない国家は存在しない。

(2)　日本国憲法は，国民によって制定された民定憲法であるが，憲法第96条第2項は，憲法改正手続を経た場合，天皇は，天皇の名で，直ちにこれを公布しなければならないと規定する。

(3)　立憲的意味の憲法とは，自由主義に基づいて定められた国家の基礎法を意味し，「権利の保障が確保されず，権力の分立が定められていない社会は，すべて憲法をもつものではない」と規定するワイマール憲法の条文がその趣旨を端的に示している。

(4)　硬性憲法とは，憲法改正で，通常の法律改正より厳しい改正手続きが必要な憲法を意味する。日本国憲法は，憲法改正において各議院の出席議員の過半数の賛成で発議され，国民投票で3分の2以上の賛成が必要であり，硬性憲法に分類される。

(5)　固有の意味の憲法とは，国家の統治の基本を定めた法としての憲法を意味し，いかなる時代のいかなる国家にも存在する。

2　日本国憲法に定める経済的自由権等に関する記述として，最も妥当なのはどれか。

(1)　憲法第22条第1項は職業選択の自由を規定しており，これには営業の自由も含まれるが，職業を許可制にすることは認められていない。

(2)　憲法第22条第1項は居住・移転の自由を保障し，同条第2項は外国に移住する自由を保障しているが，外国に一時旅行する自由もまた，同条第2項によって保障されているとするのが判例の立場である。

(3)　憲法第29条第1項は，財産権はこれを侵してはならないと規定しているが，これは私有財産制の保障を定めたものであり，個人の具体的な財産に関する権利まで保障するものではない。

(4)　憲法第29条第3項は，何人も公務員の不法行為により，個人の具体的な財産に損害を受けたときは，損失補償請求をすることができる旨を規定している。

(5) 憲法第84条は，租税法律主義を定めており，法律上は課税できる物品であるにも関わらず，非課税として取り扱われてきた物品を，通達によって新たに課税物件として取り扱うことは認められず，法律の改正が必要であるとしているのが判例の立場である。

3 我が国の行政に関する記述として，最も妥当なのはどれか。

(1) 行政国家とは，行政機能の拡大した国家のことをいい，我が国では階統制を特徴とする官僚制が発達した第一次世界大戦以降に顕著にみられるようになった。

(2) 国会において，政府（内閣）が提出する法案（閣法）は，議員提出法案（議員立法）にくらべてその数が少ないのが現状である。

(3) 行政委員会とは，一般の行政機関からある程度独立した合議制の機関であるが，準立法的機能や準司法的機能は与えられていない。

(4) 内閣が制定する命令のことを政令といい，罪刑法定主義の観点から，いかなる場合も政令に罰則を設けることは許されていない。

(5) オンブズマン制度は，行政機関の活動を調査・勧告等するものであり，地方公共団体での導入が進んでいるものの，国政ではまだ導入されていない。

4 国際社会と国際法に関する記述のうち，最も妥当なのはどれか。

(1) 18世紀から19世紀にかけて，ヨーロッパでは市民革命を経ることにより，国民主権に基づく国民国家が形成されるようになった。国民国家においては，人々は国家に帰属する国民として統合され，みずからが属する国家や民族に高い価値を見いだそうとするナショナリズムが広まるようになった。

(2) 各国家はそれぞれ平等な立場に立つ主権国家として，国際社会を構成している。ヨーロッパにおいて，これらの主権国家が国際社会を構成するようになったのは，フランスを中心におこった宗教対立や王室の覇権争いによるクリミア戦争終結の発端となったアミアンの和約締結以降である。

(3) オランダの法学者デカルトは自然法の立場から，三十年戦争終結後に「戦争と平和の法」（1625年）を著し，国際社会において平和な秩序を樹立することを目指す国際法の基礎を築いた。

(4)　国際慣習法は，大多数の国家の一般慣行である条約と，国家間の意思を明文化した国内法から成り立ち，国家の権利・義務・行動の基準などを定めることによって，国際秩序の維持をはかっている。

(5)　国際法は，主権平等，領土不可侵，内政不干渉などを原則とする主権国家を規制し，個人，NGO，企業など主権国家以外の国境を越えた活動は規制の対象となっていない。

5　我が国の市場に関する記述として，最も妥当なのはどれか。

(1)　産業の中心が軽工業から重化学工業へと転換し，大型設備が使われるようになるとともに，設備投資が増大し製品単価が上昇することを規模の経済という。

(2)　寡占市場において，優位にある企業がプライスリーダーとなり，その価格に他社も従うことによって固定的になった価格を管理価格という。

(3)　寡占下においては，広告・宣伝や，付属サービスの違いなどに競争の主力をおく非価格競争が強化されるため，価格は下落する傾向にある。

(4)　教育や警察，消防などのサービスは，民間企業が行った方が効率的に提供し続けることが可能になるため，政府が市場に介入する必要はないと考えられている。

(5)　市場の外部で生じる経済問題を外部性問題といい，外部性は環境破壊などの不利益が発生する場合に限定され，利益が発生する場合に外部性はない。

6　我が国の財政に関する記述として，最も妥当なのはどれか。

(1)　ビルトイン・スタビライザーとは，政府が行う裁量的財政政策のことをいい，景気安定化のための人為的な政策である。

(2)　ポリシー・ミックスとは，政府が不況時において，減税と公共事業の拡大を同時に行う財政政策のみで政策目的を実現することをいう。

(3)　資源配分機能とは，累進課税制度や社会保障給付を用いて，極端な所得格差を是正することをいう。

(4)　政府の収入を歳入，支出を歳出といい，歳入・歳出のうち，政府の一般的な活動にあてる部分を一般会計，特定の事業にあてる部分を特別会計という。

(5) 所得税などで採用されている累進課税制度は，所得の多い人ほど税を多く負担させて公共事業を増やすなど，総需要を拡大させることで景気回復をはかる政策である。

7 次の記述に該当する語句として，最も妥当なのはどれか。

商品やサービスに関するインターネット広告のうち，記事などのサイト形式で紹介する種類を指す。主に口コミを交えた商品レビューなどの手法がある。掲載期間などによって報酬を受け取る形式の広告とは異なり，広告の制作者が広告を通じた消費者の購買行動などの成果に沿って対価を得る仕組みである。

(1) フラッシュマーケティング
(2) デジタルサイネージ広告
(3) アフィリエイト広告
(4) マーケットセグメンテーション
(5) ジオターゲティング広告

8 本年5月に成立した「困難女性支援法（困難な問題を抱える女性への支援に関する法律）」の説明として，最も妥当なのはどれか。

(1) 「困難女性支援法」では，「売春防止法」に基づく「婦人相談所」の名称を引き続き使用し，女性の立場に合わせた相談や一時保護を行い，医学・心理学的に援助する。
(2) 「困難女性支援法」は，DV（ドメスティックバイオレンス）や性被害，生活困窮に直面する女性への支援を強化する法律である。
(3) 「売春防止法」第二章の「刑事処分」を同法から切り離し，「困難女性支援法」に組み込むことで，人権が尊重され，安心して，かつ自立して暮らせる社会の実現を目指している。
(4) 「困難女性支援法」では，女性の福祉増進や人権擁護を目的として，都道府県は基本方針を定め，市町村は基本方針に則して基本計画を定めなければならないとしている。
(5) 「売春防止法」で執行猶予処分を受けた女性を，「婦人補導院」へ収容する補導処分を「困難女性支援法」に組み込み，保護更生を図る。

9 **次の記述中の空所Ａ～Ｄに当てはまる語句の組合せとして，最も妥当なのはどれか。**

本年6月，アメリカ合衆国の（　A　）に当たる連邦準備制度理事会は（　B　）で，（　C　）％の利上げを決めた。予想外に上昇した本年5月の消費者物価指数を受けて，前回の会合で実質的に予告していた引き上げ幅を上回り，27年7ヶ月ぶりの引き上げ幅となった。予想を上回る（　D　）を制御するためだが，世界経済への影響は大きい。

	A	B	C	D
(1)	中央銀行	連邦公開市場委員会	0.75	インフレーション
(2)	中央銀行	連邦公開市場委員会	0.25	デフレーション
(3)	連邦貯蓄金融機関	連邦公開市場委員会	0.25	インフレーション
(4)	連邦貯蓄金融機関	連邦取引委員会	0.75	デフレーション
(5)	連邦貯蓄金融機関	連邦取引委員会	0.5	インフレーション

10 **元禄文化に関する記述として，最も妥当なのはどれか。**

(1)　美人・役者などを題材とする浮世絵は，安価に入手できることから人気となった。この時期の浮世絵師として，「見返り美人」を描いた歌川広重が知られている。

(2)　近松門左衛門が書いた作品には，義理と人情の葛藤を描いた世話物の『曽根崎心中』や，歴史上の事件を扱った時代物の『国性爺合戦』などがある。

(3)　小林一茶は，さび・かるみなどに示される俳風を打ち立て，俳諧を文学性の高いものにし，『奥の細道』などの紀行文を残した。

(4)　陶芸の分野では，宮崎友禅が上絵付法をもとに色絵を完成して京焼の祖となり，染物の分野では，野々村仁清が新たな染色技法を考案した。

(5)　国文学の研究が始まり，契沖は『源氏物語』や『枕草子』を研究し，北村季吟は『万葉集』の研究を行って，のちの国学の成立に影響を与えた。

11 1910年代の我が国の政治に関する記述中の空所A～Dに当てはまる語句の組合せとして，最も妥当なのはどれか。

1912年に桂太郎が第3次桂内閣を組閣したことに対し，立憲政友会の尾崎行雄や立憲国民党の（　A　）らは，「閥族打破・憲政擁護」を掲げて倒閣運動をおこした。この運動は，たちまち民衆にまで広がり，1913年2月に桂内閣が在職50日余りで退陣する（　B　）がおこった。

桂内閣退陣後の後任は，薩摩出身の海軍大将（　C　）が立憲政友会を与党に組閣し，諸改革を行って官僚・軍部に対する政党の影響力拡大に努めた。しかし，（　D　）と呼ばれる海軍にからむ汚職事件により，国民の抗議行動が再び高まり，1914年3月に退陣した。

	A	B	C	D
(1)	大隈重信	大正政変	西園寺公望	シーメンス（ジーメンス）事件
(2)	犬養毅	明治政変	西園寺公望	シーメンス（ジーメンス）事件
(3)	犬養毅	大正政変	西園寺公望	ロッキード事件
(4)	大隈重信	明治政変	山本権兵衛	ロッキード事件
(5)	犬養毅	大正政変	山本権兵衛	シーメンス（ジーメンス）事件

12 魏晋南北朝時代の文化に関する記述として，最も妥当なのはどれか。

(1) 東晋の昭明太子(しょうめいたいし)や杜甫(とほ)は，田園生活へのあこがれをうたった詩を残し，梁の陶淵明(とうえんめい)（陶潜(とうせん)）は四六駢儷体(しろくべんれいたい)の美文をおさめた『文選』を編纂した。

(2) 東晋時代の玄奘(げんじょう)は，直接インドに行って仏教をおさめ，旅行記『仏国記』を著した。仏教の普及にともない敦煌・雲崗・江南では巨大な石窟寺院が造営された。

(3) 仏教は4世紀後半から中国に広まり，寇謙之(こうけんし)や鳩摩羅什(くまらじゅう)が，仏教の布教や仏典の翻訳で活躍した。同じ時期に宗教としての道教も成立し，仏図澄(ぶっとちょう)が普及をはかった。

(4) 貴族出身の文化人の間で，老荘思想にもとづき自由で奔放な議論をする清談の風が流行し，「竹林の七賢」といわれる人々が清談の中心となった。

(5)　書や絵画の分野では，「女史箴図」の作者とされる王羲之は画聖として，顧愷之は書聖として称され，その道の祖として尊ばれた。

13　19世紀のイタリア統一に関する記述として，最も妥当なのはどれか。

(1)　1870年にイタリア統一後も，「未回収のイタリア」と呼ばれるトリエステや南チロルは，オーストリア領のままであったので，イタリアはその回復を要求し続けた。

(2)　サルデーニャ王国は，1859年にオーストリアとのイタリア統一戦争に勝利して，ヴェネツィアを獲得し，ロンバルディアをフランスに譲渡し中部イタリアを併合した。

(3)　分裂が続いていたイタリアでは，青年イタリアを組織したカヴールが参加して，1848年にローマ共和国が成立したが，教皇の要請を受けたイギリス軍に鎮圧された。

(4)　1861年にイタリア王国が成立し，カルロ＝アルベルトが王位についた。1866年，王国はフランス領であったヴェネツィアを併合し，1870年にローマ教皇領を占領してイタリアを統一した。

(5)　青年イタリア出身で急進派のマッツィーニは，1860年に千人隊（赤シャツ隊）と呼ばれる義勇軍を率いてプロイセンを占領した。

14　エネルギーと資源に関する記述として，最も妥当なのはどれか。

(1)　我が国の電源構成に占めるエネルギーの比率は，水力，原子力，石炭，水力以外の再生可能エネルギーの順で高かった（2019年）。

(2)　石炭，石油，天然ガスなどの化石燃料は，大量利用が可能であるが，一度利用されると再生されず，その可採年数は技術の向上等によって増加することもない。

(3)　アメリカ合衆国は，サウジアラビアやロシアに次いで原油の産出量が多く（2020年），これらの国に次いで原油の輸出量も多かった（2018年）。

(4)　水力・地熱・太陽光・風力で得られた電力は一次エネルギーであり，石炭・石油・原子力で得られた電力は二次エネルギーである。

(5)　エネルギー資源のうち，非枯渇性の再生可能エネルギー資源の例としては，太陽光や太陽熱などの太陽エネルギーや，水力，風力，薪や木炭などの森林資源がある。

15 オセアニアに関する記述として，最も妥当なのはどれか。

(1) オーストラリアは，環太平洋造山帯と呼ばれる新期造山帯に含まれ，火山や地震も多く見られる。

(2) ニュージーランドは，ポリネシアに属し，偏西風の影響を強く受ける西岸海洋性気候が分布するため，1年を通じて適度な降水に恵まれ，温和である。

(3) 20世紀初頭，オーストラリアではマオリ，ニュージーランドではアボリジニーという先住民族が暮らしていたが，主にブラジルなど南米諸国により入植が進められた。

(4) ニュージーランドの南島は，南北に連なるサザンアルプス山脈の東側で降水量が多いが，傾斜が急で農業にはほとんど利用されていない。

(5) オーストラリアは，鉄鉱石の産出量や輸出量が世界一であり（2020年），東部のグレートディヴァイディング山脈沿いのピルバラ地区で多く産出する。

16 インドの思想に関する記述として，最も妥当なのはどれか。

(1) ヴァルダマーナは，苦行を徹底させ，すべての生き物を殺してはならないと説き，彼の教えはバラモン教として都市住民の間に広がった。

(2) 『ヴァルナ』とは，輪廻転生による不安や苦しみから逃れるために，解脱（悟り）をする方法が説かれた哲学書のことである。

(3) カースト制度とは，ヴェーダと呼ばれる司祭階級を基本とした厳格な階層身分制度であり，インドの思想に大きな影響を与えた。

(4) ヒンドゥー教は，世界を創造したブラフマー，それを維持するヴィシュヌ，世界を破壊するシヴァを最高神と崇める多神教であり，今でもインドで広く信仰されている。

(5) 梵我一如とは，宇宙の根本原理であるアートマン（梵）と個々人の根源であるブラフマン（我）が一体であることを意味し，それを認識することが解脱につながるという思想のことである。

17 我が国の現代文学に関する記述として，最も妥当なのはどれか。

(1)　司馬遼太郎は，日清戦争で活躍した軍人２人と歌人の正岡子規が登場する『坂の上の雲』や，坂本龍馬が主人公の『翔ぶが如く』など，スケールの大きな歴史小説を次々と発表した。

(2)　大江健三郎は，重い障害をもつ子どもを受けとめようとする父の姿を描いた『個人的な体験』など独自の世界を描き，1994（平成6）年には日本人で初めてノーベル文学賞を受賞した。

(3)　安部公房は，超現実的な手法で現代の不安と不条理を描き，『壁－S・カルマ氏の犯罪』で芥川賞を受賞すると，その後も『砂の女』などの話題作を発表した。

(4)　星新一は，『ボッコちゃん』や『ようこそ地球さん』といった史実に基づく骨太の長編小説を次々と発表し，現代社会を鋭く風刺する内容が高く評価され，広い読者層を獲得した。

(5)　村上春樹は，恋愛を素材としながら社会から距離を置き，漠とした喪失感にとらわれた若者像を切なく描いた『ノルウェイの森』でデビューし，同作で芥川賞を受賞した。

18 次のことわざ・慣用句とその意味の組合せとして，最も妥当なのはどれか。

(1)　朱に交われば赤くなる　－　人はつき合う仲間次第で良くも悪くもなること

(2)　弱り目にたたり目　－　黙って見過ごせないほどひどいこと

(3)　水を差す　－　十分用意して時期の来るのを待つこと

(4)　憎まれっ子世にはばかる　－　正しい道理を説いても効き目がないこと

(5)　尻に火がつく　－　勢いあるものに一段と勢いをつけること

19 利益を独占することをたとえる故事成語として，最も妥当なのはどれか。

(1)　推敲（すいこう）　(2)　墨守（ぼくしゅ）　(3)　杞憂（きゆう）　(4)　左袒（さたん）　(5)　壟断（ろうだん）

20 図のように，質量の無視できるばね定数k [N/m] のばねの一端を固定して，他端に質量m [kg] のおもりを吊るして上下に振動させるとき，この振動の周期として，最も妥当なのはどれか。なお，おもりは単振動するものとする。

(1)　$\pi\sqrt{\dfrac{m}{k}}$

(2)　$\pi\sqrt{\dfrac{2m}{k}}$

(3)　$2\pi\sqrt{\dfrac{m}{k}}$

(4)　$2\pi\sqrt{\dfrac{2m}{k}}$

(5)　$4\pi\sqrt{\dfrac{m}{k}}$

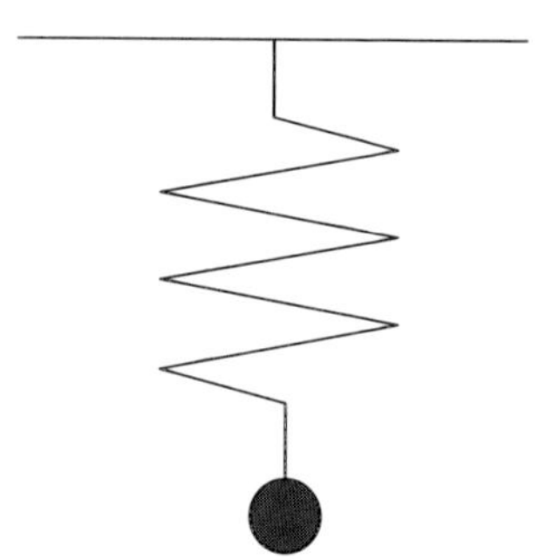

21 有機化合物に関する記述として，最も妥当なのはどれか。

(1)　炭素原子の数が5のアルカンの構造異性体の数は4である。

(2)　アルカンの融点や沸点は炭素原子の数が増加するにつれて低くなる。

(3)　アセチレンに触媒を用いて水を付加させると，不安定なアセトアルデヒドを経て，ビニルアルコールを得られる。

(4)　第三級アルコールは酸化されてケトンになる。

(5)　赤褐色を呈する臭素水にエチレンを反応させると，脱色する。

22 ニューロンに関する記述として，最も妥当なのはどれか。

(1)　個々のニューロンには，閾値(いきち)以上の刺激で興奮するか，閾値より小さい刺激では興奮しないかの2通りしかなく，この性質を「全か無かの法則」という。

(2)　眼や鼻，皮膚などの受容器で受け取った情報を中枢へ伝えるニューロンを，介在ニューロンという。

(3)　ニューロンの軸索内に微小な記録電極を挿入し膜内外の電位を測定すると，刺激を受けていないニューロンの部位では，細胞膜の内側は正(＋)に，外側は負(－)に帯電している。

(4)　神経繊維の軸索にシュワン細胞の細胞膜が何重にも巻き付いてできた構造を，ランビエ絞輪という。

(5)　興奮が軸索の末端まで伝導すると，電位依存性マグネシウムチャネルが開き，マグネシウムイオンが細胞内に流入することにより，神経伝達物質がシナプスに放出される。

23　大気の大循環に関する記述中の空所A，Bに当てはまる語句の組合せとして，最も妥当なのはどれか。

平均した大気の流れは，大きく低緯度，中緯度，高緯度の3つの流れに分けられる。赤道付近で加熱されて上昇し，亜熱帯で下降する流れを（　A　）という。亜熱帯から赤道へ向かう風は，地球の自転による影響で（　B　）寄りの風となる。

	A	B
(1)	ロスビー循環	西
(2)	ロスビー循環	東
(3)	ハドレー循環	西
(4)	ハドレー循環	東
(5)	ハドレー循環	北

24　次の英文の（　）に当てはまるものとして，最も妥当なのはどれか。

The concert is (　　　) tomorrow.

(1)　hold　(2)　to be held　(3)　holding　(4)　held

(5)　to be holding

25　次の英文の，文法上の用法が正しいものとして，最も妥当なのはどれか。

(1)　My father complained to me about my grades.

(2)　John got married my friend Ann last year.

(3)　I must apologize her for the delay.

(4)　You should consult with your dictionary for the spelling.

(5)　We hope your success in business.

26 次の英文の内容と合致するものとして，最も妥当なのはどれか。

※本文略（この問題は，著作権の関係により，掲載しません。）

(1) FSAの報告書によると，オーガニック食品は従来通り生産された食品よりも栄養学的に優れている証拠が見つかった。
(2) オーガニック食品を薦める有機栽培農家たちは，予想通りFSAの報告書に怒りをあらわにした。
(3) FSAの報告書の執筆者たちは，フラボノイドが健康に与える影響はないと考えている。
(4) 土壌協会のメルチェット卿は，自分たちの役割は栄養素の調査に特化し，化学物質は範囲外だと主張した。
(5) レイファート教授は，有機農業の有効性を示す証拠が明らかなのに，有機栽培農家に財政支援しないイギリス政府を批判している。

27 次の英文の内容と合致するものとして，最も妥当なのはどれか。

※本文略（この問題は，著作権の関係により，掲載しません。）

［語義］ gut*[1] 本能的な ／ empirical*[2] 実証的な
anecdotal evidence*[3] 事例証拠

(1) 大災害のような重大な出来事が起こる予感がしたことがある，と証言する人は少ないだろう。
(2) 不合理でない場合に限り，私たちは生涯を通じて自分の直観的知覚を信用する傾向にある。
(3) 大抵の科学研究者は直観的洞察力を軽蔑しており，現在も直観的現象に対しで懐疑的である。
(4) 私たちは直観的な予感が現実になったと思えないとき，そのような予感を忘れてしまう。
(5) ギーゲレンツァーの研究で，専門家の予測により素人でも業績のよい株を選べるとわかった。

28 次の文の空所A，Bそれぞれに当てはまる節の組合せとして，最も妥当なのはどれか。

※本文略（この問題は，著作権の関係により，掲載しません。）

	A	B
(1)	良好な関係を保つための手段	相手を説得し自分の意見を通す
(2)	過酷な権力闘争の現場	自分が優位に立つために戦う
(3)	親しさを表現するための舞台	話術によってうまく対立を収める
(4)	決まった手順による儀式のようなもの	完膚なきまでに敵を打ちのめす
(5)	友人という形式を装うための芝居	相手の言い分を理解する

29 次の文章を先頭に置き，A～Eの文章を並べ替えて意味の通る文章にしたときの順番として，最も妥当なのはどれか。

※本文略（この問題は，著作権の関係により，掲載しません。）

(1)　C－A一E－B－D
(2)　C－E－D－A－B
(3)　D－A－B－E－C
(4)　E－C－A－D－B
(5)　E－D－B－A－C

30 次の文章の要旨として，最も妥当なのはどれか。

※本文略（この問題は，著作権の関係により，掲載しません。）

(1)　「移動する人々」が定住先を見つけ，そこから生涯移動することがない「定住した人々」になることによって，人類の文明は築き上げられ，発展・伝播してきた。
(2)　すべてのホモ・サピエンスがアフリカを捨て，移動を始めたことこそが，その後の文明の発展のために重要なことだった。

(3) 「定住した人々」と「移動する人々」との果てしない闘争の中で，人類の居住地は増え，文明圏が拡大していった。
(4) 文明の発展・伝播の過程を見ると，すべての文明は「定住した人々」ではなく，「移動する人々」によって築き上げられたということがわかる。
(5) 「移動する人々」の文明圏への移住や，またその文明圏から他地域への移動が繰り返されることで，人類の文明は発展・伝播してきた。

31 次の文章の要旨として，最も妥当なのはどれか。

※本文略（この問題は，著作権の関係により，掲載しません。）

(1) 私たちは，出来事の背後にある原因を理解すべく，出来事の連鎖であるパターンを見出すが，パターンの多くは理にかなっておらず，確実なものはひとつもない。
(2) 私たちの人生は山あり谷ありであり，見出されたパターンを利用しないと生き抜くことはできない。
(3) 科学は，広義でいえば，現実の隠れた因果関係の確かなパターンを見分けることの絶えざる試みだと言える。
(4) 認められたパターンであれば，全て物理的関係の表れが認められる。
(5) 迷信とは，偶然の産物のパターンであり，必ずなんらかの因果関係がある。

32 次の文章の要旨として，最も妥当なのはどれか。

※本文略（この問題は，著作権の関係により，掲載しません。）

(1) 地殻変動によって天敵である恐竜が絶滅し，大きくなる必要がなくなったため，植物は，短い期間に成長できる「草」へと進化していった。
(2) 地殻変動によって生まれた三角州の不安定な環境に耐えられるよう，植物は，木に比べて強じんな根と生命力を持った「草」へと進化していった。
(3) 恐竜と競い合って進化してきた結果，植物は，食べられる速度よりも早く世代更新して繁殖できる，「草」へと姿を変えていった。
(4) 地殻変動によって生まれた三角州は環境が不安定で，植物が大木になる余裕がなかったため，短い期間に世代更新する「草」が発達し，進化を遂げていった。

(5)　三角州で生まれた「草」が植物の始まりであり，そこから本や虫媒花，風媒花など，爆発的に多様な進化を遂げていった。

33　次の文章の要旨として，最も妥当なのはどれか。

※本文略（この問題は，著作権の関係により，掲載しません。）

(1)　日本人が日本語で考えて科学するのは当たり前のことで，日本語で考えるからこそ画期的な工業製品が作ることができる。

(2)　フィリピンやインドネシア，中国などのアジア諸国では英語で科学教育をしているので，英語で考えて科学をしている。

(3)　日本人が日本語で科学をしているのは，長年の翻訳を経て，日本語の中に科学を理解し創造するのに必要な用語や知識などが十分に整っているからである。

(4)　日本語で科学する日本人科学者にとって，英語に翻訳することは，タテをヨコにするぐらい簡単なことである。

(5)　日本人は，過去長きにわたり中国文化，蘭学，近代西欧文明などを，それぞれの国の言葉で理解することで，新しい成果を生み出してきた。

34　応援政党についてアンケートを取り，次のア～キのことがわかっているとき，A党とC党の両方を支持し，かつB党を支持しない者の数として，最も妥当なのはどれか。

ア　A党の支持者は32名である。

イ　B党の支持者は26名である。

ウ　C党の支持者は31名である。

エ　A党の支持者であってC党を支持しない者は20名である。

オ　B党の支持者であってC党を支持しない者は11名である。

カ　B党とC党の両方を支持しかつA党を支持しない者は，A党とB党の両方を支持しかつC党を支持しない者の4倍である。

キ　A党のみの支持者は18名である。

(1)　5人　　(2)　6人　　(3)　7人　　(4)　8人　　(5)　9人

35 **A～Eの5人の学生が学習塾でアルバイトをしており，英語，国語，数学，理科，社会の科目を担当している。学生はそれぞれ1科目以上3科目以内の科目を教えている。次のア～キのことがわかっているとき，確実に言えることとして，最も妥当なのはどれか。**

ア　英語を教えている人は2人いる。

イ　国語を教えている人は2人いて，そのうち1人はAである。

ウ　数学を教えている人は3人いて，そのうち1人はAである。

エ　理科を教えている人は3人いて，そのうち2人はAとDである。

オ　社会を教えている人は4人いる。

カ　AとEは同じ科目を教えていない。

キ　Cは，英語と理科は教えていない。

(1)　Bは英語を教えている。

(2)　Bは数学を教えている。

(3)　Cは理科を教えている。

(4)　Dは数学を教えている。

(5)　Dは社会を教えている。

36 **A～Gの7名が，図のようなアパートに住んでいる。以下のア～エのことがわかっているとき，確実にいえることとして，最も妥当なのはどれか。なお，管理人は，A～Gのどの人物でもないものとする。**

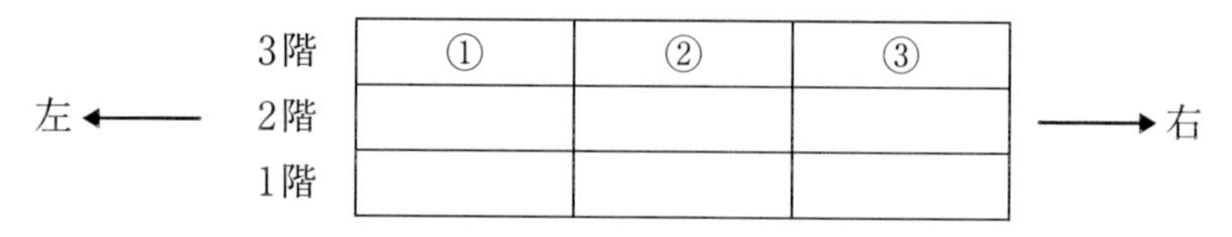

ア　管理人室は，1階にあり，その左隣にAが住んでいる。

イ　Aの1つ上の階に，Bは住んでいて，Bの左隣に部屋はない。

ウ　Cの部屋の隣には，それぞれDとEが住んでいる。

エ　Dの真下にはFが住んでいる。

(1)　Aは⑧の部屋に住んでいる。

(2)　BはCの部屋の真下に住んでいる。

(3)　⑤の部屋は空き部屋である。

(4)　Fは⑥の部屋に住んでいる。

(5)　管理人室の右隣には誰も住んでいない。

37　あるコンビニエンスストアの昨日の特定の時間の来客状況について調べたところ，１人，２人組，３人組，４人組，５人組の計５組の客がそれぞれ一度ずつ来店していた。次のア～エのことがわかっているとき，同時に店舗内にいた１番多い客の人数として，最も妥当なのはどれか。

ア　1人の客が入った時には，他に2組がいて，出るときにも他に2組がいた。

イ　2人組の客が入った時には，他に1組だけがいて，滞在中に3組が出ていった。

ウ　4人組の客が出て行った後に，3人組の客が入ってきた。

エ　2人組の客が出て行った後に，5人組の客が入ってきた。

(1)　5人　　(2)　6人　　(3)　7人　　(4)　8人　　(5)　9人

38　A～Eの５人がテストを受けた。この５人のテストの点数について，次のア～オのことがわかっているとき，Bの点数の順位として，最も妥当なのはどれか。

ア　Aの点数はBの点数より2点高かった。

イ　Bの点数は，AとCの平均点より3点高かった。

ウ　CとDは7点差だった。

エ　DとEは6点差だった。

オ　EとAは3点差だった。

(1)　1番　　(2)　2番　　(3)　3番　　(4)　4番　　(5)　5番

39　A～Fの６人は，美術館の警備員のアルバイトをすることになった。それぞれの勤務のシフトについて，次のア～オのことがわかっているとき，確実にいえることとして，最も妥当なのはどれか。ただし，日曜日は休館日であり，日曜日はシフトに考慮しないものとする。

ア　1日の出勤人数は月曜日から金曜日までは4名，土曜日は3名である。

イ　Aは1日おきに出勤している。

ウ　Bの勤務日数は3日で，Aと同時に出勤するのは月曜日のみである。

エ　CとDは5日間連続で出勤している。

オ　CとFは土曜日が休みである。Fは必ず2日間連続で出勤をして，翌日は休みとなる勤務を繰り返している。

(1) Aは土曜日に出勤している。
(2) Bは火曜日が休みである。
(3) BとEが同時に出勤しているのは水曜日のみである。
(4) Eの出勤日数は4日である。
(5) EとBは出勤日数が同じである。

40 **3人でじゃんけんを繰り返し行う。ただし，負けた人は次の回から参加できないこととする。2回じゃんけんを行って，初めて勝者が2人決まり，3回目で1人の勝者が決まる確率として，最も妥当なのはどれか。**

(1) $\frac{1}{27}$　(2) $\frac{2}{27}$　(3) $\frac{1}{9}$　(4) $\frac{4}{27}$　(5) $\frac{5}{27}$

41 **次図は，ある立体の正面図と平面図である。この立体の左側面図を考えたとき，当てはまらないものの組み合わせとして，最も妥当なめはどれか。**

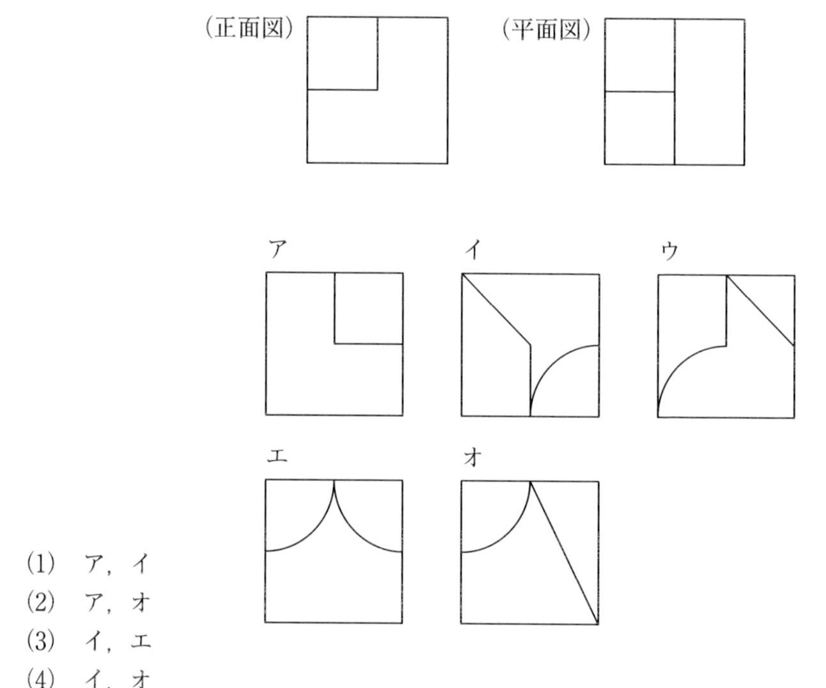

(1) ア，イ
(2) ア，オ
(3) イ，エ
(4) イ，オ
(5) ウ，エ

42 次図の三角形ABCは正三角形である。辺の長さがそれぞれAB＝BE，AC＝AD，BC＝CF，DE＝EH，EF＝FI，DF＝DGであるとき，三角形ABCと三角形GHIの面積の比として，最も妥当なのはどれか。

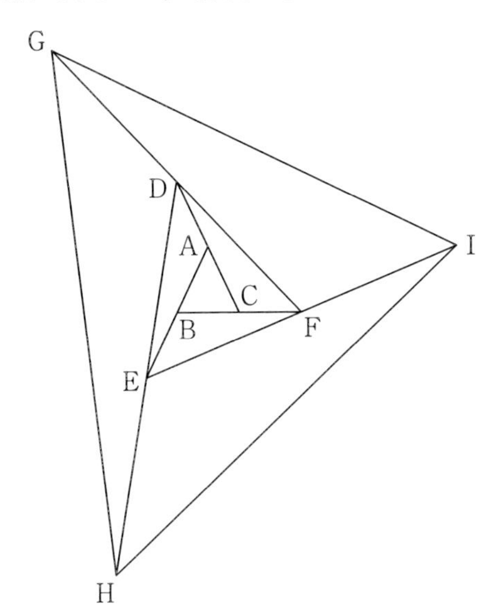

(1)　1：36
(2)　1：42
(3)　1：45
(4)　1：49
(5)　1：54

43 白色と黒色の2種類のタイルがある。横に15枚，縦に9枚を，白色と黒色を交互に並べる。1番左上に黒色タイルを置くとき，確実にいえることとして，最も妥当なのはどれか。

(1)　白色タイルは，全部で67枚ある。
(2)　タイルの枚数は，白色の方が多い。
(3)　左から7番目，上から5番目の位置にあるタイルは白色である。
(4)　1番右上にあるタイルは，白色である。
(5)　中央の位置にあるタイルは黒色である。

44 次図のようにABの長さが8cm，BCの長さが12cmの長方形ABCDがある。直径2cmの円を長方形ABCDに内接させながら一周して元の位置に戻るときの円が動いた範囲の面積と，直径2cmの円を長方形ABCDに外接させながら一周して元の位置に戻るときの円か動いた範囲の面積との差として，最も妥当なのはどれか。ただし，$\pi=3.14$とする。

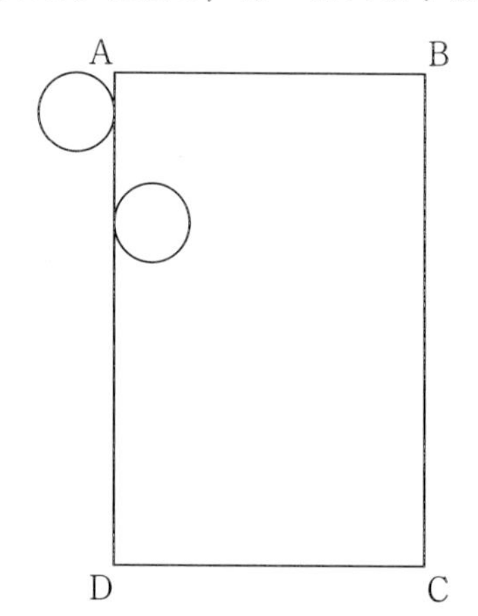

(1)　23.14 cm²
(2)　25.28 cm²
(3)　27.56 cm²
(4)　29.42 cm²
(5)　31.4 cm²

45 次図のような4枚のタイルを7色で塗り分ける。隣り合ったタイルは異なる色に塗り分けるとしたとき，塗り方の総数として，最も妥当なのはどれか。ただし，隣り合うタイルには，斜めにあるタイルを含まないものとする。

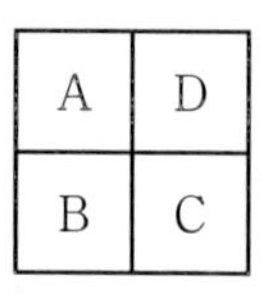

(1)　1282　　(2)　1292　　(3)　1302　　(4)　1312　　(5)　1322

46 次図のように，扇形AOBに内接する長方形PQRSがあり，OP＝OS＝7，PQ：PS＝1：2であるとする。このとき扇形の面積として，最も妥当なのはどれか。

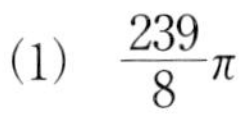

(1) $\frac{239}{8}\pi$

(2) $\frac{241}{8}\pi$

(3) $\frac{243}{8}\pi$

(4) $\frac{245}{8}\pi$

(5) $\frac{247}{8}\pi$

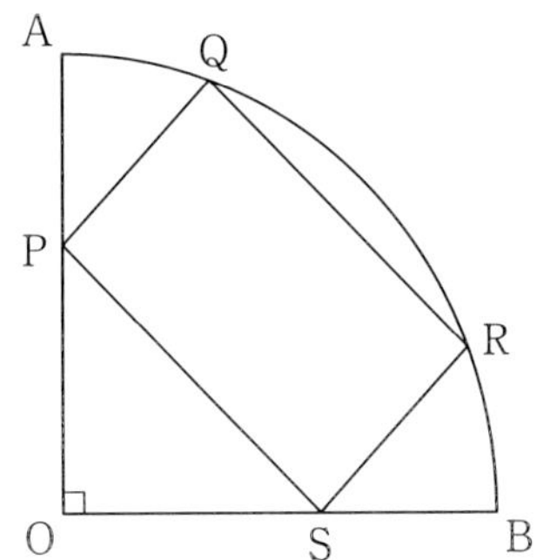

47 次図において，地点Aから地点Bに線分をたどって到達する最短経路の総数として，最も妥当なのはどれか。

(1) 262通り

(2) 264通り

(3) 266通り

(4) 268通り

(5) 270通り

48 白玉が１個，赤玉が２個，青玉が３個入っている抽選箱から，２個玉を取り出す。白玉が２点，赤玉が１点，青玉が０点とした場合，２個の合計が２点以上になる確率として，最も妥当なのはどれか。

(1) $\frac{1}{6}$　(2) $\frac{1}{3}$　(3) $\frac{1}{5}$　(4) $\frac{2}{5}$　(5) $\frac{2}{3}$

49 次の表は，日経平均株価上昇・下落それぞれの上位10位までを表している。この表からいえるア～ウの記述の正誤の組合せとして，最も妥当なのはどれか。

株価の歴史的上昇・下落（日経平均）（2020年5月31日時点）

日経平均株価・上昇幅上位

	日付	上昇幅（円）	上昇率（%）
1	1990. 10. 2	2,676.55	13.24
2	1987. 10. 21	2,037.32	9.30
3	1994. 1. 31	1,471.24	7.84
4	1990. 3. 26	1,468.33	4.83
5	2020. 3. 25	1,454.28	8.04
6	1990. 8. 15	1,439.59	5.40
7	2015. 9. 9	1,343.43	7.71
8	1992. 4. 10	1,252.51	7.55
9	1988. 1. 6	1,215.22	5.63
10	2020. 3. 24	1,204.57	7.13

日経平均株価・下落幅上位

	日付	下落幅（円）	下落率（%）
1	1987. 10. 20	−3,836.48	−14.90
2	1990. 4. 2	−1,978.38	−6.60
3	1990. 2. 26	−1,569.10	−4.50
4	1990. 8. 23	−1,473.28	−5.84
5	2000. 4. 17	−1,426.04	−6.98
6	1991. 8. 19	−1,357.61	−5.95
7	1990. 3. 19	−1,353.20	−4.15
8	2016. 6. 24	−1,286.33	−7.92
9	1987. 10. 23	−1,203.23	−4.93
10	1990. 2. 21	−1,161.19	−3.15

ア　1990.10.2の前日と1987.10.20の前日について，株価が高かったのは1987.10.20の前日である。

イ　上昇幅上位第1位～第10位のうち，前日の株価が2万円を超えていた日数は6日である。

ウ　下落幅上位第6位と第7位の日について，当日の株価が高かったのは第7位の日である。

	ア	イ	ウ
(1)	正	正	正
(2)	正	正	誤
(3)	正	誤	正
(4)	誤	正	正
(5)	誤	誤	誤

50 **次の表は，日本における発電量の推移を示している。この表から言えることとして，最も妥当なのはどれか。なお，合計は火力・水力・原子力以外の発電量も含めた合計の数値である。**

日本の発電量の推移

（単位：億kWh）

年	合計	火力	水力	原子力
1930	158	23	134	…
1950	463	85	378	…
1960	1155	570	585	…
1970	3595	2749	801	46
1980	5775	4028	921	826
1990	8573	5574	958	2023
1995	9899	6042	912	2913
2000	10915	6692	968	3221
2005	11579	7618	864	3048
2010	11569	7713	907	2882
2015	10242	9088	914	94

(1)　1990年から2000年までの間では，火力による発電量の増加率より，原子力による発電量の増加率の方が低い。

(2)　火力による発電量が，合計の発電量に占める割合は，1980年以降60％代で推移している。

(3)　原子力による発電量が，合計の発電量に占める割合は，最も高い年で30％を超えている。

(4)　火力・水力・原子力以外の発電量は，2000年以降連続して減少している。

(5)　水力による発電量は，1960年までは合計の発電量に占める割合が最も高かったが，1970年以降は火力による発電量の割合が最も高くなっている。

解答・解説

1 (5)

解説 (1) 大多数の国家は成文憲法である。不文憲法の国家は，イギリスやニュージーランドがある。 (2) 天皇は「国民の名で」直ちにこれを公布しなければならない。 (3) ワイマール憲法ではなく，フランス人権宣言である。ワイマール憲法は社会権の代表である。 (4) 日本の憲法改正に関する記述であるが，「出席議員」ではなく「総議員」である。 (5) 正しい。

2 (2)

解説 (1)「職業を許可制にすることは認められていない」が誤りである。医者や弁護士などは国家試験に合格して初めてその職業に就ける。これを消極的・警察的規制という。 (2) 正しい。 (3)「個人の具体的な財産に関する権利」も保障している。 (4) 憲法第29条3項には「私有財産は，正当な補償の下に，これを公共のために用いることができる」と明記されている。(5)「通達によって新たに課税物件として取り扱うことは認められず」が誤りである。

3 (5)

解説 (1)「第一次世界大戦以後に顕著に見られるようになった」が誤りである。 (2) 法律の大部分は内閣立法によるものである。議員立法の方が内閣立法よりも少ない。 (3)「準立法的機能や準司法的機能は与えられていない」が誤りである。それらを有するものが多い。 (4)「いかなる」という部分が誤り。「法律の委任がある場合を除いては，罰則を設けることはできない」と規定されている。 (5) 正しい。

4 (1)

解説 (1) 正しい。 (2) クリミア戦争は1856年に終結，アミアンの和約は1802年に締結した。 (3)三十年戦争は1648年に終結した。「戦争と平和の法」は，オランダの自然法学者グロティウスの著書である。 (4) 国際慣習法は，文書化されていない法が重要となっている。 (5)「個人，NGO，企業など主権国家以外の国境を越えた活動は規制の対象になっていない」が誤りである。

5 (2)

解説 (1) 規模の経済とは，生産の規模が拡大することによってコストが減少し，その結果として効率が上昇することである。　(2) 正しい。　(3)「価格は下落する傾向にある」が誤りである。　(4)「民間企業が行った方が効率的に提供し続けることが可能になるため」が誤りである。　(5)「利益が発生する場合に外部性はない」が誤りである。

6 (4)

解説 (1) ビルトイン・スタビライザーは，景気変動を自動的に調節する機能のことである。　(2) ポリシー・ミックスは，財政・金融政策などを組み合わせて用いる。　(3) 資源配分機能は，政府が公共財を提供する役割のことである。選択肢の内容は「所得再分配機能」である。　(4) 正しい。
(5) 累進課税制度については，富の再分配や公平な税負担が挙げられる。

7 (3)

解説 (1) 販売や割引の期間を制限し，消費者の購買意欲を高めようとする広告のことである。　(2) 公衆型広告ともいわれ，インターネットによって，適切な時間と場所を選択して広告表示が可能になった。　(3) 正しい。
(4) 市場を細分化し，区分に適したマーケティングを行うことである。
(5) 位置情報を取得し，その場所に特化した情報を提供する広告である。

8 (2)

解説 (1)「婦人相談所」は「女性相談支援センター」と名称変更された。
(2) 正しい。　(3)「『困難女性支援法』に組み込むことで」が誤りである。古い規定を削除し，現在の状況に合った内容にするという方針である。　(4) 基本方針を示すのは国で，その方針に基づき計画を策定するのは都道府県である。　(5) 婦人補導院は廃止された。

9 (1)

解説 A 「連邦準備制度理事会」は7人の理事で構成されるが，この7人は大統領により任命される。中枢機関であり，中央銀行に位置している。
B　連邦公開市場委員会は「FOMC」と言われることもある。連邦取引委員会は，独占禁止法に違反した会社の調査などを行う。 C 時事問題の一つである。最近の金利動向はアメリカのみならず，日本なども確認しておくとよいだろう。 D 金利を上げることで，過熱している経済を抑制させる働きがある。この場合，過熱であるのでインフレーションが当てはまる。デフレーションは物価が下落している状態である。

10 (2)

解説 (1)「見返り美人」は菱川師宣の作。菱川師宣は江戸前期の人物。歌川広重は「東海道五十三次」が有名である。 (2) 正しい。 (3)『奥の細道』は松尾芭蕉の作品である。 (4) 宮崎友禅は友禅染の創始者と言われている。京焼は野々村仁清などが有名である。 (5) 契沖は『万葉集』の研究などを行い，北村季吟は『源氏物語』や『枕草子』などの研究を行った。

11 (5)

解説 A 「尾崎行雄」と「犬養毅」が第一次護憲運動の中心であった。B 1913年は大正初期である。よって，大正政変が当てはまる。 C 「薩摩出身の海軍大将」から「山本権兵衛」である。西園寺公望は公卿の出である。D 「海軍にからむ汚職事件」が手がかりとなる。ロッキード事件は戦後の出来事である。

12 (4)

解説 (1)『文選』は，昭明太子の編である。陶淵明は，『桃花源記』などが有名である。 (2)『仏国記』は，東晋の法顕がインドを遍歴したときの旅行記である。玄奘は，『大唐西域記』が有名である。 (3) 仏図澄は中国に仏教を伝えた人物の一人である。 (4) 正しい。 (5) 王羲之が書聖で，顧愷之が画聖である。

13 (1)

解説 (1) 正しい。 (2) イタリア統一戦争は，ロンバルディアを回復したにとどまった。 (3) 青年イタリアを組織したのは，マッツィーニである。(4) 王位についたのは，エマヌエレ2世である。 (5) 千人隊は，ガリバルディである。

14 (5)

解説 (1) 火力が含まれていないので誤りである。 (2)「技術の向上等によって増加することはない」が誤りである。技術の向上によって採掘可能になる。 (3) アメリカ合衆国は原油産出第一位である。一方で輸出については第三位ではない。 (4) 一次エネルギーは，加工されていない状態で供給されるものであり，石油や石炭なども含まれる。二次エネルギーは，一次エネルギーを加工して得られるものである。 (5) 正しい。

15 (2)

解説 (1) オーストラリアは古期造山帯に含まれている。 (2) 正しい。(3) オーストラリアの先住民はアボリジニーであり，ニュージーランドの先住民はマオリである。 (4) 東側は乾燥している。また「農業にはほとんど利用されていない」も誤りである。 (5) ピルバラ地区は北西部である。

16 (4)

解説 (1) ヴァルダマーナはジャイナ教の開祖である。 (2) ウパニシャッド哲学に関する記述である。 (3) カースト制度における司祭階級は「バラモン」である。なお，王侯・士族は「クシャトリア」，庶民は「ヴァイシャ」，隷属民は「シュードラ」である。 (4) 正しい。 (5)「宇宙の根本原理」は「ブラフマン」，「個々人の根源」は「アートマン」である。

17 (3)

解説 (1)『翔ぶが如く』の主人公は西郷隆盛と大久保利通であり，坂本龍馬を主人公とするのは『竜馬がゆく』である。 (2) 1968年に日本人初のノーベル文学賞を受賞したのは川端康成である。 (3) 正しい。 (4) 星新一の作品は，ショートショートと呼ばれる短編小説が中心である。 (5) 村上春樹は『風の歌を聴け』『1973年のピンボール』で芥川賞候補となったが，受賞はしていない。

18 (1)

解説 (1) 正しい。 (2)「弱り目にたたり目」は，不幸が重なること。(3)「水を差す」は，うまく進行している物事の邪魔をすること。 (4)「憎まれっ子世にはばかる」は，厚かましい人ほど世渡りがうまいこと。 (5)「尻に火がつく」は，追いつめられた状態になること。

19 (5)

解説 「壟断」は，高い丘の切り立っている所。ある人が高い場所から市場を見下ろして利益を独占した故事から，「利益や権利を独り占めすること」を意味する。

20 (3)

解説 この質量mのおもりが上下に振動し，ばねの自然長からの伸びまたは縮みがxとなるとき，フックの法則より，おもりにはたらく復元力Fは，$F=-kx$ …①と表せる。
また，このおもりの単振動の角振動数をωとすると，単振動の加速度の公式より，加速度$a=-\omega^2x$ …②と表せる。
ここで，このおもりの運動方程式は$F=ma$と表せるので，①②を代入すると，$-kx=m(-\omega^2x)$となる。よって，$\omega=\sqrt{\frac{k}{m}}$ …③となる。
さらに，単振動の周期Tは，円周率πを用いて，$T=\frac{2\pi}{\omega}$と表せる。これに③を代入すると，$T=\frac{2\pi}{\sqrt{\frac{k}{m}}}=2\pi\sqrt{\frac{m}{k}}$となる。

21 (5)

解説 (1) アルカンとは，炭素Cと水素Hからなり，C同士が単結合のみでつながる有機化合物である。炭素原子の数が4以上のアルカンは構造異性体をもち，炭素原子数が5の場合は次図の3種類の構造異性体が存在する。

$CH_3-CH_2-CH_2-CH_2-CH_3$　　$CH_3-CH_2-CH(CH_3)-CH_3$　　$CH_3-C(CH_3)_2-CH_3$

(2) アルカンの沸点や融点は，炭素原子の数が増加するにつれて高くなる。これは，炭素原子の数が増加するほど分子量が大きくなり，分子同士を引きつける分子間力が大きくなるので，分子同士を引き離して液体や気体にするためにより高温にする必要があるからである。　(3) 不安定なのはビニルアルコールであり，ただちに安定なアセトアルデヒドとなる。　(4) 一般的に，第三級アルコールは酸化されにくい。第一級アルコールが酸化されるとアルデヒドを経てカルボン酸となり，第二級アルコールが酸化されるとケトンになる。　(5) 正しい。なお，脱色されるのは，赤褐色の臭素が消費され，反応生成物である1,2－ジブロモエタンが無色だからである。

22 (1)

解説 (1) 正しい。　(2) 受容器で受け取った情報を中枢へ伝えるのは，感覚ニューロンである。介在ニューロンは，お互いにつながることで，中枢神経系の複雑な神経ネットワークをつくっている。　(3) 刺激を受けていないニューロンの部位では，細胞膜の内側が負（－）に，外側が正（＋）に帯電している。　(4) 神経繊維の軸索でシュワン細胞が巻き付いた構造を髄鞘という。ランビエ絞輪は髄鞘がない部分である。　(5) 神経伝達物質が放出される際には，電位依存性カルシウムチャネルが開く。

23 (4)

解説 A　低緯度地域では，赤道付近で上昇した大気が亜熱帯地域で下降し，再び赤道へ戻るハドレー循環が生じている。ロスビー循環は中緯度～高緯度地域で生じている。　B　地球の自転による影響で，北半球では，風は進行方向から見て右側へ曲がる。したがって，亜熱帯地域から赤道へ向かう風は北から南へ向かうため，進行方向の右側は西となる。つまり，東から西へ曲がるので，これを東寄りの風という。なお，南半球では，風は南から北へ向かい，進行方向の左側へ曲がるので，同じく東から西へ曲がる東寄りの風となる。

24 (2)

解説 be to不定詞は，「(主語が) これから～することになっている」が原義で，「～すべきである」，あるいは「～する運命である」の意味で使われる。本問題では，コンサートが主語で，tomorrowが文末にあるので，「コンサートは明日行われることになっている」という文が考えられる。「～を行う」が，hold。「行われる」は，受動態〈be動詞＋holdの過去分詞〉で表現する。be toのあとは動詞の原形がくるので，The concert is to be held.となる。The concert is heldは「コンサートは行われる」という現在時制の受動態なので，tomorrowのある文では不適。

25 (1)

解説 (1) 正しい。意味は「父は私の成績について文句を言った」。complained to～「～に不満を言う」の意。 (2) get married with～「～と結婚する」なので誤り。 (3) apologize to ～for…「～に…のことをわびる」なので誤り。 (4) consult～「～を調べる」なので誤り。 (5) hope for～「～を期待する，～を望む」なので誤り。 動詞を覚えるときには，自動詞か他動詞かをまず区別する。complainやapologizeは，自動詞として覚えること。consultは，他動詞なのですぐ後ろに目的語をとる。

26 (2)

解説 出典は株式会社 旺文社編『英検準1級 文で覚える単熟語「三訂版」』。内容一致問題である。否定語の位置に注意すること。I think that～の文では，that以下の部分を否定するのではなく，thinkを否定する。選択肢(3)は「執筆者たちは，フラボノイドが健康に与える影響があるとは考えていない」と，英文では書かれていると思われる。don't thinkだけを見て「誤り」の判断をしないようにしよう。否定，比較などの文法事項に絡めた選択肢がよく見られるので，今一度高校レベルの参考書で確認しておくとよい。

27 (4)

解説 出典は松本茂著『速読速聴・英単語 Advanced 1100 ver.5』。準否定語，few, rarely，hardlyを用いた表現には注意すること。選択肢(1)では，「～と証言する人は少ないだろう」とあるが，このような表現が用いられている可能性がある。例えば，I hardly know him.は「彼のことをほとんど知らない」という否定の意味となる。

28 (1)

解説 出典は榎本博明著『「すみません」の国』。空欄補充問題である。Aだけ，Bだけではなく，ABどちらも当てはまる選択肢を選ぶことが重要である。

29 (4)

解説 出典は大栗博司著『重力とは何か』。文整序問題である。どの組み合わせが最も自然な文章展開になるかを考えること。接続詞がある場合，その前後に注目するようにしよう。

30 (5)

解説 出典は玉木俊明著『世界史を「移民」で読み解く』。要旨把握問題である。「要旨」とは，文章全体の中で筆者が言いたいことをまとめたものであり，部分的に内容が合っていても要旨とは言えないので注意すること。

31 (3)

解説 出典はデイビッド・J・ハンド著『「偶然」の統計学』。要旨把握問題である。一つ一つの選択肢を本文と照らし合わせて，どれが要旨として最も適切かを考えること。

32 (4)

解説 出典は稲垣栄洋著『植物はなぜ動かないのか』。要旨把握問題である。どの選択肢にも出てくる「草」が，本文中でどのように用いられていたかに注意するとよい。

33 (3)

解説 出典は松尾義之著『日本語の科学が世界を変える』。要旨把握問題である。自分で本文の要旨をまとめるならどのようにするかを考えながら，選択肢をよく読んで判断しよう。

34 (1)

解説 「A党の支持者」，「B党の支持者」，「C党の支持者」という3つの集合について，次のベン図を作成して考える。なお，それぞれの領域をa～hと表すこととする。例えば，aの領域は，「A党を支持し，かつB党とC党の両方を支持しない者」を表している。すると，dの領域が求める「A党とC党の両方を支持し，かつB党を支持しない者」を表している。

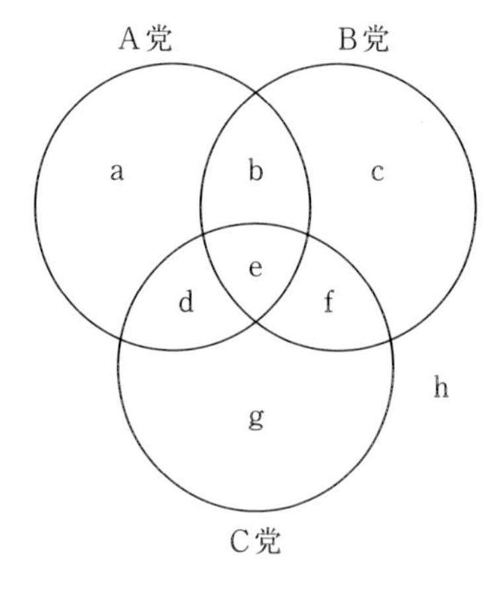

ここで，与えられた条件をa～hの記号を用いて表すと次のようになる。

ア：$a+b+d+e=32$ …①
イ：$b+c+e+f=26$ …②
ウ：$d+e+f+g=31$ …③
エ：$a+b=20$ …④
オ：$b+c=11$ …⑤
カ：$f=4b$ …⑥
キ：$a=18$ …⑦

次に，それぞれの式を整理していくと，

④，⑦より，$18+b=20$　よって，$b=2$ …⑧
⑤，⑧より，$2+c=11$　よって，$c=9$ …⑨
⑥，⑧より，$f=4\times2=8$ …⑩
②，⑧，⑨，⑩より，$2+9+e+8=26$　よって，$e=7$ …⑪
①，⑦，⑧，⑪より，$18+2+d+7=32$　よって，$d=5$

したがって，求めたい「A党とC党の両方を支持し，かつB党を支持しない者」の人数は，5人である。

35 (5)

解説 与えられた条件をもとに，次の表を埋めていく。なお，確実にその科目を担当している部分には○，担当していない部分には×，不明の部分は空欄とする。

	英語	国語	数学	理科	社会
A					
B					
C					
D					
E					
	↑ 2 人	↑ 2 人	↑ 3 人	↑ 3 人	↑ 4 人

条件イよりＡの国語が○，条件ウよりＡの数学が○，条件エよりＡとＤの理科が○，条件キよりＣの英語と理科が×となる。また，「学生は1科目以上3科目以内の科目を担当している」ことより，Ａはすでに3科目担当しているため，Ａの英語と社会が×となる。ここで条件オより，「社会を教えている人は4人」となっているため，必然的にＡ以外のＢ，Ｃ，Ｄ，Ｅの社会が○とわかる。さらに，条件カより，「ＡとＥは同じ科目を教えていない」ため，Ｅの国語，数学，理科は×となることがわかる。また，条件エより，「理科を教えているのは3人」いるので，必然的にＢの理科が○となる。
以上が与えられた条件から確実に言えることであり，ここまでをまとめると，次の表のようになる。

	英語	国語	数学	理科	社会
A	×	○	○	○	×
B				○	○
C	×			×	○
D				○	○
E		×	×	×	○
	↑ 2 人	↑ 2 人	↑ 3 人	↑ 3 人	↑ 4 人

ここで，各選択肢にすでに確実に言えていることがないか見てみると，(5)「Ｄは社会を教えている」が確実に言えている。

36 (4)

解説 与えられた条件を，図式化して考えていく。

条件ア「管理人室は1階にあり，その左隣にAが住んでいる」及び，条件イ「Aの1つ上の階に，Bは住んでいて，Bの左隣に部屋はない」より，管理人室とA，Bの部屋の関係は右の図1のようになる。

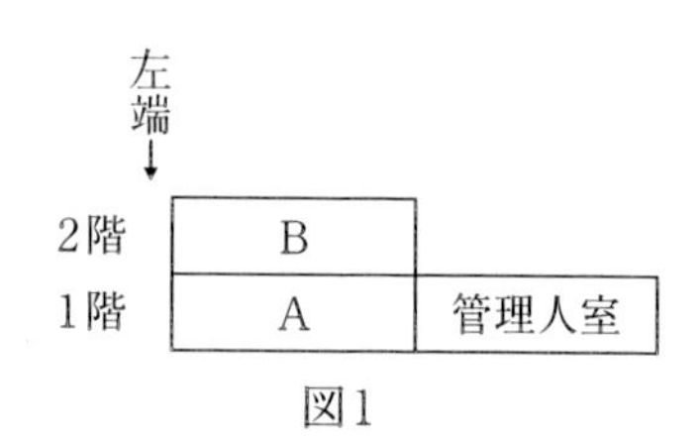

図1

次に，条件ウ「Cの部屋の隣には，それぞれDとEが住んでいる」及び，条件エ「Dの真下にはFが住んでいる」より，C，D，E，Fの部屋の関係は図2及び図3のどちらかが考えられる。

D	C	E
F		

図2

E	C	D
		F

図3

仮に図2であった場合，図1と合わせて考えると，Dが3階だと④の部屋がBとFの両方になってしまい，矛盾が生じる。またDが2階だと④の部屋がDとBの両方になってしまい，矛盾が生じる。よって，図3の場合が正しいものとなる。

以上より，図1，3を考慮して，与えられた条件より分かっていることを反映すると，右の図4のようになる。

3階	E	C	D
2階	B		F
1階	A	管理人室	

図4

ここで，各選択肢について吟味をしていく。

(1) 誤り。Aは⑦の部屋に住んでいる。　(2) 誤り。BはEの部屋の真下に住んでいる。　(3) 誤り。空き部屋の場合もあるが，Gが住んでいる場合もある。　(4) 正しい。　(5) 誤り。管理人室の右隣はだれも住んでいない場合もあるが，Gが住んでいる場合もある。

37 (3)

解説 各組の来店状況について，入った順番と出た順番を検討し，表に丸付き数字で記す。

条件アより，１人の客は1，2番目に入っていないこと，4，5番目に出ていないことがわかる。
条件イより，２人組の客は1番目に入っていないこと，1，2，3番目に出ていないことがわかる。
条件ウより，４人組の客は5番目に出ていないこと，３人組の客は1番目に入っていないことがわかる。
条件エより，２人組の客は5番目に出ていないこと，５人組の客は1番目に入っていないことがわかる。

	入った順番	出た順番
１人	①×，②×	④×，⑤×
２人組	①×	①×，②×，③×，⑤×
３人組	①×	
４人組		⑤×
５人組	①×	

ここまでで，1番目に入ったのは条件から判断できなかった４人組の客しか残っていない。また，２人組の客が出たのは4番目，その後に入ってきた5人組の客が5番目に入って出たことになる。つまり，２人組の客の滞在中に出たのは残った1，3，４人組の客となる。
さらに，２人組の客が入ったのは，４人組が出る前に入ったので，条件ウより3人組が入るより先であり，条件アより１人の客が入った時には他に2組いたので，１人の客よりも先なので，２番目となる。
残った1人の客は，条件アより２人組の客の後に入り，３人組の客の後に出たので，各組の来店状況は以下の線分図のようになる。

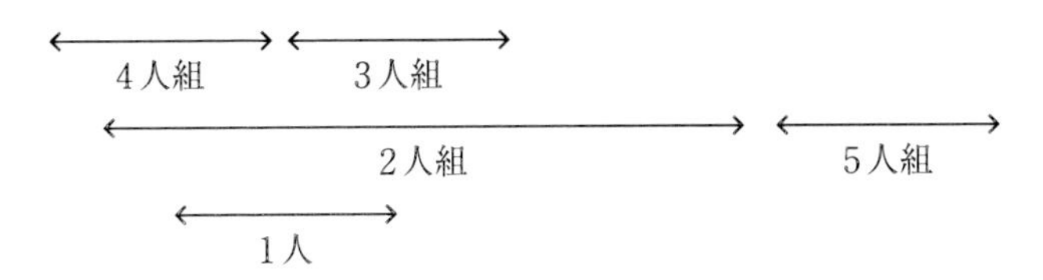

よって，同時に店舗内にいた1番多い客の人数は，１人，２人組，４人組の客が同時にいたときなので，１＋２＋４＝７［人］となる。

38 (3)

解説 Bの得点を基準（±0）とし，5人の関係を樹形図にして考えていく。
条件アより，AとBの関係は次の図のようになる。

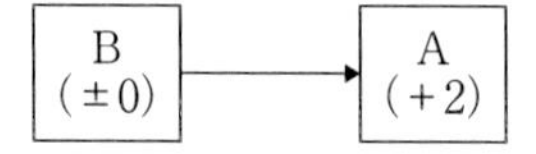

次に，条件イより（Aの得点＋Cの得点）÷2＋3＝（Bの得点）となるので，A＝＋2，B＝0を代入すると，Cの得点は－8とわかる。

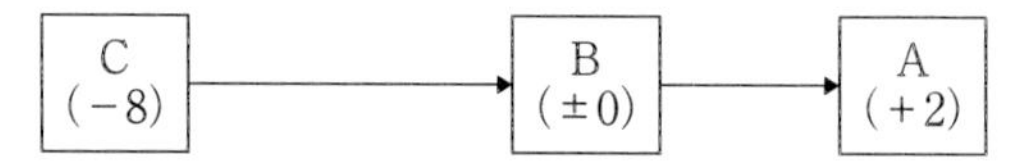

次に，条件ウより，CとDは7点差であったため，得点が高い場合D1と低い場合D2の2通りが考えられる。

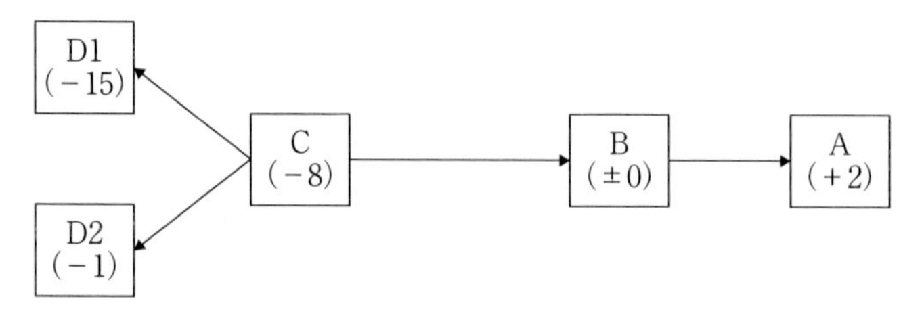

次に，条件オより，EとAは3点差であったため，得点が高い場合E1と低い場合E2の2通りが考えられる。

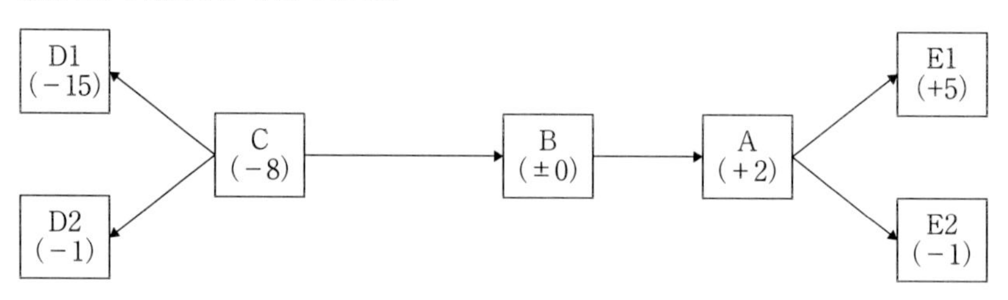

ここで，条件エより，DとEの得点差は6点であったので，これを満たすDとEの組合せはそれぞれ，D2，E1とわかる。よって，それぞれのBとの得点差は，低い順にC（－8），D（－1），B（±0），A（＋2），E（＋5）となる。したがって，Bの順位は3番である。

39 (5)

解説 A～Fの月曜日から土曜日までのシフトに関して，次の表を用いて考えていく。なお，与えられた条件より，確実に出勤する日には○，確実に休みの日には×，不明の場合には空欄とする。

	月	火	水	木	金	土
A						
B						
C						
D						
E						
F						

条件アより，月曜日から金曜日までの出勤人数は4名，土曜は3名である。条件イより，Aのシフトは「月，水，金」または「火，木，土」である。また，条件ウより，Aは月曜に出勤していることがわかるので，Aのシフトは「月，水，金」で，他の曜日は休みとわかる。さらに，BのシフトはAと月曜のみ同時に出勤するため，Bは水，金が休みであることがわかる。次に，条件エより，CとDは5日連続で勤務しているため，それぞれのシフトは「月，火，水，木，金」または「火，水，木，金，土」のどちらかであることがわかる。よって，どちらのシフトであっても，CとDは「火，水，木，金」は確実に出勤することがわかる。また，条件オより，CとFは土曜日が休みであるため，CとFの土曜は×となる。よって，Cのシフトは「月，火，水，木，金」であることがわかった。さらにFは「必ず2日連続で出勤して翌日は休む」シフトであるため，土曜が休みより「木，金」は○，「水」は「×」，「月，火」は「○」とわかる。ここまでをまとめると，次の表のようになる。

	月	火	水	木	金	土
A	○	×	○	×	○	×
B	○		×		×	
C	○	○	○	○	○	×
D		○	○	○	○	
E						
F	○	○	×	○	○	×
	4人	4人	4人	4人	4人	3人

ここで，各曜日の出勤人数に着目すると，土曜日は3人が出勤しているため，B，D，Eは○とわかる。よって，Dのシフトは「火，水，木，金，土」であることがわかり，Dの月曜日は×となる。さらに，月曜日と金曜日に着目すると，それぞれすでに4人が出勤をしているため，Eの月曜日と金曜日は×，水曜日は3人しか出勤していないため，Eの水曜日は○とわかる。ここまでをまとめると，次の表のようになる。

	月	火	水	木	金	土
A	○	×	○	×	○	×
B	○		×		×	○
C	○	○	○	○	○	×
D	×	○	○	○	○	○
E	×		○		×	○
F	○	○	×	○	○	×
	4人	4人	4人	4人	4人	3人

与えられた情報からわかるのはここまでのため，火曜日と木曜日のシフトに関して，場合分けをして考えていく。

（ⅰ）Bの火曜日が○の場合

条件ウより，Bの出勤日数は3日のため，Bの木曜日は×とわかる。また，火曜日はすでに4人出勤をしているため，Eの火曜日は×，木曜日はまだ3人しか出勤をしていないため，Eの木曜日は○とわかる。

（ⅱ）Bの火曜日が×の場合

条件ウより，Bの出勤日数は3日のため，Bの木曜日は○とわかる。また，火曜日はまだ3人しか出勤をしていないため，Eの火曜日は○，木曜日はすでに4人出勤をしているため，Eの木曜日は×とわかる。

（ⅰ）

	月	火	水	木	金	土
A	○	×	○	×	○	×
B	○	○	×	×	×	○
C	○	○	○	○	○	×
D	×	○	○	○	○	○
E	×	×	○	○	×	○
F	○	○	×	○	○	×
	4人	4人	4人	4人	4人	3人

（ⅱ）

	月	火	水	木	金	土
A	○	×	○	×	○	×
B	○	×	×	○	×	○
C	○	○	○	○	○	×
D	×	○	○	○	○	○
E	×	○	○	×	×	○
F	○	○	×	○	○	×
	4人	4人	4人	4人	4人	3人

ここで，各選択肢について吟味をしていく。
(1) 誤り。Ａの土曜日は休みである。　(2) 誤り。Ｂの火曜日は休みの場合もあれば出勤の場合もある。　(3) 誤り。ＢとＥは水曜日に同時に出勤をしていない。　(4) 誤り。Ｅの出勤日数は3日である。　(5) 正しい。どちらの場合でもＢとＥの出勤日数は3日で同じである。

40 (2)

解説 じゃんけんの手の出し方は「グー」，「チョキ」，「パー」の3通りであり，じゃんけんをn人で行った場合の手の出し方の総数は3^n通りである。
2回目のじゃんけんで初めて勝者が2人決まるので，1回目のじゃんけんは「あいこ」であったとわかる。ここで，各回のじゃんけんについて確率を考えていく。
① 1回目のじゃんけんは「あいこ」であったので，3人のじゃんけんが「あいこ」になる確率は，「全員が同じ手を出す」または「全員が違う手を出す」場合があるので，

$$\frac{{}_3C_1 + {}_3C_1 \times {}_2C_1 \times 1}{3^3} = \frac{9}{27}$$

② 2回目のじゃんけんは勝者が2人決まるので，勝者が2人に決まる確率は，2人の勝者の選び方それぞれに対して3通りの勝ち方（手の出し方）があるので，

$$\frac{{}_3C_2 \times 3}{3^3} = \frac{9}{27}$$

③ 3回目のじゃんけんは，2回目のじゃんけんの勝者2人のうち1人の勝者の選び方と，それぞれの勝者に対して3通りの勝ち方（手の出し方）があるので，

$$\frac{{}_2C_1 \times 3}{3^2} = \frac{6}{9}$$

①～③は独立な事象であるので，求める確率は，

$$\frac{9}{27} \times \frac{9}{27} \times \frac{6}{9} = \frac{2}{27}$$

41 (2)

解説 選択肢アの左側面図について，問題の正面図を合わせると，例えば次のような2通りの見取り図が考えられるが，これらはいずれも平面図（上から見た図）が一致しないため不適である。

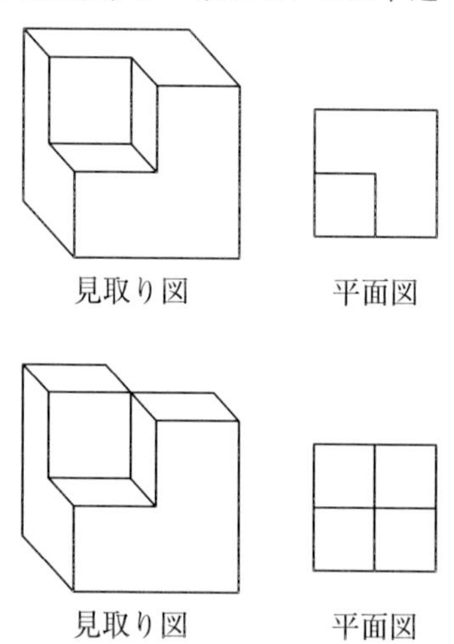

また，選択肢オの左側面図では，例えば次のような見取り図が考えられるが，これでは正面図には右側と左側を二分する境界線が見えるはずなので不適である。

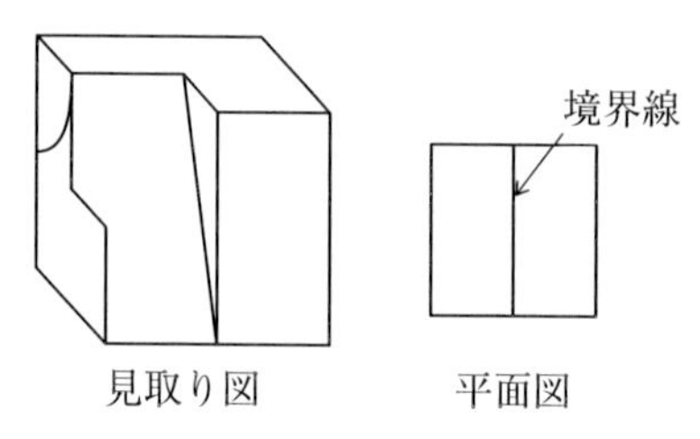

よって，選択肢アとオの左側面図の組合せが該当する。

42 (4)

解説 三角形ABCの一辺の長さをxとすると，

$CF = BC = x$，$CD = AC + AD = 2x$，$\angle DCF = 180° - 60° = 120°$より，

三角形CDFについて余弦定理を用いると，

$$DF^2 = x^2 + (2x)^2 - 2 \cdot x \cdot 2x \cdot \cos 120° = 5x^2 + 2x^2 = 7x^2$$

∴　$DF = \sqrt{7}x$

DF = FE = EDより，三角形DEFは1辺の長さが$\sqrt{7}x$の正三角形となる。

三角形GFIにおいて，同様に考えると，

$GI^2 = (\sqrt{7}x)^2 + (2\sqrt{7}x)^2 - 2 \cdot \sqrt{7}x \cdot 2\sqrt{7}x \cdot \cos 120°$

$= 7x^2 + 28x^2 + 14x^2 = 49x^2$

∴　$GI = 7x$

IH，HGについて同様に考えると，三角形GHIは1辺の長さが$7x$の正三角形となる。

ここで，三角形ABC∽三角形GHIであり，相似比は$x : 7x = 1 : 7$なので，面積比は$1^2 : 7^2 = 1 : 49$となる。

43　(1)

解説　1番左上に黒色のタイルを置き，白色と黒色のタイルを交互に並べると，次の図のようになる。なお左上から縦横に番号を付け，各タイルに番号（縦，横）が与えられるようにする。たとえば，（縦1，横1）= 黒，（縦1，横2）= 白，（縦4，横1）= 白となる。また，タイルの枚数は全部で15 × 9 = 135［枚］あることがわかっている。

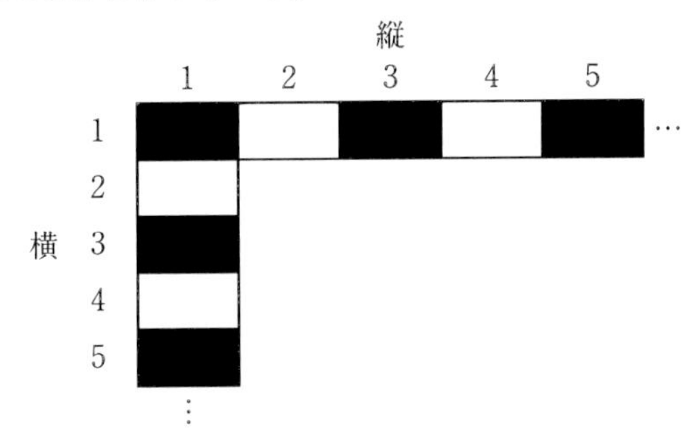

ここで，各タイルに着目してみると，（縦奇数，横奇数）= 黒，（縦偶数，横偶数）= 黒，（縦奇数，横偶数）= 白，（縦偶数，横奇数）= 白，となる規則が見つかる。

これを踏まえて，各選択肢について吟味をしていく。

(1) 正しい。縦15枚，横9枚の中に（縦奇数，横奇数）は8 × 5 = 40［枚］，（縦偶数，横偶数）は7 × 4 = 28［枚］，（縦奇数，横偶数）= 8 × 4 = 32［枚］，（縦偶数，横奇数）7 × 5 = 35［枚］ある。よって，白色は（縦奇数，横偶数）

＝白，（縦偶数，横奇数）＝白なので，32＋35＝67枚となる。 (2) 誤り。(1) より，黒色のタイルは40＋28＝68［枚］，白色のタイルは32＋35＝67［枚］なので，黒色の方が多い。 (3) 誤り。「左から7番目，上から5番目」は（縦奇数，横奇数）のため，黒色である。 (4) 誤り。1番右上のタイルは，「左から9番目，上から1番目」であるので（縦奇数，横奇数）のため，黒色である。 (5) 誤り。中央のタイルは「左から5番目，上から8番目」であるので，（縦奇数，横偶数）のため，白色である。

44 **(4)**

解説 直径2cmの円が動いた範囲を考えるので，円がそれぞれの位置にあるときについて，円が接する線分から2cm離れたところの軌跡を考える。
内接しながら一周する円では，下図①のように縦横2cmずつ短い8cm × 4cmの長方形の軌跡が描かれる。つまり，この長方形の内部を円が通過することはない。また，左上にある円を見ると，円が長方形ABCDのうち2辺と接するとき，長方形の隅には円が通過できない場所がある。つまり，長方形ABCD内のうち，8cm × 4cmの長方形内，および四隅が通過できない面積となる。

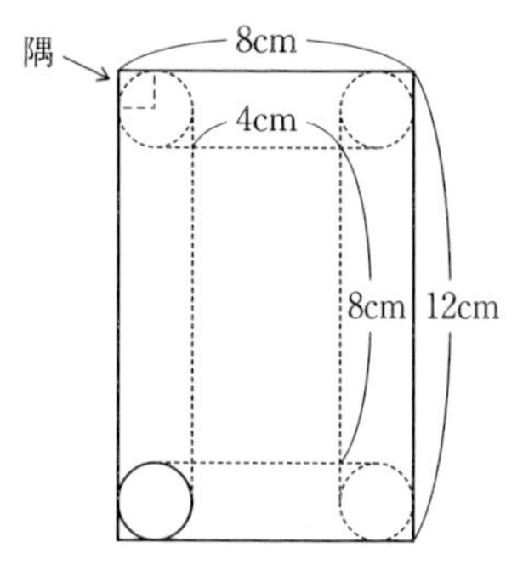

図①　内接する円

四隅のうち1つの面積は，1cm × 1cmの正方形の面積から半径1cmの四分円の面積を引いたものなので，$1 \times 1 - 1 \times 1 \times 3.14 \times \frac{1}{4} = 1 - 0.785 = 0.215$［$cm^2$］となる。
したがって，この円が動いた範囲の面積は，
（12cm × 8cmの長方形の面積）－（8cm × 4cmの長方形の面積）－（四隅の面積）
$= 96 - 32 - 0.215 \times 4$
$= 63.14$［cm^2］
外接しながら一周する円では，次図②のように縦横2cmずつ長い16cm × 12cmの長方形の軌跡が描かれる。つまり，長方形ABCDの内部を円が通過することはない。また，左下の隅を見ると，同様に円が通過できない場所がある。つまり，16cm × 12cmの長方形内のうち，12cm × 8cmの長方形内，

および四隅が通過できない面積となる。
四隅のうち1つの面積は，2cm × 2cmの正方形の面積から半径2cmの四分円の面積を引いたものなので，

$2 \times 2 - 2 \times 2 \times 3.14 \times \frac{1}{4} = 4 - 3.14$

$= 0.86$［cm²］

したがって，この円が動いた範囲の面積は，
（16cm × 12cmの長方形の面積）−（12cm × 8cmの長方形の面積）−（四隅の面積）

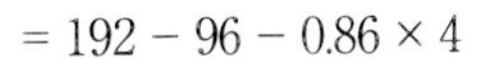

$= 192 - 96 - 0.86 \times 4$

$= 92.56$［cm²］

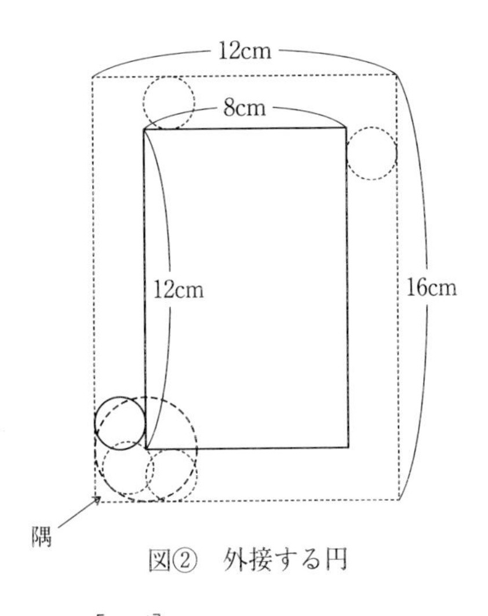

図②　外接する円

よって，これらの差は，$92.56 - 63.14 = 29.42$［cm²］

45　(3)

解説　タイルに塗る色の種類は，4枚とも異なる色で塗った場合が最大で4色，斜めにあるタイルの組（AとC，BとD）をそれぞれ同じ色で塗った場合が最小で2色である。したがって，隣り合ったタイルに異なる色を用いる塗り方の総数を，4色，3色，2色を用いて塗り分ける場合に分けて考える。

（ⅰ）4色用いる場合

7色で4枚を塗る塗り方（1枚目を7色のうちいずれか，2枚目を残り6色のうちいずれか，3枚目を残り5色のうちいずれか，4枚目を残り4色のうちいずれかで塗る）は，

$${}_7P_4 = 7 \cdot 6 \cdot 5 \cdot 4 = 840 \text{［通り］}$$

（ⅱ）3色用いる場合

7色のうち3色を選び，斜めに塗るタイルの組（AとC，BとD）の選び方が2通りあり，3色で3枚（斜めに塗るタイルの組を1枚として考える）を塗る塗り方を考慮すると，

$${}_7C_3 \times {}_2C_1 \times {}_3P_3 = \frac{7 \cdot 6 \cdot 5}{3 \cdot 2 \cdot 1} \times 2 \times (3 \cdot 2 \cdot 1) = 420 \text{［通り］}$$

（iii）2色用いる場合

7色のうち2色を選び，2色で2組を塗る塗り方を考慮すると，

$${}_7C_2 \times {}_2P_2 = \frac{7 \cdot 6}{2 \cdot 1} \times (2 \cdot 1) = 42 \text{［通り］}$$

よって，（ i ）～（iii）より，840 + 420 + 42 = 1302［通り］

46 **(4)**

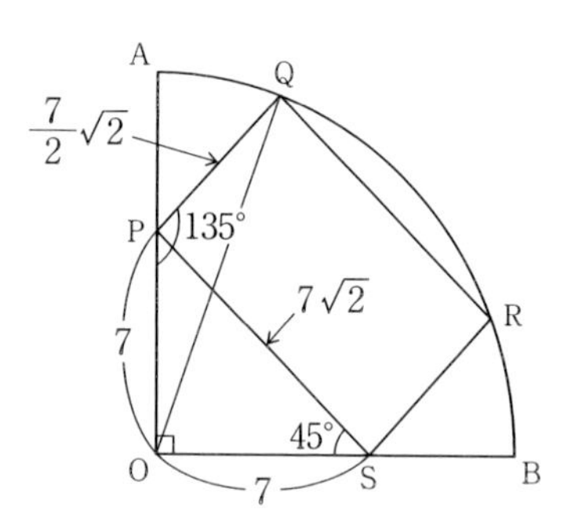

解説 △OPSに着目すると，OP = OS = 7，∠POS = 90°より，△OPSは直角二等辺三角形である。よって，三平方の定理より，$PS = 7\sqrt{2}$

また，PQ：PS = 1：2より，$PQ = \frac{7}{2}\sqrt{2}$

ここで，補助線OQを引き，△OPQに着目すると，余弦定理より，

$$(OQ)^2 = (OP)^2 + (PQ)^2 - 2 \times OP \times QP \times \cos 135°$$
$$= 7^2 + \left(\frac{7}{2}\sqrt{2}\right)^2 + 2 \times 7 \times \frac{7}{2}\sqrt{2} \times \frac{1}{\sqrt{2}} = \frac{245}{2}$$

OQ＞0より，$OQ = \sqrt{\frac{245}{2}}$

ここで，OQは扇形AOBの半径なので，扇形AOBの面積は，

$$\left(\sqrt{\frac{245}{2}}\right)^2 \times \pi \times \frac{1}{4} = \frac{245}{8}\pi$$

47 **(2)**

解説 問題文の図には通過できない道がある。そこで，まずは下図のように点X，Yをおいて通過できる場合を考え，それぞれの最短経路の総数を求める。なお，道路を横に1区画だけ進む場合を横，縦に1区画だけ進む場合を縦と記す。

①地点A→Bの最短経路の総数

点X，Yを通る場合と通らない場合を考慮しなければ，最短経路の総数は，横が7つ，縦が5つの並べ方の数に等しいので，$\frac{12!}{7!5!} = \frac{12 \cdot 11 \cdot 10 \cdot 9 \cdot 8}{5 \cdot 4 \cdot 3 \cdot 2 \cdot 1} =$ 792［通り］

②地点A→Xの最短経路の総数

上記と同様に考えると，$\frac{4!}{2!2!}=\frac{4\cdot 3}{2\cdot 1}=6$［通り］

③地点A→Yの最短経路の総数

$\frac{8!}{5!3!}=\frac{8\cdot 7\cdot 6}{3\cdot 2\cdot 1}=56$［通り］

④地点X→Yの最短経路の総数

$\frac{4!}{3!1!}=4$［通り］

⑤地点X→Bの最短経路の総数

$\frac{8!}{5!3!}=\frac{8\cdot 7\cdot 6}{3\cdot 2\cdot 1}=56$［通り］

⑥地点Y→Bの最短経路の総数

$\frac{4!}{2!2!}=\frac{4\cdot 3}{2\cdot 1}=6$［通り］

ここで，求める最短経路の総数は，①から地点XとYのいずれか，または両方を通る場合を引いたものとなる。地点XとYのいずれか，または両方を通る場合とは以下の（ｉ）～（iii）通りである。

（ｉ）地点Xだけを通る場合

②×(⑤−④×⑥) $=6\times(56-4\times 6)$

$=192$［通り］

（ii）地点Yだけを通る場合

(③−②×④)×⑥ $=(56-6\times 4)\times 6$

$=192$［通り］

（iii）地点XとYの両方を通る場合

②×④×⑥ $=6\times 4\times 6=144$［通り］

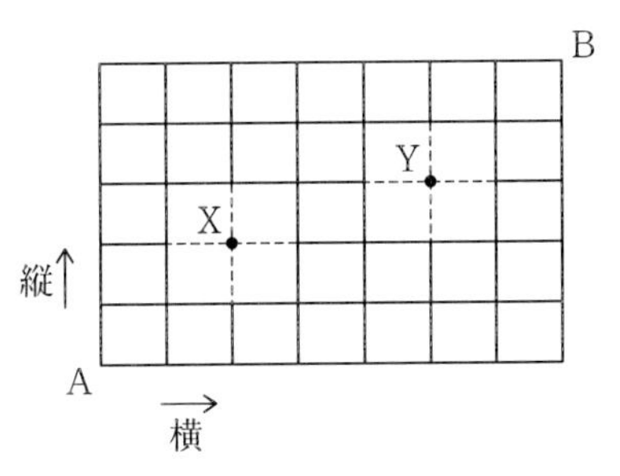

よって，求める最短経路の総数は，

$792-(192+192+144)=264$［通り］

48 (4)

解説 余事象を用いて考える。「2個の合計が2点以上になる」の余事象は「2個の合計が1点または0点になる」なので，それぞれの場合に分けて考える。

（ⅰ）2個の合計が1点となる確率は，青玉を1個，赤玉を1個取り出す確率だから，

$$\frac{{}_3C_1 \times {}_2C_1}{{}_6C_2} = \frac{3 \times 2}{\frac{6 \times 5}{2 \times 1}} = \frac{2}{5}$$

（ⅱ）2個の合計が0点となる確率は，青玉を2個取り出す確率だから，

$$\frac{{}_3C_2}{{}_6C_2} = \frac{3}{\frac{6 \times 5}{2 \times 1}} = \frac{1}{5}$$

よって，求める確率は，

$$1 - \left(\frac{2}{5} + \frac{1}{5}\right) = \frac{2}{5}$$

49 (3)

解説 ア　正しい。$(\text{上昇率}[\%]) = \frac{(\text{当日の株価}) - (\text{前日の株価})}{(\text{前日の株価})} \times 100 = \frac{(\text{上昇幅})}{(\text{前日の株価})} \times 100$ より，$(\text{前日の株価}) = (\text{上昇幅}) \times \frac{100}{(\text{上昇率}[\%])}$ と表せる。したがって，1990.10.2の前日の株価は，$2{,}676.55 \times \frac{100}{13.24} \fallingdotseq 20{,}215.63$［円］，1987.10.20の前日の株価は，$-3{,}836.48 \times \frac{100}{-14.90} \fallingdotseq 25{,}748.19$［円］となる。よって，1987.10.20の前日の株価の方が高い。　イ　誤り。それぞれの上昇幅上位1位から見ていくと，1位：アより20,215.63［円］，2位：$2{,}037.32 \times \frac{100}{9.30} \fallingdotseq 21{,}906.67$［円］，3位：$1{,}471.24 \times \frac{100}{7.84} \fallingdotseq 18{,}765.82$［円］，4位：$1{,}468.33 \times \frac{100}{4.83} \fallingdotseq 30{,}400.21$［円］，5位：$1{,}454.28 \times \frac{100}{8.04} \fallingdotseq 18{,}088.06$［円］，6位：$1{,}439.59 \times \frac{100}{5.40} \fallingdotseq 26{,}659.07$［円］，7位：$1{,}343.43 \times \frac{100}{7.71} \fallingdotseq 17{,}424.51$［円］，8位：$1{,}252.51 \times \frac{100}{7.55} \fallingdotseq 16{,}589.54$［円］，9位：$1{,}215.22 \times \frac{100}{5.63} \fallingdotseq 21{,}584.72$［円］，10位：$1{,}204.57 \times \frac{100}{7.13} \fallingdotseq 16{,}894.39$［円］となる。よって，2万円を超えていたのは5日である。　ウ　正しい。$(\text{下落率}[\%]) = \frac{(\text{当日の株価}) - (\text{前日の株価})}{(\text{前日の株価})} \times$

$100 = \frac{(\text{下落幅})}{(\text{前日の株価})} \times 100$より，$(\text{前日の株価}) = (\text{下落幅}) \times \frac{100}{(\text{下落率}[\%])}$と表せる。下落幅上位第6位の日の株価は，$-1{,}357.61 \times \frac{100}{-5.95} \fallingdotseq 22{,}816.97$，下落幅上位第7位の日の株価は，$-1{,}353.20 \times \frac{100}{-4.15} \fallingdotseq 32{,}607.23$［円］となる。よって，第7位の日の方が，株価が高い。

50　(5)

解説　(1) 誤り。$(\text{増加率}) = \frac{(\text{今年の値}) - (\text{前年の値})}{(\text{前年の値})} \times 100 = \frac{(\text{今年の値})}{(\text{前年の値})} \times 100 - 100$と表せるので，1990年から2000年までの火力による発電量の増加率は，$\frac{6692}{5574} \times 100 - 100 \fallingdotseq 20.1$［%］，原子力による発電量の増加率は，$\frac{3221}{2023} \times 100 - 100 \fallingdotseq 59.22$［%］となる。よって，原子力による発電量の方が，火力による発電量よりも増加率が大きい。　(2) 誤り。例えば2015年を見てみると，$\frac{9088}{10242} \times 100 \fallingdotseq 88.7$［%］より，発電量の80%を占めている。　(3) 誤り。合計の発電量に占める原子力による発電量の割合が最も高いのは2000年であるが，その割合は$\frac{3221}{10915} \times 100 \fallingdotseq 29.5$［%］より，30%を超えていない。(4) 誤り。例えば，火力による発電量は2000年以降連続して増加している。(5) 正しい。与えられた表より，1960年までは原子力による発電量はなく，水力による発電量が火力による発電量より多いので，1930年，1950年，1960年は水力による発電量が合計の発電量に占める割合が最も高いとわかる。また，1970年以降は，火力による発電量が合計の発電量に占める割合は50%を上回っているので，最も高いとわかる。

漢字試験（記述式）

1 次の（　）内の漢字の読みをひらがなで書きなさい。（30問）

(1) （屑籠）に捨てる
(2) 古い習慣を（踏襲）する
(3) 次代を（担）う
(4) （采配）を振る
(5) 会社の（定款）
(6) （蛮勇）をふるう
(7) （甚大）な被害を受ける
(8) ワールドカップを（制覇）する
(9) 意気（軒昂）たる若者
(10) （廉価）で販売する
(11) 諸事情を（勘考）する
(12) （叱咤）激励をする
(13) 草が（蔓延）る
(14) （婉曲）な表現
(15) 現実と理想との（乖離）
(16) （最恵国）条項を結ぶ
(17) 洪水で（罹災）する
(18) 胸中を（披瀝）する
(19) （括弧）でくくる
(20) 沈痛な（面持）ち
(21) 芸の（深奥）を極める
(22) （自嘲）の笑いをもらす
(23) （辛辣）な意見
(24) とっさの事で（狼狽）える
(25) （呆気）にとられる
(26) 都会の（喧噪）を避ける
(27) （忌憚）のない意見
(28) 惨状に（慄然）とする
(29) （繁忙）を極める
(30) （無粋）な話

2 次の（　）内のひらがなを漢字で書きなさい。（30問）

(1) 再建を（きと）する
(2) 多数派に付和（らいどう）する
(3) （かそ）化が進む農村
(4) （きっきょう）を占う
(5) （しきゅう）の用事
(6) 容疑が（のうこう）になる
(7) 注意力が（さんまん）だ
(8) すぎし日の（ついおく）にひたる
(9) ガラスの（はへん）
(10) 二重窓は（しゃおん）効果がある
(11) （ぐちょく）に規則を守る
(12) （ちき）を頼って上京する
(13) ピアノを（えんそう）する
(14) 悪の（おんしょう）を排除する
(15) 消毒液を（ふんむ）する
(16) 歴代の首相を（はいしゅつ）した名門校
(17) （えいびん）な感覚
(18) （しんし）服売り場に行く
(19) 老人ホームを（いもん）する
(20) 人生の（ぶんき）点に立つ
(21) （すば）らしく青い空
(22) （ろとう）に迷う

(23) （いせい）のいい掛け声
(24) （りゅうげん）にまどわされる
(25) 新しい土地に（なじ）む
(26) 亀の（こうら）
(27) （ゆかい）な人
(28) （ていさい）を取り繕う
(29) 資本を（ちくせき）する
(30) （やっき）になって弁解する

解　答

1

解答

(1) くずかご　(2) とうしゅう　(3) にな　(4) さいはい
(5) ていかん　(6) ばんゆう　(7) じんだい　(8) せいは
(9) けんこう　(10) れんか　(11) かんこう　(12) しった
(13) はびこ　(14) えんきょく　(15) かいり　(16) さいけいこく
(17) りさい　(18) ひれき　(19) かっこ　(20) おもも
(21) しんおう　(22) じちょう　(23) しんらつ　(24) うろた
(25) あっけ　(26) けんそう　(27) きたん　(28) りつぜん
(29) はんぼう　(30) ぶすい

2

解答

(1) 企図　(2) 雷同　(3) 過疎　(4) 吉凶　(5) 至急
(6) 濃厚　(7) 散漫　(8) 追憶　(9) 破片　(10) 遮音
(11) 愚直　(12) 知己　(13) 演奏　(14) 温床　(15) 噴霧
(16) 輩出　(17) 鋭敏　(18) 紳士　(19) 慰問　(20) 分岐
(21) 素晴　(22) 路頭　(23) 威勢　(24) 流言　(25) 馴染
(26) 甲羅　(27) 愉快　(28) 体裁　(29) 蓄積　(30) 躍起

令和3年度 第1回 実施問題

1 日本国憲法における請求権に関する記述として，最も妥当なのはどれか。

(1) 憲法第16条は，日本国民に限定して請願権を認めており，請願を受けた国又は地方公共団体には，請願の内容を審理・判定する法的拘束力が生じる。

(2) 憲法第17条は，公務員の不法行為により損害を受けたとき，公務員個人のみならず国又は公共団体に対して賠償を求めることを認めている。

(3) 憲法第29条第3項は，私有財産は，正当な補償の下に，これを公共のために用いることができる旨を定めているが，強制的に財産権を制限したり収用したりすることはできない。

(4) 憲法第32条は，裁判を受ける権利を定めているが，この権利は，民事事件，刑事事件だけでなく，行政事件についても保障される。

(5) 憲法第40条は，刑事補償請求権を定めているが，公務員による自由の拘束に故意・過失がある場合に限り刑事補償請求権が認められている。

2 日本国憲法における精神的自由権に関する記述として，最も妥当なのはどれか。

(1) 思想・良心の自由の保障に関し，最高裁判所は私企業の雇用に対する契約の自由を認めるが，私企業が労働者の思想を理由に本採用を拒否することは違憲無効であると判示した。

(2) 日本国憲法では信教の自由を保障し，政治と宗教を分離する政教分離の原則を定めており，国家の宗教活動を禁じている。

(3) 学問の自由を担保するために大学の自治が保障されており，この大学の自治には人事の自治や大学の施設管理の自治が含まれるが，学生の管理の自治は含まれないと解されている。

(4) 表現の自由にも一定の制約があるが，特定の表現内容につき刑罰を設けて禁止することは一切許されない。

(5) 地方公共団体が集団行進や集団示威運動について公安委員会の許可を要すると定めることは，表現の自由の保障に反し許されない。

3 **我が国の政党政治に関する記述として，最も妥当なのはどれか。**

(1)　55年体制は二大政党制の期待をもって出発したが，実際には自民党が政権を握り，「1と2分の1政党制」ともいわれるほど政権交代の可能性の極めて低い一党優位の体制であった。

(2)　帝国議会開設以前に多くの政党が結成・活動していたが，我が国で初めて本格的な政党内閣が成立したのは，第二次大戦後の吉田内閣である。

(3)　2000年代に入り自民党が打ち出した「構造改革」路線に対する批判が高まり，2009年の衆議院議員選挙の結果，維新の党を中心とした菅内閣が成立した。

(4)　1955年，左右に分裂していた自由民主党の統一に続き，保守合同で社会党が結成されたことにより，その二党を中心とする二大政党制が誕生した。

(5)　1993年，自由民主党が分裂し，衆議院の解散を経て総選挙が実施され，その結果，非自民7党1会派連立による村山内閣が誕生し，55年体制が崩壊した。

4 **フランスの政治制度に関する記述として，最も妥当なのはどれか。**

(1)　フランスの大統領は連邦集会で選出され，議院内閣制の下で政治的な実権は首相にあり，大統領は儀礼的な存在である。

(2)　フランスの首相は，国民の直接選挙により選出され，内閣の閣僚を任命する権限を有している。

(3)　フランスの下院（国民議会）は解散されることがあり，解散権は大統領ではなく首相が有している。

(4)　フランスの議会は，国民の直接選挙により選出される上院（元老院）と，国民の間接選挙により選出される下院（国民議会）の二院制である。

(5)　フランスでは，大統領制と議院内閣制を組み合わせた政治体制がとられており，半大統領制とよばれている。

5 **景気変動に関する記述として，最も妥当なのはどれか。**

(1)　景気循環の過程を4つの局面に分けると，一般に好況，後退，不況，恐慌となる。

(2)　キチンの波は，設備投資の変動に起因する景気循環であり，周期は約40か月である。

(3) コンドラチェフの波は，技術革新に起因する景気循環であり，周期は約50年である。

(4) クズネッツの波は，在庫投資の変動に起因する景気循環であり，周期は約20年である。

(5) ジュグラーの波は，建設需要に起因する景気循環であり，周期は約10年である。

6 1970年代以降の国際経済に関する記述として，最も妥当なのはどれか。

(1) 1970年代以降，我が国は，アメリカとの間で生じた貿易摩擦の解消のために，消費や住宅投資などの内需拡大策を改め，輸出主導型の経済構造を目指すことになった。

(2) 1974年の国連における「NIEO（新国際経済秩序）樹立宣言」において，発展途上国の天然資源の恒久主権が盛り込まれたが，これに反対して産油国はOPECを設立した。

(3) 1980年代以降，メキシコやブラジルは先進国から借り入れた多額の債務の返済が困難となり，債務のリスケジューリングやデフォルトを引き起こす南南問題が生じた。

(4) 1990年代には，ヘッジファンドによる資金移動などから，タイの通貨が暴落して経済危機が生じ，その影響は他のアジア諸国にも波及してアジア通貨危機が起こった。

(5) 2000年代の世界金融危機以降，G20による金融サミットが開催され，金融機関やヘッジファンドに対する規制を強化する一方，新たにタックスヘイブンを設けることで金融の安定化が図られた。

7 次の記述中の空所A～Dに当てはまる語句の組合せとして，最も妥当なのはどれか。

本年2月，「新型インフルエンザ等対策特別措置法」の一部が改正された。改正法では，緊急事態宣言のもとで（ A ）が，施設の使用制限などを（ B ）できることに加え，正当な理由なく応じない事業者などに（ C ）ができるようになった。また，緊急事態宣言が出される前でも対策を講じられるよう「まん延防止等重点措置」が創設され，（ A ）は特定の事業者に対し営業時間の変更などを（ B ）し，正当な理由なく応じない場合は，まん延を防止するため特に必要があると認める時に限り（　C　）できる。（　C　）に従わない事業者に対しては，緊急事態宣言が出されている場合には30万円以下，緊急事態宣言が出されていない「重点措置」の場合は20万円以下の過料を（　D　）罰としてそれぞれ科すと規定されている。

	A	B	C	D
(1)	都道府県知事	要請	命令	行政
(2)	都道府県知事	命令	要請	刑事
(3)	都道府県知事	要請	命令	刑事
(4)	政府	命令	要請	行政
(5)	政府	要請	命令	刑事

8　2020年，国連教育科学文化機関（ユネスコ）により登録された我が国の無形文化遺産の名称として，最も妥当なのはどれか。

(1)　来訪神：仮面・仮装の神々
(2)　百舌鳥・古市古墳群　－古代日本の墳墓群－
(3)　和紙：日本の手漉和紙技術
(4)　長崎と天草地方の潜伏キリシタン関連遺産
(5)　伝統建築工匠の技：木造建造物を受け継ぐための伝統技術

9　次の記述に当てはまる語句として，最も妥当なのはどれか。

アメリカ合衆国の発明家レイ・カーツワイル氏が提唱した未来予測の概念であり，日本語で「技術的特異点」と訳され，「AIが人類の知性を上回る時点」を意味する。

(1)　ディープラーニング　　(2)　シンギュラリティ
(3)　ターニングポイント　　(4)　インテグリティ
(5)　ユビキタス

10　江戸時代の政治改革に関する記述として，最も妥当なのはどれか。

(1)　徳川家宣は，生類憐みの令を廃止し，朱子学者の新井白石と側用人の柳沢吉保を信任して，政治の刷新をはかろうとした。
(2)　徳川吉宗は，側用人による側近政治をやめ，有能な人材を多く登用し，天保の改革と呼ばれる幕政改革を行った。

(3) 田沼意次は，幕府財政を再建するため，特定の商人に銅座や人参座をつくらせ独占を認め，商人や職人の同業者でつくる株仲間も積極的に公認して運上金や冥加金の増収をはかった。
(4) 松平定信は，寛政異学の禁を発し，朱子学を異学として，湯島聖堂の学問所で朱子学の講義や研究を禁じる措置を講じた。
(5) 水野忠邦は，人返しの法を発し江戸・大坂周辺の地を幕府直轄地にして，財政の安定や対外防備の強化をはかろうとしたが，大名や旗本の反対を受けて実現できなかった。

11 昭和初期から太平洋戦争までの出来事に関する記述として，最も妥当なのはどれか。

(1) 1932年，海軍の青年将校の一団が起こした五・一五事件によって高橋是清蔵相が殺害され，大正末より続いた政党内閣が崩壊した。
(2) 1933年，国際連盟の総会でリットン報告書が採択され，日本に対し，満州国承認の撤回を勧告することが決議されると，松岡洋右ら日本全権団は総会から退場し，日本政府は翌月，国際連盟からの脱退を通告した。
(3) 1937年，北京郊外で起きた柳条湖事件後，近衛内閣は不拡大の方針を声明しながらも中国への派兵を認めたため，戦火は拡大し全面戦争に発展した。
(4) 1940年，近衛文麿は新体制運動を提唱し，一国一党の強力な基盤を持つ新党の結成を構想し，その構想は産業報国会として結実した。
(5) 1941年，日本陸軍による英領マレー半島への奇襲上陸，日本海軍のハワイ真珠湾攻撃を機に，日本はアメリカ・イギリス・ソ連に宣戦布告し，太平洋戦争が始まった。

12 元に関するＡ～Ｃの記述の正誤の組合せとして，最も妥当なのはどれか。

A 相続争いを経て第5代の大ハンに即位したフビライは，都を大都に定め，国名を中国風に元と称し，ついで南宋を滅ぼして中国全土を支配した。
B 元は中国の統治に際して，中国の伝統的な官僚制度を採用したが，実質的な政策決定は，中央政府の首脳部を独占するモンゴル人によっておこなわれた。

C　元の政府は，支配下の地域の社会や文化を厳しく取り締まったため，大土地所有は衰退し，都市の庶民文化も衰えていった。

	A	B	C
(1)	正	正	誤
(2)	正	誤	誤
(3)	誤	正	誤
(4)	誤	誤	正
(5)	誤	正	正

13 イランの歴史に関する記述として，最も妥当なのはどれか。

(1)　1501年，トルコ系遊牧民を率いたイスマーイールがサファヴィー朝を倒してティムール朝を開いた後，その王朝は国内統一のためにスンニ派を国教とした。

(2)　王朝の最盛期を築いたアッバース1世は，オスマン帝国と戦って領土の一部を取り返し，16世紀末に新首都イスファハーンを建設した。

(3)　カージャール朝では，カフカスの領有をめぐるロシアとの戦いに勝利して，1828年，ロシアが中央アジアへ進出するのを阻止するトルコマンチャーイ条約を締結した。

(4)　カージャール朝では，19世紀末からムスタファ＝ケマルのよびかけにこたえ，政府がイギリスの会社に与えたタバコの独占利権に反対するタバコ＝ボイコット運動が展開された。

(5)　第一次世界大戦中イギリス・ロシアに占領されていたイランでは，イブン＝サウードがクーデターで政権を握り，1925年，パフレヴィー朝を創始した。

14 地図や地理情報などに関する記述として，最も妥当なのはどれか。

(1)　近世の大航海時代に，航海に適したホモロサイン図法（グード図法）が考案され，船の往来をより活発にさせた。

(2)　本初子午線は，イギリスのロンドン郊外の旧グリニッジ天文台を通る経線であり，日付変更線は，経度180度の経線と完全に一致する直線である。

(3)　複数の人工衛星の電波を受信し，地球上どこにいても正確に現在の位置を知ることができるしくみを全球測位衛星システム（GNSS）という。

(4)　リモートセンシング（遠隔探査）を用いた身近な例として日本の静止衛星「ひまわり」を使った天気予報があげられ，「ひまわり」による日本の観測は1日12時間だけ可能である。

(5)　対蹠点（たいせきてん）とは地球上のある地点から，地球の中心を通る直線が反対側の地球表面に出た地点のことをいい，東京の対蹠点はニュージーランドの西方海上にある。

15 次の記述に該当する作物として，最も妥当なのはどれか。

秋に種をまき初夏に収穫するものと，春に種をまき秋に収穫するものとがある。また，北半球と南半球では収穫期が異なるため，年間を通して世界のどこかで収穫されており，各生産国の収穫期を一覧にしたカレンダーがある。2018年における生産量上位5か国は，中国（1位），インド（2位），ロシア（3位），米国（4位），フランス（5位）である。

(1)　米　　(2)　とうもろこし　　(3)　大豆　　(4)　さとうきび

(5)　小麦

16 諸子百家に関する記述中の空所A～Eに当てはまる人名や語句の組合せとして，最も妥当なのはどれか。

諸子百家の流派のうち，儒家は（　A　）などを思想内容の特徴とし，主な思想家として孔子や（　B　）があげられる。

これに対して，道家は（　C　）などを思想内容の特徴とし，主な思想家として老子や（　D　）があげられる。

儒家と道家は，漢の時代にそれぞれ儒教と道教へと発展していく。このうち，（　E　）の流れをくむものとして朱子学や陽明学がある。

	A	B	C	D	E
(1)	兼愛	墨子	法治主義	韓非子	道教
(2)	兼愛	墨子	無為自然	荘子	儒教
(3)	仁と礼	孟子	法治主義	荘子	道教
(4)	仁と礼	荀子	無為自然	荘子	儒教
(5)	仁と礼	荀子	無為自然	韓非子	儒教

17 **近代の作家に関する記述として，最も妥当なのはどれか。**

(1)　森鷗外は，陸軍軍医としてのドイツ留学からの帰国後，文学の括動をはじめ，訳詩集『若菜集』，小説『舞姫』などを著し，近代文学の源流を作った。

(2)　夏目漱石は，余裕派・高踏派などと呼ばれ，反自然主義的な立場で活躍し，超俗の世界，非人情なる独自の作風を『和解』において確立した。

(3)　島崎藤村は，自費で世に問うた『破戒』で文壇的地位を確立させ，その主題の持つ社会性は大きな反響を呼び，自然主義文学の基をなす作品となった。

(4)　志賀直哉は，「白樺」創刊号に『夜明け前』を発表し，以来，自伝風の心境小説的傾向の強い短編を多く書き，鋭い感受性と強靭な自我に支えられた健康的な作風を打ち立てた。

(5)　芥川龍之介は，新現実派の中心的作家であり，東大在学中，『羅生門』を発表して注目され，次いで「新思潮」に発表した『小僧の神様』が認められたことで，はなばなしく文壇に登場した。

18 **次の文における下線部の慣用表現が正しいものとして，最も妥当なのはどれか。**

(1)　社長の<u>御眼鏡にかなう</u>。

(2)　事業に<u>心血を傾ける</u>。

(3)　<u>寸暇を惜しまず</u>勉強する。

(4)　<u>天地天命に誓って</u>偽りはない。

(5)　議論の構成を整えて堂々と論を展開することを，<u>論戦を張る</u>という。

19 **次の外来語とその言い換え語の組合せとして，最も妥当なのはどれか。**

(1)　パトス　　　　－　逆説

(2)　ドグマ　　　　－　隠喩

(3)　アフォリズム　－　警句

(4)　パラドックス　－　独断

(5)　メタファー　　－　情念

20 地球の周りを半径rで等速円運動する人工衛星Pがある。これを点Aで加速し，図の点線で示すような楕円軌道に移行したい。直線ABは楕円の長軸であり，地球の中心Oから点Bまでの距離は$3r$とする。地球の質量をM，万有引力定数をGとすると，楕円軌道に入ったときの点AにおけるPの速さとして，最も妥当なのはどれか。

(1) $\sqrt{\dfrac{GM}{r}}$

(2) $\sqrt{\dfrac{GM}{2r}}$

(3) $\sqrt{\dfrac{3GM}{2r}}$

(4) $\sqrt{\dfrac{2GM}{3r}}$

(5) $\sqrt{\dfrac{4GM}{3r}}$

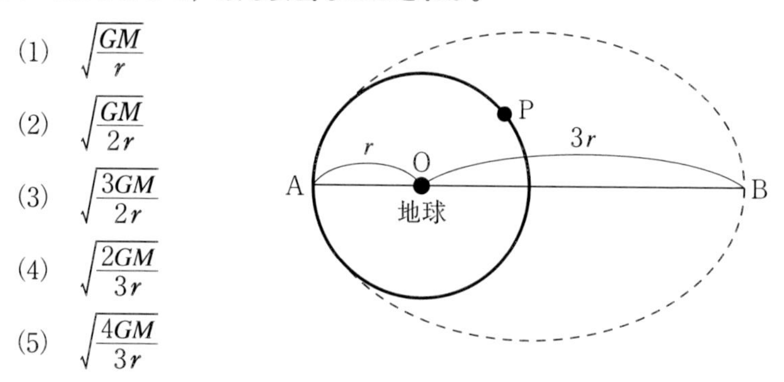

21 気体の実験室的製法に関する記述として，最も妥当なのはどれか。ただし，反応させる試薬に過不足はないものとする。

(1) 銅と希硝酸を反応させると一酸化窒素が発生する。このとき，希硝酸4molにつき，一酸化窒素1molが発生する。

(2) 銅と濃硝酸を反応させると二酸化窒素が発生する。このとき，濃硝酸1molにつき，二酸化窒素1molが発生する。

(3) 塩化アンモニウムと水酸化カルシウムの混合物を加熱するとアンモニアが発生する。このとき，水酸化カルシウム1molにつき，アンモニア1molが発生する。

(4) 硫化鉄（Ⅱ）と希硫酸を反応させると硫化水素が発生する。このとき，硫化鉄（Ⅱ）1molにつき，硫化水素2molが発生する。

(5) 銅と熱濃硫酸を反応させると二酸化硫黄が発生する。このとき，銅1molにつき，二酸化硫黄3molが発生する。

22 呼吸および発酵に関する記述として，最も妥当なのはどれか。

(1)　呼吸は生物が備えているしATP合成の仕組みであり，酸素を用いた異化により，呼吸基質の有機物が水と炭素にまで分解される。

(2)　解糖系は細胞質基質で行われる異化の代謝経路であり，グルコースがピルビン酸に分解される反応経路ではATPと$FADH_2$を生成する。

(3)　電子伝達系はミトコンドリアの内膜に存在する複数のタンパク質で構成される反応系であり，酸化還元反応により，ATPからADPが合成される。

(4)　クエン酸回路はミトコンドリアのマトリックスで行われる異化の代謝経路であり，循環的な反応経路によって，アセチルCoAとオキサロ酢酸からNADHと$FADH_2$が合成される。

(5)　発酵は微生物が酸素の消費なしに炭水化物を分解する反応であり，呼吸と同程度の量のATPを生産できる。

23 岩脈と岩体に関する記述中の空所A～Dに当てはまる語句の組合せとして，最も妥当なのはどれか。

マグマは地下深部から割れ目を通って上昇してくる。こうした割れ目を満たしたマグマが冷えて固まり，岩脈や（　A　）になる。また，上昇してきたマグマがマグマだまりを作ってゆっくりと固化したものが，（　B　）からなる（　C　）である。（　C　）には直径が10kmを越えるような大規模なものもあり，それは（　D　）と呼ばれる。

	A	B	C	D
(1)	岩床	火山岩	バソリス	貫入岩体
(2)	岩床	深成岩	貫入岩体	バソリス
(3)	バソリス	火山岩	岩床	貫入岩体
(4)	バソリス	深成岩	貫入岩体	岩床
(5)	貫入岩体	火山岩	岩床	バソリス

24 次の英文の（　）に当てはまるものとして，最も妥当なのはどれか。

He can't even read Spanish, (　　　) speak it with fluency.

(1)　less than　　(2)　much more　　(3)　still more

(4)　more than　　(5)　much less

25 次の英文が文法的に正しく，意味の通る文になるように［　］内の単語を並び替えたとき，2番目と4番目にくる単語の組合せとして，最も妥当なのはどれか。

Much [admire / a / though / I / him / politician / as], I do not like him as a man.

	2番目	4番目
(1)	I	him
(2)	admire	though
(3)	politician	admire
(4)	a	I
(5)	though	as

26 次の英文の内容と合致するものとして，最も妥当なのはどれか。

※本文略（この問題は，著作権の関係により，掲載しません。）

［語義］ the Mekong*1 メコン川 ／ draconian*2 厳しい，厳酷な
*zhi**3 治 ／ delta*4 三角州 ／ Kaifeng*5 開封（中国の都市）

(1) 中国は，洪水が恵みの水となりうることから，黄河を「喜び」と表現してきた。

(2) 黄河の洪水を防ぐことが中国政府の重大な懸案となったのは，最近のことである。

(3) 中国政府と黄河の関連を表す「治」には，「水を治める」という意味しかない。

(4) 1972年から1998年までの間，黄河は毎年のように三角州の途中までしか流れなかった。

(5) 1997年に，1938年に起きた黄河決壊の現場のやや上流の開封付近で黄河は干上がった。

27 次の英文の内容と合致するものとして，最も妥当なのはどれか。

※本文略（この問題は，著作権の関係により，掲載しません。）

［語義］ incur*1　招く ／ engender*2　生じさせる ／ demoralize*3　士気をくじく

(1)　他人のあら探しをする人間は，自分を正当化し自尊心を守ろうと考えている。
(2)　心理学者のスキナーは，動物の訓練では良いことをしたときに褒めるより，悪いことをしたときに罰するほうが効果的だと実証した。
(3)　心理学者のセリエは，「我々人間は他人からの賞賛を強く望むよりも，他人からの非難を恐れる。」と述べている。
(4)　批判が呼び起こす怒りは，従業員や家族・友人の意欲をそぐだけで，批判の対象とした状態は少しも改善されない。
(5)　工場の安全管理責任者であるジョンストンは，ヘルメットの被り心地の悪さを認めつつ，それで危険が防げると従業員に説明したが，作業員にその着用を促すことはできなかった。

28　次の文章の空所に当てはまる語句として，最も妥当なのはどれか。

※本文略（この問題は，著作権の関係により，掲載しません。）

(1)　必ず「当たる」わけではないのだから，統計分析を信頼してはいけない
(2)　「当たる」「当てはまりのよい」ことだけが統計分析の本領とは限らない
(3)　人々の思いに関係なく，確実に「当たる」予測をすることこそが統計分析の本領である
(4)　分析者の思惑を超え，誰もが想像もしない展開をしてこそ役に立つ統計である
(5)　人々の行動を所期の方向へ「誘導」できなければ，統計の存在する意味はない

29　次の文章を先頭に置き，Ａ～Ｅの文章を並べ替えて意味の通る文章にしたときの順番として，最も妥当なのはどれか。

※本文略（この問題は，著作権の関係により，掲載しません。）

(1)　B－A－C－D－E
(2)　B－D－E－C－A
(3)　D－A－E－C－B
(4)　D－E－B－C－A
(5)　E－D－C－B－A

30 次の文章の要旨として，最も妥当なのはどれか。

※本文略（この問題は，著作権の関係により，掲載しません。）

(1)　学習指導要領にあるように，幼児期には「聞く力」「話す力」「読む力」「書く力」がバランスよく発達するよう配慮するべきである。
(2)　幼児期の教育において「読む」ことと「書く」ことに重点を置くのは日本で伝統的になされていたことであり，現代においてもこれは理にかなっている。
(3)　子どもの発達には段階があるので，幼児期には読み聞かせによって「聴く力」を，小学校に入ってからは読書によって「読む力」を重点的に伸ばすのがよい。
(4)　現代の脳科学では，「聴く力」を伸ばすことで「話す力」「読む力」「書く力」も同時に備わることが分かっているので，幼児期においては読み聞かせが最も重要なことである。
(5)　幼児期のある時期までは，本を自分で読ませるのではなく，読み聞かせによって「聴く力」を育むことが，脳の発達には重要である。

31 次の文章の要旨として，最も妥当なのはどれか。

※本文略（この問題は，著作権の関係により，掲載しません。）

(1)　上司の言い分に意見することは悪い結果しか生まないので，「お言葉を返すようですが」などと反論するべきではない。
(2)　相手に反論をする際には「お言葉を返すようですが」などの前置きをしないほうが突然のインパクトがあるし，「反論の反論」を封じ込めることもできる。
(3)　「お言葉を返すようですが」と前置きをすることにより物腰が柔らかく

なり，感情的に逆らった印象がなくなるため，相手も素直に意見を聞く姿勢になってくれる。

(4)　「お言葉を返すようですが」という前置きによって反論の了解を取りつけることができ，相手を一気に論破しやすくなる。

(5)　「お言葉を返すようですが」というフレーズを使わずに語れば，穏やかで慎重に話すことができるようになり，結果として自分の意見を述べることが怖くなくなる。

32　次の文章の要旨として，最も妥当なのはどれか。

※本文略（この問題は，著作権の関係により，掲載しません。）

(1)　今日の地球環境は悪化の一途をたどっているので，人の叡智のすべてを結集し，全力をあげて自然保護のために邁進するべきである。

(2)　自然保護という言葉によって地球環境はますます悪化することとなったので，今日ではこの言葉を悪しき教訓とし，自分自身の環境の保全を検討しなくてはならない。

(3)　人も大きな自然のほんの一要素に過ぎないので，その小さな営みが自然を破壊するなどという考えは，傲慢であると反省しなくてはならない。

(4)　地球環境について，今日では自然保護という姿勢ではなく，自分自身の環境をどのように保全するのか，自分はどう関与していくのかを検討すべきである。

(5)　大きな自然に影響を与えるには国や国際間の協力が不可欠であり，個々人が自然保護という言葉だけを振りかざしても何の意味もない。

33　次の文章の要旨として，最も妥当なのはどれか。

※本文略（この問題は，著作権の関係により，掲載しません。）

(1)　大学の予算配分には「選択と集中」が必要であり，経験の浅い若い研究者への配分が少なくなるのは，やむを得ないことである。

(2)　研究者は，若いうちは研究に打ち込むよりも，回り道をして予算獲得の方法や研究マネジメントなどを身に付けていった方がよい。

(3)　若い研究者には大学による適切なサポートが不可欠であり，そのためには大学側の研究分野への確かな知識や，研究グループとの信頼関係が求められる。

(4)　投資の効果を最大化するにはメリハリが必要であり，何億円もする実験装置も必要であれば速やかに購入する必要がある。

(5)　将来性のある若い研究者をしっかりと後押しするためには，大学は即断即決で彼らに投資していかなくてはならない。

34 あるサークルのメンバーにアンケートを実施したところ，次のア～ウのことがわかった。このとき，確実にいえることとして，最も妥当なのはどれか。

ア：野球が得意な人は，サッカーが得意でない。

イ：バレーボールが得意でない人は，ゴルフが得意である。

ウ：バレーボールが得意な人は，サッカーも得意である。

(1)　野球が得意でない人は，バレーボールも得意でない。

(2)　サッカーが得意な人は，ゴルフが得意でない。

(3)　バレーボールが得意な人は，野球も得意である。

(4)　バレーボールが得意でない人は，サッカーが得意である。

(5)　ゴルフが得意でない人は，野球も得意でない。

35 A，B，Cの3人が，赤，黄，紫のいずれかの色の花が一輪だけ咲いている植木鉢をいくつか購入した。さらに次のことがわかっているとき，確実にいえることとして，最も妥当なのはどれか。

ア　3人が購入した鉢の数の合計の内訳は，赤色の花が咲いている鉢が4つ，黄色の花が咲いている鉢が3つ，紫色の花が咲いている鉢が3つであった。

イ　3人が購入した鉢の数は，それぞれAが4つ，BとCがそれぞれ3つであった。

ウ　3人とも赤色の花が咲いている鉢を購入した。

エ　黄色の花が咲いている鉢を購入した人は，紫色の花が咲いている鉢も購入した。

(1)　Aは，紫色の花が咲いている鉢を1つ購入した。

(2)　Bは，赤，黄，紫の3色すべての花の鉢を購入した。

(3)　Bは，黄色の花が咲いている鉢を1つ購入した。

(4)　Cは，赤色の花が咲いている鉢を1つ購入した。
(5)　Cは，赤，黄，紫の3色すべての花の鉢を購入した。

36 A～Eの5人がマラソンを行った結果，同着はなく1着から5着まで順位が確定し，その順位についてA～Eの5人が以下の発言をした。最下位(5着)の者だけが真実と異なる発言をしているとき，Eの順位として，最も妥当なのはどれか。

A「私は2着でした」
B「私はAより順位が上位でした」
C「私は3着ではありませんでした」
D「私はCより順位が下位でした」
E「私はCより順位が上位でした」

(1)　1着　(2)　2着　(3)　3着　(4)　4着　(5)　5着

37 A～Dの4人はそれぞれ，野球，サッカー，テニス，ゴルフの4種目のスポーツの中から2種目を選んだ。以下のことがわかっているとき，確実にいえることとして，最も妥当なのはどれか。

○　4人の選んだ種目の組合せはそれぞれ異なっていた。
○　AとBは同じ種目を選ばなかった。
○　Cは野球を選んだ。
○　サッカーを選んだものはテニスも選んだ。

(1)　Aは野球を選んだ。
(2)　Bはサッカーを選ばなかった。
(3)　Cはテニスを選ばなかった。
(4)　Dはゴルフを選んだ。
(5)　サッカーを選んだのは2人だけだった。

38 **図のような待合室で，A～Jの客10人が，①～⑩の座席に1人ずつ，テレビのある方向を向いて座っている。次のア～オのことがわかっているとき，確実にいえることとして，最も妥当なのはどれか。**

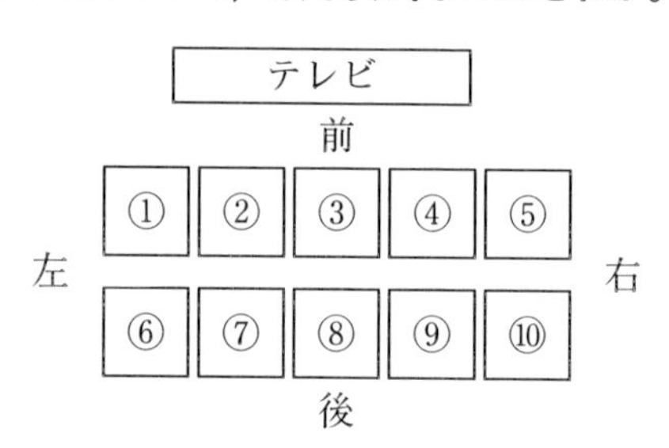

ア　AとIは隣同士に座っている。
イ　CはDの真後ろの座席の隣に座っている。
ウ　DとGは隣同士で，かつDとGを間に挟みこむ形でその両隣にBとIが座っている。
エ　Eの両隣にはJとCが座っている。
オ　FはAの真後ろの座席の隣に座っている。

(1)　①にはAが座っている。
(2)　③にはGが座っている。
(3)　⑤にはBが座っている。
(4)　⑧にはCが座っている。
(5)　⑩にはHが座っている。

39 **四角錘OABCDにおいて，底面ABCDは1辺の長さ2の正方形でOA＝OB＝OC＝OD＝$\sqrt{5}$ である。このとき，四角錘OABCDに内接する球の半径として，最も妥当なのはどれか。**

(1)　$\frac{\sqrt{3}}{5}$　　(2)　$\frac{\sqrt{5}}{5}$　　(3)　$\frac{\sqrt{3}}{3}$　　(4)　$\frac{2}{3}$　　(5)　$\frac{\sqrt{5}}{3}$

40 △ABCにおいて，辺BC，辺ABの中点をそれぞれM，Nとする。また，線分AMと線分NCの交点をGとする。このとき，△GNMと△ABCの面積の比として，最も妥当なのはどれか。

(1)　1：10
(2)　1：11
(3)　1：12
(4)　1：13
(5)　1：14

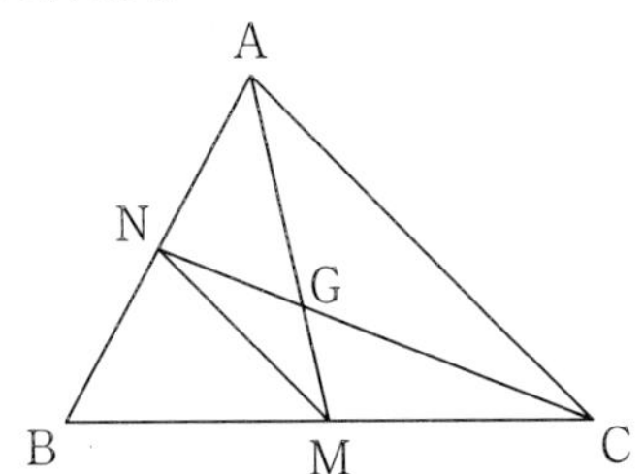

41 １辺の長さが１の正四面体Ａの４つの面に，面同士がぴったり重なるようにＡと同じ大きさの正四面体を４つ張り付けて立体を作った。この立体の辺の本数として，最も妥当なのはどれか。

(1)　10　(2)　12　(3)　14　(4)　16　(5)　18

42 下の図のように，平らな土地が道路によって，同じ大きさの正方形で区画されている。このとき，点Ａから出発して点Ｂを通り点Ｃまでを最短距離で結ぶ経路の数として，最も妥当なのはどれか。ただし，図中のＬ地点は左折禁止，Ｒ地点は右折禁止とする。

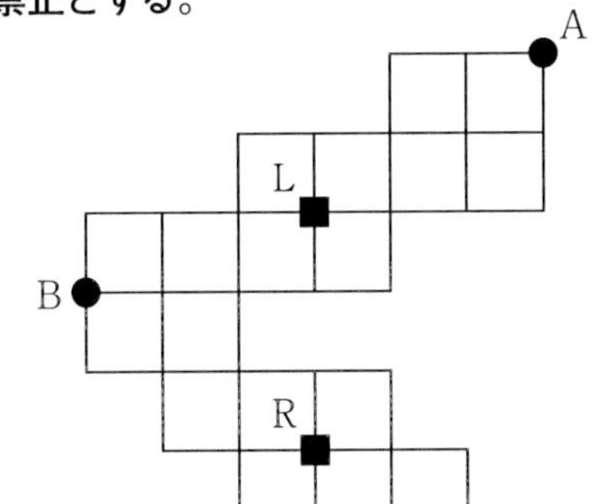

(1)　893通り
(2)　1350通り
(3)　1530通り
(4)　1575通り
(5)　1785通り

43 下図のように，半径1cm，中心角60°の扇形が，直線と半径1cmの半円を組み合わせた図形の線上を，下図の位置から滑らないように矢印の方向へ点Qの位置まで回転した。このとき，この扇形上にある点Pの軌跡を太線で表した形として，最も妥当なのはどれか。

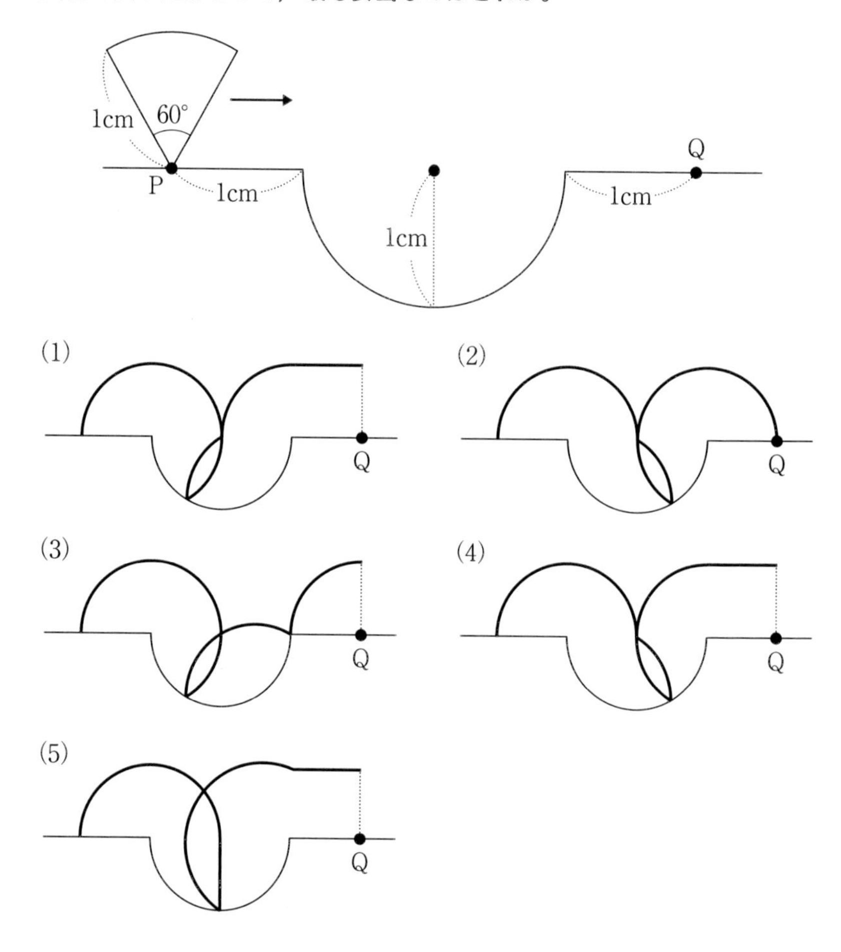

44 ∠ABC＝90°の直角三角形がある。辺ABを回転の軸として1回転させたときにできる立体の体積をV_1，辺ACの中点と辺BCの中点を通る直線を回転の軸としたときにできる立体の体積をV_2，三角形ABCと同一平面上にあり点Cを通り辺ABに平行な直線を回転の軸としたときにできる

立体の体積をV_3とした場合，３つの体積の大小関係を表したものとして，最も妥当なのはどれか。

(1)　$V_1 < V_2 < V_3$

(2)　$V_2 < V_1 < V_3$

(3)　$V_1 < V_3 < V_2$

(4)　$V_3 < V_1 < V_2$

(5)　$V_3 < V_2 < V_1$

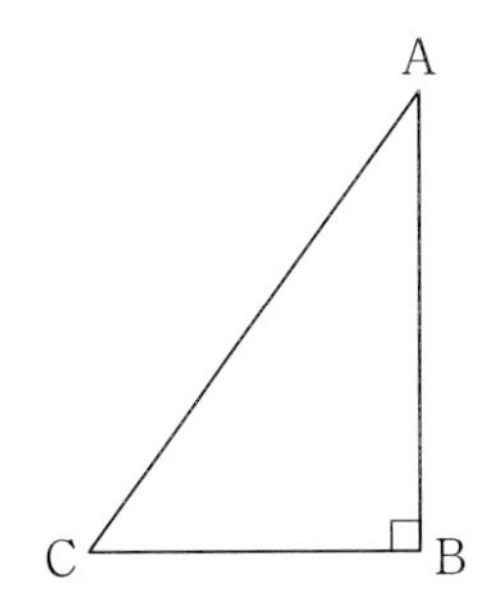

45 ある学校の入学試験で，受験者の25％が合格した。合格者の平均点は合格点より４点高く，不合格者の平均点は合格点より12点低かった。また，全受験者の平均点は52点であった。合格者の平均点として，最も妥当なのはどれか。

(1)　56点　　(2)　58点　　(3)　60点　　(4)　62点　　(5)　64点

46 コンサートの入場口にすでに500人の客が並んでおり，その数は１分間に３人ずつ増え続けている。１つの受付でチケットを確認して入場をさせることができる客の数が１分間に５人であるとき，15分以内に全員の客を入場させるために必要な受付の数のうち，最小となる受付の数として，最も妥当なのはどれか。

(1)　5　　(2)　6　　(3)　8　　(4)　9　　(5)　11

47 ６で割ると４余り，７で割ると３余り，11で割ると９余る正の整数のうち，最も小さい数の各位の和として，最も妥当なのはどれか。

(1)　9　　(2)　10　　(3)　11　　(4)　12　　(5)　13

48 大中小の３個のサイコロを同時に投げるとき，出た目の数の和が８の倍数になる確率として，最も妥当なのはどれか。

(1)　$\frac{1}{12}$　　(2)　$\frac{1}{8}$　　(3)　$\frac{11}{72}$　　(4)　$\frac{7}{36}$　　(5)　$\frac{17}{72}$

49 次のグラフは，平成26年度から平成30年度の全産業（金融業，保険業を除く）の経常利益及び売上高経常利益率の推移を示したものである。このグラフからいえることとして，最も妥当なのはどれか。なお，売上高経常利益率は，売上高に対する経常利益の割合である。

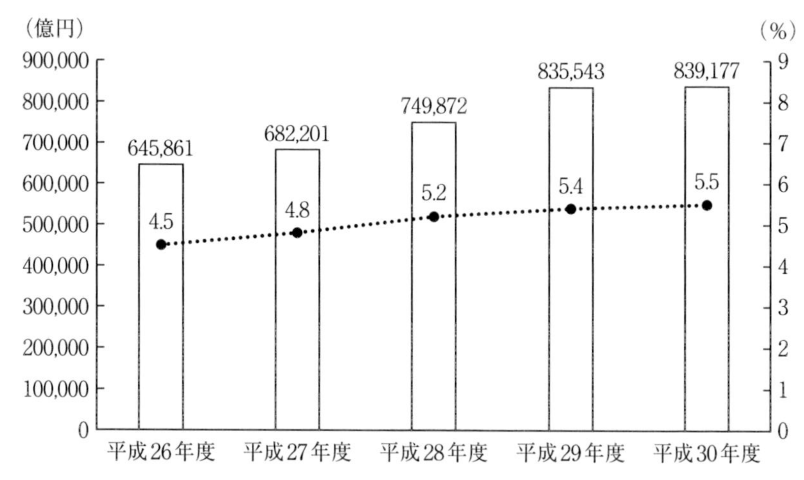

(1) 全産業（金融業，保険業を除く）の売上高は，どの年度も1,500兆円を上回っている。

(2) 平成26年度から平成30年度の全産業（金融業，保険業を除く）の経常利益の合計は，400兆円を上回っている。

(3) 平成27年度の全産業（金融業，保険業を除く）の経常利益は，平成26年度のそれよりも10%以上増加している。

(4) 平成29年度の全産業（金融業，保険業を除く）の売上高は，平成26年度のそれよりも多い。

(5) 平成28年度の全産業（金融業，保険業を除く）の経常利益の対前年増加率は，平成29年度のそれよりも大きい。

50 **次の表は，平成26年から平成30年の媒体別広告費の推移を示したものである。この表からいえることとして，最も妥当なのはどれか。**

なお，表中の総広告費の右側の括弧内の数値は，国内総生産に対する総広告費の比率（単位：%）を示している。

（単位：億円）

	総広告費	新聞・雑誌	地上波テレビ	プロモーションメディア	インターネット	その他
平成26年	61,522 (1.20)	8,557	18,347	21,610	10,519	2,489
平成27年	61,710 (1.16)	8,122	18,088	21,417	11,594	2,489
平成28年	62,880 (1.17)	7,654	18,374	21,184	13,100	2,568
平成29年	63,907 (1.17)	7,170	18,178	20,875	15,094	2,590
平成30年	65,300 (1.19)	6,625	17,848	20,685	17,589	2,553

(1)　平成29年の国内総生産に対する「プロモーションメディア」による広告費の比率は，平成28年のそれよりも低下している。

(2)　表で示された各年の中で，「新聞・雑誌」と「その他」による広告費の合計額が最も多いのは平成30年である。

(3)　平成26年から平成30年までの5年間の「インターネット」による広告費の平均額は，1兆4千億円を超えている。

(4)　表で示された各年の中で，国内総生産が最も小さいのは平成27年である。

(5)　平成26年の総広告費に占める「地上波テレビ」による広告費の割合と平成28年のそれを比べると，平成28年のほうが高い。

解答・解説

1 (4)

解説 (1)「請願の内容を審理・判定する法的拘束力が生じる」という部分が誤りである。 (2)「公務員個人」という部分が誤りである。 (3)「強制的に財産権を制限したり収容したりすることはできない」という部分が誤りである。いわゆる公用収容である。 (4) 正しい。「何人も，裁判所において裁判を受ける権利を奪われない」と明記されている。 (5)「公務員による自由の拘束に故意・過失がある場合に限り」という部分が誤りである。

2 (2)

解説 (1)「違憲無効であると判示した」という部分が誤りである。 (2) 正しい。憲法第20条に明記されている。 (3)「学生の管理の自治は含まれないと解されている」という部分が誤りである。 (4)「禁止することは一切許されない」という部分が誤りである。 (5)「表現の自由の保障に反し許されない」という部分が誤りである。なお，この選択肢は「地方公共団体」と「自治体」の条例に関することであることを留意しておくこと。

3 (1)

解説 (1) 正しい。55年体制は，1993年の衆議院総選挙で日本新党の細川護熙内閣が誕生するまでの約40年間続いた。 (2) 本格的な政党内閣は，戦前の原敬内閣などがある。 (3) 2009年に民主党の鳩山由紀夫内閣が誕生した。当時，維新の党はまだ結党されていなかった。 (4) 自由民主党と社会党が逆である。 (5) 村山内閣は，自由民主党，日本社会党，新党さきがけの3党による連立内閣である。

4 (5)

解説 (1) 大統領に強い権限が与えられているので，「大統領は儀礼的な存在」というのは誤りである。 (2) 大統領が首相の任免権を持っている。また，議会も首相の指名権・不信任権を有している。 (3)「解散権は大統領ではなく首相が有している」という部分が誤りである。 (4) 上院議員は間接選挙で選ばれ，下院議員は普通選挙で選ばれる。 (5) 正しい。フランス以外では，ロシア・台湾などで採用されている。

5 (3)

解説 (1)「好況，後退，不況，回復」である。　(2) 周期は正しいが，「設備投資の変動」ではなく「企業の在庫変動によるもの」と見られている。(3) 正しい。　(4) 周期は正しいが，「在庫投資の変動」が起因ではなく「建設需要」が起因であると考えられている。　(5)「建設需要」ではなく「企業の設備投資」に起因すると考えられている。　4つの景気循環の種類については，確認しておくとよい。

6 (4)

解説 誤答の選択肢の中で特に確認しておかなければならないのは，(2) と (3) である。(2) のOPECは1960年に設立されているので誤りである。(3) の南南問題とは，発展途上国間において，資源がある国とない国とで格差が広がっているという問題のことである。また，資源といっても，一つの産品に頼る国と多角的に展開している国とでは大きな差が出ることも意識しておきたい。

7 (1)

解説 時事問題である。　A　直後の「施設の使用制限」をするのは政府なのか都道府県知事，つまり自治体なのかを考えてみるとよい。　B，C「要請」の後に「命令」なのか，「命令」の後に「要請」なのかを考えてみるとよい。「従わない事業者」という言葉もヒントになる。　D「過料」がヒントになる。「違反者に制裁として金銭的負担を課すもの」であり，「行政上の秩序の維持のために行われる」ものであるから，「行政」である。

8 (5)

解説 無形文化遺産に関する問題である。世界遺産に関する問題がよく出題されていたが，最近は視点を変えて無形文化遺産について出題されることもある。日本も多くが登録されているが，代表的なものとして「能楽」「人形浄瑠璃文楽」「歌舞伎」「和食」「和紙」などがある。文化庁のホームページなどで確認しておくとよい。

9 (2)

解説 「シンギュラリティ」とは，英語で「特異点」という意味である。そこから「人工知能」，つまり「AI」が人類の知能を超える転換点（これを技術的特異点という），あるいは，そのことによって人々の生活に大きな変化が起こるという考えのことである。他の選択肢の「ディープラーニング」と「ユビキタス」などもよく聞かれる言葉であるため，辞書などで調べておくとよい。

10 (3)

解説 (1)「柳沢吉保」ではなく「間部詮房」である。　(2) 徳川吉宗は「享保の改革」を行った。「天保の改革」を行ったのは水野忠邦である。　(3) 正しい。田沼意次の政策はそのほか，新田開発を積極的に試みたり，最上徳内らを蝦夷地に派遣してその開発やロシアとの交易の可能性を調査させたりと，商人の力を利用しながら幕府財政の改善をしようとするものであった。　(4)「寛政異学の禁」は，朱子学を正学として他の学問の講義等を禁止した政策である。　(5)「幕府直轄地」に関する用語は，「人返しの法」ではなく「上知令」である。

11 (2)

解説 (1) 暗殺によって政党内閣が崩壊したことは正しいが，五・一五事件によって暗殺されたのは犬養毅首相である。　(2) 正しい。　(3) 柳条湖事件は満州事変のきっかけとなった事件。1937年は「盧溝橋事件」である。(4)「産業報国会」ではなく「大政翼賛会」である。　(5) 日本とソビエトとは「日ソ中立条約」を締結していたので，「ソ連に宣戦布告」という内容は誤りである。

12 (1)

解説 A　正しい。チンギスハンからフビライまでのモンゴル帝国の流れを確認しておくとよい。　B　正しい。中国のいろいろな登用制度（科挙や郷挙里選や九品中正など）を調べておくとよい。　C　誤り。元の政府は，社会や文化に対しては放任的な態度をとったので，大土地所有も発展し，都市の庶民文化も栄えた。

13 (2)

解説 (1) ティムール朝が衰えたのちに，サファヴィー朝が開かれた。また，国教としたのは「シーア派」である。　(2) 正しい。　(3) ロシアとの戦いに敗れ，この条約によってロシアに治外法権を認め，関税自主権を失った。(4)「ムスタファ＝ケマル」ではなく，「アフガーニー」である。　(5)「イヴン＝サウード」ではなく，「レザー＝ハーン」である。

14 (3)

解説 (1) 航海に必要なのは「正角図法」のメルカトル図法である。「グード図法」は面積の正しい地図である。　(2) 本初子午線の説明は正しいが，日付変更線は直線ではない。　(3) 正しい。GNSSは「Global Navigation Satellite System」の略で，米国のGPS，日本の準天頂衛星（QZSS），ロシアのGLONASS，欧州連合のGalileo等の衛星測位システムの総称のことである。　(4)「1日12時間だけ可能」という部分が誤りである。　(5) 日本の対蹠点は，ブラジルの南部とアルゼンチン東岸の大西洋上である。

15 (5)

解説 収穫時期が異なる，世界のどこかで年間を通して収穫されている，中国やインド，ロシアが上位にくるというところから「小麦」である。他の四つの作物の特徴も調べておくとよい。小麦には収穫時期の異なる「春小麦」と「冬小麦」の区別がある。一般的な小麦が冬小麦で，春小麦は冬の寒さが厳しい地域で栽培されている。

16 (4)

解説 諸子百家に関する問題である。　A 「儒家」とあるので「仁と礼」である。兼愛は「墨家」の墨子が唱えた言葉である。　B 儒家の主な思想家なので「孟子」と「荀子」である。これで答えを絞ることはできない。　C 「道家」なので「無為自然」である。「法治主義」は「法家」である。　D 道家なので，「老子」や「荘子」である。韓非子は「法家」である。　E 後に「朱子学」「陽明学」とあるので「儒教」である。

17 (3)

解説 (1)『若菜集』は森鷗外ではなく，島崎藤村の処女詩集である。森鷗外が発表したのは，共訳の訳詩集『於母影』である。 (2)『和解』は志賀直哉の作品，夏目漱石が非人情を描いたのは，『虞美人草』である。 (4) 志賀直哉が「白樺」創刊号に発表したのは，『網走まで』，『夜明け前』は島崎藤村の作品である。 (5) 芥川龍之介は新思潮派の作家である。また，『羅生門』発表に対する反響はなかった。「新思潮」に発表した『鼻』が夏目漱石に賞賛され，文壇にデビューした。『小僧の神様』は志賀直哉の作品である。

18 (1)

解説 他の選択肢の正しい慣用表現は，以下の通りである。(2) 心血を注ぐ，(3) 寸暇を惜しんで，(4) 天地神明に誓って，(5) 論陣を張る。

19 (3)

解説 他の選択肢の各外来語の正しい言い換えは，以下の通りである。
(1) 情念，(2) 独断，(4) 逆説，(5) 隠喩。

20 (3)

解説 A点，B点での速さをそれぞれV_A，V_Bとし，人工衛星の質量をmとする。エネルギー保存の法則より，$\frac{1}{2}mV_A{}^2 - G\frac{Mm}{r} = \frac{1}{2}mV_B{}^2 - G\frac{Mm}{3r}$

これを整理すると$V_A{}^2 - V_B{}^2 = \frac{4GM}{3r}$…①となる。

またケプラーの第二法則より$V_A \times r = V_B \times 3r$ よって，$V_B = \frac{1}{3}V_A$となる。

これを①に代入して，$V_A = \sqrt{\frac{3GM}{2r}}$となる。

21 (1)

解説 (1) 正しい。銅と希硝酸の反応は，$3Cu + 8HNO_3 \rightarrow 3Cu(NO_3)_2 + 4H_2O + 2NO$と表される。これより，希硝酸と一酸化窒素の物質量の比は，8：2＝4：1となる。 (2) 誤り。銅と濃硝酸の反応は，$Cu + 4HNO_3 \rightarrow Cu(NO_3)_2 + 2H_2O + 2NO_2$と表される。これより，濃硝酸と二酸化窒素の物質量の比は

4：2＝2：1となる。　(3) 誤り。塩化アンモニウムと水酸化カルシウムの反応は，$2NH_4Cl + Ca(OH)_2 \rightarrow CaCl_2 + 2H_2O + 2NH_3$と表される。これより，水酸化カルシウムとアンモニアの物質量の比は1：2となる。　(4) 誤り。硫化鉄（Ⅱ）と希硫酸の反応は，$FeS + H_2SO_4 \rightarrow FeSO_4 + H_2S$と表される。これより，硫化鉄（Ⅱ）と硫化水素の物質量の比は1：1となる。　(5) 誤り。銅と熱濃硫酸との反応は，$Cu + 2H_2SO_4 \rightarrow CuSO_4 + 2H_2O + SO_2$と表される。これより，銅と二酸化硫黄の物質量の比は1：1となる。

22 (4)

解説 (1) 誤り。好気呼吸によりATPが合成され，呼吸基質の有機物は水と二酸化炭素にまで分解される。　(2) 誤り。グルコースがピルビン酸2分子に分解される解糖系では，ATPとNADHとH^+ができる。　(3) 誤り。電子伝達系ではADPからATPが合成される。　(4) 正しい。　(5) 誤り。発酵で生産されるATPの量は呼吸で生産される量よりも少ない。

23 (2)

解説 マグマが地表に噴出したものを溶岩というのに対し，噴出せず地下で固まったものを貫入岩体といい，地層面に平行に貫入した岩床や地層面を切るように貫入した岩脈などがある。また，マグマが地下深くで大規模に固結したものをバソリスという。

24 (5)

解説 「much less～」は否定語句に続けて「なおさら～ない」という意味となる。

25 (1)

解説 整序すると，「(Much) though I admire him as a politician…」となる。Though I admire him much as a politicianの倒置である。譲歩節の中では「形容詞［副詞］＋as［though］＋S＋V」という倒置が起きる。

26 (4)

解説 出典はフレッド・ピアス著『When the Rivers Run Dry』。内容一致問題である。選択肢は本文の段落や内容順に並べられていることが多い。選択肢と該当部分の英文を比較しながら正誤を判断するとよい。明示されていないことや，拡大解釈しているものなども選択肢から外し，最も妥当なものを選ぶようにする。

27 (4)

解説 出典はデール・カーネギー著『How to Win Friends and Influence People』。内容一致問題である。選択肢には比較表現を和訳したと思われるものが散見される。英語の比較表現には「no more」，「not more」をはじめ，慣用的表現など紛らわしいものも多いので注意を要する。

28 (2)

解説 出典は佐々木彈著『統計は暴走する』。空欄補充問題である。空欄部と対比されている語句，あるいは空欄部を言い換えている語句を把握することで，適切な語句を推測することが可能である。本文の論理展開を追い，本文中で提示されている二項対立それぞれの内容を整理することが大切である。

29 (3)

解説 出典は近藤幹生著『保育とは何か』。文章整序問題である。各文に含まれる接続詞や指示語に着目することで，前後関係を判断することができる。文章全体の論理展開を意識しつつ，文の順序を類推したい。

30 (5)

解説 出典は久野泰可著『「考える力」を伸ばす』。要旨把握問題である。事実の指摘と筆者の意見を厳密に区別することが重要である。本文全体の論理構成に意識を向けつつ，筆者が最も強く主張している部分を捉えたい。

31 (5)

解説 出典は吉村達也著『その日本語が毒になる！』。要旨把握問題である。「お言葉を返すようですが」という表現に関する様々な立場が示されている。筆者は想定される反論と比較しつつ，自身の主張を明確に示すことを試みる。想定される意見と筆者の主張を峻別することが大切である。

32 (4)

解説 出典は岩槻邦男著『桜がなくなる日』。要旨把握問題である。筆者は一般に主張される見解と比較しつつ，自身の考えを明瞭に示そうとしている。接続詞や指示語に着目しながら，本文の論理展開を適切に追いたい。

33 (3)

解説 出典は五神真著『大学の未来地図』。要旨把握問題である。本文中で提示されている二項対立それぞれの内容を捉えつつ，さらにはそこから折衷的に導き出される筆者の意見を把握する必要がある。対立する二項の一方に極端に傾く内容は誤りであることが多い。

34 (5)

解説 ア～ウの命題，およびこれらの対偶を次のように表すこととする。

	命題	対偶
ア	野球→$\overline{\text{サッカー}}$	サッカー→$\overline{\text{野球}}$
イ	$\overline{\text{バレー}}$→ゴルフ	$\overline{\text{ゴルフ}}$→バレー
ウ	バレー→サッカー	$\overline{\text{サッカー}}$→$\overline{\text{バレー}}$

(1) 誤り。「$\overline{\text{野球}}$」から始まるものがないので，確実にはいえない。　(2) 誤り。アの待遇より「サッカー→$\overline{\text{野球}}$」となるが，その後が続かないため確実にはいえない。　(3) 誤り。ウ及びアの待遇より，「バレー→サッカー→$\overline{\text{野球}}$」となるので，「バレーが得意な人は野球が得意でない」となる。　(4) 誤り。イより「$\overline{\text{バレー}}$→ゴルフ」となるが，その後が続かないため確実にはいえない。　(5) 正しい。イの待遇，ウの命題，アの待遇と続けると「$\overline{\text{ゴルフ}}$→バレー→サッカー→$\overline{\text{野球}}$」となるので，「ゴルフが得意でない人は，野球も得意でない」となる。

35 (1)

解説 条件ア，ウより，下図①のことがわかる。

①

	赤				黄			紫			
	1	2	3	4	1	2	3	1	2	3	
A	○										4
B		○									3
C			○								3

ここで，赤色の花が咲いている4番目の鉢を誰が購入するかで場合分けをして考える。

(ⅰ) Aが購入する場合

(赤，黄，紫)＝(2，1，1) と購入するか，(赤，黄，紫)＝(2，0，2) と購入する2通りが考えられるが，(赤，黄，紫)＝(2，0，2) は条件エと矛盾するため，下図②となる。

②

	赤				黄			紫			
	1	2	3	4	1	2	3	1	2	3	
A	○			○	○			○			4
B		○				○			○		3
C			○				○			○	3

(ⅱ) Bが購入する場合

(赤，黄，紫)＝(2，0，1) と購入することのみが考えられ，下図③となる。

③

	赤				黄			紫			
	1	2	3	4	1	2	3	1	2	3	
A	○				○	○			○		4
B		○		○				○			3
C			○				○			○	3

(ⅲ) Cが購入する場合

(赤，黄，紫)＝(2，0，1) と購入することのみが考えられ，下図④となる。

④

	赤				黄			紫			
	1	2	3	4	1	2	3	1	2	3	
A	○				○	○			○		4
B		○					○			○	3

C			○	○				○			3

以上より，（ⅰ）～（ⅲ）の組合せに矛盾しない選択肢が，確実にいえることとなる。
(1) 正しい。（ⅰ）～（ⅲ）すべての場合でAは紫色の花が咲いている鉢を購入している。　(2)(3) 誤り。（ⅱ）の場合ではBは黄色の花が咲く鉢を購入していないため，確実には言えない。　(4) 誤り。（ⅲ）の場合ではCは赤色の花が咲く鉢を2つ購入しているため，確実には言えない。　(5) 誤り。（ⅲ）の場合ではCは黄色の花が咲く鉢を購入していないため，確実には言えない。

36 (1)

解説 Cの順位に着目して考える。Cが真実と異なる発言をしているとするとCは3着となるが，「5着の者だけが真実と異なる発言をしている」ことに矛盾する。よって，Cの発言は真実であり，3着でも5着でもないことがわかる。Cが4着だとすると，Dが5着のとき，Dの発言は正しいが，「5着の者だけが真実と異なる発言をしている」ことに矛盾する。また，Dが5着でないとき，Dは真実と異なる発言をしているが，「最下位（5着）の者だけが真実と異なる発言をしている」ことに矛盾する。よって，Cは4着でもない。Cが1着だとすると，Eが真実と異なる発言をしていることになるが，A，Bの真実の発言からBも1着となり，「同着はない」ことに矛盾する。よって，Cは1着でもない。したがって，Cは2着に決定する。これより，Aが真実と異なる発言をしていることになり，Eの真実の発言より，Eの順位は1着であることがわかる。

37 (4)

解説 便宜上，問題文に与えられた4つの条件をそれぞれア～エとする。条件ア，エより，種目の組合せは，野球とテニス，野球とゴルフ，サッカーとテニス，テニスとゴルフの4種類となり，次の表を埋めていく。

	野－テ	野－ゴ	サ－テ	テ－ゴ
A				
B				
C				
D				

ここで，条件ウより，サッカーとテニスを選んだものが，AかBかDとなる。Dがサッカーとテニスを選んだとすると，条件イと矛盾する。したがって，最終的に下図の①，②の場合が考えられる。

①

	野－テ	野－ゴ	サ－テ	テ－ゴ
A			○	
B		○		
C	○			
D				○

②

	野－テ	野－ゴ	サ－テ	テ－ゴ
A		○		
B			○	
C	○			
D				○

この2つの場合に矛盾しない選択肢が，確実にいえることとなる。
(1) 誤り。①の場合，Aは野球を選んでいないので，確実には言えない。
(2) 誤り。②の場合，Bはサッカーを選んでいるので，確実には言えない。
(3) 誤り。①②どちらでもCはテニスを選んでいる。　(4) 正しい。①②どちらでもDはテニスを選んでいる。　(5) 誤り。①②どちらでもサッカーは1人しか選んでいない。

38 (2)

解説 問題文に与えられた5つの条件をもとに，次の表を埋めていく。

与えられた条件より，前列に座っているのはA，B，D，G，I，後列に座っているのはC，E，F，H，Jである。また，条件ア，ウを考慮すると，Aが座っているのは①か⑤であることがわかり，下図のⅠとⅡの場合が考えられる。

Ⅰ

A	I	G	D	B
⑥	F	⑧	E	⑩

Ⅱ

B	D	G	I	A
⑥	E	⑧	F	⑩

さらに，C，E，Jは，Eを挟んで隣同士であることから，最終的に次図のⅠ-1，Ⅰ-2，Ⅱ-1，Ⅱ-2の4つの場合が考えられる。

Ⅰ-1

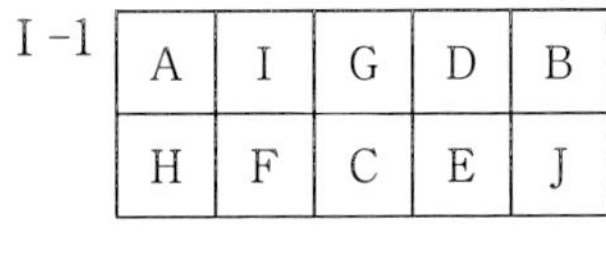

A	I	G	D	B
H	F	C	E	J

Ⅱ-1

B	D	G	I	A
C	E	J	F	H

Ⅰ-2

A	I	G	D	B
H	F	J	E	C

Ⅱ-2

B	D	G	I	A
J	E	C	F	H

この4つの場合に矛盾しない選択肢が，確実にいえることとなる。

(1) 誤り。Ⅱ-1，2の場合，Aは⑤の位置に座っているため，確実には言えない。　(2) 正しい。4つの場合全てGは③の位置に座っている。　(3) 誤り。Ⅰ-1，2の場合，Bは①の位置に座っているため，確実には言えない。　(4) Ⅰ-2，Ⅱ-1の場合，Cはそれぞれ⑩，⑥の位置に座っているため，確実には言えない。　(5) Ⅰ-1，2の場合，Hは⑥の位置に座っているため，確実には言えない。

39 **(3)**

解説 四角錐OABCDの高さは，三平方の定理より$\sqrt{OA^2-\left(\frac{AC}{2}\right)^2}=\sqrt{(\sqrt{5})^2-\left(\frac{2\sqrt{2}}{2}\right)^2}=\sqrt{3}$　よって，四角錐OABCDの体積は$\frac{1}{3}\cdot 2^2\cdot\sqrt{3}=\frac{4\sqrt{3}}{3}$である。また，△OABの高さは，三平方の定理より$\sqrt{OA^2-\left(\frac{AB}{2}\right)^2}=\sqrt{(\sqrt{5})^2-\left(\frac{2}{2}\right)^2}=2$　よって，△OABの面積は$\frac{1}{2}\cdot 2\cdot 2=2$である。ここで，四角錐OABCDに内接する球の中心をP，半径をrとすると，四角錐OABCDの体積は，(四角錐PABCDの体積)＋(三角錐POABの体積)＋(三角錐POBCの体積)＋(三角錐POCDの体積)＋(三角錐PODAの体積)＝(四角錐PABCDの体積)＋(三角錐POABの体積)×4＝$\frac{1}{3}\cdot 2^2\cdot r+\frac{1}{3}\cdot 2\cdot r\times 4=4r$と表される。これが$\frac{4\sqrt{3}}{3}$と等しいことから，$4r=\frac{4\sqrt{3}}{3}$より，$r=\frac{\sqrt{3}}{3}$である。

40 (3)

解説 中点連結定理より，AC//NM，AC：NM＝2：1　平行線と線分の比についての定理より，AG：GM＝AC：NM＝2：1　よって，$\triangle GNM=\frac{GM}{AM}\triangle ANM=\frac{1}{2+1}\times\frac{AN}{AB}\triangle ABM=\frac{1}{3}\times\frac{1}{1+1}\times\frac{BM}{BC}\triangle ABC=\frac{1}{3}\times\frac{1}{2}\times\frac{1}{1+1}\triangle ABC=\frac{1}{12}\triangle ABC$より，△GNM：△ABC＝1：12である。

41 (5)

解説 正四面体の辺の本数は6本だから，正四面体Aと，Aと同じ大きさの正四面体4つの辺の総数は6［本］×5［つ］＝30［本］である。ここで，正四面体Aの4つの面に，面同士がぴったり重なるようにAと同じ大きさの正四面体4つを張り付けると，正四面体Aの各辺に，張り付ける正四面体の辺がそれぞれ2本ずつ重なって1本の辺になるから，できた立体の辺の本数は30－2×6＝18［本］である。

42 (2)

解説 点Aを出発して点Bまで最短経路で進むときと，点Bを出発して点Cまで最短経路で進むときの，各交差点までの経路の数を書き込んでいくと，下図のようになる。ただし，ここではL地点で左折禁止であることと，R地点で右折禁止であることは考慮していない。D→Lと進んで左折する経路（6通り）と，E→Rと進んで右折する経路（5通り）を除くと，点Aから出発して点Bを通り点Cまでを最短距離で結ぶ経路の数は，(51－6)×(35－5)＝1350［通り］である。

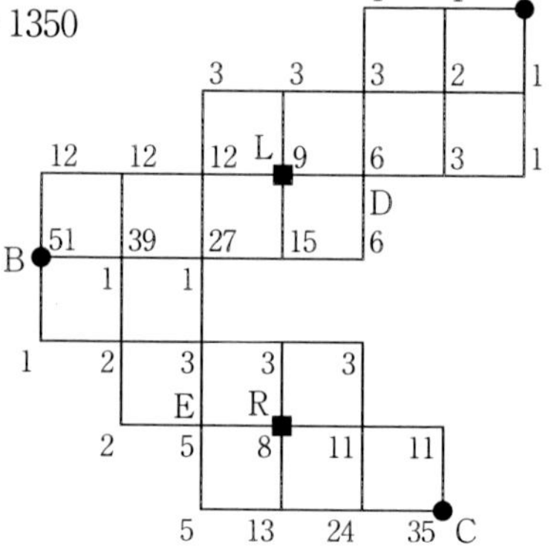

43　(4)

解説　下図で，点D，Eは半円CFの3等分点である。
最初，扇形PABは，点Pを中心として点Bが点Cに一致するまで回転する(下図①：このとき点Pは軌跡を描かない)。
続いて，点B（点C）を中心として点Aが点Dに一致するまで回転する（下図②：このとき点Pは点Cを中心として中心角180°，半径1cmの弧を描く)。
続いて，点A（点D）を中心として点Pが点Eに一致するまで回転する（下図③：このとき点Pは点Dを中心として中心角60°，半径1cmの弧を描く)。
続いて，点P（点E）を中心として点Bが点Fに一致するまで回転する（下図④：このとき点Pは軌跡を描かない)。
続いて，点B（点F）を中心として弧ABが直線FQに接するまで回転する（下図⑤：このとき点Pは点Fを中心として中心角150°，半径1cmの弧を描く)。
最後に，弧ABが直線FQと接しながら，接点が点Qに一致するまで回転する(このとき点Pは，直線FQに平行な長さ1cmの線分を描く)。

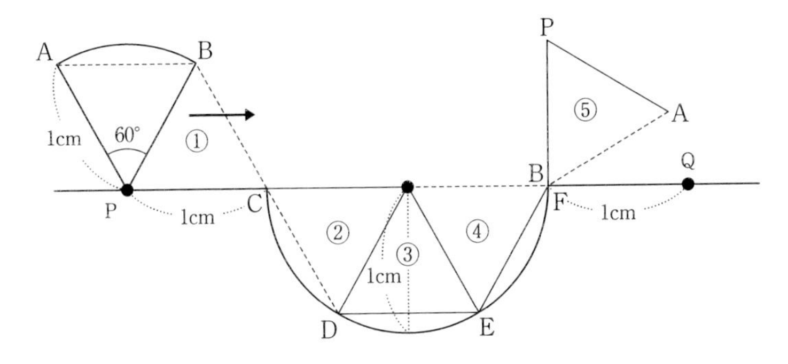

44　(2)

解説　$AB = 2h$，$BC = 2r$とする。体積V_1の立体は，底面の円の半径が$2r$，高さが$2h$の円錐だから，$V_1 = \frac{1}{3} \cdot \{\pi \cdot (2r)^2\} \cdot 2h = \frac{8}{3}\pi r^2 h$である。体積$V_2$の立体は，底面の円の半径が$r$，高さが$2h$の円柱から，底面の円の半径が$r$，高さが$h$の円錐を除いたものだから，$V_2 = \pi r^2 \cdot 2h - \frac{1}{3} \cdot \pi r^2 \cdot h = \frac{5}{3}\pi r^2 h$である。体積$V_3$の立体は，底面の円の半径が$2r$，高さが$2h$の円柱から，底面の円の半径が$2r$，高さが$2h$の円錐を除いたものだから，$V_3 =$

$\{\pi\cdot(2r)^2\}\cdot 2h-\frac{1}{3}\cdot\{\pi\cdot(2r)^2\}\cdot 2h=\frac{16}{3}\pi r^2 h$である。よって，$V_1:V_2:V_3$ $=\frac{8}{3}\pi r^2 h:\frac{5}{3}\pi r^2 h:\frac{16}{3}\pi r^2 h=8:5:16$より，$V_2<V_1<V_3$である。

45 (5)

解説 全受験者数をa人，合格者の平均点をx点とすると，合格者の点数の合計はx［点］$\times 0.25a$［人］$=0.25ax$［点］，不合格者の点数の合計は$\{x-(4+12)\}$［点］$\times(a-0.25a)$［人］$=(0.75ax-12a)$［点］，全受験者の点数の合計は52［点］$\times a$［人］$=52a$［点］である。ここで，点数の合計の関係から，$0.25ax+(0.75ax-12a)=52a$より，$x=64$　よって，合格者の平均点は64点である。

46 (3)

解説 受付の数をx，全員の客を入場させるためにかかった時間をy分とすると，5［人］$\times x\times y$［分］$=500$［人］$+3$［人］$\times y$［分］　整理してyについて解くと，$y=\frac{500}{5x-3}$　15分以内に全員の客を入場させるためには，$y\leqq 15$ $\Leftrightarrow$ $\frac{500}{5x-3}\leqq 15$を満たせばよい。ここで，$5x-3>0$より，両辺に$5x-3$をかけて整理すると，$x\geqq 7\frac{4}{15}$　よって，15分以内に全員の客を入場させるために必要な受付の数のうち，最小となる受付の数は8である。

47 (2)

解説 6で割ると4余り，7で割ると3余り，11で割ると9余る正の整数をnとすると，nは整数x，y，zを用いて，$\begin{cases} n=6x+4\cdots① \\ n=7y+3\cdots② \\ n=11z+9\cdots③ \end{cases}$　と表される。

①，②より，$6x+4=7y+3$ $\Leftrightarrow$ $6x-7y=-1\cdots④$　$x=1$，$y=1$は，④の整数解の1つであるから，$6(x-1)-7(y-1)=0$ $\Leftrightarrow$ $6(x-1)=7(y-1)$

6と7は互いに素であるから，整数kを用いて，$x-1=7k$と表される。

よって，$x=7k+1\cdots⑤$　また，①，③より，$6x+4=11z+9$　これに⑤を代入して，$6(7k+1)+4=11z+9$ $\Leftrightarrow$ $11z-42k=1\cdots⑥$　$z=23$，$k=6$は，

⑥の整数解の1つであるから，$11(z-23)-42(k-6)=0 \iff 11(z-23)=42(k-6)$　11と42は互いに素であるから，整数lを用いて，$z-23=42l$と表される。よって，$z=42l+23$　これを③に代入すると，$n=11(42l+23)+9=462l+262$となる。以上より，6で割ると4余り，7で割ると3余り，11で割ると9余る正の整数のうち，最も小さい数は，$462l+262>0 \iff l>-\frac{131}{231}$　より，$n=462\cdot 0+262=262$　したがって，その各位の和は$2+6+2=10$である。

48 (2)

解説 大中小の3個のサイコロを同時に投げるとき，全ての目の出方は$6\times 6\times 6=216$［通り］。このうち，出た目の数の和が8の倍数，即ち，8か16のいずれかになる目の数の組み合わせは，(1, 1, 6)，(1, 2, 5)，(1, 3, 4)，(2, 2, 4)，(2, 3, 3)，(4, 6, 6)，(5, 5, 6) の7通り。このうち，(1, 1, 6)，(2, 2, 4)，(2, 3, 3)，(4, 6, 6)，(5, 5, 6) の目の出方がそれぞれ$\frac{3!}{2!}=3$通りずつあり，(1, 2, 5)，(1, 3, 4) の目の出方がそれぞれ$3!=6$通りずつある。よって，求める確率は$\frac{3\times 5+6\times 2}{216}=\frac{1}{8}$である。

49 (4)

解説 (1) 誤り。平成27年度の全産業（金融業，保険業を除く）の売上高は，69［兆円］÷ 4.8［%］= 1,437.5［兆円］で，1,500兆円を下回っている。(2) 誤り。平成26年度から平成30年度の全産業（金融業，保険業を除く）の経常利益の合計は，65［兆円］+ 69［兆円］+ 75［兆円］+ 84［兆円］+ 84［兆円］= 377［兆円］で，400兆円を下回っている。　(3) 誤り。平成27年度の全産業（金融業，保険業を除く）の経常利益は，平成26年度よりも，(69［兆円］− 64［兆円］) ÷ 64［兆円］× 100 = 7.8…［%］増加している。　(4) 正しい。平成29年度の全産業（金融業，保険業を除く）の売上高は83［兆円］÷ 5.4［%］≒ 1,530［兆円］，平成26年度は65［兆円］÷ 4.5［%］≒ 1,450［兆円］で，平成29年度の方が多い。　(5) 誤り。平成28年度の全産業（金融業，保険業を除く）の経常利益の対前年増加率は (75.0［兆円］− 68.2［兆円］) ÷ 68.2［兆円］× 100 = 9.9…［%］，平成29年度は (83.5［兆円］− 75.0［兆円］) ÷ 75.0［兆円］× 100 = 11.3…［%］で，平成29年度の方が大きい。

50 (1)

解説 (1) 正しい。平成28年の国内総生産に対する「プロモーションメディア」による広告費の比率は$21,184 \div \frac{62,880}{0.0117} = \frac{21,184 \times 0.0117}{62,880}$，平成29年は$20,875 \div \frac{63,907}{0.0117} = \frac{20,875 \times 0.0117}{63,907}$ よって，$\frac{21,184 \times 0.0117}{62,880} > \frac{20,875 \times 0.0117}{63,907}$より，平成29年度の方が低下している。 (2) 誤り。平成29年と平成30年を比べると，「新聞・雑誌」と「その他」による広告費は，どちらも平成29年の方が多い。 (3) 誤り。平成26年から平成30年までの5年間の「インターネット」による広告費の平均額は，$\frac{10,600 + 11,600 + 13,100 + 15,100 + 17,600}{5} =$ 1兆3,600億円で，1兆4千億円に満たない。 (4) 誤り。平成26年の国内総生産は$\frac{61,522}{0.0120}$，平成27年は$\frac{61,710}{0.0116}$ よって，$\frac{61,522}{0.0120} < \frac{61,710}{0.0116}$より，平成26年度の方が小さい。 (5) 誤り。平成26年の総広告費に占める「地上波テレビ」による広告費の割合は$\frac{18,347}{61,522} \times 100 = 29.8\cdots$ [%]，平成28年は$\frac{18,374}{62,880} \times 100 = 29.2\cdots$ [%] で，平成26年度の方が高い。

漢字試験（記述式）

1 次の（　）内の漢字の読みをひらがなで書きなさい。（30問）

(1)（怜悧）な頭脳
(2) 即答を（躊躇）う
(3) 街中を（闊歩）する
(4)（抒情）的な音楽
(5) 相手の心中を（忖度）する
(6)（稚拙）な字を書く
(7)（喘息）の発作が起こる
(8) 彼の作品は玉石（混淆）だ
(9)（物臭）な人
(10) 事の是非を（詮議）する
(11) 暴政に対する（怨嗟）の声
(12) エンジンが（唸）る
(13)（悔恨）の思いにかられる
(14) 彼の話は（信憑）性に欠ける
(15)（放蕩）して身上をつぶす
(16)（壮快）なプレー
(17) 同志を（糾合）する
(18)（寡聞）にして知らない
(19) 汚れを（拭）い取る
(20)（阿鼻）叫喚の巷と化した
(21)（猜疑）心が強い
(22) すっかり（酩酊）した
(23) きびしく（詰問）する
(24)（四方山）話に夜が更ける
(25) 小説を（耽読）する
(26)（風采）が上がらない
(27) 鉄道を（敷設）する
(28)（暫定）の措置
(29) すごい剣幕に（辟易）する
(30)（嗚咽）がこみあげる

2 次の（　）内のひらがなを漢字で書きなさい。（30問）

(1)（かんにん）袋の緒が切れる
(2) 今朝は（めっぽう）寒い
(3) 旅の（みやげ）を買う
(4)（じょうぶ）な体
(5) 母校にピアノを（きぞう）する
(6)（ほうふ）を述べる
(7)（ねっせん）を繰り広げる
(8) 身なりに無（とんちゃく）な人
(9) 一網（だじん）に検挙する
(10)（かれん）な花
(11)（あんのん）に暮らす
(12) 万葉集に（けいとう）する
(13)（ぎゃっきょう）にめげない
(14) 平和という（がいねん）
(15) 神社に（さんけい）する
(16) 選手を（げきれい）する
(17) 生活に（こんきゅう）する
(18) びっくり（ぎょうてん）する
(19)（すこ）やかな成長
(20) 彼は（ようき）な性格だ
(21) あれもこれもと（よくば）る
(22) まだ（しゃくぜん）としない

(23)（せいりょう）飲料水を飲む
(24) お手紙（はいけん）いたしました
(25)（しゅび）一貫した姿勢
(26)（ふんこつ）砕身して事にあたる
(27) 新政権を（じゅりつ）する
(28)（ぞうり）をはいて出かける
(29) 鮮やかな（しきさい）
(30) 油断（たいてき）

解　答

1

解答

(1) れいり　(2) ためら　(3) かっぽ　(4) じょじょう
(5) そんたく　(6) ちせつ　(7) ぜんそく　(8) こんこう
(9) ものぐさ　(10) せんぎ　(11) えんさ　(12) うな
(13) かいこん　(14) しんぴょう　(15) ほうとう　(16) そうかい
(17) きゅうごう　(18) かぶん　(19) ぬぐ　(20) あび
(21) さいぎ　(22) めいてい　(23) きつもん　(24) よもやま
(25) たんどく　(26) ふうさい　(27) ふせつ　(28) ざんてい
(29) へきえき　(30) おえつ

2

解答

(1) 堪忍　(2) 滅法　(3) 土産　(4) 丈夫　(5) 寄贈
(6) 抱負　(7) 熱戦　(8) 頓着　(9) 打尽　(10) 可憐
(11) 安穏　(12) 傾倒　(13) 逆境　(14) 概念　(15) 参詣
(16) 激励　(17) 困窮　(18) 仰天　(19) 健　(20) 陽気
(21) 欲張　(22) 釈然　(23) 清涼　(24) 拝見　(25) 首尾
(26) 粉骨　(27) 樹立　(28) 草履　(29) 色彩　(30) 大敵

令和3年度　第２回　実施問題

1 日本国憲法の規定に関する記述として，最も妥当なのはどれか。

(1)　栄誉，勲章その他の栄典の授与は，いかなる特権も伴わず，栄典の授与は，現にこれを有し，又は将来これを受ける者の一代に限り，その効力を有すると明記されている。

(2)　両議院の議員は，法律の定めるところにより，国庫から相当額の歳費を受けるが，この歳費は，在任中，これを減額することができないと明記されている。

(3)　両議院の議員は，国会の会期中，一切逮捕されることはなく，会期前に逮捕された議員は，会期中必ず釈放しなければならないと明記されている。

(4)　両議院の議員は，議院で行った演説，討論又は表決について，院内及び院外で一切の責任を問われないと明記されている。

(5)　内閣は，行政権の行使について，国民に対して連帯して責任を負うと明記されている。

2 日本国憲法の定める社会権に関する記述として，最も妥当なのはどれか。

(1)　憲法第25条第1項は，すべての国民に生存権を保障しているが，これは直接個々の国民に対して具体的な権利を付与したものであると最高裁判所は判示している。

(2)　憲法第26条第1項は教育を受ける権利を保障し，同条第2項は義務教育段階での国公立学校の授業料の不徴収及び国公立学校での教科書の無償化を明記している。

(3)　憲法第27条は勤労の権利を保障し，第28条は勤労者の労働三権を保障しており，この規定に基づき，労働契約法などの労働三法が1940年代に制定された。

(4)　憲法第28条は，勤労者の団体行動権を保障しているが，これは正当な争議行為についての刑事免責の保障を意味しており，民事免責までを保障するものではない。

(5)　憲法第28条の勤労者には公務員も含まれるが，公務員の労働基本権の制限については，判例により合憲とされている。

3 地方自治に関する記述として，最も妥当なのはどれか。

(1) 地方自治は，民主政治の基礎となるものといえるが，これに関しては「地方自治は民主主義の学校である」とするトクヴィルの言葉が有名である。

(2) 地方公共団体には，普通地方公共団体と特別地方公共団体があり，普通地方公共団体の例としては，都道府県・市町村・東京23区が挙げられる。

(3) 地方公共団体の議会には議員の3分の2以上が出席し，その4分の3以上の賛成により首長の不信任を議決する権限があり，首長はこれに対し議会解散権が認められている。

(4) 不信任決議を受けた首長は30日以内に議会を解散できるが，解散しなければ30日を過ぎた時点で自動的に失職する。

(5) 現行の地方自治法において，地方公共団体の「地域における事務」には，自治事務・法定受託事務・機関委任事務の3種類がある。

4 国際政治に関する記述として，最も妥当なのはどれか。

(1) 北大西洋条約機構（NATO）とワルシャワ条約機構（WTO）は，1989年の冷戦の終結の結果，いずれも解散した。

(2) 2014年，ウクライナにおいて騒乱が生じた際，ロシアは親ロシア派住民の保護を名目にウクライナ南部などで軍事行動に出てクリミア半島を実効支配した。

(3) ユニラテラリズムとは単独行動主義のことをいうが，冷戦終結後の国際社会においては見られなくなった。

(4) 国際政治の主体としては，非政府組織（NGO）である世界保健機関（WHO）や国境なき医師団（MSF）の台頭が挙げられ，各国政府も無視できなくなっている。

(5) 1996年に，地下核実験を含む全ての核爆発を禁止する包括的核実験禁止条約（CTBT）が国連総会で採択され，原子炉がある全44カ国が署名・批准して発効した。

5 経済と法に関する記述として，最も妥当なのはどれか。

(1) 憲法などの公法とは別に，私人間の権利・義務関係を定める法を私法といい，その具体例として民事実体法の民法や，民事手続法の民事訴訟法がある。

(2)　正当な経済活動によって得られた成果は，その人固有の財産として保護されるから，所有権に公共の福祉による制限を課することは許されない。
(3)　事業者と消費者の間での契約上のトラブル防止，予防を目的とした消費者契約法では，事業者が契約に当たって事実と違う説明をした場合などには，その契約を解除できることが定められた。
(4)　不公正な取引や市場の独占を防ぐため，独占禁止法が制定されたが，独占禁止法の適用除外として不況カルテルや合理化カルテルは認められている。
(5)　過失がなければ責任を負わなくてよいとする過失責任の原則は，公害対策や製造物責任においても全面的に適用される。

6　地方公共団体の財政に関する記述として，最も妥当なのはどれか。

(1)　「3割自治」とは地方公共団体の自主財源が少ないことを意味し，自主財源の1つである地方税は，住民税・相続税・固定資産税などの直接税と不動産取得税・印紙税などの間接税からなる。
(2)　地方交付税は，国からその使途を特定されて地方公共団体に交付されるもので，各自治体は独自の事業に自主的に使用することができない。
(3)　国庫支出金は，国から地方公共団体に交付される補助金のことで，使途を特定されていない一般財源である。
(4)　2003年，地方政府が財政面でも自立した運営が行えるように，①国からの補助金の削減，②地方交付税（交付金）の見直し，③地方への税源移譲という，「三位一体の改革」と呼ばれる三つの改革が行われた。
(5)　2005年度に地方債の協議制度が廃止され，2006年度から地方債の発行に総務大臣や都道府県知事の同意が必要である許可制度に移行した。

7　次の記述に該当する語句として，最も妥当なのはどれか。

企業や自治体が，温室効果ガス排出量削減をはじめとした環境の改善や気候変動対策などに調達資金の使途を絞って発行する環境債のことをいう。国内では，2014年に日本政策投資銀行が初めて発行し，2017年には東京都が自治体として初めて発行している。

(1)　グリーンボンド　　(2)　グリーンロジスティクス
(3)　グリーンコンシューマー　　(4)　プロジェクトファイナンス
(5)　ロードプライシング

8 最近成立した改正法の説明として，最も妥当なのはどれか。

(1) 「改正育児・介護休業法」では，男性の育児休業取得を促すため，「出生時育児休業」（男性版産休）が新設され，子供が生まれてから6週間以内に最大2週間の休みを取得することができる。

(2) 「改正国家公務員法」では，国家公務員の定年を令和5年度から令和9年度までに，1年ごとに1歳ずつ段階的に引き上げ65歳とする。

(3) 「改正児童手当関連法」では，中学生以下の子供がいる世帯が対象の児童手当のうち，世帯主の年収が1000万円以上の世帯には「特例給付」を支給しない。

(4) 「改正災害対策基本法」では，現行の「避難準備・高齢者等避難開始」と「避難勧告」を一本化し，「避難勧告」として発令される。

(5) 「改正ストーカー規制法」では，相手方の承諾を得ないで，相手方が所持する物にGPS機器等を取り付ける行為も規制の対象となる。

9 次の記述中の空欄に当てはまる語句として，最も妥当なのはどれか。

世界保健機関（WHO）などが主導し，新型コロナウイルス感染症のワクチンを，複数国で共同購入し，途上国にも公平に分配するための国際的な枠組みを「(　　　) ファシリティ」という。約190の国と地域が参加しており，本年末までに20億回分のワクチンを確保し供給することを目標としている。

(1) WADA　(2) WIPO　(3) FAO　(4) COVAX
(5) JOCV

10 鎌倉時代の仏教に関する記述として，最も妥当なのはどれか。

(1) 天台の教学を学んだ一遍は，念仏をとなえれば極楽浄土に往生できるという専修念仏の教えを説き，のちに浄土宗の開祖と仰がれた。

(2) 親鸞は，煩悩の深い人間（悪人）こそが，阿弥陀仏の救いの対象であるという悪人正機を説き，その教えは地方武士や農民の間に広がり，やがて浄土真宗と呼ばれる教団が形成された。

(3) 道元は，踊念仏によって多くの民衆に念仏の教えを広めながら諸国を遊行し，その教えは時宗と呼ばれ地方の武士や庶民に受け入れられた。

(4) 栄西は，初め天台宗を学び，やがて法華経を釈迦の正しい教えとして選んで，題目（南無妙法蓮華経）をとなえることで救われると説いた。

(5) 日本に禅宗を伝えた天台の僧法然は，密教の祈祷にもすぐれ，公家や幕府有力者の帰依を受けて，のちに臨済宗の開祖と仰がれた。

11 江戸幕府の政治体制に関する記述として，最も妥当なのはどれか。

(1)　幕府の財政基盤は，幕領からの年貢や佐渡・石見などの主要鉱山からの収入であり，江戸・大坂などの重要都市を直轄にして商工業や貿易を統制し，貨幣の鋳造権も握った。

(2)　幕府の職制では，常置の最高職である大老が政務を統括するようになり，その下にいる老中が大老を補佐した。

(3)　役職についた譜代大名の一族が代々政務を扱い，簡略な訴訟は役職で専決したが，役職をまたがる事項などは評定所で若年寄，目付らが合議して裁決した。

(4)　地方では，朝廷と西国大名の監視を行う遠国奉行のほか，軍事的拠点として大坂に城代が置かれ，また，幕府の直轄領には郡代や代官が派遣され，京都所司代が統轄した。

(5)　将軍の直属の家臣団には，将軍に謁見できる御家人と謁見できない下級の旗本がおり，御家人は奉行などの役をつとめるほか，番方に組織されて幕府の軍事力の中心となった。

12 清朝に関する記述として，最も妥当なのはどれか。

(1)　ヌルハチの後継者であるホンタイジは，内モンゴルに進出してチャハル部を従え，1636年に皇帝と称して国号を清に改めた。

(2)　康熙帝は，鄭成功がおこした三藩の乱の鎮圧のほか，台湾を支配していた呉三桂を降伏させて台湾を領土とするなど清朝統治の基礎を固めた。

(3)　モンゴルなどの藩部においては，中央に緑営をおいて直接統治を行い，各地域の自治は認めなかった。

(4)　アヘン戦争でイギリスに敗れた清は，1842年にイギリスと黄埔条約を結び，香港島の割譲や賠償金の支払いなどを認めた。

(5)　19世紀半ば，中国各地で結社が反乱をおこしたが，その中でも最大規模のものは曽国藩が率いた太平天国の乱である。

13 フランス革命に関する記述中の空所A～Dに当てはまる語句の組合せとして，最も妥当なのはどれか。

国家財政が苦しくなったフランスでは，国王（ A ）の時代に三部会が召集されることとなったが，議決方法をめぐって特権身分と第三身分が対立した。改革を要求する第三身分の議員は，独自に集会を開いて（ B ）と称し，憲法を制定するまで解散しないという「球戯場（テニスコート）の誓い」を立てた。この動きに対し，国王や保守的な貴族は，武力で議会を弾圧しようとしたため，パリの民衆は反発して（ C ）を襲撃し，この事件がフランス革命の発端となった。この革命によって王政の廃止と共和政の樹立が宣言され，ロベスピエールらを指導者とする（ D ）が台頭し，独裁政治を行った。

	A	B	C	D
(1)	ルイ14世	国民公会	バスティーユ牢獄	ジロンド派
(2)	ルイ14世	国民議会	バスティーユ牢獄	ジャコバン派
(3)	ルイ16世	国民公会	テュイルリー宮殿	ジロンド派
(4)	ルイ16世	国民議会	バスティーユ牢獄	ジャコバン派
(5)	ルイ16世	国民議会	テュイルリー宮殿	ジロンド派

14 世界の言語に関する記述中の空所A～Eに当てはまる語句の組合せとして，最も妥当なのはどれか。

公用語とは，国家が公に使用することを定めている言語である。1国家1公用語の国も多いが，複数の言語を公用語とする国もあり，例えば（ A ）は，ドイツ語・フランス語・イタリア語・ロマンシュ語（レートロマン語）の4つの言語が公用語として定められている。

ゲルマン語派とロマンス語派（ラテン語系）の言語境界に位置する（ B ），バスク，カタルーニャ両地方を抱える（ C ）など現在も異なる言語集団間の対立に苦しむ国も多い。

南アメリカ大陸やアフリカ大陸ではかつての植民地支配の影響を受けており，例えばブラジルの公用語は（ D ），ケニアの公用語はスワヒリ語のほか（ E ）である。

	A	B	C	D	E
(1)	スイス	ベルギー	スペイン	スペイン語	英語
(2)	スイス	ベルギー	スペイン	ポルトガル語	英語
(3)	スイス	ベルギー	フランス	スペイン語	フランス語
(4)	ベルギー	スイス	スペイン	ポルトガル語	英語
(5)	ベルギー	スイス	フランス	スペイン語	フランス語

15 次の文章は，南アジアのある国に関するものである。その国名として，最も妥当なのはどれか。

1948年に独立を果たしたこの国は，仏教徒のシンハラ人が多数派を占めている。北部にはプランテーション労働者の子孫でありヒンドゥー教徒であるタミル人が多い。シンハラ人とタミル人の対立により内戦状態が続いていたが，2009年に終結し，経済は復興してきている。

(1)　インド　　(2)　パキスタン　　(3)　ネパール
(4)　バングラデシュ　　(5)　スリランカ

16 次のフランスの作家に関する記述として，最も妥当なのはどれか。

(1)　スタンダールは，『女の一生』などを著し，人生の目的を幸福であるとして，生涯人間の幸福のあり方を追求した作家だが，生前は広く認められることはなかった。

(2)　ゾラは『ナナ』などを著した自然主義文学の代表作家で，初期にはロマン主義に憧れたが，写実的な作風へ転向し，小説に科学的方法を用いて下層大衆の生活を描いた。

(3)　バルザックは，『レ・ミゼラブル』などを著し，写実小説の始祖とされ，「人間喜劇」と総称される膨大な作品群があり，二十世紀に入ってその評価はいっそう高められた。

(4)　ユゴーは，『ゴリオ爺さん』などを著したロマン派の代表作家で，人類の進歩，理想社会の建設の信念のもとに民主主義的・人道主義的傾向のスケールの大きい活動をした。

(5)　モーパッサンは，『赤と黒』などを著し，対象を冷徹な観察眼によって写実的に簡潔に捉える客観手法によってフランス自然主義文学を代表する作家となった。

17 **次の記述に関する人物として，最も妥当なのはどれか。**

「密林の聖者」とも呼ばれた。「自分は，生きようとする生命に囲まれた，生きようとする生命である」との自覚にもとづき，自分の同胞としてすべての生命あるものをうやまう心である「生命への畏敬」を説いた。主著に「水と原生林のはざまで」，「文化と倫理」がある。ノーベル平和賞受賞者でもある。

(1) ガンディー　(2) キング牧師　(3) シュヴァイツァー
(4) マザー＝テレサ　(5) ラッセル

18 **次の四字熟語と意味の組み合わせとして，最も妥当なのはどれか。**

(1) 隔靴掻痒：思い通りに事が進んで快適であるということ。
(2) 有為転変：混乱してあちこち動き回ること。
(3) 夏炉冬扇：季節に応じた，役に立つもののたとえ。
(4) 傍若無人：大変礼儀正しいこと。
(5) 明鏡止水：かげりのない澄んだ心境のこと。

19 **次の外来語とその言い換え語の組合せとして，最も妥当なのはどれか。**

(1) アイロニー　－　亜流
(2) エスプリ　－　機知
(3) アウフヘーベン　－　皮肉
(4) エピゴーネン　－　退屈
(5) アンニュイ　－　止揚

20 **長さ40.0cmのパイプにふたを取り付けた閉管がある。この管口にスピーカーを置いて音を出し，音の振動数を0からゆっくりと増していくと1度目の共鳴が起こった。さらに，振動数をゆっくりと増していくと，2度目の共鳴が起こった。2度目の共鳴が起こったときのスピーカーの振動数に近い値として，最も妥当なのはどれか。ただし，音速は340m/sとし，共鳴のときは管口が腹になり開口端補正は無視できるものとする。**

(1) 213Hz
(2) 425Hz
(3) 638Hz
(4) 850Hz
(5) 1063Hz

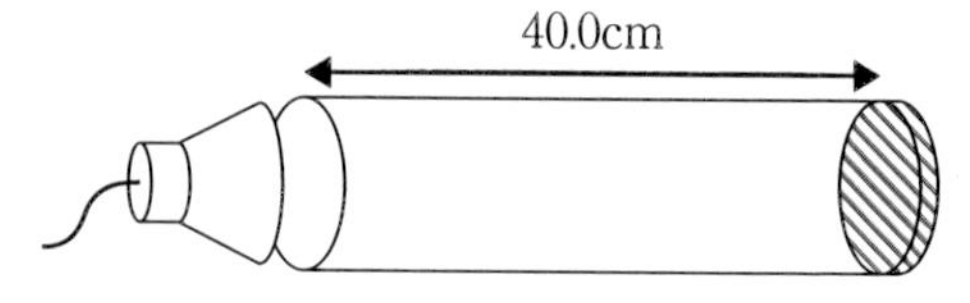

21 **水酸化ナトリウム水溶液を電気分解したとき，陽極・陰極のそれぞれで起こる反応の組合せとして，最も妥当なのはどれか。ただし，用いる電極はいずれも白金とする。**

ア　$2H_2O + 2e^- \rightarrow H_2 + 2OH^-$

イ　$2H_2O \rightarrow O_2 + 4H^+ + 4e^-$

ウ　$Na^+ + e^- \rightarrow Na$

エ　$4OH^- \rightarrow O_2 + 2H_2O + 4e^-$

	陽極	陰極
(1)	ア	イ
(2)	ア	エ
(3)	イ	ウ
(4)	ウ	イ
(5)	エ	ア

22 **被子植物の生殖に関する記述として，最も妥当なのはどれか。**

(1)　成熟中の花粉では核の分裂により２個の核ができ，そのうちの１個は細胞膜に取り囲まれて細胞質に遊離した状態の雄原細胞になり，もう１個の核はそのまま花粉管核となる。

(2)　胚珠の中で胚のう母細胞は減数分裂を行って，２個の細胞を生じるが，この分裂は不等分裂であるから，片方の細胞は退化する。

(3)　胚のうは８個の核をもち，１個が卵細胞，２個が反足細胞，３個が助細胞であり，残り２個は胚のうの中心に並ぶ極核となる。

(4)　重複受精とは，精細胞と卵細胞の接合に加え，花粉管核と極核の融合も同時に並行して起きることをいう。

(5)　有胚乳種子は胚乳に栄養分を蓄えるが，無胚乳種子は幼根に栄養分を蓄える。

23 変動地形に関する記述中の空所A～Eに当てはまる語句の組合せとして，最も妥当なのはどれか。

日本列島は沈み込むプレートの力によって押され，絶えずひずんでいる。内陸地震はこうした力によって地殻上部が破壊され，断層が形成される際に起こる。圧縮力がはたらいている場合には，断層を境にして上側にある地盤がずり上がる（　A　）や，断層を境にして水平方向にずれる（　B　）が形成される。一方，引っ張りの力がはたらいている場合には，断層を境にして上側にある地盤がずり落ちる（　C　）が形成される。また，圧縮力が加わることで水平だった地層が曲がって，褶曲という構造ができることがある。褶曲には，上に向かって凸に曲がった（　D　）と下に向かって凸に曲がった（　E　）がある。

	A	B	C	D	E
(1)	正断層	横ずれ断層	逆断層	背斜構造	向斜構造
(2)	正断層	縦ずれ断層	逆断層	向斜構造	背斜構造
(3)	逆断層	横ずれ断層	正断層	背斜構造	向斜構造
(4)	逆断層	横ずれ断層	正断層	向斜構造	背斜構造
(5)	逆断層	縦ずれ断層	正断層	向斜構造	背斜構造

24 次の英文の（　　）に当てはまるものとして，最も妥当なのはどれか。

(　　) I don't like comedies, I saw the movie because my wife wanted to see it.

(1) For　(2) Despite　(3) Since　(4) In spite of
(5) Even though

25 次の英文が文法的に正しく，意味の通る文になるように［　　］内の単語を並び替えたとき，2番目と4番目にくる単語の組合せとして，最も妥当なのはどれか。

His boss [work / done / the / that / be / ordered].

	2番目	4番目
(1)	work	be
(2)	done	ordered
(3)	be	the
(4)	that	work
(5)	ordered	that

26　次の英文の内容と合致するものとして，最も妥当なのはどれか。

※本文略（この問題は，著作権の関係により，掲載しません。）

［語義］　placebo*[1]　偽薬 ／ vomit*[2]　吐く ／ realm*[3]　領域，分野
antidepressant*[4]　抗鬱剤

(1)　鎮痛剤は，本物の薬よりも偽薬を本物だと思って服用したほうがエンドルフィンは多く出る。
(2)　副作用が出ると言われて薬を飲むと，必ず副作用が出ることが医学的に証明された。
(3)　ある研究によって，具合が悪いと思っていると本当に具合が悪くなることもあるということが明らかになった。
(4)　抑鬱症状の人に偽薬だけを投与する治療の割合は，1980年よりも2000年のほうが14％増えた。
(5)　偽薬の効果が昔よりも向上したため，精神疾患の薬物治療に対する人々の信頼は高まった。

27　次の英文の内容と合致するものとして，最も妥当なのはどれか。

※本文略（この問題は，著作権の関係により，掲載しません。）

［語義］　smack*[1]　ちょうど ／ Nathaniel*[2]　ナサニエル（筆者の息子の名前）／ foray*[3]　進出 ／ way*[4]　ひどく ／ jerry-rigged*[5]　応急装備の ／ command module*[6]　（宇宙船の）指令室

(1)　筆者は息子と巨大な鉄道模型を見るために，3年ぶりにシカゴ科学産業博物館を訪れた。
(2)　筆者は列車が大好きな息子と共に，シカゴからシアトルまで数え切れないほど旅をした。
(3)　おんぼろの宇宙カプセルの説明板は形式ばっており，筆者は何度読んでも理解できなかった。
(4)　筆者は小学3年生のときに，月までの往復旅行をしたアポロ８号の飛行経路を追いかけた。
(5)　本物のアポロ８号の指令室に感動した筆者の息子は，一言も言葉を発することができなかった。

28 次の文の空欄に当てはまる一節として，最も妥当なのはどれか。

※本文略（この問題は，著作権の関係により，掲載しません。）

(1)　自分だけがお金持ちになったところで，周囲に貧困が溢れていれば，決して幸せな気分にはなれないはずです。
(2)　自分の幸せを追求するためには，ときには他人を不幸にしてでも，我を通す必要があるでしょう。
(3)　もし世界中が豊かになったとして，そこから自分だけが仲間外れにされていたら，これほど不幸なことはありません。
(4)　世間が豊かである中で，自分だけが貧困にあえいでいるのでは，幸せといえるはずがありません。
(5)　自分が幸福な環境にいるときは，周囲にどんな不幸が広がっていようが，興味を持てないものです。

29 次の文を先頭に置き，A～Fの文を並べ替えて意味の通った文章にしたときの順番として，最も妥当なのはどれか。

※本文略（この問題は，著作権の関係により，掲載しません。）

(1)　B－E－F－D－C－A
(2)　D－B－E－C－A－F
(3)　D－B－E－F－C－A
(4)　D－E－C－F－B－A
(5)　D－F－B－E－A－C

30 次の文章の要旨として，最も妥当なのはどれか。

※本文略（この問題は，著作権の関係により，掲載しません。）

(1)　子どもの読書環境として最も重要なのは「読み語り」であって，形として本が身近にあるかどうかは，子どもが本好きになることとは関係ない。

(2)　子どもは放っておいても自発的に本に向かうようになるので，大人の不自然な働きかけは必要のないものである。
(3)「本棚のある家庭」を構築し，本が身近にあるようにすることで，必ず子どもは本に興味を持ち，本に向かうようになる。
(4)　子どもを本好きにするためには，「読み語り」，「本棚のある家庭」の構築，親の読書習慣など，読書環境に身を置いて子育てすることがひとつの方法である。
(5)　子どもは独立した人間であるので，親が読書好きであるかどうかと，子どもが本に向かうかどうかには関係がなく，本人の自主性に任せるべきである。

31　次の文章の要旨として，最も妥当なのはどれか。

※本文略（この問題は，著作権の関係により，掲載しません。）

(1)　過去の怒りに悩まされてしまう場合には，極力過去のことを思い出さないようにし，旅行など新しいことを始めて意識を変えていくことが大事である。
(2)　怒りを感じた時には，がまんせずに思い切り感情を爆発させる「ラベリング」という手法を使えば，ネガティブな感情から一気に解放される。
(3)「ラベリング」とは，怒っていることを自覚して，自分を客観的に観察することであり，これにより記憶が作り出す過去のネガティブな感情から徐々に解放されていく。
(4)　未来の夢や目標を常に頭に思い描いておくことで，過去の怒りはあくまで過去のものだと納得でき，ネガティブな感情は抑えられる。
(5)　怒りを封じ込め，何があっても平常心を崩さないようにすることを「ラベリング」と言い，日常的な訓練により徐々にネガティブな感情に悩まされないようになる。

32 **次の文章の要旨として，最も妥当なのはどれか。**

※本文略（この問題は，著作権の関係により，掲載しません。）

(1)　全ての無飛力の鳥は，草原で走ることか水中で泳ぐことのどちらかに特殊化，専門化する進化を遂げてきた。
(2)　島に住むクイナ類は，天敵である大型の鳥の目から逃れるため，飛ぶことをやめ，維持するのにコストのかかる擬態能力をあえて身に付けた。
(3)　走鳥類やペンギン類を別として，無飛力の鳥が島に多いのは，食物が安定し，捕食者がいない環境で，飛ぶ必要がなくなり，飛ぶための器官を縮小，消失させたからである。
(4)　クイナ類は，島に住むものも大陸に住むものも，そのすべてに飛行能力がなく，走鳥類，ペンギン類と並んで無飛力の鳥として代表的なものである。
(5)　食物が安定し，捕食者がいない島の環境で飛ぶことができなくなった無飛力の鳥たちは，生存競争にさらされていないため，他の鳥に比べて虚弱である。

33 **次の文章の要旨として，最も妥当なのはどれか。**

※本文略（この問題は，著作権の関係により，掲載しません。）

(1)　「心の理論」とは，他者の心をシミュレートする共感能力であり，野生チンパンジーの研究によって，ヒトだけでなくチンパンジーなどの動物にもみられることが明らかになった。
(2)　他者に共感する能力である「心の理論」はチンパンジーなどサル類に特有のものであり，ヒトでは赤ん坊のときにみられるものの，成長と共に失われてしまう。
(3)　共感という能力は，食物を得ること，捕食者から身を守ること，他個体との緊張関係などのストレスを回避し，「認知的贅沢」をえるために発達したと考えられる。
(4)　「心の理論」によって他者の心を推測する共感能力をえたことで，ヒトは「認知的贅沢」を獲得し，言語や火の管理・使用能力を進化させることができた。

(5)　ヒトは言語や火の使用によって生存のためのストレスから解放され，「認知的贅沢」を進化させる余裕をえたため，「心の理論」という他者の心を推測する脳内メカニズムをえた。

34 **語学学校の学生にアンケートを実施し，次のア～ウのことがわかっている。このとき，確実にいえることとして，最も妥当なのはどれか。**

ア　中国語が得意な人は，スペイン語も得意である。

イ　英語が得意な人は，スペイン語が得意でない。

ウ　中国語が得意でない人は，フランス語が得意である。

(1)　スペイン語が得意な人は，フランス語が得意でない。

(2)　フランス語が得意でない人は，英語も得意でない。

(3)　中国語が得意な人は，英語も得意である。

(4)　中国語が得意でない人は，スペイン語が得意である。

(5)　英語が得意でない人は，中国語も得意でない。

35 **A～Eの５人の年齢の関係について，次のア～オのことがわかった。このとき，確実にいえることとして，最も妥当なのはどれか。**

ア　AとBの年齢差は5歳である。

イ　AとCの年齢差は2歳である。

ウ　CとDの年齢差は3歳である。

エ　Aよりも年齢が上の者は2人である。

オ　最も年齢が下の者はEである。

(1)　AとDの年齢差は5歳である。

(2)　CとBの年齢差は7歳である。

(3)　Bの年齢が最も上のとき，BとDの年齢差は4歳である。

(4)　Dの年齢が最も上のとき，BとDの年齢差は10歳である。

(5)　EとCの年齢差は4歳である。

36 **下図のような，3階建ての寮がある。各階には，それぞれ1号室から5号室までの5部屋がある。ここに，AからHの8人がいずれかの部屋に1人ずつ住んでおり，それ以外の部屋は空き部屋となっている。居住の状況については，以下の①～⑤のことがわかっている。このとき，確実にいえることとして，最も妥当なのはどれか。**

3階	1号室	2号室	3号室	4号室	5号室
2階	1号室	2号室	3号室	4号室	5号室
1階	1号室	2号室	3号室	4号室	5号室

① 1階と2階にはそれぞれ3人，3階には2人が住んでいる。また，1号室から5号室までのいずれにおいても，部屋番号が同じ3部屋のうち1部屋以上が空き部屋となっている。

② Bは，Cの住む部屋のすぐ上の部屋に住んでいる。また，Bの部屋の両隣は空き部屋になっている。

③ Aは2階の2号室に住んでいる。また，Dは3階の5号室に住んでいる。5号室に住んでいるのはDだけである。

④ EとHの部屋番号は同じであり，EはHのすぐ上の階に住んでいる。

⑤ Fの住む部屋のすぐ下の部屋には，誰かが住んでいる。

(1) EとFは同じ階に住んでいる。
(2) 2号室に住んでいるのはAだけである。
(3) Aの部屋の両隣は空いている。
(4) EとDは同じ階に住んでいる。
(5) Cのすぐ隣にGが住んでいる。

37 **ある高校の2年生と3年生合計260人に対し，卒業後の進路として「進学」か「就職」どちらかを選ぶアンケートを実施した。以下のことがわかっているとき，確実にいえることとして，最も妥当なのはどれか。**

○ 2年生は120人で，そのうち「進学」を選んだのは90人であった。
○ 女子は130人で，そのうち2年生は70人であった。
○ 3年生の女子で，「進学」を選んだのは「就職」を選んだ人より12人多かった。
○ 「就職」を選んだ3年生男子と，「進学」を選んだ2年生女子は同じ人数であった。

(1)　「進学」を選んだ男子は，2年生が3年生より10人多い。
(2)　「就職」を選んだ2年生は男子と女子で同じ人数である。
(3)　2年生の中では「進学」を選んだ男子は「就職」を選んだ女子より10人多い。
(4)　3年生の中では「就職」を選んだ女子は「進学」を選んだ男子より10人多い。
(5)　「進学」を選んだ人は170人以上である。

38　Ａ～Ｄの４人が，クイズで競争をした。４人の出身国はアメリカ，中国，日本，イギリスでそれぞれ異なっており，年齢も15歳～18歳でそれぞれ異なっている。このクイズの結果の順位について，以下のことがわかっているとき，確実にいえることとして，最も妥当なのはどれか。

○　同じ順位はいなかった。
○　中国出身者の順位はＡより下で，17歳の者より上であった。
○　18歳の者の次の順位がＣで，その次の順位は日本出身者であった。
○　アメリカ出身者の次の順位が15歳の者で，その次の順位はＤであった。

(1)　1位はアメリカ出身者であった。
(2)　Ｂはイギリス出身者であった。
(3)　Ｃの次の順位はＤであった。
(4)　Ｄは17歳であった。
(5)　18歳の者の次の順位は15歳の者で，その次の順位は17歳の者であった。

39　Ａ～Ｅの５人がレストランに行き，全員が飲み物と料理をそれぞれ１品ずつ注文した。飲み物はぶどうジュース，リンゴジュース，オレンジジュースのいずれかであり，料理はパスタかハンバーグのいずれかである。次のア～オのことがわかっているとき，確実にいえることとして，最も妥当なのはどれか。

ア　同じ組合せの注文をした人はいなかった。
イ　ぶどうジュースとハンバーグの組合せで注文した人はいなかった。
ウ　ＡとＢは同じ料理を注文した。
エ　Ｂと同じ飲み物を注文した人はいなかった。
オ　ＣとＥは同じ料理を注文した。

(1)　Aはぶどうジュースを注文した。
(2)　Bはハンバーグを注文した。
(3)　Cはリンゴジュースを注文した。
(4)　Dはパスタを注文した。
(5)　Eはオレンジジュースを注文した。

40 1辺の長さ1の正三角形ABCにおいて，BCを1：2に内分する点をD，CAを1：2に内分する点をE，ABを1：2に内分する点をFとし，更にBEとCFの交点をP，CFとADの交点をQ，ADとBEの交点をRとする。このとき，△PQRの面積として，最も妥当なのはどれか。

(1)　$\frac{\sqrt{3}}{32}$　　(2)　$\frac{\sqrt{3}}{28}$　　(3)　$\frac{\sqrt{3}}{24}$　　(4)　$\frac{\sqrt{3}}{20}$　　(5)　$\frac{\sqrt{3}}{16}$

41 下図のように，半径a，中心角40°のおうぎ形を，直線ℓ上をすべることなく矢印の方向に回転させ，おうぎ形の中心点OがAの位置からBの位置に到達するまでに描く軌跡の長さとして，最も妥当なのはどれか。

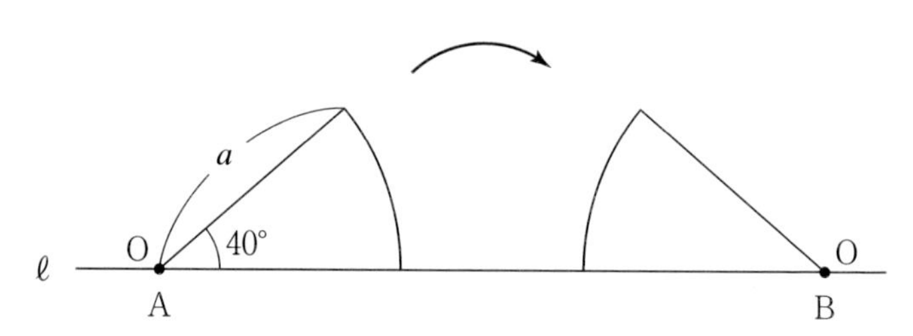

(1)　$\frac{11\pi a}{9}$　　(2)　$\frac{4\pi a}{3}$　　(3)　$\frac{13\pi a}{9}$　　(4)　$\frac{5\pi a}{3}$

(5)　$\frac{16\pi a}{9}$

42 次の図のように，１辺の長さがaの正八角形の周りに，大きさの違うおうぎ形が８個並んでいる。このおうぎ形の面積の和として，最も妥当なのはどれか。

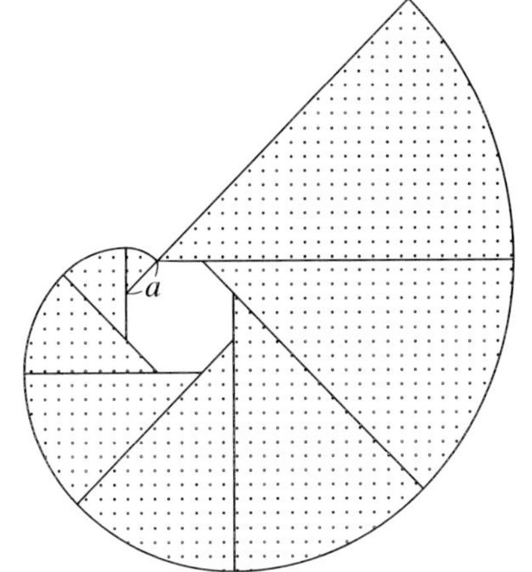

(1)　$\dfrac{76\pi a^2}{3}$

(2)　$\dfrac{99\pi a^2}{4}$

(3)　$\dfrac{51\pi a^2}{2}$

(4)　$\dfrac{77\pi a^2}{3}$

(5)　$\dfrac{103\pi a^2}{4}$

43 下図のような正十二面体の展開図に各面と同じ大きさの正五角形Ａをつなげた図形を作った。この図形を全て山折りして組み立て正十二面体を作ったとき，面Ａと重なる面として，最も妥当なのはどれか。

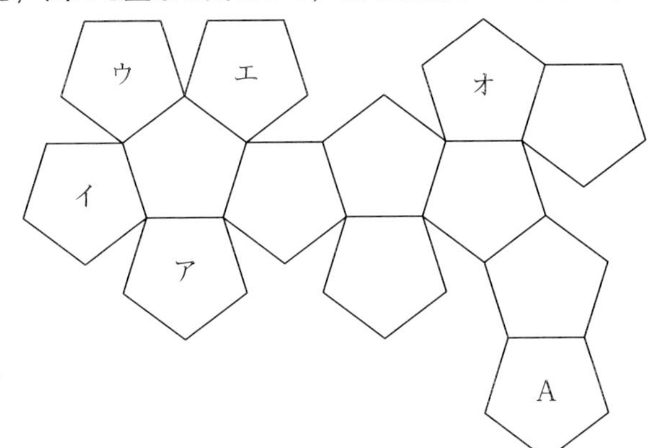

(1)　ア
(2)　イ
(3)　ウ
(4)　エ
(5)　オ

44 3辺の長さが12cm，16cm，20cmの直角三角形がある。その中に1辺の長さが1cmの正方形を，重ならないようにできるだけたくさん入れたとき，その個数として，最も妥当なのはどれか。ただし，直角三角形からはみ出した正方形については個数として数えないものとする。

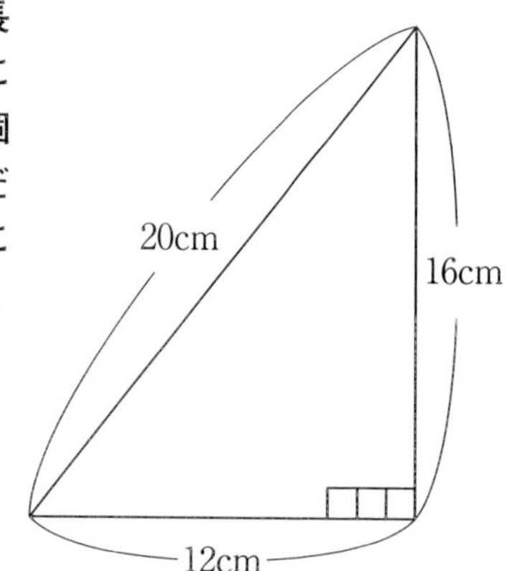

(1) 84個
(2) 85個
(3) 86個
(4) 87個
(5) 88個

45 A，Bの2人があるゲームを繰り返し行う。1回のゲームでAがBに勝つ確率は$\frac{2}{3}$，BがAに勝つ確立は$\frac{1}{3}$であるとする。A，Bがゲームをし，先に3回勝った者を優勝とするとき，Aが優勝する確率として，最も妥当なのはどれか。

(1) $\frac{8}{243}$　(2) $\frac{8}{81}$　(3) $\frac{8}{27}$　(4) $\frac{104}{243}$　(5) $\frac{64}{81}$

46 半径9の円C_1と半径4の円C_2が外接しているとき，この2つの円の共通外接線とC_1，C_2で囲まれた部分に，これら3つと互いに接する円C_3を作る。このとき，C_3の半径として，最も妥当なのはどれか。

(1) $\frac{25}{16}$
(2) $\frac{36}{25}$
(3) $\frac{49}{36}$
(4) $\frac{64}{49}$
(5) $\frac{81}{64}$

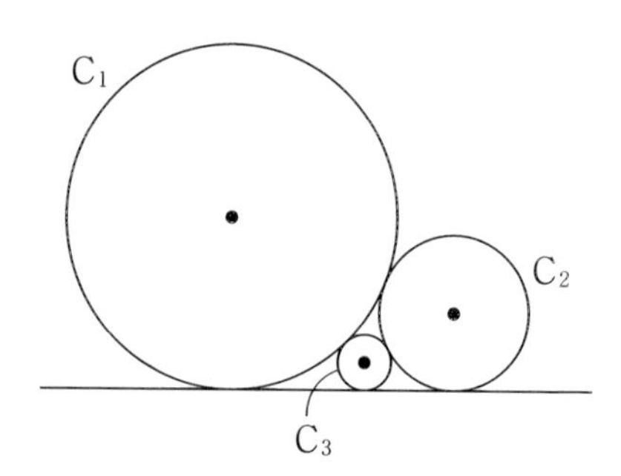

47 ある空（から）の水槽に，それぞれ内径が異なるＡ管，Ｂ管，Ｃ管を使って水を入れることにした。この３本の管のうち，Ａ管とＢ管の２本を同時に使うと満水になるまでに９分ちょうど，Ｂ管とＣ管の２本を同時に使うと満水になるまでに10分ちょうど，Ａ管とＣ管の２本を同時に使うと満水になるまでに18分ちょうどかかる。このとき，Ａ管，Ｂ管，Ｃ管の３本を同時に使ったときの満水になるまでの時間として，最も妥当なのはどれか。ただし，Ａ管，Ｂ管，Ｃ管の水の流量はそれぞれ一定であるものとする。

(1)　6分45秒　(2)　7分　(3)　7分15秒
(4)　7分30秒　(5)　7分45秒

48 0，1，2，3，4，5，6の７個の数字から，異なる３個の数字を選んで３桁の整数を作る。このとき，９の倍数となるような整数の個数として，最も妥当なのはどれか。

(1)　22個　(2)　24個　(3)　26個　(4)　28個　(5)　30個

49 次の表は，アジア大洋州地域における各国の国際会議開催件数の推移を示したものである。この表からいえることとして，最も妥当なのはどれか。

（単位：件）

国名	2015年	2016年	2017年	2018年	2019年
オーストラリア	270	239	277	279	272
シンガポール	168	171	162	155	149
韓国	312	304	316	297	248
中国	465	529	472	502	539
日本	435	468	454	505	527
計	1,650	1,711	1,681	1,738	1,735

(1)　2016年から2019年にかけての会議開催件数で，対前年の増加率が最大なのは2018年の日本である。
(2)　各年において会議開催件数の全体に占める日本の開催件数の構成比が，30％を上回る年が１回ある。
(3)　いずれの年も，会議開催件数で，全体に占める構成比が10％を下回る国はない。

(4) いずれの年も，会議開催件数ではシンガポールが最も少なく，その次に少ないのはオーストラリアである。

(5) 2016年から2019年にかけての会議開催件数で，対前年の減少数が最大なのは2019年の韓国である。

50 次の表とグラフは，A～Dの4か国の，表で示された1995年時の燃料燃焼によるCO_2排出量の実数を100として，各年のCO_2排出量の指数と推移を示したものである。この表とグラフからいえることとして，最も妥当なのはどれか。なお，グラフ中の2015年の指数は，C国が85.0，D国が85.2である。

（単位：100万t）

	A国	B国	C国	D国
燃料燃焼によるCO_2排出量	5,073.9	513.8	343.6	856.6

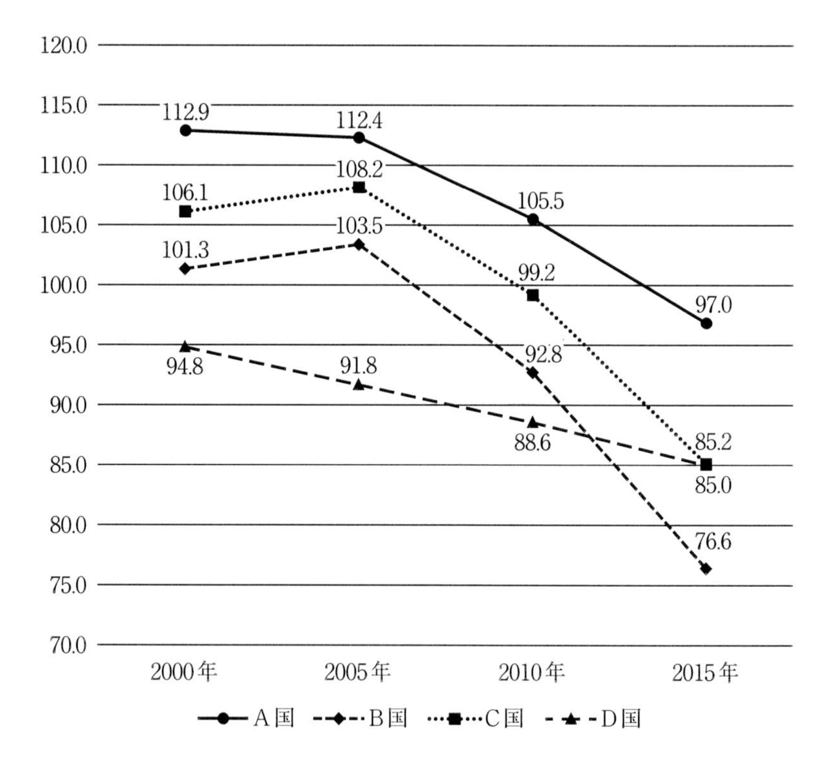

(1)　A～Dの4か国の燃料燃焼によるCO_2排出量の合計は，最も大きい年で80億tを超えている。
(2)　2000年のA国の燃料燃焼によるCO_2排出量は，同年のB国のそれの10倍に満たない。
(3)　2000年と比較した2005年の燃料燃焼によるCO_2排出量の増加分は，B国よりもC国のほうが大きい。
(4)　2010年のC国の燃料燃焼によるCO_2排出量は，同年のD国のそれの5割に満たない。
(5)　2015年のA国とD国の燃料燃焼によるCO_2排出量の合計は，1995年のそれよりも10%以上減少している。

解答・解説

1　(1)

解説　(1) 正しい。第14条に明記されている。　(2) 第49条。「減額することができないと明記されている」という部分が誤りである。　(3) 第50条。「必ず」という部分が誤り。「その議院の要求があれば」と明記されている。(4) 第51条。「院外」の部分は正しいが，「院内」は明記されていないので誤り。　(5) 第66条。「国民」ではなく「国会」である。議院内閣制について調べておくとよい。

2　(5)

解説　(1)「直接個々の国民に対して具体的な権利を付与したものである」という部分が誤りである。　(2) 公立学校は無償化であるが，国立学校に関しては有償である。　(3)「労働三法」とは，「労働組合法・労働基準法・労働関係調整法」である。　(4)「民事免責までを保障するものではない」という部分が誤りである。　(5) 正しい。

3　(3)

解説　(1)「トクヴィル」ではなく「ブライス」である。トクヴィルはフランスの歴史学者である。　(2) 東京23区は普通地方公共団体ではなく，特別地方公共団体である。 (3) 正しい。第178条第1項に明記されている。なお，解散した場合には，解散後初めて招集された議会において総議員の3分の2以上の者が出席し，過半数の者で不信任の議決があれば，首長はその通知を受けた日に失職し再度議会を解散することはできない。 (4) 30日以内ではなく10日である。 (5) 機関委任事務は1999年の地方分権一括法制定により廃止された。

4 (2)

解説 (1) ワルシャワ条約機構（WTO）は解体されたが，北大西洋条約機構（NATO）は現在も存続している。 (2) 正しい。なお，2022年3月現在，ロシア軍のウクライナへの軍事侵攻が続いている。 (3) 冷戦終結後，アメリカは自国だけで行動する傾向が強まっている。よって「見られなくなった」という言い回しは誤りである。 (4) 世界保健機関は非政府組織には含まれない。非政府組織としては他に国際アムネスティ，国際赤十字などがある。 (5) 採択はされたが，発効はされていない。

5 (3)

解説 (1)「民事訴訟法」は私法ではなく公法である。 (2)「公共の福祉による制限を課することは許されない」という部分が誤りである。 (3) 正しい。消費者契約法は平成30年に法改正され，取り消しうる不当な勧誘行為の追加，無効となる不当な契約条項の追加等の改正が行われた。 (4) 不況カルテルと合理化カルテルは平成11年の改正により廃止された。 (5) 過失責任に関して，「全面的に適用される」という部分が誤りである。「無過失責任」と「過失責任」の違いについて確認しておくとよい。

6 (4)

解説 (1) 不動産取得税は直接税である。 (2)「各自治体は独自の事業に自主的に使用することができない」という部分が誤りである。 (3)「使途を特定されていない」という部分が誤りである。地方交付税と国庫支出金を区別できるようにしておくとよい。 (4) 正しい。 (5)「許可制度に移行した」という部分が誤りである。許可から協議に移行したのである。

7 (1)

解説 「環境債」という部分から「グリーンボンド」が妥当である。他の選択肢の「グリーン」がつくものも，これを機会にチェックしておくとよい。「グリーンロジスティクス」は，地球環境に優しい物流のことである。「グリーンコンシューマー」は，環境のことを考えている消費者のことである。例えば，環境に配慮して環境負荷の少ない製品を購入する人のことである。

8 (5)

解説 (1)「6週間以内」ではなく「8週間以内」である。また，「最大2週間」ではなく「最大4週間」である。　(2) 2023年度から31年度まで，2年ごとに1歳ずつ段階的に引き上げるのである。　(3)「1000万円以上」ではなく「1200万円以上」である。　(4)「避難勧告・避難指示」を「避難指示」に一本化した。　(5) 正しい。同改正により，通常いる場所に加え実際にいる場所における見張り等の行為や，電話・電子メール・SNSに加えて連続して文書を送る行為も規制対象となった。

9 (4)

解説 「世界保健機関」，「主導」，「途上国にも公平に分配するための国際的な枠組み」という部分が手がかりになる。(1) のWADAは「世界ドーピング防止機構」である。(2) のWIPOは「世界知的所有権機関」である。(3) のFAOは「国連食糧農業機関」である。(5) のJOCVは「青年海外協力隊」である。

10 (2)

解説 鎌倉新仏教に関する問題である。浄土宗・浄土真宗・時宗・日蓮宗・臨済宗・曹洞宗について確認しておくとよい。(1) の浄土宗の開祖は法然である。(3) の踊念仏は一遍である。(4) は法華経，題目とあるので「日蓮」についての説明である。(5) は栄西についての説明である。

11 (1)

解説 (1) 正しい。　(2) 常置の最高職は老中である。その老中を補佐するのは若年寄である。大老は臨時に老中の上に置かれた最高職である。

(3) 評定所は町奉行・寺社奉行・勘定奉行と老中の1人が合議して採決する。(4) 朝廷と西国の監視は京都所司代の役目。幕府の直轄領の統括は遠国奉行である。長崎奉行などが挙げられる。　(5) 御家人と旗本の説明が反対である。

12 (1)

解説 (1) 正しい。ヌルハチは1616年に建国をし，国号をアイシンと定めた。そのアイシンの2代目がホンタイジである。　(2) 三藩の乱は呉三桂などが引き起こした。台湾を支配していたのは，呉三桂ではなく鄭氏一族である。(3) 藩部は理藩院が統括していた。　(4) 南京条約が正しい。この条約によってどこが開港されたかを確認しておくとよい。　(5) 太平天国の乱は洪秀全が率いた。曽国藩は，その太平天国の乱を鎮圧した側である。

13 (4)

解説 A 「三部会が招集」という部分から「ルイ16世」である。　B 「第三身分の議員は，独自に集会を開いて」，「球戯場の誓い」という部分から「国民議会」である。　C 「襲撃」という部分から「バスティーユ牢獄」である。D 「ロベスピエール」，「独裁政治」という部分から「ジャコバン派」である。

14 (2)

解説 世界の言語に関する問題である。これは地理の分野に当てはまる。A 「4つの言語が公用語」という部分から「スイス」である。　B 「言語境界に位置する」という部分から「ベルギー」である。　C 「バスク」「カタルーニャ」という部分から「スペイン」である。地図で確認しておくとよい。
D ブラジルは1822年にポルトガルから独立した。　E ケニアは1963年に英国から独立した。よって「英語」が正しい。

15 (5)

解説 「1948年に独立」，「仏教徒」，「ヒンドゥー教徒」，「2009年に終結」という部分から「スリランカ」である。他の選択肢について調べておくとよいが，その中でもよく出てくるのはインドで，インドはイギリス統治時代を経て1947年に独立した。

16 (2)

解説 他の選択肢の記述は，それぞれ以下の作家に関するものである。
(1) モーパッサン，(3) ユゴー，(4) バルザック，(5) スタンダール。

17 (3)

解説 「密林の聖者」，「生命への畏敬」，「ノーベル平和賞受賞者」という部分から「シュヴァイツァー」である。シュヴァイツァーはフランスの神学者・哲学者・医師である。他の選択肢についてもよく出てくる人物であるため，調べておくとよい。

18 (5)

解説 他の選択肢の四字熟語の正しい意味は以下の通りである。(1) はがゆく，もどかしいこと，(2) 世事の移り変わりやすいこと，(3) 時節に合わない無用の事物のたとえ，(4) 人前を憚らずに勝手気ままにふるまうこと。

19 (2)

解説 他の選択肢の各外来語の正しい言い換えは以下の通りである。
(1) アイロニー―皮肉，(3) アウフヘーベン―止揚，(4) エピゴーネン―亜流，(5) アンニュイ―退屈。

20 (3)

解説 1度目の共鳴が起こるのは，基本振動（波長が1.6m）となったとき，2度目の共鳴が起こるのは3倍振動（波長が$\frac{1.6}{3}$m）となったときである。よって，2度目の共鳴が起こったときの振動数は，$340 \div \frac{1.6}{3} = 637.5$ [Hz] となる。

21 (5)

解説 電極に白金を使用している場合，陽極では通常，陰イオンの酸化が起こる。よって，$4OH^- \rightarrow O_2 + 2H_2O + 4e^-$の反応が起こる。陰極では通常，陽イオンの還元が起こるが，ナトリウムのようにイオン化傾向の大きな金属のイオンが含まれる場合は，陽イオンの代わりに水が還元される。よって，$2H_2O + 2e^- \rightarrow H_2 + 2OH^-$の反応が起こる。

22 (1)

解説 (1) 正しい。 (2) 誤り。胚のう母細胞は，減数分裂により4個の細胞を生じるが，そのうちの3個は退化し，残る1個が胚のう細胞となる。(3) 誤り。胚のうにある8個の核は，1個の卵細胞，2個の助細胞，3個の反足細胞を形成し，残りの2個は中央細胞の極核となる。 (4) 誤り。重複受精では，花粉管内の2個の精細胞がそれぞれ卵細胞と極核と同時に融合することである。 (5) 誤り。無胚乳種子は，子葉に栄養分を蓄える。

23 (3)

解説 断層を境に上側の地盤がずり上がるのが逆断層，上側の地盤がずり落ちるのが正断層，断層を境にして水平方向にずれるのが横ずれ断層である。断層面は，しばしばその周辺の岩石が破壊されてできた岩石や粘土からなる破砕帯をともなう。褶曲は，上に向かって凸に曲がったのが背斜構造，下に向かって凸に曲がったのが向斜構造である。

24 (5)

解説 despiteやin spite ofも「～にもかかわらず」という意味を持つが，どちらも前置詞の働きをするので，後ろには名詞句しかとらない。

25 (4)

解説 整序すると，「(His boss) ordered that the work be done.」となる。命令・要求・提案などを表す動詞では，that節の中のshouldは省略されることが多い。本問いは，「ordered that the work should be done.」のshouldが省略されている形。

26 (3)

解説 出典はデイヴィッド・S・ギター＆ノア・D・オッペンハイム著『1日1ページ，読むだけで身につく世界の教養365』。内容一致問題である。英文を読むというよりも，選択肢と該当部分の英文を比較しながら正誤を判断するとよい。一般的に「必ず～である」や「～だけを…する」など，限定表現が用いられている選択肢には誤答が多い。

27 (4)

解説 出典は中澤幸夫著『テーマ別英単語　ACADEMIC「初級」』。内容一致問題である。本問いは英文がやや長いようである。選択肢と該当部分の英文を比較しながら正誤を判断するのが基本であるが，選択肢がいくつかのパラグラフにまたがるような内容であれば，パラグラフを1つ読むごとに正誤を判断していくとよい。判断に迷うような選択肢があれば一旦保留としたまま最後まで選択肢に目を通していき，残った選択肢を総合的に判断するという手順を踏むとよい。

28 (2)

解説 出典は長嶋修著『「空き家」が蝕む日本』。空欄補充問題である。空欄部と対比されている表現，あるいは空欄部を言い換えている表現から，ふさわしい選択肢を推測することが可能である。空欄の前後だけではなく本文の全体を捉え，論理展開を追うことが大切である。

29 (5)

解説 出典は古郡廷治著『あなたの表現はなぜ伝わらないのか』。文章整序問題である。各文に含まれる接続詞や指示語に着目することで，文相互の前後関係を判断することができる。文章全体の論理展開に意識を向けることが大切である。

30 (4)

解説 出典は肥田美代子著『「本」と生きる』。要旨把握問題である。本文中で提示されている二項対立を捉え，そこから導き出される筆者の主張を捉えなければならない。選択肢 (3)・(5) のような，極端な主張には注意を払う必要がある。

31 (3)

解説 出典は友原章典著『実践　幸福学』。要旨把握問題である。接続詞や指示語に着目し本文の論理構成を把握することで，筆者が最も重きを置いて主張する意見を特定することが大切である。

32 (3)

解説 出典は樋口広芳著『鳥ってすごい！』。要旨把握問題である。本文中で提示される具体例，あるいは一般論と，そこから抽出される筆者の主張とを区別する必要がある。接続詞や指示語に着目し，本文の論理展開を追うことが大切である。

33 (5)

解説 出典は尾本恵市著『ヒトと文明』。要旨把握問題である。本文の論理構成を把握し，段落ごとの役割を捉えることが大切である。接続詞や指示語を足掛かりに，本文の論理展開を適切に追いたい。

34 (2)

解説 ア～ウの命題，およびこれらの対偶を次のように表すこととする。

	命題	対偶
ア	中国語→スペイン語	$\overline{\text{スペイン語}}$→$\overline{\text{中国語}}$
イ	英語→$\overline{\text{スペイン語}}$	スペイン語→$\overline{\text{英語}}$
ウ	$\overline{\text{中国語}}$→フランス語	$\overline{\text{フランス語}}$→中国語

(1) 誤り。イの対偶より「スペイン→$\overline{\text{英語}}$」となるが，その後が続かないため確実にはいえない。 (2) 正しい。ウの対偶，アの命題，イの対偶と続けると，「$\overline{\text{フランス語}}$→中国語→スペイン→$\overline{\text{英語}}$」となるので，「フランス語が得意でない人は，英語も得意でない」は確実にいえる。 (3) 誤り。アの命題，イの対偶より「中国語→スペイン語→$\overline{\text{英語}}$」となるので，「中国語が得意な人は，英語が得意でない」となる。 (4) 誤り。ウの命題より「$\overline{\text{中国語}}$→フランス語」となるが，その後が続かないため確実にはいえない。 (5) 誤り。「$\overline{\text{英語}}$」から始まるものがないので，確実にはいえない。

35 (4)

解説 Aの年齢を基準（0歳）として，年齢が上の場合はその差を＋，下の場合はその差を－，わからないものは＋の場合と－の場合に分け，樹形図を作成する。すると，条件ア～ウより次の樹形図が作成できる。

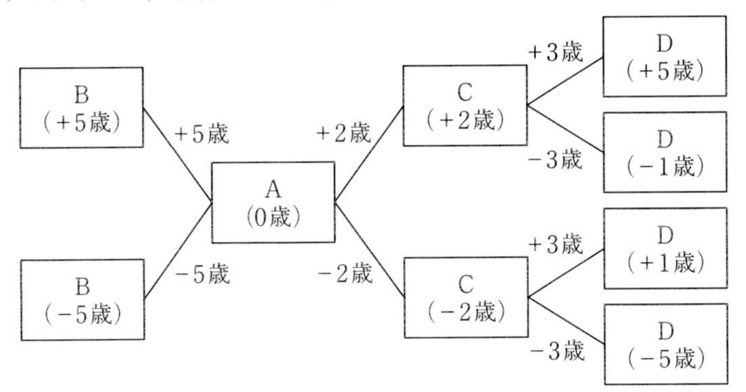

次に，条件オより「最も年齢が下の者がE」となることを踏まえ，条件エより「Aよりも年齢が上の者が2人」となる場合を検討すると，それぞれの年齢の組合せは，次の3通りに絞られる。

	B	A	C	D	E
①	＋5	0	＋2	－1	最も年齢が下
②	＋5	0	－2	＋1	最も年齢が下
③	－5	0	＋2	＋5	最も年齢が下

これら3通りの組合せに矛盾が生じない選択肢が，確実にいえることとなる。
(1) 誤り。AとDの年齢差が5歳となるのは③だけなので，確実にはいえない。　(2) 誤り。CとBの年齢差が7歳となるのは②と③だけなので，確実にはいえない。　(3) 誤り。Bの年齢が最も上なのは①と②であるが，そのうちBとDの年齢差が4歳となるのは②だけなので，確実にはいえない。　(4) 正しい。Dの年齢が最も上なのは③だけであり，BとDの年齢差は10歳となる。
(5) 誤り。与えられた条件からはEとその他の人との年齢差がわからないため，確実にはいえない。

36 (5)

解説 条件①～⑤について，以下のように図示して考える。
条件①より，各階に住んでいる人数が確定する。また，条件③より，AとDの部屋が確定し，5号室の空き部屋が確定する。

	人数	1号室	2号室	3号室	4号室	5号室
3階	2人					D
2階	3人		A			空き
1階	3人					空き

条件②より，BとCの部屋の位置関係は次のようになる。

空き	B	空き
	C	

条件④より，EとHの部屋の位置関係は次のようになる。

E
H

条件⑤より，Fの部屋の下は空き部屋ではないことが確定し，同時にFの部屋は1階ではないことがわかる。
ここで，条件②を満たす位置関係を考えると，次の2通りが考えられる。
(ｉ) Bが3階の3号室に住んでいる場合
(ⅱ) Bが2階の4号室に住んでいる場合

(ｉ)	人数	1号室	2号室	3号室	4号室	5号室
3階	2人		空き	B	空き	D
2階	3人		A	C		空き
1階	3人					空き

(ⅱ)	人数	1号室	2号室	3号室	4号室	5号室
3階	2人					D
2階	3人		A	空き	B	空き
1階	3人				C	空き

(ｉ)の場合，3階はすでにBとDの部屋が確定しているので，残った1号室は空き部屋とわかる。また，条件①より，いずれの部屋番号の部屋も1部屋以上空き部屋となるので，残った1階の3号室は空き部屋とわかる。さらに，

条件④より，ＨとＥの部屋は1，2階の１号室，または1，2階の４号室のいずれかとなるが，これではいずれの場合も2階の３人が確定するため，Ｆの部屋は1階しか残らず条件⑤と矛盾する。したがって，（ｉ）の場合は不適。

（ｉ）	人数	1号室	2号室	3号室	4号室	5号室
3階	2人	空き	空き	B	空き	D
2階	3人	E	A	C	空き	空き
1階	3人	H		空き		空き

（ｉ）	人数	1号室	2号室	3号室	4号室	5号室
3階	2人	空き	空き	B	空き	D
2階	3人	空き	A	C	E	空き
1階	3人			空き	H	空き

（ⅱ）の場合，2階の１号室には誰かが住んでいるはずであり，条件④を満たすためにはＨとＥの部屋が1，2階の１号室，または2，3階の１号室のいずれかとなる。ここで，いずれの場合も2階に住む３人が確定するため，条件⑤よりＦは3階に住んでいることになる。この時点で3階に住む２人が確定するため，ＨとＥの部屋は1，2階の１号室となる。すると，3階の1，４号室はそれぞれ条件①より空き部屋とわかるので，Ｆの部屋は3階の２号室と確定する。さらに，1階の2号室，3階の３号室はそれぞれ条件①より空き部屋とわかるので，残った1階の３号室はＧの部屋となる。
以上より，８人の部屋は次のように確定する。

（ⅱ）	人数	1号室	2号室	3号室	4号室	5号室
3階	2人	空き	F	空き	空き	D
2階	3人	E	A	空き	B	空き
1階	3人	H	空き	G	C	空き

(1) 誤り。ＥとＦは異なる階に住んでいる。　(2) 誤り。２号室にはＡとＦが住んでいる。　(3) 誤り。Ａの左隣にはＥが住んでいる。　(4) 誤り。ＥとＤは異なる階に住んでいる。　(5) 正しい。Ｃの左隣りにＧが住んでいる。

37 (1)

解説「学年」,「性別」,「進路」という3つの集合について,「属する人数」を求めるので，以下のキャロル表を作成して考える。また，便宜上，問題文に与えられた4つの条件をア～エとする。

条件アより，2年生は120人（「性別」，「進路」に関わらず），3年生は260－120＝140［人］とわかる。また，2年生で「進学」を選んだのは90人（「性別」に関わらず），「就職」を選んだのは120－90＝30［人］とわかる。

条件イより，女子は130人（「学年」，「進路」に関わらず），男子は260－130＝130［人］とわかる。また，女子のうち2年生は70人（「進路」に関わらず），3年生は130－70＝60［人］とわかる。さらに，2年生の男子は120－70＝50［人］，3年生の男子は130－50＝80［人］とわかる。

条件ウより，3年生の女子で「就職」を選んだ人数をx［人］とすると，「進学」を選んだ人数は$x+12$［人］となる。すると，条件イより，3年生の女子は合計60人なので，$x+(x+12)=60$が成り立ち，$x=24$［人］となる。したがって，3年生の女子で「就職」を選んだ人数は24人，「進学」を選んだ人数は24＋12＝36［人］となる。

条件エより，「就職」を選んだ3年生男子と「進学」を選んだ2年生女子の人数をy［人］とする。ここまでをまとめると，次のようになる。

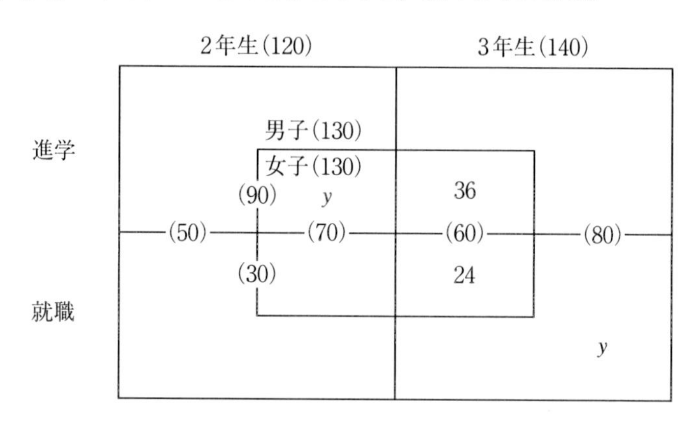

ここで，「進学」を選んだ3年生男子は$80-y$［人］

「就職」を選んだ2年生女子は$70-y$［人］

「就職」を選んだ2年生男子は$30-(70-y)=y-40$［人］

「進学」を選んだ2年生男子は$50-(y-40)=90-y$［人］

と表せ，人数は負の値とはならないので，$40 \leqq y \leqq 70$となる。ここまでをまとめると，次のようになる。

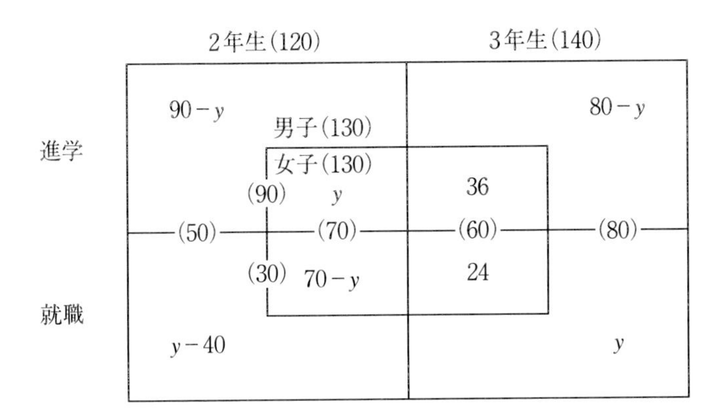

(1) 正しい。「進学」を選んだ2年生男子は$90-y$［人］,「進学」を選んだ3年生男子は$80-y$［人］なので，2年生の方が3年生より10人多い。　(2) 誤り。「就職」を選んだ2年生男子と女子が同じ人数のとき，$y-40=70-y$より，$y=55$［人］となり成立する。しかし，$40 \leqq y \leqq 70$の条件を満たせばよく，$y \neq 55$のときも考えられるので，確実にはいえない。　(3) 誤り。「進学」を選んだ2年生男子は$90-y$［人］,「就職」を選んだ2年生女子は$70-y$［人］なので，前者の方が20人多い。　(4) 誤り。「就職」を選んだ3年生女子は24人,「進学」を選んだ3年生男子は$80-y$［人］なので，$24=80-y$より，$y=56$［人］で成立する。しかし，$y \neq 56$のときも考えられるので，確実にはいえない。　(5) 誤り。「進学」を選んだ人の合計は，$(90-y)+y+(80-y)+36=206-y$［人］と表せる。ここで，$40 \leqq y \leqq 70$より，$136 \leqq 206-y \leqq 166$となるので，「進学」を選んだ人は170人未満である。

38 **(3)**

解説 便宜上，問題文に与えられた4つの条件をそれぞれア～エとする。これらをもとに，次の表を埋めていく。

順位	1	2	3	4
名前				
出身国				
年齢				

条件イをまとめると，次のようになる。

A

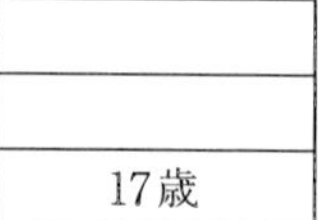

中国

17歳

条件ウをまとめると，次のようになる。

	C	
		日本
18歳		

条件エをまとめると，次のようになる。

		D
アメリカ		日本
	15歳	

ここで，前後の順位が確定している条件ウ，エを満たすような表の埋め方は，次の3通りとなる。

（i）

順位	1	2	3	4
名前		C	D	
出身国	アメリカ		日本	
年齢	18歳	15歳		

（ii）

順位	1	2	3	4
名前		C		D
出身国		アメリカ	日本	
年齢	18歳		15歳	

（iii）

順位	1	2	3	4
名前			C	D
出身国		アメリカ		日本
年齢		18歳	15歳	

次に，（i）～（iii）について，条件イを当てはめ，表を完成させる。

(ⅱ) については，条件イを満たさないため不適。
(ⅰ) については，次の①，②が考えられる。

①

順位	1	2	3	4
名前	A	C	D	B
出身国	アメリカ	中国	日本	イギリス
年齢	18歳	15歳	17歳	16歳

②

順位	1	2	3	4
名前	A	C	D	B
出身国	アメリカ	中国	日本	イギリス
年齢	18歳	15歳	16歳	17歳

(ⅲ) については，次の③，④が考えられる。

③

順位	1	2	3	4
名前	A	B	C	D
出身国	イギリス	アメリカ	中国	日本
年齢	16歳	18歳	15歳	17歳

④

順位	1	2	3	4
名前	B	A	C	D
出身国	イギリス	アメリカ	中国	日本
年齢	16歳	18歳	15歳	17歳

これら①～④のすべてに矛盾しない選択肢が，確実にいえることとなる。
(1) 誤り。③④の場合，1位はイギリス出身者なので，確実にはいえない。
(2) 誤り。③の場合，Bはアメリカ出身者なので，確実にはいえない。
(3) 正しい。①～④のいずれの場合であっても，Cの次の順位はDとなる。
(4) 誤り。②の場合，Dは16歳なので，確実にはいえない。　(5) 誤り。②の場合，15歳の者の次の順位は16歳の者なので，確実にはいえない。

39 (4)

解説 条件ア～オをもとに，表を埋めていく。ただし，飲み物を○と□と△，料理を●と■で表す。
条件アより，同じ組合わせの注文をした人はおらず，飲物は3種類なので，同じ料理を注文した人が4人となることはありえない。したがって，条件ウ，オより，A，B，C，Eが同じ料理を注文することはありえないので，AとBが注文した料理を●，CとEが注文した料理を■で表す。
次に，条件エより，Bの注文した飲物を○で表すと，その他の4人の注文した飲物は□または△で表せる。
さらに，条件アより，同じ組合わせの注文をした人はおらず，この時点で■に対してはCとEのいずれかが□と△を注文するため，Dが■になることはあり得ないので●となる。
ここまでで，次の表ができる。

	A	B	C	D	E
飲物	□/△	○	□/△	□/△	□/△
料理	●	●	■	●	■

したがって，●に対してはA，B，Dのいずれかが○，□，△を注文することになる。
ここで，条件イより，「ぶどうジュースとハンバーグの組合せで注文した人はいなかった」ので，ハンバーグに対しては2種類の飲物しか組にならないはずである。すると，●がハンバーグだとこの条件を満たさないため，■がハンバーグ，●がパスタとなる。さらに，■と組になっていない○がぶどうジュースとなる。
ここまでで，次の表ができる。

	A	B	C	D	E
飲物	□/△	ぶどうジュース	□/△	□/△	□/△
料理	パスタ	パスタ	ハンバーグ	パスタ	ハンバーグ

□と△については，リンゴジュースかオレンジジュースのどちらが該当するか確定できないため，選択肢を検討する。
(1) 誤り。Aが注文したのは，リンゴジュースかオレンジジュースのどちらかである。　(2) 誤り。Bが注文したのはパスタである。　(3) 誤り。Cが注文したのはリンゴジュースかオレンジジュースのどちらかであり，確定していな

い。　(4) 正しい。Dがパスタを注文したことは，確実にいえる。　(5) 誤り。Eが注文したのはリンゴジュースかオレンジジュースのどちらかであり，確定していない。

40 (2)

解説 メネラウスの定理より，$\dfrac{AF}{FB}\cdot\dfrac{BC}{CD}\cdot\dfrac{DQ}{QA}=1$

$$\frac{1}{2}\cdot\frac{3}{2}\cdot\frac{DQ}{QA}=1$$

$$\frac{DQ}{QA}=\frac{4}{3}$$

よって，　DQ：QA＝4：3

△ABCの面積をSとおくと，△ADC$=\dfrac{2}{3}S$

同様に考えると，△AQC$=\dfrac{3}{7}$△ADC$=\dfrac{2}{7}S$，△ARB＝△BPC$=\dfrac{2}{7}S$

したがって，△PQR＝△ABC－(△AQC＋△ARB＋△BPC)$=S-3\cdot\dfrac{2}{7}S=\dfrac{1}{7}S$

ここで，$S=\dfrac{1}{2}\cdot1\cdot1\cdot\sin60^\circ=\dfrac{\sqrt{3}}{4}$　より，

△PQR$=\dfrac{1}{7}\cdot\dfrac{\sqrt{3}}{4}=\dfrac{\sqrt{3}}{28}$である。

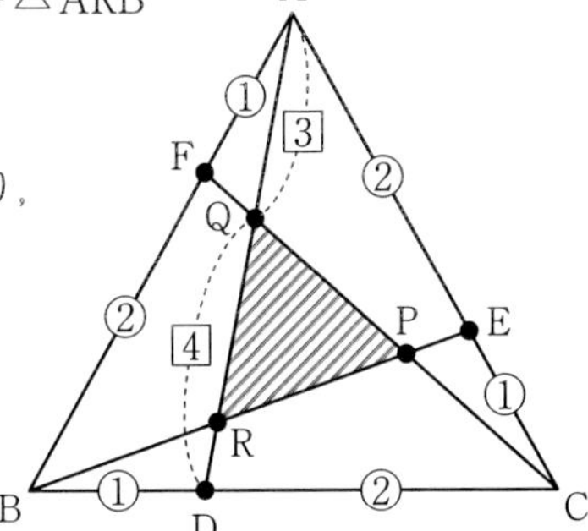

41 (1)

解説 与えられたおうぎ形の2点をP，Qとする。このおうぎ形が直線状を回転するとき，Aの位置からBの位置までに点Oは次のものをつなげた軌跡を描く。

① 点Pを回転の中心とした半径OP＝aの四分円の弧

② 長さが弧PQと等しい線分

③ 点Qを回転の中心とした半径OQ＝aの四分円の弧

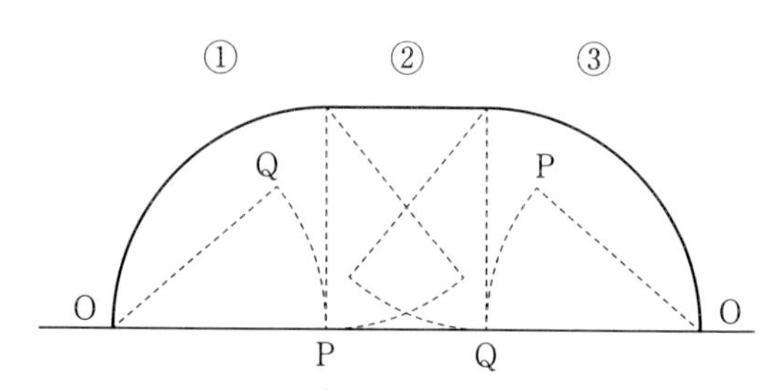

ここで，

①と③の長さは，$2\pi a \cdot \dfrac{1}{4} = \dfrac{1}{2}\pi a$

②の長さは，$2\pi a \cdot \dfrac{40°}{360°} = \dfrac{2}{9}\pi a$

よって，求める軌跡の長さは，$2 \cdot \dfrac{1}{2}\pi a + \dfrac{2}{9}\pi a = \dfrac{11}{9}\pi a$である。

42 (3)

解説 与えられたおうぎ形を小さいものから順に①～⑧とする。

正八角形の内角は，$\dfrac{180 \times (8-2)}{8} = 135°$より，外角は$180° - 135° = 45°$

下図より，①～⑧の中心角はいずれも正八面体の外角と等しく，45°である。

①の半径は正八面体の1辺の長さと等しくa，②の半径は（①の半径）+（正八面体の1辺の長さ）$= 2a$，③の半径は（②の半径）+（正八面体の1辺の長さ）$= 3a$，…，⑧の半径は（⑦の半径）+（正八面体の1辺の長さ）$= 8a$

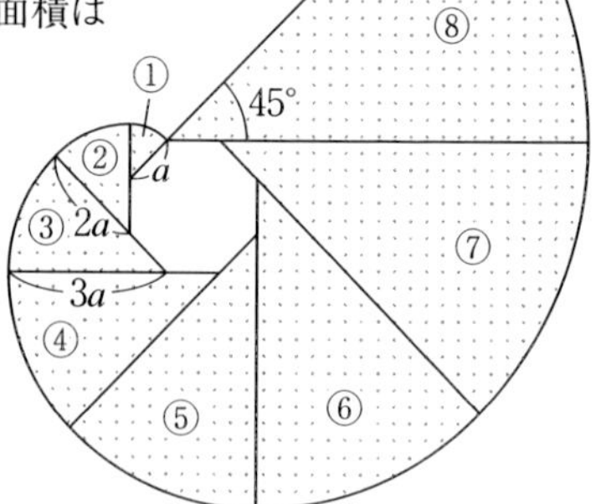

したがって，①の面積は$\pi a^2 \cdot \dfrac{45°}{360°}$，②の面積は$\pi \cdot (2a)^2 \cdot \dfrac{45°}{360°}$，③の面積は$\pi \cdot (3a)^2 \cdot \dfrac{45°}{360°}$…，⑧の面積は$\pi \cdot (8a)^2 \cdot \dfrac{45°}{360°}$となる。

よって，求める面積の和は，$\pi a^2 \cdot \dfrac{45°}{360°} \cdot (1 + 2^2 + 3^2 + 4^2 + 5^2 + 6^2 + 7^2 + 8^2) = \dfrac{204}{8}\pi a^2 = \dfrac{51}{2}\pi a^2$である。

43 (1)

解説 与えられた図のうち，残りの正五角形を①〜⑦とする。正十二面体の展開図を組み立てたときに互いに平行になる面は，展開図の連続して並んだ面のうち2つ飛ばしたものとなる。したがって，面Aの2つ上側の面⑤と平行になるのは，面①である。また，面①は面ア，イ，ウ，エ，②の隣に位置することなどを考慮して立体図を組み立てると，下図のようになる。よって，展開図で面⑦の下側にある面Aと重なるのは，立体図で面⑦の隣で面⑤とは反対側の隣に位置する面アとなる。

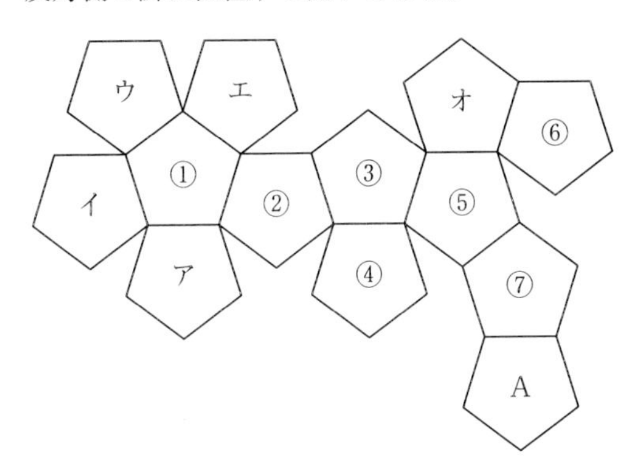

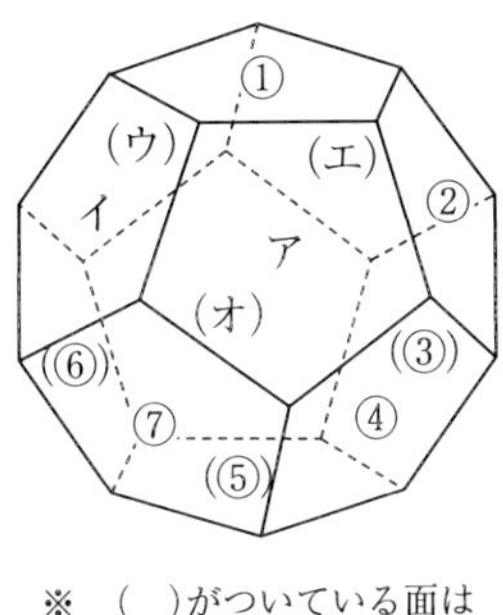

※ （　）がついている面は正面からは見えない

44 (1)

解説 下図のように，縦16cm，横12cmの長方形を考え，縦1cm，横1cmの正方形に分割すると，この正方形の総数は，$16 \times 12 = 192$［個］

次に，この長方形の対角線を引くと，この対角線に分割される正方形の数は24［個］である。ただし，対角線が正方形の頂点を通過する場合は分割されないものとする。

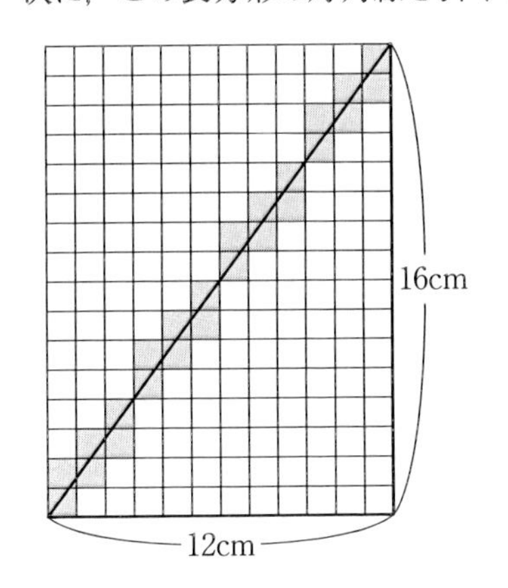

したがって，対角線に分割されない正方形の数は，$192 - 24 = 168$［個］

ここで，この長方形は2つの合同な直角三角形に分割されており，直角三角形1つ当たりの分割されない正方形の数は，

$168 \div 2 = 84$［個］

これが求める正方形の数に等しい。

45 (5)

解説 Aが優勝する場合，次の（ⅰ）～（ⅲ）の3通りの対戦成績が考えられる。

（ⅰ）Aが3勝0敗のとき，Aが3回連続で勝つので，その確率は，$\left(\frac{2}{3}\right)^3=\frac{8}{27}$

（ⅱ）Aが3勝1敗のとき，1～3回戦でAが2勝1敗となり，4回戦でAが勝つので，その確率は，${}_3C_2\cdot\left(\frac{2}{3}\right)^2\cdot\left(\frac{1}{3}\right)^1\cdot\frac{2}{3}=3\cdot\frac{4}{9}\cdot\frac{1}{3}\cdot\frac{2}{3}=\frac{8}{27}$

（ⅲ）Aが3勝2敗のとき，1～4回戦でAが2勝2敗となり，5回戦でAが勝つので，その確率は，${}_4C_2\cdot\left(\frac{2}{3}\right)^2\cdot\left(\frac{1}{3}\right)^2\cdot\frac{2}{3}=\frac{4\cdot3}{2\cdot1}\cdot\frac{4}{9}\cdot\frac{1}{9}\cdot\frac{2}{3}=\frac{16}{81}$

（ⅰ）～（ⅲ）は互いに排反なので，Aが優勝する確率は，$\frac{8}{27}+\frac{8}{27}+\frac{16}{81}=\frac{64}{81}$ である。

46 (2)

解説 円C_1，C_2，C_3の中心を，それぞれO_1，O_2，O_3とする。また，O_1，O_2から共通外接線に下ろした垂線の足をH_1，H_2とし，O_2からO_1H_1に下ろした垂線の足をH_3とする。

$\triangle O_1O_2H_3$において，三平方の定理より　$O_2H_3=\sqrt{(9+4)^2-(9-4)^2}=12$

次に，O_3からO_1H_1，O_2H_2に下ろした垂線の足をそれぞれH_4，H_5とする。

求める円C_3の半径をrとすると，

$\triangle O_1O_3H_4$において，$O_3H_4=\sqrt{(9+r)^2-(9-r)^2}$

$\triangle O_2O_3H_5$において，$O_3H_5=\sqrt{(4+r)^2-(4-r)^2}$

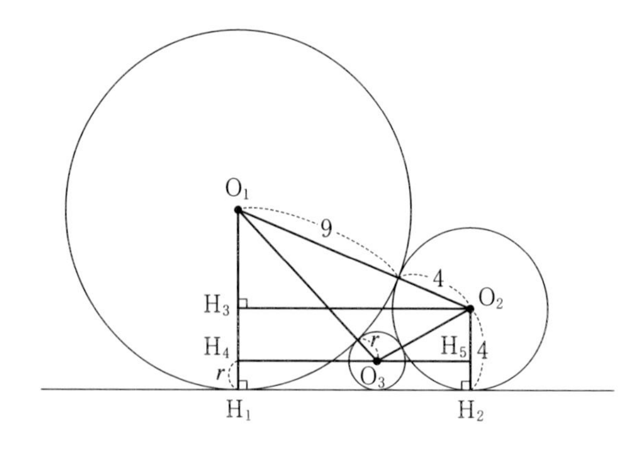

ここで，$H_4H_5 = O_3H_4 + O_3H_5 = O_2H_3 = 12$より，

$$\sqrt{(9+r)^2-(9-r)^2}+\sqrt{(4+r)^2-(4-r)^2}=12$$
$$\sqrt{36r}+\sqrt{16r}=12$$
$$6\sqrt{r}+4\sqrt{r}=12$$
$$\sqrt{r}=\frac{6}{5}$$

よって，$r=\frac{36}{25}$である。

47 (4)

解説 A管とB管を同時に使うと9分，B管とC管を同時に使うと10分，A管とC管を同時に使うと18分かかるので，これらの最小公倍数90を全体の仕事量とする。ここで，それぞれの仕事の能力は，

$(\text{A管}+\text{B管})=\frac{90}{9\,[\text{分}]}=10\,[/\text{分}]$　…①

$(\text{B管}+\text{C管})=\frac{90}{10\,[\text{分}]}=9\,[/\text{分}]$　…②

$(\text{A管}+\text{C管})=\frac{90}{18\,[\text{分}]}=5\,[/\text{分}]$　…③

①＋②＋③より，A管，B管，C管をそれぞれ2本ずつ使った場合の仕事の能力は，

$2\times(\text{A管}+\text{B管}+\text{C管})=24\,[/\text{分}]$

したがって，A管，B管，C管をそれぞれ1本ずつ使った場合の仕事の能力は，

$(\text{A管}+\text{B管}+\text{C管})=12\,[/\text{分}]$

	時間［分］	全体の仕事量	仕事の能力［/分］
A管＋B管	9	90	10
B管＋C管	10		9
A管＋C管	18		5
A管＋B管＋C管	12		7.5

よって，求める時間は，$\frac{90}{12}=7.5\,[\text{分}]=7\text{分}30\text{秒}$である。

48 (3)

解説 3桁の整数が9の倍数となるとき，各位の数の和が9の倍数となる。よって，求める3桁の整数について，3個の数字の並べ方の総数で考える。0，1，2，3，4，5，6の7個の数字のうち，3個の和が9の倍数となる組合せは，(0，3，6)，(0，4，5)，(1，2，6)，(1，3，5)，(2，3，4)
百の位の数は0にならないことを考慮すると，これらの並べ方は
(0，3，6)，(0，4，5)については，$2 \cdot 2 \cdot 1 = 4$［通り］
(1，2，6)，(1，3，5)，(2，3，4)については，$3! = 3 \cdot 2 \cdot 1 = 6$［通り］
よって，求める整数の個数は，$2 \cdot 4 + 3 \cdot 6 = 26$［個］である。

49 (2)

解説 (1) 誤り。$\begin{pmatrix}\text{2018年の日本の}\\\text{対前年増加率}\end{pmatrix} = \dfrac{\begin{pmatrix}\text{2018年の日本の}\\\text{会議開催件数}\end{pmatrix} - \begin{pmatrix}\text{2017年の日本の}\\\text{会議開催件数}\end{pmatrix}}{(\text{2017年の日本の会議開催件数})}$ $\times 100 = \dfrac{505 - 454}{454} \times 100 \fallingdotseq 11.2$［%］であるが，例えば，(2017年のオーストラリアの対前年増加率) $= \dfrac{\begin{pmatrix}\text{2017年のオーストラリア}\\\text{の会議開催件数}\end{pmatrix} - \begin{pmatrix}\text{2016年のオーストラリア}\\\text{の会議開催件数}\end{pmatrix}}{(\text{2016年のオーストラリアの会議開催件数})}$ $\times 100 = \dfrac{277 - 239}{239} \times 100 \fallingdotseq 15.9$［%］である。よって，2018年の日本の対前年増加率が最大ではない。 (2) 正しい。会議開催件数の全体に占める日本の開催件数の構成比は，2015年は$\dfrac{435}{1{,}650} \times 100 \fallingdotseq 26.4$［%］，2016年は$\dfrac{468}{1{,}711} \times 100 \fallingdotseq 27.4$［%］，2017年は$\dfrac{454}{1{,}681} \times 100 \fallingdotseq 27.0$［%］，2018年は$\dfrac{505}{1{,}738} \times 100 \fallingdotseq 29.1$［%］，2019年は$\dfrac{527}{1{,}735} \times 100 \fallingdotseq 30.4$［%］である。よって，2019年の会議開催件数の全体に占める日本の開催件数の構成比のみが，30%上回っている。 (3) 誤り。シンガポールの会議開催件数の全体に占める構成比は，2016年は$\dfrac{171}{1{,}711} \times 100 = 9.994\cdots$［%］，2017年は$\dfrac{162}{1{,}681} \times 100 \fallingdotseq 9.6$［%］，2018年は$\dfrac{155}{1{,}738} \times 100 \fallingdotseq 8.9$［%］，2019年は$\dfrac{149}{1{,}735} \times 100 \fallingdotseq 8.6$［%］である。よって，これらの年で10%を下回っている。 (4) 誤り。いずれの年も会議開催件数ではシンガポールが最も少ないが，その次に少ないのは2015年から2018年はオーストラリア，2019年は韓国である。 (5) 誤り。(2019年の韓国の対前年減少

数）＝(2018年の韓国の会議開催件数）－(2019年の韓国の会議開催件数）＝297－248＝49［件］であるが，(2017年の中国の対前年減少数）＝(2016年の中国の会議開催件数）－(2017年の中国の会議開催件数）＝529－472＝57［件］である。よって，2019年の韓国の対前年減少数は最大ではない。

50　**(4)**

解説　(1) 誤り。表より，1995年時のＡ～Ｄの４か国の燃料燃焼によるCO_2排出量の合計は，5,073.9＋513.8＋343.6＋856.6＝6,787.9［100万t］＝67億8,790万tであり，80億tを下回っている。また，グラフより，同指標が1995年時より大きくなると考えられるのは2000年と2005年である。しかし，2000年では$5{,}073.9\times\frac{112.9}{100}+513.8\times\frac{101.3}{100}+343.6\times\frac{106.1}{100}+856.6\times\frac{94.8}{100}\fallingdotseq$ 5,728.4＋520.5＋364.6＋812.1＝7,425.6［100万t］＝74億2,560万tであり，2005年では$5{,}073.9\times\frac{112.4}{100}+513.8\times\frac{103.5}{100}+343.6\times\frac{108.2}{100}+856.6\times\frac{91.8}{100}\fallingdotseq$ 5,703.1＋531.8＋371.8＋786.4＝7,393.1［100万t］＝73億9,310万tなので，いずれも80億tを下回っている。　(2) 誤り。(1) より2000年のＡ国の燃料燃焼によるCO_2排出量は約5,728.4［100万t］なので，同年のＢ国の約531.8［100万t］の10倍を上回っている。　(3) 誤り。2000年と比較した2005年の燃料燃焼によるCO_2排出量の増加分は，(1) よりＢ国では (2005年の値）－(2000年の値)＝531.8－520.5＝11.3［100万t］，Ｃ国では (2005年の値)－(2000年の値)＝371.8－364.6＝7.2［100万t］である。よって，Ｂ国の方がＣ国より大きい。　(4) 正しい。2010年のＣ国の燃料燃焼によるCO_2排出量は$343.6\times\frac{99.2}{100}\fallingdotseq 340.9$［100万t］，同年のＤ国では$856.6\times\frac{88.6}{100}\fallingdotseq 758.9$［100万t］である。よって，Ｃ国の値はＤ国の値の５割未満である。　(5) 誤り。2015年のＡ国とＤ国の燃料燃焼によるCO_2排出量の合計は$5{,}073.9\times\frac{97.0}{100}+856.6\times\frac{85.2}{100}$ ≒ 4,921.7＋729.8＝5,651.5［100万t］であり，1995年時は5,073.9＋856.6＝5,930.5［100万t］である。よって，減少率は$\frac{(5{,}930.5)-(5{,}651.5)}{5{,}930.5}\times 100\fallingdotseq 4.7$［%］であり，10%未満である。

漢字試験（記述式）

1 次の（　）内の漢字の読みをひらがなで書きなさい。(30問)

(1) 交通が（麻痺）する
(2) 税金の（督促）状
(3) 床の上に（仰臥）する
(4)（渾身）の力をふりしぼる
(5)（甲斐）性なし
(6)（煉瓦）造りの洋館
(7)（敏捷）な行動
(8) 無知（蒙昧）の徒
(9) 整った（容貌）
(10) 心理学の（泰斗）を迎える
(11) 老年人口が（逓増）する
(12) 要求を（一蹴）する
(13)（暗澹）たる思い
(14) 大局的な（見地）にたつ
(15) まだ（宵）の口だ
(16) 資料を（添付）する
(17)（悠長）に構える
(18)（精悍）な面構え
(19) 子供が（粗相）する
(20) 風雨に（晒）される
(21)（渓流）下りを楽しむ
(22)（迂闊）なことは言えない
(23)（紛擾）に発展する
(24) 再会を喜んで（抱擁）を交わした
(25) 人に（嘲弄）される
(26) 幸福の（絶頂）にある
(27) 事業が（頓挫）する
(28)（生欠伸）をかみ殺す
(29)（仄仄）と夜が明けてくる
(30)（重畳）たる山脈

2 次の（　）内のひらがなを漢字で書きなさい。(30問)

(1) 出かけるのは（おっくう）だ
(2)（ぶぜん）とした顔
(3)（ゆいしょ）ある家柄
(4)（もくひ）を続ける
(5)（いくた）の試練を乗り越える
(6) 食料を（ぎんみ）する
(7) 表紙を（かざ）る
(8) ドラマをビデオに（しゅうろく）する
(9) 友人の家に（いそうろう）する
(10) 順風（まんぱん）な人生
(11) 結束に（きれつ）が生じる
(12)（こうとう）無稽な話
(13) 筋肉が（しかん）する
(14) 清廉（けっぱく）な身
(15)（かくちょう）の高い詩
(16) 病人を（きゅうご）する
(17)（かほう）は寝て待て
(18) 自信を（そうしつ）する
(19) 犯人が（とうそう）する
(20) 臨機（おうへん）に対処する
(21)（ひやく）的に発展する
(22) 高層ビルが（りんりつ）する
(23) 新聞の（ちょうかん）を読む

(24) 妥協案に（なんしょく）を示す
(25) 対日感情の悪化が（けねん）される
(26) 学問の発展に（きよ）する
(27) （がんじょう）な体
(28) 大願（じょうじゅ）
(29) 病気に勝つ（めんえき）力をつける
(30) お（せっかい）な人

解　答

1

解答

(1) まひ　(2) とくそく　(3) ぎょうが　(4) こんしん
(5) かい　(6) れんが　(7) びんしょう　(8) もうまい
(9) ようぼう　(10) たいと　(11) ていぞう　(12) いっしゅう
(13) あんたん　(14) けんち　(15) よい　(16) てんぷ
(17) ゆうちょう　(18) せいかん　(19) そそう　(20) さら
(21) けいりゅう　(22) うかつ　(23) ふんじょう　(24) ほうよう
(25) ちょうろう　(26) ぜっちょう　(27) とんざ　(28) なまあくび
(29) ほのぼの　(30) ちょうじょう

2

解答

(1) 億劫　(2) 憮然　(3) 由緒　(4) 黙秘　(5) 幾多
(6) 吟味　(7) 飾　(8) 収録　(9) 居候　(10) 満帆
(11) 亀裂　(12) 荒唐　(13) 弛緩　(14) 潔白　(15) 格調
(16) 救護　(17) 果報　(18) 喪失　(19) 逃走　(20) 応変
(21) 飛躍　(22) 林立　(23) 朝刊　(24) 難色　(25) 懸念
(26) 寄与　(27) 頑丈　(28) 成就　(29) 免疫　(30) 節介

第3部

論作文試験対策

- 論作文対策
- 実施課題例の分析

人物試験　論作文対策

POINT

Ⅰ.「論作文試験」とはなにか

(1)「論作文試験」を実施する目的

かつて18世紀フランスの博物学者，ビュフォンは「文は人なり」と言った。その人の知識・教養・思考力・思考方法・人間性などを知るには，その人が書いた文章を見るのが最良の方法であるという意味だ。

知識の質・量を調べる筆記試験の教養試験だけでは，判定しがたい受験生の資質をより正確にとらえるため，あるいは受験生の警察官としての適性を判断するため，多角的な観点から考査・評価を行う必要がある。

そのため論作文試験は，公務員試験のみならず，一般企業でも重視されているわけだが，とりわけ警察官の場合は，行政の中核にあって多様な諸事務を処理して国民に奉仕するという職務柄，人物試験とともに近年は一層重視されているのが現状だ。しかも，この傾向は，今後もさらに強くなると予想される。

同じ国語を使って，同じように制限された字数，時間の中で同じテーマの論作文を書いても，その論作文はまったく違ったものになる。おそらく学校で，同じ先生に同じように文章指導を受けたとしても，そうなるだろう。その違いのなかにおのずと受験生の姿が浮かび上がってくることになる。

採用側からみた論作文試験の意義をまとめると，次のようになる。

① 警察官としての資質を探る

公務員というのは，文字どおり公に従事するもの。地域住民に直接に接する機会も多い。民間企業の場合は，新入社員研修が何ヶ月もかけて行われることもあるが，公務員の場合は，ほとんどが短期間のうちに現場の真っ只中に入ることになる。したがって自立性や創造力などの資質を備えた人物が求められるわけで，論作文試験を通じて，そのような資質を判定することができる。

② 総合的な知識・理解力を知る

論作文試験によって，警察官として必要な言語能力・文章表現能力を判定することや，警察官として職務を遂行するのにふさわしい基礎的な知識の理解度や実践への応用力を試すことができる。

換言すれば，日本語を文章として正しく表現するための常識や，これまでの学校教育などで得た政治や経済などの一般常識を今後の実践の中でどれほど生かすことができるか，などの総合的な知識・理解力の判定をもしようということである。

③ 思考過程・論理の構成力を知る

教養試験は，一般知識分野であれ一般知能分野であれ，その出題の質が総括的・分散的になりがちである。いわば「広く浅く」が出題の基本となりやすいわけだ。これでは受験生の思考過程や論理の構成力を判定することは不可能だ。その点，論作文試験ではひとつの重要な課題に対する奥深さを判定しやすい。

④ 受験生の人柄・人間性の判定

人物試験（面接）と同様に，受験生の人格・人柄を判定しやすい。これは，文章の内容からばかりではなく，文章の書き方，誤字・脱字の有無，制限字数への配慮，文字の丁寧さなどからも判断される。

(2)「論作文試験」の実施状況

公務員試験全体における人物重視の傾向とあいまって，論作文試験も重視される傾向にある。地方公務員の場合，試験を実施する都道府県・市町村などによって異なるが，行政事務関係はほぼ実施している。

(3) 字数制限と時間制限

最も一般的な字数は1,000～1,200字程度である。最も少ないところが600字，最大が2,000字と大きく開きがある。

時間制限は，60～90分，あるいは120分というのが一般的だ。この時間は，けっして充分なものではない。試しにストップウォッチで計ってみるといいが，他人の論作文を清書するだけでも，600字の場合なら約15分程度かかる。

テーマに即して，しかも用字・用語に気を配ってということになると，かなりのスピードが要求されるわけである。情報を整理し，簡潔に説明できる力を養う必要があるだろう。

(4)「論作文試験」の評価の基準

採用試験の答案として書く論作文なので，その評価基準を意識して書くことも大切といえる。しかし，公務員試験における論作文の評価の基準は，いずれの都道府県などでも公表していないし，今後もそれを期待することはなかなか難しいだろう。

ただ，過去のデータなどから手掛りとなるものはあるので，ここではそれらを参考に，一般的な評価基準を考えてみよう。

形式的な面からの評価	① 表記法に問題はないか。
	② 文脈に応じて適切な語句が使われているか。
	③ 文（センテンス）の構造，語句の照応などに問題はないか。
内容的な面からの評価	① テーマを的確に把握しているか。
	② 自分の考え方やものの見方をまとめ，テーマや論旨が明確に表現されているか。
	③ 内容がよく整理され，段落の設定や論作文の構成に問題はないか。
総合的な面からの評価	① 警察官に必要な洞察力や創造力，あるいは常識や基礎学力は十分であるか。
	② ものの見方や考え方が，警察官として望ましい方向にあるか。

おおよそ以上のような評価の視点が考えられるが，これらはあらゆるテーマに対して共通しているということではない。それぞれのテーマによってそのポイントの移動があり，また，実施する自治体などによっても，このうちのどれに重点を置くかが異なってくる。

ただ，一般的に言えることは，企業の採用試験などの場合，その多くは総合的な評価が重視され形式的な面はあまり重視されないが，公務員採用試験における論作文は，形式的な面も軽んじてはならないということである。なぜなら，警察官は採用後に公の文書を取り扱うわけで，それらには一定のフォーマットがあるものが多いからだ。これへの適応能力が試されるのは当然である。

(5)「論作文試験」の出題傾向

公務員試験の場合，出題の傾向をこれまでのテーマから見るのは難しい。一定の傾向がないからだ。

ここ数年の例を見ると，「警察官となるにあたって」「警察官に求められる倫理観について」など，将来への抱負や心構え，公務員観に関するものから，「私が目指す●●県のまちづくり」「▲▲の魅力を挙げ，他地域の人々に▲▲を発信・セールスせよ」など，具体的なプランとアクションを挙げさせるところもあり，その種類まさに千差万別といえる。

いずれにせよ，今までの自己体験，あるいは身近な事件を通して得た信条や生活観，自然観などを語らせ，その観点や感性から，警察官としての適性を知ろうとするものであることに変わりはないようだ。

Ⅱ．「論作文試験」の事前準備

(1) 試験の目的を理解する

論作文試験の意義や評価の目的については前に述べたが，試験の準備を進めるためには，まずそれについてよく考え，理解を深めておく必要がある。その理解が，自分なりの準備方法を導きだしてくれるはずだ。

例えば，あなたに好きなひとがいたとする。ラブレター（あるいはメール）を書きたいのだが，あいにく文章は苦手だ。文章の上手い友人に代筆を頼む手もあるが，これでは真心は通じないだろう。そこで，便せんいっぱいに「好きだ，好きだ，好きだ，好きだ，好きだ，好きだ」とだけ書いたとする。それで十分に情熱を伝えることができるし，場合によっては，どんな名文を書き連ねるよりも最高のラブレターになることだってある。あるいはサインペンで用紙いっぱいに一言「好き」と大書して送ってもいい。個人対個人間のラブレターなら，それでもいいのである。つまり，その目的が，「好き」という恋心を相手にだけわかってもらうことにあるからだ。

文章の長さにしてもそうで，例えばこんな文がある。

「一筆啓上　火の用心　おせん泣かすな　馬肥やせ」

これは徳川家康の家臣である本多作左衛門重次が，妻に宛てた短い手紙である。「一筆啓上」は「拝啓」に当たる意味で，「おせん泣かすな」は重次の唯一の子どもであるお仙（仙千代）を「泣かしたりせず，しっかりと育てなさい」と我が子をとても大事にしていたことが伺える。さらに，「馬肥やせ」は武将の家には欠くことのできない馬について「いざという時のために餌をしっかり与えて大事にしてくれ」と妻へアドバイスしている。短いながらもこの文面全体には，家族への愛情や心配，家の主としての責任感などがにじみ出ているかのようだ。

世の中にはもっと短い手紙もある。フランスの文豪ヴィクトル・ユーゴーは『レ・ミゼラブル』を出版した際にその売れ行きが心配になり，出版社に対して「？」と書いただけの手紙を送った。すると出版社からは「！」という返事が届いたという。意味がおわかりだろうか。これは，「売れ行きはどうか？」「すごく売れていますよ！」というやりとりである。前提になる状況と目的によっては，「？」や「！」ひとつが，千万の言葉よりも，意思と感情を的確に相手に伝達することもあるのだ。

しかし，論作文試験の場合はどうだろうか。「警察官を志望した動機」というテーマを出されて，「私は警察官になりたい，私は警察官になりたい，私は警察官になりたい，……」と600字分書いても，評価されることはないだろう。

つまり論作文というのは，何度もいうように，人物試験を兼ねあわせて実施されるものである。この意義や目的を忘れてはいけない。しかも公務員採用試験の場合と民間企業の場合では，求められているものに違いもある。

民間企業の場合でも業種によって違いがある。ということは，それぞれの意義や目的によって，対策や準備方法も違ってくるということである。これを理解した上で，自分なりの準備方法を見つけることが大切なのだ。

(2) 文章を書く習慣を身につける

多くの人は「かしこまった文章を書くのが苦手」だという。携帯電話やパソコンで気楽なメールを頻繁にしている現在では，特にそうだという。論作文試験の準備としては，まずこの苦手意識を取り除くことが必要だろう。

文章を書くということは，習慣がついてしまえばそれほど辛いものではない。習慣をつけるという意味では，第一に日記を書くこと，第二に手紙を書くのがよい。

① 「日記」を書いて筆力をつける

実際にやってみればわかることだが，日記を半年間書き続けると，自分でも驚くほど筆力が身に付く。筆力というのは「文章を書く力」で，豊かな表現力・構成力，あるいはスピードを意味している。日記は他人に見せるものではないので，自由に書ける。材料は身辺雑事・雑感が主なので，いくらでもあるはず。この「自由に書ける」「材料がある」ということが，文章に慣れるためには大切なことなのだ。パソコンを使ってブログで長い文章を書くのも悪くはないが，本番試験はキーボードが使えるわけではないので，リズムが変わると書けない可能性もある。やはり紙にペンで書くべきだろう。

② 「手紙」を書いてみる

手紙は，他人に用件や意思や感情を伝えるものである。最初から他人に読んでもらうことを目的にしている。ここが日記とは根本的に違う。つまり，読み手を意識して書かなければならないわけだ。そのために，一定の形式を踏まなければならないこともあるし，逆に，相手や時と場合によって形式をはずすこともある。感情を全面的に表わすこともあるし，抑えることもある。文章を書く場合，この読み手を想定して形式や感情を制御していくということは大切な要件である。手紙を書くことによって，このコツに慣れてくるわけだ。

「おっはよー，元気ぃ（^_^）？　今日もめっちゃ寒いけど……」

「拝啓，朝夕はめっきり肌寒さを覚える今日このごろですが，皆々様におかれましては，いかがお過ごしかと……」

手紙は，具体的に相手（読み手）を想定できるので，書く習慣がつけば，このような「書き分ける」能力も自然と身についてくる。つまり，文章のTPOといったものがわかってくるのである。

③ 新聞や雑誌のコラムを写してみる

新聞や雑誌のコラムなどを写したりするのも，文章に慣れる王道の手段。最初は，とにかく書き写すだけでいい。ひたすら，書き写すのだ。

ペン習字などもお手本を書き写すが，それと同じだと思えばいい。ペン習字と違うのは，文字面をなぞるのではなく，別の原稿用紙などに書き写す点だ。

とにかく，こうして書き写すことをしていると，まず文章のリズムがわかってくる。ことばづかいや送り仮名の要領も身につく。文の構成法も，なんとなく理解できてくる。実際，かつての作家の文章修業は，こうして模写をすることから始めたという。

私たちが日本語を話す場合，文法をいちいち考えているわけではないだろう。接続詞や助詞も自然に口をついて出ている。文章も本来，こうならなければならないのである。そのためには書き写す作業が一番いいわけで，これも実際にやってみると，効果がよくわかる。

なぜ，新聞や雑誌のコラムがよいかといえば，これらはマスメディア用の文章だからである。不特定多数の読み手を想定して書かれているために，一般的なルールに即して書かれていて，無難な表現であり，クセがない。公務員試験の論作文では，この点も大切なことなのだ。

たとえば雨の音は，一般的に「ポツリ，ポツリ」「パラ，パラ」「ザァ，ザァ」などと書く。ありふれた表現だが，裏を返せばありふれているだけに，だれにでも雨の音だとわかるはず。「朝から，あぶないな，と思っていたら，峠への途中でパラ，パラとやってきた……」という文章があれば，この「パラ，パラ」は雨だと想像しやすいだろう。

一方，「シイ，シイ」「ピチ，ピチ」「トン，トン」「バタ，バタ」，雨の音をこう表現しても決して悪いということはない。実際，聞き方によっては，こう聞こえるときもある。しかし「朝から，あぶないな，と思っていたら，峠への途中でシイ，シイとやってきた……」では，一般的には「シイ，シイ」が雨だとはわからない。

論作文は，作家になるための素質を見るためのものではないから，やはり後者ではマズイのである。受験論作文の練習に書き写す場合は，マスコミのコラムなどがよいというのは，そういうわけだ。

④　考えを正確に文章化する

頭の中では論理的に構成されていても，それを文章に表現するのは意外に難しい。主語が落ちているために内容がつかめなかったり，語彙が貧弱で，述べたいことがうまく表現できなかったり，思いあまって言葉足らずという文章を書く人は非常に多い。文章は，記録であると同時に伝達手段である。メモをとるのとは違うのだ。

論理的にわかりやすい文章を書くには，言葉を選び，文法を考え，文脈を整え，結論と課題を比較してみる……，という訓練を続けることが大切だ。しかし，この場合，一人でやっていたのでは評価が甘く，また自分では気づかないこともあるので，友人や先輩，国語に詳しいかつての恩師など，第三者の客観的な意見を聞くと，正確な文章になっているかどうかの判断がつけやすい。

⑤　文章の構成力を高める

正確な文章を書こうとすれば，必ず文章の構成をどうしたらよいかという問題につきあたる。文章の構成法については後述するが，そこに示した基本的な構成パターンをしっかり身につけておくこと。一つのテーマについて，何通りかの構成法で書き，これをいくつものテーマについて繰り返してみる。そうしているうちに，特に意識しなくてもしっかりした構成の文章が書けるようになるはずだ。

⑥　制限内に書く感覚を養う

だれでも時間をかけてじっくり考えれば，それなりの文章が書けるだろう。しかし，実際の試験では字数制限や時間制限がある。練習の際には，ただ漫然と文章を書くのではなくて，字数や時間も実際の試験のように設定したうえで書いてみること。

例えば800字以内という制限なら，その全体量はどれくらいなのかを実際に書いてみる。また，全体の構想に従って字数（行数）を配分すること。時間制限についても同様で，60分ならその時間内にどれだけのことが書けるのかを確認し，構想，執筆，推敲などの時間配分を考えてみる。この具体的な方法は後に述べる。

こうして何度も文章を書いているうちに，さまざまな制限を無駄なく十分に使う感覚が身についてくる。この感覚は，練習を重ね，文章に親しまない限り，身に付かない。逆に言えば実際の試験ではそれが極めて有効な力を発揮するのが明らかなのだ。

Ⅲ.「合格答案」作成上の留意点

(1) テーマ把握上の注意

さて，いよいよ試験が始まったとしよう。論作文試験でまず最初の関門になるのが，テーマを的確に把握できるか否かということ。どんなに立派な文章を書いても，それが課題テーマに合致していない限り，試験結果は絶望的である。不幸なことにそのような例は枚挙にいとまがにないと言われる。ここでは犯しやすいミスを2，3例挙げてみよう。

① 似たテーマと間違える

例えば「私の生きかた」や「私の生きがい」などは，その典型的なもの。前者が生活スタイルや生活信条などが問われているのに対して，後者はどのようなことをし，どのように生きていくことが，自分の最も喜びとするところかが問われている。このようなニュアンスの違いも正確に把握することだ。

② テーマ全体を正確に読まない

特に，課題そのものが長い文章になっている場合，どのような条件を踏まえて何を述べなければならないかを，正確にとらえないまま書き始めてしまうことがある。例えば，下記のようなテーマがあったとする。

「あなたが警察官になったとき，職場の上司や先輩，地域の人々との人間関係において，何を大切にしたいと思いますか。自分の生活体験をもとに書きなさい」

①警察官になったとき，②生活体験をもとに，というのがこのテーマの条件であり，「上司・先輩，地域の人々との人間関係において大切にしたいこと」というのが必答すべきことになる。このような点を一つひとつ把握しておかないと，内容に抜け落ちがあったり，構成上のバランスが崩れたりする原因になる。テーマを示されたらまず2回はゆっくりと読み，与えられているテーマの意味・内容を確認してから何をどう書くかという考察に移ることが必要だ。

③ テーマの真意を正確につかまない

「今，警察官に求められるもの」というテーマと「警察官に求められるもの」というテーマを比べた場合，“今”というたった1字があるか否かで，出題者の求める答えは違ってくることに注意したい。言うまでもなく，後者がいわゆる「警察官の資質」を問うているのに対して，前者は「現況をふまえたうえで，できるだけ具体的に警察官の資質について述べること」が求められているのだ。

以上3点について述べた。こうやって示せば誰でも分かる当たり前のことのようだが，試験本番には受け取る側の状況もまた違ってくるはず。くれぐれも慎重に取り組みたいところだ。

(2) 内容・構成上の注意点

① 素材選びに時間をかけろ

テーマを正確に把握したら，次は結論を導きだすための素材が重要なポイントになる。公務員試験での論作文では，できるだけ実践的・経験的なものが望ましい。現実性のある具体的な素材を見つけだすよう，書き始める前に十分考慮したい。

② 全体の構想を練る

さて，次に考えなくてはならないのが文章の構成である。相手を納得させるためにも，また字数や時間配分の目安をつけるためにも，全体のアウトラインを構想しておくことが必要だ。ただやみくもに書き始めると，文章があらぬ方向に行ってしまったり，広げた風呂敷をたたむのに苦労しかねない。

③ 文体を決める

文体は終始一貫させなければならない。文体によって論作文の印象もかなり違ってくる。〈です・ます〉体は丁寧な印象を与えるが，使い慣れないと文章がくどくなり，文末のリズムも単調になりやすい。〈である〉体は文章が重々しいが，断定するつもりのない場合でも断定しているかのような印象を与えやすい。

それぞれ一長一短がある。書きなれている人なら，テーマによって文体を使いわけるのが望ましいだろう。しかし，大概は文章のプロではないのだから，自分の最も書きやすい文体を一つ決めておくことが最良の策だ。

(3) 文章作成上の注意点

① ワン・センテンスを簡潔に

一つの文（センテンス）にさまざまな要素を盛り込もうとする人がいるが，内容がわかりにくくなるだけでなく，時には主語・述語の関係が絡まり合い，文章としてすら成立しなくなることもある。このような文章は論旨が不明確になるだけでなく，読み手の心証もそこねてしまう。文章はできるだけ無駄を省き，わかりやすい文章を心掛けること。「一文はできるだけ簡潔に」が鉄則だ。

② 論点を整理する

論作文試験の字数制限は多くても2,000字，少ない場合は600字程度ということもあり，決して多くはない。このように文字数が限られているのだから，文章を簡潔にすると同時に，論点をできるだけ整理し，特に必要のない要素は削ぎ落とすことだ。これはテーマが抽象的な場合や，逆に具体的に多くの条件を設定してる場合は，特に注意したい。

③ 段落を適切に設定する

段落とは，文章全体の中で一つのまとまりをもった部分で，段落の終わりで改行し，書き始めは1字下げるのが決まりである。いくつかの小主題をもつ文章の場合，小主題に従って段落を設けないと，筆者の意図がわかりにくい文章になってしまう。逆に，段落が多すぎる文章もまた意図が伝わりにくく，まとまりのない印象の文章となる場合が多い。段落を設ける基準として，次のような場合があげられる。

① 場所や場面が変わるとき。	④ 思考が次の段階へ発展するとき。
② 対象が変わるとき。	⑤ 一つの部分を特に強調したいとき。
③ 立場や観点が変わるとき。	⑥ 同一段落が長くなりすぎて読みにくくなるとき。

これらを念頭に入れて適宜段落を設定する。

(4) 文章構成後のチェック点

① 主題がはっきりしているか。論作文全体を通して一貫しているか。課題にあったものになっているか。
② まとまった区切りを設けて書いているか。段落は，意味の上でも視覚的にもはっきりと設けてあるか。
③ 意味がはっきりしない言いまわしはないか。人によって違った意味にとられるようなことはないか。
④ 一つの文が長すぎないか。一つの文に多くの内容を詰め込みすぎているところはないか。
⑤ あまりにも簡単にまとめすぎていないか。そのために論作文全体が軽くなっていないか。
⑥ 抽象的ではないか。もっと具体的に表現する方法はないものか。
⑦ 意見や感想を述べる場合，裏づけとなる経験やデータとの関連性は妥当なものか。
⑧ 個人の意見や感想を，「われわれは」「私たちは」などと強引に一般化しているところはないか。
⑨ 表現や文体は統一されているか。
⑩ 文字や送り仮名は統一されているか。

実際の試験では，こんなに細かくチェックしている時間はないだろうが，練習の際には，一つの論作文を書いたら，以上のようなことを必ずチェックしてみるとよいだろう。

Ⅳ.「論作文試験」の実戦感覚

準備と対策の最後の仕上げは，“実戦での感覚”を養うことである。これは“実戦での要領”といってもよい。「要領がいい」という言葉には，「上手に」「巧みに」「手際よく」といった意味と同時に，「うまく表面をとりつくろう」「その場をごまかす」というニュアンスもある。「あいつは要領のいい男だ」という表現などを思い出してみれば分かるだろう。

採用試験における論作文が，論作文試験という競争試験の一つとしてある以上，その意味での“要領”も欠かせないだろう。極端にいってしまえば，こうだ。

「約600字分だけ，たまたまでもすばらしいものが書ければよい」

もちろん，本来はそれでは困るのだが，とにかく合格して採用されることが先決だ。そのために，短時間でその要領をどう身につけるか，実戦ではどう要領を発揮するべきなのか。

(1) 時間と字数の実戦感覚

① 制限時間の感覚

公務員試験の論作文試験の平均制限時間は，90分間である。この90分間に文字はどれくらい書けるか。大学ノートなどに，やや丁寧に漢字まじりの普通の文を書き写すとして，速い人で1分間約60字，つまり90分間なら約5,400字。遅い人で約40字/1分間，つまり90分間なら約3,600字。平均4,500字前後と見ておけばよいだろう。400字詰め原稿用紙にして11枚程度。これだけを考えれば，時間はたっぷりある。しかし，これはあくまでも「書き写す」場合であって，論作文している時間ではない。

構想などが決まったうえで，言葉を選びながら論作文する場合は，速い人で約20字前後/1分間，60分間なら約1,800字前後である。ちなみに，文章のプロたち，例えば作家とか週刊誌の記者とかライターという職業の人たちでも，ほぼこんなものなのだ。構想は別として，1時間に1,800字，400字詰め原稿用紙で4～5枚程度書ければ，だいたい職業人として1人前である。言い換えれば，読者が読むに耐えうる原稿を書くためには，これが限度だということである。

さて，論作文試験に即していえば，もし制限字数1,200字なら，1,200字÷20字で，文章をつづる時間は約60分間ということになる。そうだとすれば，テーマの理解，着想，構想，それに書き終わった後の読み返しなどにあてられる時間は，残り30分間。これは実にシビアな時間である。まず，この時間の感覚を，しっかりと頭に入れておこう。

② 制限字数の感覚

これも一般には，なかなか感覚がつかめないもの。ちなみに，いま，あなたが読んでいるこの本のこのページには，いったい何文字入っているのか，すぐにわかるだろうか。答えは，1行が33字詰めで行数が32行，空白部分もあるから約1,000字である。公務員試験の論作文試験の平均的な制限字数は1,200字となっているから，ほぼ，この本の約1頁強である。

この制限字数を，「長い！」と思うか「短い！」と思うかは，人によって違いはあるはず。俳句は17文字に万感の想いを込めるから，これと比べれば1,000字は実に長い。一方，ニュース番組のアナウンサーが原稿を読む平均速度は，約400字程度/1分間とされているから，1,200字なら3分。アッという間である。つまり，1,200字というのは，そういう感覚の字数なのである。ここでは，論作文試験の1,200字という制限字数の妥当性については置いておく。1,200字というのが，どんな感覚の文字数かということを知っておけばよい。

この感覚は，きわめて重要なことなのである。後でくわしく述べるが，実際にはこの制限字数によって，内容はもとより書き出しや構成なども，かなりの規制を受ける。しかし，それも試験なのだから，長いなら長いなりに，短いなら短いなりに対処する方法を考えなければならない。それが実戦に臨む構えであり，「要領」なのだ。

(2) 時間配分の実戦感覚

90分間かけて，結果として1,200字程度の論作文を仕上げればよいわけだから，次は時間の配分をどうするか。開始のベルが鳴る（ブザーかも知れない）。テーマが示される。いわゆる「課題」である。さて，なにを，どう書くか。この「なにを」が着想であり，「どう書くか」が構想だ。

① まず「着想」に5分間

課題が明示されているのだから，「なにを」は決まっているように思われるかもしれないが，そんなことはない。たとえば「夢」という課題であったとして，昨日みた夢，こわかった夢，なぜか印象に残っている夢，将来の夢，仕事の夢，夢のある人生とは，夢のある社会とは，夢のない現代の若者について……などなど，書くことは多種多様にある。あるいは「夢想流剣法の真髄」といったものだってよいのだ。まず，この「なにを」を10分以内に決める。文章を書く，または論作文するときは，本来はこの「なにを」が重要なのであって，自分の知識や経験，感性を凝縮して，長い時間をかけて決めるのが理想なのだが，なにしろ制限時間があるので，やむをえず5分以内に決める。

② 次は「構想」に10分間

「構想」というのは，話の組み立て方である。着想したものを，どうやって1,200字程度の字数のなかに，うまく展開するかを考える。このときに重要なのは，材料の点検だ。

たとえば着想の段階で，「現代の若者は夢がないといわれるが，実際には夢はもっているのであって，その夢が実現不可能な空想的な夢ではなく，より現実的になっているだけだ。大きな夢に向かって猛進するのも人生だが，小さな夢を一つ一つ育んでいくのも意義ある人生だと思う」というようなことを書こうと決めたとして，ただダラダラと書いていったのでは，印象深い説得力のある論作文にはならない。したがってエピソードだとか，著名人の言葉とか，読んだ本の感想……といった材料が必要なわけだが，これの有無，その配置を点検するわけである。しかも，その材料の質・量によって，話のもっていきかた（論作文の構成法）も違ってくる。これを10分以内に決める。

実際には，着想に10分，構想に10分と明瞭に区別されるわけではなく，「なにを」は瞬間的に決まることがあるし，「なにを」と「どう書くか」を同時に考えることもある。ともあれ，着想と構想をあわせて，なにがなんでも20分以内に決めなければならないのである。

③ 「執筆」時間は60分間

これは前述したとおり。ただ書くだけの物理的時間が約15～20分間かかるのだから，言葉を選び表現を考えながらでは60分間は実際に短かすぎるが，試験なのでやむをえない。

まずテーマを書く。氏名を書く。そして，いよいよ第1行の書き出しにかかる。「夢，私はこの言葉が好きだ。夢をみることは，神さまが人間だけに与えた特権だと思う……」「よく，最近の若者には夢がない，という声を聞く。たしかに，その一面はある。つい先日も，こんなことがあった……」「私の家の近所に，夢想流を継承する剣道の小さな道場がある。白髪で小柄な80歳に近い老人が道場主だ……」などと，着想したことを具体的に文章にしていくわけである。

人によっては，着想が決まると，このようにまず第1行を書き，ここで一息ついて後の構想を立てることもある。つまり，書き出しの文句を書きこむと，後の構想が立てやすくなるというわけである。これも一つの方法である。しかし，これは，よっぽど書きなれていないと危険をともなう。後の構想がまとまらないと何度も書き出しを書き直さなければならないからだ。したがって，論作文試験の場合は，やはり着想→構想→執筆と進んだほうが無難だろう。

④　「点検」時間は10分間で

論作文を書き終わる。当然，点検をしなければならない。誤字・脱字はもとより，送り仮名や語句の使い方，表現の妥当性も見直さなければならない。この作業を一般には「推敲」と呼ぶ。推敲は，文章を仕上げる上で欠かせない作業である。本来なら，この推敲には十分な時間をかけなければならない。文章は推敲すればするほど練りあがるし，また，文章の上達に欠かせないものである。

しかし，論作文試験においては，この時間が10分間しかない。前述したように，1,200字の文章は，ニュースのアナウンサーが読みあげるスピードで読んでも，読むだけで約3分はかかる。だとすれば，手直しする時間は7分。ほとんどないに等しいわけだ。せいぜい誤字・脱字の点検しかできないだろう。論作文試験の時間配分では，このことをしっかり頭に入れておかなければならない。要するに論作文試験では，きわめて実戦的な「要領の良さ」が必要であり，準備・対策として，これを身につけておかなければならないということなのだ。

実施課題例の分析

令和５年度

▼論文・第1回（1時間20分・1,000字程度）

これまで最も苦労した経験に触れ，そこから学んだことをどのように警察官の仕事に活かしていきたいか述べなさい。

《執筆の方針》

過去の苦労や困難を克服した体験を挙げ，そこからの学びを今後の仕事にどう活かすかについて述べる。特に警察官としての具体的な仕事を念頭に論じる。

《課題の分析》

警察官は，事件現場や災害現場などで過酷な勤務を行うこともあり，強靭な気力・体力を必要とする職業といえる。採用側にとって，受験者の経験の中で特に苦労した体験と，その苦労をどのように乗り越えたかということは，大きな関心事である。どのような仕事でも，失敗や困難に直面することがある。困難を乗り越えた経験からは必ず学びがあり，今後，警察官として活躍する上での自己肯定感にもつながるであろう。何を得て，どのように成長したのかがポイントと言える。

エピソードを一つ挙げ，具体的に述べよう。経験した苦難や，挫折を味わった際に，どう対処したり立ち向かったりするかに人間としての強さ，逞しさが現れる。警察官として困難に直面したときの心構え，問題解決能力，諦めない心をアピールする。価値観の合わない人と理解し合うことの難しさを経験したことがあれば，心を閉ざしている容疑者の供述を引き出す場面などで，生きるスキルもあろう。強靭な気力，体力は勿論，粘り強さ，ストレス耐性などの資質能力や警察官適性を意識して述べたい。

《作成のポイント》

三部構成とする。序論では，自身が遭遇した困難な出来事について説明する。できるだけ，経験した困難を努力で解決したケースを選択して述べる。

本論では，解決した過程や努力した内容について述べ，自身の「強み」と結びつけて論述する。経験した困難や挫折からの「学び」を中心に述べるとよい。「取り組んだ経験を，容疑者との関わりや地道な捜査・取締活動に活かしたい」というように，警察官としての仕事に関連させる必要がある。

粘り強さや誠心誠意の姿勢，対話能力，プラス思考と前向きな姿勢など，自分の長所をアピールしながら，今後の警察組織での仕事に生かせる点を説明する。ストレスコーピングに触れるのも一法と言える。採点者に期待感をもたせるように述べたい。

結論では，強い精神力と豊かな人間性を身につけ，警察官として必要な「基礎知識」「気力」「体力」を磨き，住民の安心・安全のため，警視庁の一員として働く覚悟と，採用後の決意を強く表明する。制限字数を精一杯生かして主張したい。

▼論文・第2回（1時間20分・1,000字程度）

自分自身を向上させるために取り組んできたことに触れ，そこから得たものをどのように警察官の仕事に活かしていきたいか述べなさい。

《執筆の方針》

これまでの生活で，自身の成長・向上のために取り組んだ経験を想起し，向上した内容と，それが今後の仕事にどう生きるかについて論述する。住民が警察官に期待することは何かについても意識して述べたい。

《課題の分析》

本課題は，受験者の向上心と警察官としての責務に対する認識を問うものである。警察官が社会秩序維持のために果たす役目を意識して述べる必要がある。警察官の責務の本質は，法規を適正かつ迅速に適用し，個人の生命・財産を保護して，犯罪の予防，鎮圧及び捜査，被疑者の逮捕，交通取締り等，公共の安全と秩序を維持するものである。

学生生活全般，部活動，ボランティア活動，アルバイト経験などを通して，自身が成長し，向上できたという経験を通して身に着いた資質能力もあろう。また，人から得た信頼という側面もあるはずである。「信頼される」警察という視点から，検挙率の向上に繋がる取組について自身の考えを述べてもよい。事故や犯罪に立ち向かう上での状況判断の力と行動力，それに伴うスキルを身に付けておくことが重要となる。論旨が漠然としないよう，地域，刑事，交通といった領域からトピックを絞って説明する。

《作成のポイント》

全体を三部構成とする。序論では，「自身が成長できた経験」について具体的に説明する。そこで得られた資質能力などについても触れる。

本論では，そうした経験や得られたものが警察官としての仕事にどう生きるかについて，具体的に述べる。今後，理想の警察官像に近づく上で，どのような研鑽が必要か，警察官として努力すべき取組と方策についても，自身の考えを述べるようにしたい。具体的な業務を挙げ，違反や犯罪に対して警察官としてどのような姿勢で対応すべきかについて述べるとよい。検挙率の向上も信頼につながる。大きく変化する社会にあって，常に学び続け，先端技術の活用も含めて資質能力を高める努力が欠かせない。さらに，警察官は，住民の模範としての高い倫理観が求められる。警察権という公権力をもつ警察官は，住民からの大きな信頼と期待に応える責務がある。

結論では，警視庁の一員としての気概を述べたい。「日本一の治安のよさ」を目指して努力したい旨の決意を述べよう。警察官という職に対する意欲を述べるとよい。

令和４年度

▼論文・第1回（1時間20分・1,000字程度）

これまであなたが人との関わりから学んだことについて触れ，今後それを警察官の仕事にどのように活かしていきたいか述べなさい。

《執筆の方針》

部活動，アルバイト経験，ボランティア活動，友人関係などを通じ，人間関係に関して得た学びと今後の仕事への活かし方について述べる。これまでの自身のエピソードを交えて述べると説得力が増すだろう。

《課題の分析》

良好な人間関係の構築は，職場内の雰囲気，仕事への意欲，進捗に影響するものである。職場内に限らず，仕事上関わる相手との人間関係も大切である。良好な関係づくりのためには，相手に対する思いやりや優れたコミュニケーション能力が不可欠と言える。成功例だけでなく失敗例も踏まえ，自身が成長できた点を具体的に述べるとよい。信頼関係を築くための要素としては，「相手に対する誠実さ」「理解と共感」「思いやり」「適度な自己開示」などが考えられる。ただし，「良好な人間関係づくりに関する学び」が，県警の一員としての仕事に活きる内容として強調されるよう論述の際は心掛けること。採用となれば，上司や同僚との人間関係が生まれ，一般都民だけでなく容疑者との接点も多くなる。自身の人間力がアピールできるように，適切な関係を生むスキルについて論述するとよい。

《作成のポイント》

全体を三部構成とする。

序論では，人間関係に関わるこれまでの学びについて簡単なエピソードを含めて端的に述べる。「相手の立場に立って考えることの大切さ」や「信頼関係づくりの大切さ」などに係る学びが考えられるだろう。

本論では，そこで得られた成長を，今後の業務でどのように役立てられるかについて述べる。「チーム警察」「連携プレー」といった意識は，犯罪の抑止や容疑者逮捕においても重要である。また，上司や同僚から信頼を得るためには，責任感とともにコミュニケーション能力も大切となる。具体的には，挨拶，アイコンタクト，豊かな表情，相手の話をよく聴く姿勢など，日常心掛けている要素を述べること。相手のペースに合わせる「ペーシング」，笑顔には笑顔で返すという「ミラーリング」，傾聴を伴う「バックトラッキング」なども効果的である。

結論では，警視庁の一員として，職場内の人間関係を良好に保ち，都民から信頼される警察官となる旨の決意を表明する。熱意の感じられる文章としよう。

▼論文・第2回（1時間20分・1,000字程度）

あなたの目標や取組に影響を与えた経験に触れ，その経験から得たものを活かしてどのような警察官になりたいか述べなさい。

《執筆の方針》

これまでの経験から，自身の目標や物事への取組姿勢に影響を与えた出来事を述べ，そこからの学びを今後どのように活かすつもりか，という思いを述べる。また，近年の警察を取り巻く情勢に触れ，警察官の理想像についても触れたい。

《課題の分析》

目指す警察官像については，志望動機とともに面接試験でもよく質問される。警察官に求められる資質能力，適性は何かをよく考えておく必要がある。例えば，特殊詐欺の巧妙化，高度情報化などを受けてネット関係の知識・技術の高さも警察には求められている。武道・体力に優れる事に加えて，勇気と正義感，冷静な判断力，教養の高さ，人の役に立ちたいと思う心，コンプライアンス意識の高さなど，メンタル，フィジカルともに強く，優しい，信頼できる警察官が現代社会の理想像として求められる。
自らの生き方と警察官として望ましい姿を対比して，自身の警察官適性をアピールしたいところである。課題文でいうところの「目標」には，「警察官になりたい」という動機も含まれるであろう。

《作成のポイント》

全体を三部構成とする。

序論では，例えば警察官になりたいという目標や，物事への取組姿勢において，影響を受けたエピソードを述べる。警察官への憧れや，志望動機に結びつく内容が望ましい。その際，自身が理想とする警察官像にも触れておきたい。

本論では，その経験をどのように活かしていきたいかについて論述する。自身の正義感や，都民に貢献したいという気持ちを含めて述べるとよい。さらに，理想的警察官像に向けて，どのような努力が必要なのか考えを述べる。警察学校における訓練への心構えや，意欲にも触れたい。どのような部署で貢献したいのかについても述べ，必要な資質・能力にも触れよう。例えば，生活安全部に配属された場合，職務質問も重要な任務になる。不審者や逃走犯のわずかな不審点をも見極める力，供述の矛盾点を見逃さない力などが求められる。

結論では，「強さ」と「優しさ」を兼ね備えた警察官として，都民の安心・安全のため，治安の維持に尽力したい旨の強い決意を述べて結びとする。自身の言葉で個性が光る論作文としよう。警視庁ホームページの採用サイトや採用イベントから受けた印象，啓発された内容などに触れても効果的である。

令和3年度

▼論文・第1回（1時間20分・1,000字程度）

現在，自らの成長に必要なものを理由とともに述べた上で，今後，その成長に向けてどのように努力をし，警察官として自らの能力を発揮していきたいか述べなさい。

《執筆の方針・課題の分析》

今回は，主に自己分析を深めながら，採用サイトに掲載されている先輩のメッセージ，説明会で聞いた先輩の言葉を読み解いたことを述べる問題である。警視庁採用サイトで，「職務質問で日常に潜む犯罪の芽を見つけ出す。」というコンテンツがあるので，参考にしたい。まず，自らの成長に必要なものを理由とともに述べるという部分でどう生かすか。例えば，目の前で起こっている現象を冷静に見極める洞察力，相手を刺激せず，言葉を引き出す話術の習得が，感情に左右されやすい自分には必要だと述べる。その理由は，犯罪を未然に防ぎ，新たな被害者を出さないため，一般市民にまぎれた犯罪者を見逃さないため，ということになる。次に，その成長に向けた努力は，経験による技能を持つ先輩や上司の仕事に敬意を払い，自分から学んでいく姿勢を忘れないことなどがある。こうして，警察官としての能力を高めていくことができる。このように，採用サイトから，論文試験に生かせる題材や論理構成のヒントがないか，探し出すように読むとよいだろう。

《作成のポイント》

字数は1,000字程度とあるので，最低でも900字を超え，かつ，1,000字を少し超える字数に収めるのが好ましい。また，答案用紙の形式は不明であるが，必ず段落分けをし，適宜，小見出しを付けたり，項目立てをするとよい。

本設問は，答案に盛り込むべき内容が複数あるので，それらに過不足なく答えるようにしたい。現在，自らの成長に必要なものを理由とともに述べる部分では，自分に欠けているもの，もっと努力を要するものを挙げるとよい。その上で，警察官として仕事をする上で，必要な技能や姿勢を考えよう。次に，その成長に向けてどのように努力をし，警察官として自らの能力を発揮していきたいかを論述する部分では，自分の目指す職種で求められているものを身につけるために，どのような努力や心がけを大事にしたいのかを述べるようにしたい。

▼論文・第2回（1時間20分・1,000字程度）

あなたが理想とする警察官像と，それに近づくためにあなたがやるべきことについて述べなさい。

《執筆の方針・課題の分析》

第1回の試験同様，主に自己分析を深めながら，採用サイトや説明会で，先輩の言葉から読み解いたことを題材として生かせる型の問題である。今回も，論文試験に生かせる題材や論理構成のヒントがないかを意識して，採用サイトを読んでいれば，書きやすい問題である。例えば，「強さと優しさを備えた女性警察官として地域の安全・安心を守る。」というページを見てみる。このタイトルから，女性だけでなく，男性の受験者でも，「強さと優しさを兼ね備え，地域の安全・安心を守る警察官」という，具体的な言葉で述べた理想像を示すことができる。その理想に近づく努力としては，同ページでは，相手の気持ちに寄り添うことの重要性が書かれている。ただ，このままだと漠然としてしまうので，被害者であれ加害者であれ，相手の気持ちを受け止めつつ，必要な情報を引き出すための傾聴力，さらには，自分の話を相手に聞いてもらえるような，分かりやすい話し方を心がけることなどを述べていく。

《作成のポイント》

字数は1,000字程度とあるので，最低でも900字を超え，かつ，1,000字を少し超える程度にまとめるのがよい。また，答案用紙の形式は不明であるが，必ず段落分けをし，適宜，小見出しを付けたり，項目立てをするとよい。

課題の分析では，「地域」という職種を挙げたが，刑事，交通，サイバーなど，どの職種を希望するうえでも，理想像については，具体的な自分の言葉で書くようにしたい。その上で，理想に近づく努力に関しても，自分の志望する職種を意識しつつ，具体的に述べたい。傾聴力を高めるということに力を入れたいのであれば，日ごろから先輩や上司，同僚の話を正確に聞くことに加え，いろいろな場面で接する一般市民の話を真摯に聞くことに注力することなどを書くとよい。また，サイバー関係の職種であるなら，一見，普通のコンテンツに見えるものの中から，些細な違和感を覚え，そこから犯罪を見つけていく姿勢を大事にすることなどを述べていく。

▼論文・第3回（1時間20分・1,000字程度）

あなたが警察官になって特に力を入れて取り組みたいことは何か，警察官の役割を踏まえながら，その理由とあなたの考えを述べなさい。

《執筆の方針・課題の分析》

第1回・第2回同様に，自己分析を深めながら，採用サイトや説明会で，先輩の言葉から読み解いたことを題材として生かせる型の問題だった。警察白書や行政情報から得た知識の豊富さではなく，実際に働く警察官の言葉から，具体的な将来の自分の働く姿を想像できる受験者を採用したいという，採用担当者の思いが感じ取れるような出題である。題材として，例えば，「新たな脅威に対処するサイバーセキュリティの司令塔」というページを参考にする。ここでは，警察官という職業は，国民の安全を守り，人の役に立てる仕事と書かれている。それは，国民の安全・安心を，営利の追求抜きで実現できる仕事，というように言い換えることもできる。次に，警察官の仕事の中でも，サイバーセキュリティの仕事に力を入れたいということであれば，個人だけでなく，企業も標的とした多額の被害をもたらす事件が社会経済に不安を与えていることを理由として示す。そういう被害を防ぐために，IT技能の向上などに努めることの重要性などを書くことができる。

《作成のポイント》

字数は1,000字程度とあるので，最低でも900字を超え，かつ，1,000字を少し超えるようにするのが好ましい。また，答案用紙の形式は不明であるが，必ず段落分けをし，適宜，小見出しを付けたり，項目立てをするとよい。

課題の分析では，「サイバー」という職種を挙げたが，刑事，地域，交通，組織犯罪など，どの職種を希望するかというえでも，力を入れたいことについては，具体的な自分の言葉で書くようにする。例えば，特殊詐欺の被害の抑制に努めたいということであれば，近年，暴力団などの反社会的勢力が，生活困窮者を電話対応役や金銭の受け取り役に利用したり，海外の犯罪集団と連携したりするなど，より複雑な実態になって，被害額も大きくなっていることを理由として論述する。その上で，こういう仕事は，国民の安全・安心を，法制度の下に，営利抜きで守れる警察官にしかできないことだという方向でまとめる。

令和2年度

▼論文

努力して困難に打ち勝った経験と，そこから得たことをどのように警察官として活かしていきたいか述べなさい。

《執筆の方針・課題の分析》

これまでの自身の活動内容の中から，努力して困難を克服できた経験と，それを活かせる警察官の職務とを結びつける作業がまず必要である。さしあたり，困難を克服することで得られた経験で，警察官の職務に活かせるのは，「強靱な（人一倍の）忍耐力・精神力」「冷静な判断力」「任務を全うする責任感」「チームワーク」といった性格的な能力だろう。

さらに努力して困難を克服した経験については，アルバイトや部・サークル活動，学園祭の実行委員，あるいは課外活動でのボランティア経験や留学体験，学生対象のプログラムや海外研修への参加など，学生生活で経験したものの中で，とくに自身が印象に残っている困難を努力で乗り越えた経験を引用し，その経緯を説明すればよい。とりわけ警察官として即戦力になる，とくに剣道や柔道，空手や合気道などの武道や，ラグビーやサッカーなどの体力を要する団体スポーツ競技の経験があれば，積極的にアピールする材料として引用すべきである。

《作成のポイント》

全体を前・後半の2部に分ける。前半では，自身が体験した学生生活の中での困難を努力で克服した経験について，その経緯を紹介する。後半では，それを警察官としての職務活動にどのように活かしたいかを，実際の勤務場面を想定して描写する。いずれの描写も抽象論や精神論を避け，

5W1Hを明確にし，いつどこでどのような機会に何をどういう方法で実践する（した）のかを具体的に明らかに例示することが必要である。

警察官としての職務活動に活かすという話の流れについては，たとえば，部活動やアルバイト先でリーダー的業務に着任した際に，失敗を克服することで身につけた「リーダーシップ」「対人コミュニケーション能力（社交力・会話術）」を，地域でのパトロールや防犯対策，市民と協働しての交通事故防止のための啓発活動に取り組む際に活かすといった論述の展開，あるいはスポーツ系のサークル活動において努力の末に獲得した「強靭な体力や運動能力」「精神力・忍耐力」を，オリンピックのような大規模イベントでのテロ対策や災害救助，麻薬取締り，爆発物処理などの治安警備活動に活かしたいといった趣旨での論述も構成可能である。

令和元年度

▼論文

警視庁警察官という職業についてあなたの考えを述べた上で，警察官になることに対する自信と不安について述べなさい。

《執筆の方針》

まず，警視庁警察官に求められていることについて，受験者なりの言葉で説明する。次に，自分が警察官を目指す上で自信のある点，不安に思う点を挙げ，前者をどのように伸ばしたいか，後者をどのように克服して，今後の仕事に活かしていくかについて述べる。

《課題の分析》

警視庁の重点目標を見ると，東京2020オリンピック・パラリンピック競技大会に向けた諸対策の推進，特殊詐欺根絶をはじめとする犯罪抑止総合対策の推進，テロ等不法事案の防圧検挙，サイバー空間の脅威に対する総合対策の推進，大規模災害に対する迅速かつ的確な対応などが挙がっている。また，近年，都市部を中心に外国人労働者が急増している。こうした内容は，首都東京を守る警察官にとって大きな課題でもある。警察官ならどこの県でもよいという受験者ではなく，警視庁なりの重点課題を理解しており，なおかつ自分の得意不得意を分析できている受験者こそ，採用担当者が求める人物像と言えるだろう。

《作成のポイント》

論文形式を意識し，序論・本論・結論の流れを作り，全体を四～五段落を目安に段落分けをしよう。一段落目は，警視庁警察官という職業についての考えを述べ，その上で自信のあること，不安に思うことを一つずつ，明確に示そう。ここでは，テーマの絞り込みが重要である。二段落目は，自信のあることについて述べる。例えばパソコン関係のスキルに自信があれば，サイバー犯罪への対応，道路交通の監視業務に用いられているシステムへの理解などにつなげていけるといった内容である。三段落目は，不安に思うことについて説明する。例えば，外国人労働者の急増への対応について述べるなら，語学の習得を必要と感じていることなどである。四～五段落目では，得意分野を伸ばし，苦手・不安な分野を努力して克服する決意を述べるとよい。

平成30年度

▼論文・第1回

失敗に学び成長した経験と，その経験を警察官としてどのように活かしていきたいか述べなさい。

《執筆の方針・課題の分析》

失敗に学ぶ経験については，学生時代のアルバイトやインターンシップ，部活動やボランティア活動などの具体的な実践経験の現場での事例を引用するとよい。自身に与えられた仕事や任務の遂行時における失敗やミスは，それをどのように受け止め，次の行動に活かそうとするかで自身の成長に結びつくかどうかが決まる。

他方で，警察官における業務上の失敗事例として，誤認逮捕や冤罪と並んでよく挙げられる事例が，事件の初動捜査，初動対応の失敗である。こうした失敗を未然に防ぐため，自身の失敗を通じて成長した経験が，実際の警察官としての職務にどのように活かせるかを具体的に論述するとよい。

《作成のポイント》

文章を前・後半の2部に分ける。前半においては，失敗に学び経験した自身の経験を筋道立てて紹介する。後半においては，その経験を具体的に警察官としての業務の中でいかに活かすかを論じる。

前半の自身の経験談については，5W1Hを明確にし，失敗を糧に自身がどのように失敗を克服しようとしたのか，またどういう点で成長したといえるのかを明確に提示することが論述上の要件である。たとえば仕事上の失敗談としては，自身の過去の経験値を過剰に信頼しすぎ，上司や同僚の相談や確認を仰がず，主観的な予測，思い込みで誤った判断してしまったことや，慣れた仕事のために重要な確認を怠ってしまったといった失敗談などがその典型である。

後半では，警察官の業務内容を具体的な場面で示すとともに，そこで前半で紹介した自身の失敗経験をどのように活かすのかを，抽象論ではなく具体的な行動事例で説明することが必要となる。

▼論文・第2回

自分自身の個性や能力に触れながら，理想とする警察官になるために，あなたが今後取り組むべきことについて述べなさい。

《執筆の方針・課題の分析》

警察官試験での面接試験でも問われる典型的な設問のひとつである。

まず自身が理想とする警察官像について簡潔に触れ，その実現に活かせると考える自身の個性や能力について言及する。最後にその両者を結びつける取り組みについて，具体的に触れる。

自身の理想の警察官像を描写する前に，多岐に及ぶ警察官の仕事や任務を押さえた上で，どの仕事ないしは部署でどのように振る舞うことが理想であるのか，その理由とともに客観的に論述する必要がある。警察官の仕事は，犯罪捜査や交通整理だけではなく，たとえば地域でのパトロールや防犯対策，サイバー犯罪や振り込め詐欺対策，少年犯罪対策，交通事故防止活動，テロ対策や災害救助，麻薬取締り，爆発物処理に至るまで幅広い。そのうち，どの仕事に従事する中で，自身の個性や能力をどのように発揮し，どういう活動を実践することが理想といえるのかを論じる必要がある。

警察官として活かせる個性とは，たとえば「人の役に立てることに喜びを感じる」「正義感」「任務を全うする責任感」「自分自身に厳しい性格」「冷静な判断ができる」といったもの，また能力としては「強靱な体力や運動能力」「精神力・忍耐力」「論理的思考力」「コミュニケーション能力」といったものが挙げられる。ただし，これらは抽象論で終わるのではなく，実際に自身が経験した部活動，とくに剣道や柔道，空手や合気道などの武道や，ラグビーやサッカーなどの体力を要する団体スポーツ競技の経験があれば，積極的にアピールする材料として引用すべきである。また個性をアピールする点については，自身の過去のボランティア活動の経験やアルバイト先で責任ある仕事を任せられたり，接客サービス業などを担当した経験があれば，十分にアピール要素として引用できる。

これらの経験に裏づけられた個性や能力と，先述の理想とする警察官像とを関連づけた取り組み内容を論述できるかどうかが本問のポイントである。

《作成のポイント》

論述全体を序論・本論・結論の3部構成にする。序論では，自身が考える理想とする警察官像について，その理由とともに定義する。本論では，その理想の警察官になるために活かせる自分自身の個性や能力について，自身の体験談を引用しつつアピールする。結論では，その個性や能力を，どのような警察官の業務や活動において，どのように活かしつつ取り組むかを論じる。

たとえば「人の役に立てることに喜びを感じる」性格や「卓越したコミュニケーション能力」を生かし，地域でのパトロールや防犯対策，市民と協働しての交通事故防止のための啓発活動に取り組むといった流れで論述を構成できる。またスポーツ活動で培った「強靱な体力や運動能力」「精神力・忍耐力」，あるいは持ち前の「正義感」「冷静な判断力」を武器に，東京オリンピック・パラリンピックを想定したテロ対策や災害救助，麻薬取締り，爆発物処理などの社会の治安維持活動に貢献したいといった趣旨での論述も構成可能である。

なお，警察法に規定されている警察官の任務とは，「個人の生命，身体及び財産の保護，犯罪の予防，公安の維持」に努めることである。そこで，この警察官としての任務を全うすることで，市民の生活の安全や地域の治安の維持に貢献することを自身の「理想の警察官像」の基準とし，論述を書き進めることも可能だろう。

平成29年度

▼論文・第1回

過去にストレスやプレッシャーを感じた事とその対処方法について触れ，今後，警察官としてそれをどのように活かしていきたいか述べなさい。

《執筆の方針・課題の分析》

自身がこれまでに経験したストレス場面などを想起し，その対応について述べると共に，東京都を管轄する警察組織において，今後の業務に活かせると思う内容を述べる。

人間関係，特にモラルの低い人との接触や，突発的な事件・事故に見舞われた時，ノルマ・時間に追われる仕事など，ストレスやプレッシャーでイライラを感じ睡眠不足になったり，胃が痛くなったりした経験があるだろう。そうしたエピソードとそれを乗り越えた方法について説明する。対処方法については，警察官としての資質能力に関連するものが適当である。最後まで諦めない不屈の精神，コミュニケーション能力，課題解決力，ストレス耐性などに触れて論述しよう。警察官としての現場仕事では，事故や犯罪の最前線で働くこともあるので，プレッシャーやストレスを感じたり，危険を伴う場面に遭遇することも多々あると考えられる。そのような場面に対しても力強さが感じられる論文としたい。

《作成のポイント》

全体を序論・本論・結論の三部で構成してみる。序論では，過去の経験からストレスやプレッシャーを感じた場面について具体的に示す。後の本論で展開する対処方法の要素として，警察官の資質能力に関係する内容を選択する。本論では，その場面を切り抜けたり，自身の努力や能力で対処したことについて述べる。その際，「正義感」「忍耐強さ」「相手の訴えをよく聴きとる耳」等をキーワードとして述べるとよい。読む者にとって，力強さや思いやりが感じられる内容にまとめると効果的である。三部の中で，最も多くの字数をあてる部分である。結論では，警視庁の警察官を目指す者として，採用後の仕事に向けた決意の言葉で結ぶ。どのような部署に配属されても最善を尽くすという気持ちや研修意欲も伝えておきたい。こうした論文では「…と考えられる」のような論調よりも「私は…する」という論調の方が評価は高い。

▼論文・第2回

これまでにあなたが目標を掲げて「達成したこと」と「失敗したこと」について述べた上，その経験から学んだことを警察官としてどのように活かしていきたいか述べなさい。

《執筆の方針・課題の分析》

過去の成功経験や失敗・挫折経験と，そこから学んだことについて述べ，今後，都民の生活を守る警視庁の警察官として，どのように活かしていくかについて論述する。

「何を書くか」と「如何に書くか」という点が大切であるが，「何を書くか」は日常の生活で何を考え，感じているかによって個人差がある。合格圏内に入るには，「如何に書くか」を学ぶことである。このような論文では，単なる経験談ではなく，警察官としての強さ，困難に立ち向かう意志，識見が問われている。国家や社会が求める警察官としての資質能力を踏まえ，都民の期待に応える理想の姿を念頭に，自らの達成経験をアピールし，失敗や挫折を克服する力について述べたい。結論部分の決意では，地道な捜査や取締活動，容疑者との関わりなど，具体的に触れて論ずるとよい。

《作成のポイント》

全体を三部構成とする。序論では，自身の成功体験，及び挫折経験について具体的に述べる。成功体験については，学習活動，部活動などで得られた成就感，継続的に努力して得た達成感などが挙げられる。失敗に関しては，注意力不足からくるミスなどでもよい。誰にでも過ちはあるが，その事後対応が問われる。本論ではそれらの経験について，どのような資質能力が関係したかを述べる。成功経験については，「やればできる」「結果は努力を裏切らない」等々の信念が警察組織においても活きるであろう。自己肯定感，自己有用感は警察官にとっても重要と言える。達成感を次のステップへのモチベーションに繋げ，スパイラルに成長し続ける人間として印象づける。失敗談においても，「忍耐力」や「最後まで希望を捨てず諦めない姿勢」などに触れて書くと効果的である。結論においては，警視庁の一員となる覚悟と強い決意を述べる。

平成28年度

▼論文

警察官が持つべき倫理観とは何か。あなたの経験に基づき述べた上，目指す警察官像について及びなさい。

《執筆の方針・課題の分析》

「警察職員の職務倫理及び服務に関する規則」の第2条（職務倫理）には，「警察職員は，警察の任務が国民から負託されたものであることを自覚し，国民の信頼にこたえることができるよう，高い倫理観の涵養に努め，職務倫理を保持しなければならない」とあり，第2項には具体的な職務倫理として，①誇りと使命感を持って，国家と国民に奉仕すること。②人権を尊重し，公正かつ親切に職務を執行すること。③規律を厳正に保持し，相互の連帯を強めること。④人格を磨き，能力を高め，自己の充実に努めること。⑤清廉にして，堅実な生活態度を保持すること。という内容が示されている。

一方で，警察法による警察官の任務とは，「個人の生命，身体及び財産の保護，犯罪の予防，公安の維持」に努めることであり，これらの任務を通じて先述の「高い倫理観」を保持しつつ職務に励む警察官像について，自身の経験を踏まえながら論述することが望ましい。あるいは，先の職務倫理規則では「警察の任務が国民から負託されたものであることを自覚し，国民の信頼にこたえること」とされており，「国民の信頼にこたえる警察官」としての具体的な職務上の実践内容について述べることも有効である。

《作成のポイント》

設問では「あなたの経験に基づき」とあるが，受験者個人は実際に警察官として採用され仕事をしている立場にはないので，自身が日常見聞きする身近な警察官像を取り上げるか，あるいはニュースで昨今報道されている「警察官の不祥事」事件などを取り上げ，これらの事例を反面教師像として，あらためて警察官が持つべき倫理観について振り返るという書き方も有効である。警察官をめぐる不祥事については，従来から存在する汚職や収賄，不正経理，職場内のパワハラと並んで，最近では一般市民へのセクハラ，個人情報の漏洩，飲酒運転といった事例が多く報告されている。

「警察職員の職務倫理規則」の第4条には，警察官の服務として「警察職員は，全体の奉仕者として公共の利益のために勤務し，かつ，その職務の遂行に当たっては，不偏不党かつ公平中正を旨とし，全力を挙げてこれに専念しなければならない。」とあり，また第5条（信用失墜行為の禁止）には「警察職員は，国民の信頼及び協力が警察の任務を遂行する上で不可欠であることを自覚し，その職の信用を傷つけ，又は警察の不名誉となるような行為をしてはならない。」と記されている。同じく第6条（個人情報の保護）には「警察職員は，職務上個人に関する情報の取扱いが多いことを自覚し，正当な理由なく，職務上知り得た個人に関する情報を漏らしてはならない。」，第7条（職務の公正の保持）には「警察職員は，職務に支障を及ぼすおそれがあると認められる金銭，物品その他の財産上の利益の供与若しくは供応接待を受け，又は職務に利害関係を有する者と職務の公正が疑われるような方法で交際してはならない。」と述べられている。

これらを参考に，警察官が持つべき「高い倫理観」と，服務規則を遵守し遂行する警察官像について，筋道を立てて順に論述を展開するとよい。

第4部

面接試験対策

- 面接対策

人物試験　面接対策

POINT

Ⅰ．面接の意義

筆記試験や論作文（論文）試験が，受験者の一般的な教養の知識や理解の程度および表現力やものの考え方・感じ方などを評価するものであるのに対し，面接試験は人物を総合的に評価しようというものだ。

すなわち，面接担当者が直接本人に接触し，さまざまな質問とそれに対する応答の繰り返しのなかから，警察官としての適応能力，あるいは職務遂行能力に関する情報を，できるだけ正確に得ようとするのが面接試験である。豊かな人間性がより求められている現在，特に面接が重視されており，一般企業においても，面接試験は非常に重視されているが，警察官という職業も給与は税金から支払われており，その職務を完全にまっとうできる人間が望まれる。その意味で，より面接試験に重きがおかれるのは当然と言えよう。

Ⅱ．面接試験の目的

では，各都道府県市がこぞって面接試験を行う目的は，いったいどこにあるのだろうか。ごく一般的に言えば，面接試験の目的とは，おおよそ次のようなことである。

①　人物の総合的な評価

試験官が実際に受験者と対面することによって，その人物の容姿や表情，態度をまとめて観察し，総合的な評価をくだすことができる。ただし，ある程度，直観的・第一印象ではある。

②　性格や性向の判別

受験者の表情や動作を観察することにより性格や性向を判断するが，実際には短時間の面接であるので，面接官が社会的・人生的に豊かな経験の持ち主であることが必要とされよう。

③　動機・意欲等の確認

警察官を志望した動機や警察官としての意欲を知ることは，論作文試験等によっても可能だが，さらに面接試験により，採用側の事情や期待内容を逆に説明し，それへの反応の観察，また質疑応答によって，試験官はより明確に動機や熱意を知ろうとする。

以上3点が，面接試験の最も基本的な目的であり，試験官はこれにそってさまざまな問題を用意することになる。さらに次の諸点にも，試験官の観察の目が光っていることを忘れてはならない。

④　質疑応答によって知識・教養の程度を知る

筆記試験によって，すでに一応の知識・教養は確認しているが，面接試験においてはさらに付加質問を次々と行うことができ，その応答過程と内容から，受験者の知識教養の程度をより正確に判断しようとする。

⑤　言語能力や頭脳の回転の速さの観察

言語による応答のなかで，相手方の意志の理解，自分の意志の伝達のスピードと要領の良さなど，受験者の頭脳の回転の速さや言語表現の諸能力を観察する。

⑥　思想・人生観などを知る

これも論作文試験等によって知ることは可能だが，面接試験によりさらに詳しく聞いていくことができる。

⑦　協調性・指導性などの社会的性格を知る

前述した面接試験の種類のうち，グループ・ディスカッションなどはこれを知るために考え出された。警察官という職業の場合，これらの資質を知ることは面接試験の大きな目的の一つとなる。

Ⅲ．面接試験の問題点

これまで述べてきたように，公務員試験における面接試験の役割は大きいが，問題点もないわけではない。

というのも，面接試験の場合，学校の試験のように“正答”というものがないからである。例えば，ある試験官は受験者の「自己PR＝売り込み」を意欲があると高く評価したとしても，別の試験官はこれを自信過剰と受け取り，警察官に適さないと判断するかもしれない。あるいは模範的な回答をしても，「マニュアル的だ」と受け取られることもある。

もっとも，このような主観の相違によって評価が左右されないように，試験官を複数にしたり評価の基準が定められたりしているわけだが，それでもやはり，面接試験自体には次に述べるような一般的な問題点もあるのである。

① 短時間の面接で受験者の全体像を評価するのは容易でない

面接試験は受験者にとってみれば，その人の生涯を決定するほど重要な場であるのだが，その緊張した短時間の間に日頃の人格と実力のすべてが発揮できるとは限らない。そのため第一印象だけで，その全体像も評価されてしまう危険性がある。

② 評価判断が試験官の主観で左右されやすい

面接試験に現れるものは，そのほとんどが性格・性向などの人格的なもので，これは数値で示されるようなものではない。したがってその評価に客観性を明確に付与することは困難で，試験官の主観によって評価に大変な差が生じることがある。

③ 試験官の質問の巧拙などの技術が判定に影響する

試験官の質問が拙劣なため，受験者の正しく明確な反応を得ることができず，そのため評価を誤ることがある。

④ 試験官の好悪の感情が判定を左右する場合がある

これも面接が「人間 対 人間」によって行われる以上，多かれ少なかれ避けられないことである。この弊害を避けるため，前述したように試験官を複数にしたり複数回の面接を行ったりなどの工夫がされている。

⑤ 試験官の先入観や信念などで判定がゆがむことがある

人は他人に接するとき無意識的な人物評価を行っており，この経験の積み重ねで，人物評価に対してある程度の紋切り型の判断基準を持つようになっている。例えば，「額の広い人は頭がよい」とか「耳たぶが大きい人は人格円満」などというようなことで，試験官が高年齢者であるほどこの種の信念が強固であり，それが無意識的に評価をゆがめる場合も時としてある。

面接試験には，このように多くの問題点と危険性が存在する。それらのほとんどが「対人間」の面接である以上，必然的に起こる本質的なものであれば，万全に解決されることを期待するのは難しい。しかし，だからといって面接試験の役割や重要性が，それで減少することは少しもないのであり，各市の面接担当者はこうした面接試験の役割と問題点の間で，どうしたらより客観的で公平な判定を下すことができるかを考え，さまざまな工夫をしているのである。最近の面接試験の形態が多様化しているのも，こうした採用側の努力の表れといえよう。

Ⅳ．面接の質問内容

ひとくちに面接試験といっても，果たしてどんなことを聞かれるのか，不安な人もいるはずだ。ここでは志望動機から日常生活にかかわることまで，それぞれ気に留めておきたい重要ポイントを交えて，予想される質問内容を一挙に列記しておく。当日になって慌てないように，「こんなことを聞かれたら（大体）こう答えよう」という自分なりの回答を頭の中で整理しておこう。

■志望動機編■

(1)　受験先の概要を把握して自分との接点を明確に

警察官を受験した動機，理由については，就職試験の成否をも決めかねない重要な応答になる。また，どんな面接試験でも，避けて通ることのできない質問事項である。なぜなら志望動機は，就職先にとって最大の関心事のひとつであるからだ。受験者が，どれだけ警察官についての知識や情報をもったうえで受験をしているのかを調べようとする。

(2)　質問に対しては臨機応変の対応を

受験者の立場でいえば，複数の受験をすることは常識である。もちろん「当職員以外に受験した県や一般企業がありますか」と聞く面接官も，それは承知している。したがって，同じ職種，同じ業種で何箇所かかけもちしている場合，正直に答えてもかまわない。しかし，「第一志望は何ですか」というような質問に対して，正直に答えるべきかどうかというと，やはりこれは疑問がある。一般的にはどんな企業や役所でも，ほかを第一志望にあげられれば，やはり愉快には思わない。

(3)　志望の理由は情熱をもって述べる

志望動機を述べるときは，自分がどうして警察官を選んだのか，どこに大きな魅力を感じたのかを，できるだけ具体的に，しかも情熱をもって語ることが重要である。

たとえば，「人の役に立つ仕事がしたい」と言っても，特に警察官でなければならない理由が浮かんでこない。

①　例題Q＆A

Q.　あなたが警察官を志望した理由，または動機を述べてください。

A.　私は子どもの頃，周りの方にとても親切にしていただきました。それ以来，人に親切にして，人のために何かをすることが生きがいとなっておりました。ですから，一般の市民の方のために役立つことができ，奉仕していくことが夢でしたし，私の天職だと強く思い，志望させていただきました。

Q.　もし警察官として採用されなかったら，どのようにするつもりですか。

A.　もし不合格になった場合でも，私は何年かかってでも警察官になりたいという意志をもっています。しかし，一緒に暮らしている家族の意向などもありますので，相談いたしまして一般企業に就職するかもしれません。

②予想される質問内容

- ○ 警察官について知っていること，または印象などを述べてください。
- ○ 職業として警察官を選ぶときの基準として，あなたは何を重要視しましたか。
- ○ いつごろから警察官を受けようと思いましたか。
- ○ ほかには，どのような業種や会社を受験しているのですか。
- ○ 教職の資格を取得しているようですが，そちらに進むつもりはないのですか。
- ○ 志望先を決めるにあたり，どなたかに相談しましたか。
- ○ もし警察官と他の一般企業に，同時に合格したらどうするつもりですか。

■仕事に対する意識・動機編■

1　採用後の希望はその役所の方針を考慮して

採用後の希望や抱負などは，志望動機さえ明確になっていれば，この種の質問に答えるのは，それほど難しいことではない。ただし，希望職種や希望部署など，採用後の待遇にも直接関係する質問である場合は，注意が必要だろう。また，勤続予定年数などについては，特に男性の場合，定年まで働くというのが一般的である。

2　勤務条件についての質問には柔軟な姿勢を見せる

勤務の条件や内容などは，職種研究の対象であるから，当然，前もって下調べが必要なことはいうまでもない。

「残業で遅くなっても大丈夫ですか」という質問は，女性の受験者によく出される。職業への熱意や意欲を問われているのだから，「残業は一切できません！」という柔軟性のない姿勢は論外だ。通勤方法や時間など，具体的な材料をあげて説明すれば，相手も納得するだろう。

そのほか初任給など，採用後の待遇についての質問には，基本的に規定に従うと答えるべき。新卒の場合，たとえ「給料の希望額は？」と聞かれても，「規定通りいただければ結構です」と答えるのが無難だ。間違っても，他業種との比較を口にするようなことをしてはいけない。

3　自分自身の言葉で職業観を表現する

就職や職業というものを，自分自身の生き方の中にどう位置づけるか，また，自分の生活の中で仕事とはどういう役割を果たすのかを考えてみることが重要だ。つまり，自分の能力を生かしたい，社会に貢献したい，自分の存在価値を社会的に実現してみたい，ある分野で何か自分の力を試してみたい……などを考えれば，おのずと就職するに当たっての心構えや意義は見えてくるはずである。

あとは，それを自分自身の人生観，志望職種や業種などとの関係を考えて組み立ててみれば，明確な答えが浮かび上がってくるだろう。

①例題Q＆A

Q. 警察官の採用が決まった場合の抱負を述べてください。
A. まず配属された部署の仕事に精通するよう努め，自分を一人前の警察官として，そして社会人として鍛えていきたいと思います。また，警察官の全体像を把握し，仕事の流れを一日も早くつかみたいと考えています。

Q. 警察官に採用されたら，定年まで勤めたいと思いますか。
A. もちろんそのつもりです。警察官という職業は，私自身が一生の仕事として選んだものです。特別の事情が起こらない限り，中途退職したり，転職することは考えられません。

②予想される質問内容

○ 警察官になったら，どのような仕事をしたいと思いますか。
○ 残業や休日出勤を命じられたようなとき，どのように対応しますか。
○ 警察官の仕事というのは苛酷なところもありますが，耐えていけますか。
○ 転勤については大丈夫ですか。
○ 警察官の初任給は○○円ですが，これで生活していけますか。
○ 学生生活と職場の生活との違いについては，どのように考えていますか。
○ 職場で仕事をしていく場合，どのような心構えが必要だと思いますか。
○ 警察官という言葉から，あなたはどういうものを連想しますか。
○ あなたにとって，就職とはどのような意味をもつものですか。

■自己紹介・自己PR編■

1　長所や短所をバランスよくとりあげて自己分析を

人間には，それぞれ長所や短所が表裏一体としてあるものだから，性格についての質問には，率直に答えればよい。短所については素直に認め，長所については謙虚さを失わずに語るというのが基本だが，職種によっては決定的にマイナスととられる性格というのがあるから，その点だけは十分に配慮して応答しなければならない。

「物事に熱しやすく冷めやすい」といえば短所だが，「好奇心旺盛」といえば長所だ。こうした質問に対する有効な応答は，恩師や級友などによる評価，交友関係から見た自己分析など具体的な例を交えて話すようにすれば，より説得力が増すであろう。

2　履歴書の内容を覚えておき，よどみなく答える

履歴書などにどんなことを書いて提出したかを，きちんと覚えておく。重要な応募書類は，コピーを取って，手元に控えを保管しておくと安心だ。

3　志望職決定の際，両親の意向を問われることも

面接の席で両親の同意をとりつけているかどうか問われることもある。家族関係がうまくいっているかどうかの判断材料にもなるので，親の考えも伝えながら，明確に答える必要がある。この際，あまり家族への依存心が強いと思われるような発言は控えよう。

①例題Q＆A

Q.　あなたのセールスポイントをあげて，自己PRをしてください。
A.　性格は陽気で，バイタリティーと体力には自信があります。高校時代は山岳部に属し，休日ごとに山歩きをしていました。3年間鍛えた体力と精神力をフルに生かして，ばりばり仕事をしたいと思います。

Q.　あなたは人と話すのが好きですか，それとも苦手なほうですか。
A.　はい，大好きです。高校ではサッカー部のマネージャーをやっておりましたし，大学に入ってからも，同好会でしたがサッカー部の渉外担当をつとめました。試合のスケジュールなど，外部の人と接する機会も多かったため，初対面の人とでもあまり緊張しないで話せるようになりました。

②予想される質問内容

- ○ あなたは自分をどういう性格だと思っていますか。
- ○ あなたの性格で，長所と短所を挙げてみてください。
- ○ あなたは，友人の間でリーダーシップをとるほうですか。
- ○ あなたは他の人と協調して行動することができますか。
- ○ たとえば，仕事上のことで上司と意見が対立したようなとき，どう対処しますか。
- ○ あなたは何か資格をもっていますか。また，それを取得したのはどうしてですか。

○ これまでに何か大きな病気をしたり，入院した経験がありますか。
○ あなたが警察官を志望したことについて，ご両親はどうおっしゃっていますか。

■日常生活・人生観編■

1　趣味はその楽しさや面白さを分かりやすく語ろう

余暇をどのように楽しんでいるかは，その人の人柄を知るための大きな手がかりになる。趣味は“人間の魅力”を形作るのに重要な要素となっているという側面があり，面接官は，受験者の趣味や娯楽などを通して，その人物の人柄を知ろうとする。

2　健全な生活習慣を実践している様子を伝える

休日や余暇の使い方は，本来は勤労者の自由な裁量に任されているもの。とはいっても，健全な生活習慣なしに，創造的で建設的な職場の生活は営めないと，採用側は考えている。日常の生活をどのように律しているか，この点から，受験者の社会人・警察官としての自覚と適性を見極めようというものである。

3　生活信条やモットーなどは自分自身の言葉で

生活信条とかモットーといったものは，個人的なテーマであるため，答えは千差万別である。受験者それぞれによって応答が異なるから，面接官も興味を抱いて，話が次々に発展するケースも多い。それだけに，嘘や見栄は禁物で，話を続けるうちに，矛盾や身についていない考えはすぐ見破られてしまう。自分の信念をしっかり持って，臨機応変に進めていく修練が必要となる。

①例題Q＆A

Q. スポーツは好きですか。また，どんな種目が好きですか。
A. はい。手軽に誰にでもできるというのが魅力ではじめたランニングですが，毎朝家の近くを走っています。体力増強という面もありますが，ランニングを終わってシャワーを浴びると，今日も一日が始まるという感じがして，生活のけじめをつけるのにも大変よいものです。目標は秋に行われる●●マラソンに出ることです。

Q. 日常の健康管理に，どのようなことを心がけていますか。
A. 私の場合，とにかく規則的な生活をするよう心がけています。それとあまり車を使わず，できるだけ歩くようにしていることなどです。

②予想される質問内容

○ あなたはどのような趣味をもっているか，話してみてください。
○ あなたはギャンブルについて，どのように考えていますか。
○ お酒は飲みますか。飲むとしたらどの程度飲めますか。
○ ふだんの生活は朝型ですか，それとも夜型ですか。
○ あなたの生き方に影響を及ぼした人，尊敬する人などがいたら話してください。
○ あなたにとっての生きがいは何か，述べてみてください。
○ 現代の若者について，同世代としてあなたはどう思いますか。

■一般常識・時事問題編■

1　新聞には必ず目を通し，重要な記事は他紙と併読

一般常識・時事問題については筆記試験の分野に属するが，面接でこうしたテーマがもち出されることも珍しくない。受験者がどれだけ社会問題に関

心をもっているか，一般常識をもっているか，また物事の見方・考え方に偏りがないかなどを判定しようというものである。知識や教養だけではなく，一問一答の応答を通じて，その人の性格や適応能力まで判断されることになると考えておくほうがよいだろう。

2　社会に目を向け，健全な批判精神を示す

思想の傾向や政治・経済などについて細かい質問をされることが稀にあるが，それは誰でも少しは緊張するのはやむをえない。

考えてみれば思想の自由は憲法にも保証された権利であるし，支持政党や選挙の際の投票基準についても，本来，他人からどうこう言われる筋合いのものではない。そんなことは採用する側も認識していることであり，政治思想そのものを採用・不採用の主材料にすることはない。むしろ関心をもっているのは，受験者が，社会的現実にどの程度目を向け，どのように判断しているかということなのだ。

①例題Q＆A

Q.　今日の朝刊で，特に印象に残っている記事について述べてください。
A.　○○市の市長のリコールが成立した記事が印象に残っています。違法な専決処分を繰り返した事に対しての批判などが原因でリコールされたわけですが，市民運動の大きな力を感じさせられました。

Q.　これからの高齢化社会に向けて，あなたの意見を述べてください。
A.　やはり行政の立場から高齢者サービスのネットワークを推進し，老人が安心して暮らせるような社会を作っていくのが基本だと思います。それと，誰もがやがて迎える老年期に向けて，心の準備をしていくような生活態度が必要だと思います。

②予想される質問内容

- ○ あなたがいつも読んでいる新聞や雑誌を言ってください。
- ○ あなたは，政治や経済についてどのくらい関心をもっていますか。
- ○ 最近テレビで話題の××事件の犯人逮捕についてどう思いますか。
- ○ △△事件の被告人が勝訴の判決を得ましたがこれについてどう思いますか。

③面接の方法

(1)　一問一答法

面接官の質問が具体的で，受験者が応答しやすい最も一般的な方法である。例えば，「学生時代にクラブ活動をやりましたか」「何をやっていましたか」「クラブ活動は何を指導できますか」というように，それぞれの質問に対し受験者が端的に応答できる形式である。この方法では，質問の応答も具体的なため評価がしやすく，短時間に多くの情報を得ることができる。

(2)　供述法

受験者の考え方，理解力，表現力などを見る方法で，面接官の質問は総括的である。例えば，「愛読書のどういう点が好きなのですか」「○○事件の問題点はどこにあると思いますか」といったように，一問一答ではなく，受験者が自分の考えを論じなければならない。面接官は，質問に対し，受験者がどのような角度から応答し，どの点を重視するか，いかに要領よく自分の考えを披露できるかなどを観察・評価している。

(3)　非指示的方法

受験者に自由に発言させ，面接官は話題を引き出した論旨の不明瞭な点を明らかにするなどの場合に限って，最小限度の質問をするだけという方法で。

(4)　圧迫面接法

意識的に受験者の神経を圧迫して精神状態を緊張させ，それに対する受験者の応答や全体的な反応を観察する方法である。例えば「そんな安易な考えで，職務が務まると思っているんですか？」などと，受験者の応答をあまり考慮せずに，語調を強めて論議を仕掛けたり，枝葉末節を捉えて揚げ足取りをする，受験者の弱点を大げさに捉えた言葉を頻発する，質問責めにするといった具合で，受験者にとっては好ましくない面接法といえる。そのような不快な緊張状況が続く環境の中での受験者の自制心や忍耐力，判断力の変化などを観察するのが，この面接法の目的だ。

V．面接Q＆A

★社会人になるにあたって大切なことは？★

〈良い例①〉

責任を持って物事にあたることだと考えます。学生時代は多少の失敗をしても，許してくれました。しかし，社会人となったら，この学生気分の甘えを完全にぬぐい去らなければいけないと思います。

〈良い例②〉

気分次第な行動を慎み，常に，安定した精神状態を維持することだと考えています。気持ちのムラは仕事のミスにつながってしまいます。そのために社会人になったら，精神と肉体の健康の安定を維持して，仕事をしたいのです。

〈悪い例①〉

社会人としての自覚を持ち，社会人として恥ずかしくない人間になることだと思います。

〈悪い例②〉

よりよい社会を作るために，政治，経済の動向に気を配り，国家的見地に立って物事を見るようにすることが大切だと思います。

●コメント

この質問に対しては，社会人としての自覚を持つんだという点を強調すべきである。〈良い例〉では，学生時代を反省し，社会へ出ていくのだという意欲が感じられる。

一方〈悪い例①〉では，あまりにも漠然としていて，具体性に欠けている。また〈悪い例②〉のような，背のびした回答は避ける方が無難だ。

★簡単な自己PRをして下さい。★

〈良い例①〉

体力には自信があります。学生時代，山岳部に所属していました。登頂した山が増えるにつれて，私の体力も向上してきました。それに度胸というようなものがついてきたようです。

〈良い例②〉

私のセールスポイントは，頑張り屋ということです。高校時代では部活動のキャプテンをやっていましたので，まとめ役としてチームを引っ張り，県大会出場を果たしました。

〈悪い例①〉

セールスポイントは，3点あります。性格が明るいこと，体が丈夫なこと，スポーツが好きなことです。

〈悪い例②〉

自己PRですか……エピソードは……ちょっと突然すぎて，それに一言では……。

〈悪い例③〉

私は自分に絶対の自信があり，なんでもやりこなせると信じています。これまでも，たいていのことは人に負けませんでした。警察官になりましたら，どんな仕事でもこなせる自信があります。

●コメント

自己PRのコツは，具体的なエピソード，体験をおりまぜて，誇張しすぎず説得力を持たせることである。

〈悪い例①〉は具体性がなく迫力に欠ける。②はなんとも歯ぎれが悪く，とっさの場合の判断力のなさを印象づける。③は抽象的すぎるし，自信過剰で嫌味さえ感じられる。

★健康状態はいかがですか？★

〈良い例①〉

健康なほうです。以前は冬になるとよくカゼをひきましたが，4年くらい前にジョギングを始めてから，風邪をひかなくなりました。

〈良い例②〉

いたって健康です。中学生のときからテニスで体をきたえているせいか，寝こむような病気にかかったことはありません。

〈悪い例①〉

寝こむほどの病気はしません。ただ，少々貧血気味で，たまに気分が悪くなることがありますが，あまり心配はしていません。勤務には十分耐えられる健康状態だと思います。

〈悪い例②〉

まあ，健康なほうです。ときどき頭痛がすることがありますが，睡眠不足や疲れのせいでしょう。社会人として規則正しい生活をするようになれば，たぶん治ると思います。

●コメント

多少，健康に不安があっても，とりたててそのことを言わないほうがいい。〈悪い例②〉のように健康維持の心がけを欠いているような発言は避けるべきだ。まず健康状態は良好であると述べ，日頃の健康管理について付け加える。スポーツばかりではなく，早寝早起き，十分な睡眠，精神衛生などに触れるのも悪くない。

★どんなスポーツをしていますか？★

〈良い例①〉

毎日しているスポーツはありませんが，週末によく卓球をします。他のスポーツに比べると，どうも地味なスポーツに見られがちなのですが，皆さんが思うよりかなり激しいスポーツで，全身の運動になります。

〈良い例②〉

私はあまり運動が得意なほうではありませんので，小さいころから自主的にスポーツをしたことがありませんでした。でも，去年テレビでジャズダンスを見ているうちにあれならば私にもできそうだという気がして，ここ半年余り週1回のペースで習っています。

〈悪い例①〉

スポーツはどちらかといえば見る方が好きです。よくテレビでプロ野球中継を見ます。

●コメント

スポーツをしている人は，健康・行動力・協調性・明朗さなどに富んでいるというのが一般の（試験官の）イメージだ。〈悪い例①〉のように見る方が好きだというのは個人の趣向なので構わないが，それで終わってしまうのは好ましくない。

★クラブ・サークル活動の経験はありますか？★

〈良い例①〉

剣道をやっていました。剣道を通じて，自分との戦いに勝つことを学び，また心身ともに鍛えられました。それから横のつながりだけでなく先輩，後輩との縦のつながりができたことも収穫の一つでした。

〈良い例②〉

バスケット部に入っておりました。私は，中学生のときからバスケットをやっていましたから，もう6年やったことになります。高校までは正選手で，大きな試合にも出ていました。授業終了後，2時間の練習があります。また，休暇時期には，合宿練習がありまして，これには，OBも参加し，かなりハードです。

〈悪い例①〉

私は社会心理研究会という同好会に所属していました。マスコミからの情報が，大衆心理にどのような影響をおよぼしているのかを研究していました。大学に入ったら，サークル活動をしようと思っていました。それが，いろいろな部にあたったのですが，迷ってなかなか決まらなかったのです。そんなとき，友人がこの同好会に入ったので，それでは私も，ということで入りました。

〈悪い例②〉

何もしていませんでした。どうしてもやりたいものもなかったし，通学に2時間半ほどかかり，クラブ活動をしていると帰宅が遅くなってしまいますので，結局クラブには入りませんでした。

●コメント

クラブ・サークル活動の所属の有無は，協調性とか本人の特技を知るためのものであり，どこの採用試験でも必ず質問される。クラブ活動の内容，本人の役割分担，そこから何を学んだかがポイントとなる。具体的な経験を加えて話すのがよい。ただ，「サークル活動で●●を学んだ」という話は試験官にはやや食傷気味でもあるので，内容の練り方は十分に行いたい。

〈悪い例①〉は入部した動機がはっきりしていない。〈悪い例②〉では，クラブ活動をやっていなかった場合，必ず別のセールスポイントを用意しておきたい。例えば，ボランティア活動をしていたとか，体力なら自信がある，などだ。それに「何も夢中になることがなかった」では人間としての積極性に欠けてしまう。

★新聞は読んでいますか？★

〈良い例①〉

毎日，読んでおります。朝日新聞をとっていますが，朝刊では“天声人語”や“ひと”そして政治・経済・国際欄を念入りに読みます。夕刊では，“窓”を必ず読むようにしています。

〈良い例②〉

読売新聞を読んでいます。高校のころから，政治，経済面を必ず読むよう，自分に義務づけています。最初は味気なく，つまらないと思ったのですが，このごろは興味深く読んでいます。

〈悪い例①〉

定期購読している新聞はありません。ニュースはほとんどテレビやインターネットで見られますので。たまに駅の売店などでスポーツ新聞や夕刊紙などを買って読んでいます。主にどこを読むかというと，これらの新聞の芸能・レジャー情報などです。

〈悪い例②〉

毎日新聞を読んでいますが，特にどこを読むということはなく，全体に目を通します。毎日新聞は，私が決めたわけではなく，実家の両親が購読していたので，私も習慣としてそれを読んでいます。

●コメント

この質問は，あなたの社会的関心度をみるためのものである。毎日，目を通すかどうかで日々の生活規律やパターンを知ろうとするねらいもある。具体的には，夕刊紙ではなく朝日，読売，毎日などの全国紙を挙げるのが無難であり，読むページも，政治・経済面を中心とするのが望ましい。

〈良い例①〉は，購読している新聞，記事の題名などが具体的であり，真剣に読んでいるという真実味がある。直近の記憶に残った記事について感想を述べるとなお印象は良くなるだろう。〈悪い例①〉は，「たまに読んでいる」ということで×。それに読む記事の内容からも社会的関心の低さが感じられる。〈悪い例②〉は〈良い例①〉にくらべ，具体的な記事が挙げられておらず，かなりラフな読み方をしていると思われても仕方がない。

●書籍内容の訂正等について

弊社では教員採用試験対策シリーズ（参考書，過去問，全国まるごと過去問題集），公務員試験対策シリーズ，公立幼稚園・保育士試験対策シリーズ，会社別就職試験対策シリーズについて，正誤表をホームページ（https://www.kyodo-s.jp）に掲載いたします。内容に訂正等，疑問点がございましたら，まずホームページをご確認ください。もし，正誤表に掲載されていない訂正等，疑問点がございましたら，下記項目をご記入の上，以下の送付先までお送りいただくようお願いいたします。

① **書籍名，都道府県（学校）名，年度**
（例：公務員試験対策シリーズ　北海道のＡ区分　2025 年度版）
② **ページ数**（書籍に記載されているページ数をご記入ください。）
③ **訂正等，疑問点**（内容は具体的にご記入ください。）
（例：問題文では“ア～オの中から選べ”とあるが，選択肢はエまでしかない）

〔ご注意〕
○ 電話での質問や相談等につきましては，受付けておりません。ご注意ください。
○ 正誤表の更新は適宜行います。
○ いただいた疑問点につきましては，当社編集制作部で検討の上，正誤表への反映を決定させていただきます（個別回答は，原則行いませんのであしからずご了承ください）。

●情報提供のお願い

公務員試験研究会では，これから公務員試験を受験される方々に，より正確な問題を，より多くご提供できるよう情報の収集を行っております。つきましては，公務員試験に関する次の項目の情報を，以下の送付先までお送りいただけますと幸いでございます。お送りいただきました方には謝礼を差し上げます。
（情報量があまりに少ない場合は，謝礼をご用意できかねる場合があります）。
◆あなたの受験された教養試験，面接試験，論作文試験の実施方法や試験内容
◆公務員試験の受験体験記

送付先
○電子メール：edit@kyodo-s.jp
○FAX：03-3233-1233（協同出版株式会社　編集制作部 行）
○郵送：〒101-0054　東京都千代田区神田錦町2-5
協同出版株式会社　編集制作部 行
○HP：https://kyodo-s.jp/provision（右記のQRコードからもアクセスできます）

※謝礼をお送りする関係から，いずれの方法でお送りいただく際にも，「お名前」「ご住所」は，必ず明記いただきますよう，よろしくお願い申し上げます。

警視庁の警察官Ｉ類
（過去問題集）

編　者　公務員試験研究会

発　行　令和６年５月10日

発行者　小貫輝雄

発行所　協同出版株式会社

〒101－0054

東京都千代田区神田錦町2－5

電話　03－3295－1341

振替　東京00190－4－94061

落丁・乱丁はお取り替えいたします

Printed in Japan